普通高等教育"十三五"应用型本科系列规划教材

个人理财概论

主　编　裴文静　史安玲

西安交通大学出版社
XI'AN JIAOTONG UNIVERSITY PRESS

内容提要

本书内容翔实，深入浅出、提纲挈领地阐述了个人理财各个方面的知识要点。本书分为十一章，主要包括以下内容：个人理财概述、个人理财的财务基础、个人理财规划的步骤和流程、银行理财、证券投资理财、风险管理与保险理财、个人税务筹划、房地产投资规划、教育投资规划、个人退休规划与遗产计划、个人实物投资理财。

本书可作为应用型本科财经类课程的专业教材，也可作为从事财经相关工作人员的参考用书。

前言 Foreword

改革开放以来,我国经济持续高速发展,居民收入不断增长,个人逐渐积累了越来越多的财富。积累的财富如何使用?如何进行保值增值?成为大家日益关注的问题。在经济持续发展、金融工具不断创新的形势下,个人的理财观念与理财方式也要与时俱进。现代意义上的个人理财,不同于单纯的储蓄或投资,它不仅包括财富的积累,还囊括了财富的保障和安排。财富保障的核心是对风险的管理和控制,也就是当自己的生命和健康出现了意外,或个人所处的经济环境发生了重大不利变化,如恶性通货膨胀、汇率大幅降低等问题时,自己和家人的生活水平不至于受到严重影响。

为了适应新的经济金融环境,个人理财的内容和方式都需要不断调整,对相关理财知识的系统学习和灵活运用就成为大家的共识。因此,在总结教学实践经验的基础上,我们组织了长期工作在教学和科研一线的教师,经过一年多的反复论证,编写了本书。本书主要适用于普通本科院校经济管理类专业的学生,同时也供金融机构从业人员参考。本书在结构体系和内容取舍上,力求能适应现代理财市场发展对人才知识结构的要求,并在编写的过程中力争从以下几方面突出自身特点:

(1)内容覆盖全面。本书内容涵盖了个人理财领域的各重要分支,包括个人理财基础知识、保险理财、银行理财、证券理财、房地产理财、税收筹划、教育理财、退休与遗产规划以及实物理财等多个方面,让学生能更全面深入地理解个人理财。

(2)深入浅出。本书借鉴国内外优秀教材的写作优点和思路,围绕日常生活中的个人理财问题展开叙述,力求把复杂的理论用简单易懂的语言阐述清楚,必要时用图表等进行辅助说明,力争做到深入浅出,追求其应用性。

(3)理论与实例相搭配。本书在介绍国内外相关理论研究成果的同时,结合我国的实际情况进行分析,借助于案例、相关知识链接等内容帮助学生了解现实,提高理论联系实际分析问题、解决问题的能力。

本书由兰州财经大学陇桥学院副教授裴文静、史安玲担任主编,富永年担任副主编。本书的编写分工是:裴文静(第一章、第九章、第十一章)、富永年(第三章、第七章)、史晓茹(第五章、第十章)、史安玲(第四章、第六章)、罗频宇(第八章)、高然然(第二章)。

本书在编写过程中,吸收和借鉴了国内外专家、学者的研究成果及著作,参考了现有的一些经典教材,并引用了诸多文献和时事报道,未能一一标明,在此向相关作者致谢。本书的编写和出版得到了西安交通大学出版社的大力支持,编辑同志为本书的出版做了大量细致的工作,也向他们致以谢意。因编者理论水平和实践知识有限,不当之处甚至错误之处在所难免,恳请广大读者批评指正。

编　者

2016 年 5 月

目 录

第一章　个人理财概述 ··· (001)
　第一节　个人理财的基本概念 ·· (001)
　第二节　个人理财的起源与发展 ··· (009)
　第三节　个人理财规划的内容体系 ·· (013)
　第四节　理财规划师职业资格认证体系 ··· (020)

第二章　个人理财的财务基础 ··· (029)
　第一节　货币时间价值 ·· (029)
　第二节　风险与收益 ··· (034)

第三章　个人理财规划的步骤和流程 ·· (037)
　第一节　建立客户关系 ·· (037)
　第二节　收集客户信息 ·· (041)
　第三节　分析客户财务状况 ··· (042)
　第四节　设计提交理财方案 ··· (044)
　第五节　理财方案的实施 ·· (045)

第四章　银行理财 ·· (049)
　第一节　银行理财基础 ·· (049)
　第二节　银行理财产品 ·· (054)
　第三节　银行理财业务 ·· (062)

第五章　证券投资理财 ··· (077)
　第一节　证券投资基础知识 ··· (077)
　第二节　股票投资 ·· (082)
　第三节　债券投资 ·· (104)
　第四节　基金投资 ·· (112)
　第五节　金融衍生品投资 ·· (119)

第六章　风险管理与保险理财 ·· (127)
　第一节　保险理财基础 ·· (127)
　第二节　保险理财产品 ·· (134)

  第三节 保险策划程序……………………………………………………………（147）
第七章 个人税务筹划……………………………………………………………（155）
  第一节 个人税收筹划基础…………………………………………………（155）
  第二节 个人税务筹划的原则与步骤………………………………………（164）
  第三节 个人收入的税务筹划………………………………………………（168）
第八章 房地产投资规划……………………………………………………………（182）
  第一节 房地产投资概述……………………………………………………（182）
  第二节 购房规划……………………………………………………………（190）
  第三节 房地产规划风险管理………………………………………………（207）
第九章 教育投资规划………………………………………………………………（213）
  第一节 教育规划概述………………………………………………………（213）
  第二节 子女教育投资规划实务……………………………………………（216）
第十章 个人退休规划与遗产计划…………………………………………………（231）
  第一节 个人退休规划概述…………………………………………………（231）
  第二节 养老保险……………………………………………………………（235）
  第三节 个人退休规划的流程………………………………………………（242）
  第四节 遗产计划……………………………………………………………（249）
第十一章 个人实物投资理财………………………………………………………（257）
  第一节 黄金投资理财………………………………………………………（257）
  第二节 邮品投资理财………………………………………………………（269）
  第三节 其他实物理财………………………………………………………（275）
附 录………………………………………………………………………………（286）
参考文献…………………………………………………………………………………（289）

第一章 个人理财概述

教学目的及要求

通过本章学习,要求了解个人理财在国内外的发展历程以及理财规划师职业资格认证体系;掌握个人理财的含义、个人理财的理念和误区;掌握个人理财规划的目标、原则、内容与工具等基础知识。

教学重点及难点

个人理财的含义、个人理财的理念和误区、个人理财规划的原则、个人理财规划的内容、个人理财规划的工具。

第一节 个人理财的基本概念

一、个人理财的含义

(一)什么是财

对财的理解可以从两个角度进行。狭义上的财指的是财产,财产是具有金钱价值的各种物质财富及受到法律保护的权利的总称,如金钱、物资、房屋、土地等。财产的最大特点如下:

(1)财产所有人依法对自己的财产享有占有、使用、收益和处分的权利;

(2)任何人不经财产所有人的许可不得使用该财产,否则就是非法侵犯权利;

(3)财产所有人可以是自然人,也可以是诸如公司这样的法人。

广义上的财指的是财富。财富除包括狭义的财之外,还包括可以间接带来价值利益的无形的资源,如社会关系、智慧、健康、知识、理念、经验、形象等。此外,财富还包括文学意义上的物质财富和精神财富。物质上能满足人各种生产生活需要的物品就是财富;精神上能让人愉悦舒畅的也是财富。

一般意义上的个人理财是狭义的概念。

(二)什么是理财

理财是指经济社会中政府、企业、个人(或家庭)为了实现各自的目标而开展的一系列财力分配活动。理财的核心是合理地分配资产以及实现资产增值。从广义上讲,理财是对各种资本、投资、固定资产、无形资产的管理与运作。它主要包括投资管理、融资管理、流动资金管理。

(1)投资管理。投资管理指投资主体投入资本(货币、技术、产权)以期获得收益的行为。个人理财更多集中于投资管理上,可见投资管理在个人理财中很重要。

(2)融资管理。融资管理指理财者的资金来源管理,包括向谁融资、融资多少、何时融资、以何种途径融资等。现代信用经济条件下,加强融资管理很重要,需要确定合理的负债规模、结构和期限。

(3)流动资金管理。对个人而言,流动资金管理包括现金管理和应收账款管理,流动资金是为应付日常消费、预防临时性支出、个人风险缺口等而保留的现金。个人可考虑持有适量的现金,在保持流动性的同时不丧失收益性。

(三)什么是个人理财

对个人理财的确切名称,业内说法不一,包括金融理财、个人理财、理财策划、理财计划、理财规划、金融策划、金融规划、财务策划、财务规划等称谓。对什么是个人理财,可以从不同角度进行理解,不同主体和机构有不同的界定。

美国经济学者G·维克托·霍尔曼等人提出个人理财计划是指为实现个人全部财务目标而制定和实施的协调一致的总体计划。这一概念的核心是以个人的总体财务目标为基础,为其所有财务事宜制定一个协调一致的计划。

近年来,"个人理财""个人财务策划""个人理财规划"等名词逐渐成为我国银行业流行的概念。根据我国2005年11月颁布的《商业银行个人理财业务管理暂行办法》的规定,个人理财业务是指商业银行为个人客户提供的财务分析、财务规划、投资顾问、资产管理等专业化服务活动。它是建立在委托—代理关系基础之上的银行业务,是一种个性化、综合化的金融服务活动。商业银行除运用金融等方面的知识、专业技术及广泛的信息资源等优势向个人客户提供一般性信息咨询外,还利用储蓄、贷款、信用卡、银行卡、支票、保管箱、证券、保险、外汇等各种理财工具,指导客户如何安排收入和支出,以实现个人资产的最佳配置。商业银行个人理财业务可直接满足客户的理财需求,对客户理财目标的实现有促进和推动作用。同时能有效发挥金融市场功能,促进整个社会资源的优化配置。

中国金融理财标准委员认为个人理财即金融理财,是一种综合金融服务,是指专业理财人员通过分析和评估客户财务状况和生活状况,明确客户的理财目标,最终帮助客户制订出合理的、可操作的理财方案,使其能满足客户人生不同阶段的需求,最终实现人生在财务上的自由、自主和自在。

现实生活中,对于任何一个家庭来说,都存在着收入、财产及支出如何合理安排的问题。这种安排,既要考虑家庭当前的消费需求,也要考虑家庭的长远发展需求,还要考虑应付各种突发事件的资金需求。如何在这几种需求之间取得平衡,不是一件容易的事情,往往需要借助于理财专业机构、专业人士的帮助。因此,通俗地讲,个人理财就是理财人员针对个人或家庭在人生发展的不同时期,依据其收入、支出状况的变化,制定财务管理的具体方案,以实现人生各个阶段的目标和理想。在整个个人理财规划中,不仅要考虑财富的积累,还要考虑财富的安全保障。

对个人理财的准确理解应包括以下几个方面:

(1)个人理财是全方位的综合金融服务,而不是简单的金融产品销售。个人理财不局限于提供某种单一的金融产品,而是针对客户的综合需求进行有针对性的金融服务组合创新,是一种全方位、分层次、个性化的服务。该服务包括传统的银行服务、保险、投资、信托、退休计划、子女教育计划、税务计划、遗产安排等。

(2)个人理财应强调个性化。每个人或每个家庭的具体情况各不相同,甚至相差悬殊,因此,作为专业的理财机构没有任何一家的理财产品能够满足所有客户的全部需求。理财机构或理财人员应根据客户的需要进行具体分析,为客户量身打造理财方案,提供长期、全面、综合性的财务管理。

(3)个人理财应该是一个动态的过程。个人在人生生涯的不同时期,角色不同,承担的责任不同,家庭的收支状况不同,各阶段的理财目标也就不同。为了更好地开展理财服务,实现特定的理财目标,理财规划师应根据客户的实际情况与客户之间建立起长期的合作关系,了解客户的理财目标,帮助客户制定科学的理财计划,执行该计划并根据现实情况不断修订该计划。因此,个人理财规划应贯穿客户的一生,而不是针对某一生命阶段进行的规划。

因此,个人理财是一种善用钱财、追求财富的过程,是将资金及其他财产进行最明智的安排和运用,使其产生最高的效率和效用,形成投资收益最大化和个人资产分配合理化的集合,最终使个人或家庭财务状况达到最佳状态。

二、个人理财的种类

个人管理运作自身或家庭各类财产时,可以通过不同的形式来实现,由此形成个人理财的不同类型。

(一)按个人是否自行打理财产分

根据个人是否自行打理财产的不同,个人理财划分为自主理财和代客理财。

1. 自主理财

自主理财是当前绝大部分家庭的理财方式,是个人对自身或家庭的财务状况进行认真分析判断,根据期望的目标作出相应的决策。个人在日常的家庭收支活动中,能够具备一定的理财基础知识,对简单的购买消费支出等活动,能够进行正确的选择与比较,作出合理的判断,无需也不可能全部依赖个人理财规划师的帮助。

2. 代客理财

代客理财是指社会上各种专业的投资理财机构,如基金管理公司、理财工作室、信托公司等派专业理财人员在获得客户的授权之后,代客户打理钱财,管理财务,在为客户谋取经济利益的同时追求自身利益的最大化。这种委托理财方式中,客户在将资金、财物交付出去之后,避免了自己亲自管理财产事务的时间、精力耗费,但同时也丧失了理财的主动权。代客理财中的收益由理财机构和客户共享,发生的亏损视情况由双方共担,但分享和共担的比例方式又各不相同。

(二)按管理运作方式分

根据管理运作方式的不同,银行个人理财业务可以分为理财顾问服务和综合理财服务。

1. 理财顾问服务

理财顾问服务是指商业银行向客户提供财务分析与规划、投资建议、个人投资产品推介等专业化服务。理财顾问服务是一种针对个人客户的专业化服务,区别于为销售储蓄存款、信贷产品等进行的产品介绍、宣传和推介等一般性业务咨询活动。客户接受商业银行和理财人员提供的理财顾问服务后,自行管理和运用资金,并获取和承担由此产生的收益和风险。

2. 综合理财服务

综合理财服务是指商业银行在向客户提供理财顾问服务的基础上,接受客户的委托和授权,按照与客户事先约定的投资计划和方式进行投资和资产管理的业务活动。在综合理财服务活动中,客户授权银行代表客户按照合同约定的投资方向和方式,进行投资和资产管理,投资收益与风险由客户或客户与银行按照约定方式获取或承担。

综合理财服务可进一步划分为私人银行业务和理财计划两类。

(1)私人银行业务是商业银行向富人及其家庭提供的系统理财业务,就是银行等金融机构利用自身在金融咨询、投资理财、服务网络等方面的专业优势,由理财专家根据客户的资产状况和风险承受能力,帮助客户合理而科学地将资产投资到股票、债券、保险、基金、储蓄等金融产品中,从而满足客户对投资回报与风险的不同需求,以实现个人资产的保值与增值。私人银行业务的服务对象主要是银行的高净值客户,涉及的业务范围十分广泛,不仅为客户提供投资理财产品,还包括为客户进行个人理财,利用信托、保险、基金等金融工具维护客户资产在风险、流动和盈利三者之间的精准平衡,同时也包括与个人理财相关的一系列法律、财务、税务、财产继承、子女教育等专业顾问服务,更能体现出个性化特色。

(2)理财计划是商业银行在对潜在目标客户群分析研究的基础上,针对特定目标客户群体开发设计并销售的资金投资和管理计划。按照客户获取收益的方式不同,理财计划可分为保证收益理财计划和非保证收益理财计划。

①保证收益理财计划是银行按照约定条件向客户承诺支付固定收益,银行承担由此产生的投资风险,或银行按照约定条件向客户承诺支付最低收益并承担相关风险,其他投资收益由银行和客户按照合同约定分配并共同承担相关投资风险的理财计划。由于保证收益理财计划有可能被商业银行利用成为高息揽储和规模扩张的手段,从而回避利率管制,并进行不正当竞争,因为监管机构对保证收益理财计划实施严格的审批制度和程序。根据《商业银行个人理财业务管理暂行办法》的规定:"保证收益理财计划和相关产品中高于同期储蓄存款利率的保证收益,应是对客户有附加条件的保证收益。商业银行不得无条件向客户承诺高于同期储蓄存款利率的保证收益率。"

②非保证收益理财计划是进一步划分为保本浮动收益理财计划和非保本浮动收益理财计划。保本浮动收益理财计划是银行按照约定条件向客户保证本金支付,本金以外的投资风险由客户承担,并依据实际投资收益情况确定客户实际收益的理财计划。非保本浮动收益理财计划是银行根据约定条件和实际投资收益情况向客户支付收益,并不保证客户本金安全的理财计划。

由于我国实行金融分业经营、分业监管模式,对个人理财业务的性质界定与境外有所不同。一些境外法律并不禁止商业银行从事有关证券业务,一般也不禁止商业银行在向客户提供理财业务的过程中进行信托活动,因此,境外商业银行可向客户提供的产品种类较多、交叉性较强,理财业务主要侧重于理财顾问和代客理财服务,分类和性质界定较为简单。

三、个人理财的理念和误区

(一)个人理财的理念

个人理财的理念是多种多样的。尽管不同群体有不同的理财理念,但理财的理念不论男女老少还是穷人富人,都要与社会的发展相适应,都要树立正确的理财理念。

个人理财的理念具有鲜明的时代特征。不同年代有不同的理财主导理念。例如,我国在

20世纪50、60年代以"艰苦朴素,一分钱掰成两半花"的理财观为主导;20世纪70年代以"勤俭持家"为荣;近20年来,人们讲究投资理财,重注投资增值,先是炒股,而后炒汇,再是炒房、炒金……财富管理已经成为时尚。

不同群体还有不同的理财理念。如中老年人以"在控制风险的前提下获得稳定收益"为理财理念;年轻人则以"高风险,高回报"为理财理念;女性理财求"稳",偏于保守的理念;男性理财则追求"高收益",偏于激进的理念;穷人以攒钱为主;富人以挣钱为主。

 知识链接1-1

李嘉诚的投资理财观

在华人圈子里,李嘉诚作为香港首富,无疑是一个投资理财的天才。他有许多理财秘诀值得我们学习研究。

1. 钱的积累,三十岁以后重理财

——20岁靠双手勤劳赚钱。

——20—30岁努力存钱和赚钱。

——30岁以后努力让钱生钱——理财。

——40岁以上是管钱。

20岁以前,所有的钱都是靠双手勤劳换来,20—30岁之间是努力赚钱和存钱的时候,30岁以后,投资理财的重要性逐渐提高,到中年时,赚钱已经不再重要,这时候反而是如何管钱比较重要。

2. 有足够的耐心

(1)每年存1.4万,年回报20%,40年后为1亿零281万。

如果一个人从现在开始,每年存1.4万元,如果他每年所存下的钱都能投资到股票或房地产,因而获得每年平均20%的投资回报率,40年后财富会成长为1亿零281万元。

(2)每年存1万,年回报10%,40年后为500万。

理财必须花费长久的时间,短期内是看不出效果的,一个人想要利用理财而快速致富,可以说是一点指望也没有。理财者必须了解理财活动是"马拉松竞赛",而非"百米冲刺",比的是耐力而不是爆发力。要想投资理财致富,必须经过一段非常漫长的等待,才可以看出结果。

3. 先难后易

赚第二个1000万要比第一个100万要容易得多。

如果每年年底存1.4万元,平均投资回报率有20%,即使经过了20年后,资产也只累积到261万元,此时仍然距离亿元相当遥远。只有继续奋斗到40年后,才能登上亿万富翁的台阶,拥有1亿零281万元,但赚第2个1000万要比第1个100万简单容易得多。

 知识链接1-2

家庭理财需培养的四大理财观念

1. 别总说没钱理财

很多人抱怨自己没钱理财,其实并不是这样。比如有两个青年小伙,都是本科毕业工作几年,小张月收入8000元,每月房租花费2000元,生活消费支出(KTV娱乐消费、电子产品消费品购买、旅行、宴请)5500元,结果每月结余仅500元。小李同样月收入8000元,房租花费1500元,生活支出2000元,购书费用200元,结果每月结余是3300元。同样的收入,小李通过更经济的、节约的方式实现了支出的节省,这样每月就有较多的资金剩余,也就可以用来做投资理财了。

所以,别总说没钱理财,没钱做财富增值,办法是想出来的,只要适当地开源节流,仍是有余力做投资的。

2. 知识就是财富

有人平时爱玩,而有人平时则抓住机会不断学习。抓住机会学习的通常获得了更多的升职机会,更多的薪水。因此,增加你的知识同样也是增加财富的家庭理财方式。

3. 适当地借钱投资

借钱投资也是"从无到有"的理财方式之一。不过,嘉丰瑞德理财师建议,首先个人的投资必须是比较稳定的、稳妥的、能赚到钱的。冒太大的风险,投资失败并不值得。稳定投资可以在获取一定的回报后,积累下"本金""第一桶金",并在未来能更好地滚动投资。目前市面上的稳健投资有信托和固定收益类理财。信托类投资的年收益在7%~12%,但是门槛较高,通常要50万~100万的资金。而固定收益类的投资则要求不高,例如某理财品,10万元起投,产品年收益率10%,即10万元投入,一年期满本息收益是11万,相对来说门槛没那么高,受众的面更广。向朋友低息借钱投资的可参考。

4. 别一味追求高收益

高收益和高风险并存。别盲目地追求短期、又有很高收入的投资。一般来说,20%以上的年收益项目大多存在较大的风险。另外,年底了各种会都比较多,如品鉴会等,不懂的投资领域、专业程度很高的投资领域,投资者请谨慎涉及,比如艺术品、酒类投资、收藏品类投资等。

(二)个人理财误区

"你不理财,财不理你。"现在人们对这句话早已耳熟能详,但是对"理财"概念的理解以及操作却并不是很全面。有人认为理财就是节衣缩食、省吃俭用,还有不少人认为理财就是生财,就是投资赚钱,把理财和投资等同起来。也有一部分人认为"穷人钱少谈不上理财,富人有钱不需要理财"。科学的金融理财理念来自于对"理财"本质的认识,下面针对这几个典型的误区进行分析。

1. 理财就是生财,就是投资赚钱

日常生活中,许多人认为理财就是生财,就是买股票、买基金、买黄金等赚钱,这种观念是片面的。理财不等同于投资,当然投资是理财的一个重要的手段和内容,但理财的内涵要广泛得多。全面的个人理财应该包括个人或家庭的现金规划、消费支出规划、保险规划、投资规划、教育规划、税收筹划、养老及遗产规划等内容。在理财规划中,不仅要考虑财富的积累,还要考虑财富的保障,即对风险的管理和控制,因为在人生的旅途上面临各种各样的风险和意外,在我们的经济生活中也存在各种风险。

理财是教我们怎样用好手中的每一分钱的学问,不仅要考虑财富的积累,还要考虑财富的保障;不但要使财产保值还要使其增值。理财在追求投资收益的同时,更应注重人生的生涯规划、风险管理规划等一系列的人生整体规划。而投资关注的是如何"钱生钱",即增值的问题。因此,理财的内容比投资要宽泛,理财是一个系统,它包括省钱、花钱和赚钱之道。

理财先要保值,以资金安全为第一。因为只有在安全的基础上才能谈得上投资赚钱。按照金字塔顺序来讲,理财的基层是保障,中层是增值,顶层是财富转移。因此,理财活动包括投资行为,投资只是理财的一个组成部分。实际上,个人理财首先是对个人及家庭财务的科学规划和妥善安排,在此基础上再通过合理投资实现财富增值。个人理财的实质是个人资产分配合理化和投资收益最大化的集合,而投资的实质是使现有财产增值。

投资并不等同于投机。在市场经济中,投机本身是一个中性词语。什么是投机?简而言之,投机是以获取高额利润甚至暴利为目的的一种短期资本狩猎行为,其市场特征是缺乏理性的,因市场异动而异动;而投资行为则是人们合理支配自有资金,为实现个人资本保值增值而进行的一项长期理财活动,其行为一般不受短期的利益冲突而迅速改变。投资和投机只不过是运用资金的一种主观上的选择。运用资金既可以选择高风险下的高回报,也可以选择低风险下的低回报。至于究竟最后做出何种选择,则由具体的市场环境和资金持有人的偏好而定。

很多人觉得理财是一项非常难的系统工作,其实,决定一个家庭理财成功与否的不是理财的技术和手段,而是理财的心态。理财需要耐心和恒心,最重要的是要有颗平常心,任何急功近利、希望一夜暴富的心态都是不可取的。从本质上讲,不同的投资理财态度是不同价值观的取向、不同生活方式的选择。只有拥有了正确的理财观念,才能选择正确的理财方法,达到预期目标。

理财,是一个漫长的过程。理财的目的是帮助人们实现人生的理想和目标。虽然在这个过程中,会实现财富不同程度的增加,但理财的目的绝不是发财。理财应先求保值后谋增值,短线投资只是其中的一部分,而不是全部。

2. 理财就是储蓄,就是节衣缩食,省吃俭用

财富的增加有两种方式,即开源和节流。对于现代人而言,除了通过职业生涯的规划来开源之外,金融投资、房地产投资、实业投资等各种投资渠道和手段为人们提供了多种开源的途径和方式。而节流则是通过日常生活消费有计划地支出,以最小的付出得到最大的享受。另外,人们充分利用国家的税收政策,合理降低税收支出,也是一个不可缺少的重要方面。

中华民族的一个传统美德就是节俭。所以不少人认为理财就是节衣缩食、省吃俭用。其实也不尽然。还记得20世纪80年代的"万元户"吗?在那时,一个家庭拥有1万元简直就是拥有巨额财富的代名词,普通人可望而不可及。可是到了今天,1万元可能只是普通人一两个月的薪水而已。如果以年通货膨胀率5%计算,当年的1万元30年后变成0.2146万元,损失79%,近8000元白白蒸发。从这个很简单的计算看,"万元财富"经不起时间的折腾而大幅度缩水,即便中国居民早在30年前就能够购买和物价指数挂钩的国债,当年的1万元到现在也就仅仅4.4万元而已。过去30年,钱本身的确随着时间的推移而非常的"不值钱"了。

3. 理财是富人玩的游戏,穷人钱少谈不上理财

现实生活中,许多工薪阶层或中低收入者认为,每月固定的工资收入应付日常生活开销就差不多了,哪里有余财可理呢?

实际上,穷人比富人更需要理财。因为资金的减少对富人来说影响不大,而对穷人来说则至关重要。1000万元有1000万元的投资方法,1000元也有1000元的理财方式。就算一个月收入只有几百块钱的人,其收入只能勉强应付日常生活开销,就更应该对自己的所有收入进行有效规划,合理支出每一分钱,才能让有限的收入换得更好的生活。绝大多数的工薪阶层都是从储蓄开始累积资金。一般薪水仅够糊口的"新贫族",不论收入多少,都应尽量将每月薪水拨出10%存入银行,而且保持不动用、只进不出,才能为聚敛财富打好基础。

同时,不能低估微薄小钱的聚敛能力。就像零碎的时间一样,懂得充分运用,时间一长,其效果自然惊人。假如你每月薪水中有500元的资金,在银行开立一个零存整取的账户,抛开利息不说,20年后仅本金一项就达到12万元,如果再加上利息,数目更不小了,所以"滴水成河,聚沙成塔"的力量不可小觑。

如果能充分利用更多的投资理财工具,比如购买国债、基金,或涉足股市、楼市,或与他人合伙入股等,这些投资的方式,都会获得更加可观的回报。当然,这时候投资者必须注意风险问题,必须对其风险进行妥善评估。千万不能有"一夜暴富"的念头,被口头承诺的高回报率诱惑而误入歧途,拿自己辛苦积攒的积蓄打了水漂。

4. 理财等于发财

在积极投资理财的部分人中存在这样一种观念,理财就是要发财。于是他们热衷于投资那些预期收益率高的理财产品,听说哪只股票投资的预期收益较高,哪只基金收益好,大家就一窝蜂地去购买,或者因为市场价格稍有下滑就快速放弃该产品,这种态度不可取。

投资理财过程中,我们必须明确认识到预期的高收益往往伴随着高风险,在收益与风险间权衡取舍非常重要。理财就是要力求在保证家庭财物安全的基础上实现财产的稳定持续增长,避免想要一夜暴富而片面追求高收益的理财方式却忽略了潜在的高风险,最终损失惨重。因此,每个个人或家庭应该根据自身的实际情况,考虑自己的风险承受能力,在众多的理财产品中选择适合自己的,脚踏实地地做好理财规划,并坚持下去,避免盲目追求高收益带来的风险。

知识链接1-3

英国的现代理财概念

英国是现代金融体制的发源地,也是理财实践和概念最先进的国家之一。从最初的意义来讲,理财与投资是两个不同的概念。但是,在英国,从个人短期和长期财务管理和运作方面来看,随着现代金融产品的不断增加,个人投资选择的日益扩大,理财的概念也在不断更新或包涵越来越多的内容。而现代投资理财工具日益多样化,投资领域十分广阔,投资产品丰富多彩。在人们的日常生活中,理财与投资两者的界限早已无法泾渭分明,许多情况下两者是互动和融合的,个人投资自然被纳入理财的大概念之中。

因此,在这里,理财概念其实已经是一种金融的概念。许多大学都开设理财的专门课程,帮助人们对财富实行科学管理,科学安排家庭财务战略规划和实施步骤,如短期和长期的收入和开支状况,多少年后要购买住房,每年的旅游开销,对通货膨胀率因素和利率因素的预测,如何实现自己设定的某项目标等,家庭和个人理财渐渐成为一门学问。

可见,在英国人的理财概念中,就包括了日常收支筹划和非商业性投资赚利等两个部分。在他们的心目中,储蓄、炒股、购买政府债券是投资,购买住房和各种收藏品也是一种投资。而对这些投资的运筹和规划,也就自然成了理财的过程。这种概念在人们心目中已根深蒂固。

英国是一个负债消费的国家,人们对借贷消费、寅吃卯粮习以为常。购买住房要抵押贷款,日常购物也会信用透支,学生上学也需要贷款。因此,就需要对利率短期和长期走势、就业和工资增长前景,对自己的还贷能力和还贷时间有一个大致的规划。否则,就难免陷入财务危机。

不过,绝大多数人还是能够做到量入为出的。汇丰银行的一项调查发现,随着银行电话和互联网服务的发达,许多人渐成"理财专家"。大部分受访者知道自己的银行存款数目,他们大多数使用电话和互联网银行咨询业务。

过去二三十年来,英国人把休闲与投资结合到一起,在玩乐和消遣中赚取利润,成为个人理财的一个组成部分。

艺术品市场是英国一个重要的休闲投资市场,这个市场从 20 世纪 90 年代初以来一直兴盛不衰。目前,英国艺术品市场的价值占整个欧洲艺术市场的 50%还多。在这个市场中,既有过去艺术大师的作品,也有新生代艺术家作品,而且价值增长很快。目前,各类艺术基金公司、投资公司和个人收藏家等群英荟萃。

名牌陈年葡萄酒是英国许多休闲投资者的另一个领域。波尔多、勃艮蒂和隆河谷(Bordeaux,Burgundy and Rhone)等 30 余种著名葡萄酒品牌全都身价不菲,升值潜力巨大,因此成为许多投资经纪人推荐的升值物品。

经典汽车投资是英国休闲投资的另一个重要方面。《环球》杂志记者在英国博纳姆拍卖行一次老爷车拍卖活动中看到,拍品中既有英国本地劳斯莱斯生产的早期豪华汽车,也有美国和欧洲大陆的产品。这个市场从 20 世纪 80 年代开始兴盛,90 年代一度陷入低潮,现在又渐成规模。在市场的高端、经典车比新型号车更为值钱。

此外,还有体育纪念品的投资。英国人酷爱足球,有关足球的纪念品也随着足球热的升温而不断增值。高尔夫球、板球、网球和钓鱼运动的有关纪念品也成为人们收藏的投资物品。赛马也是投资者追逐的热门之一,这是一个对沉迷于赛马活动的赛马爱好者具有极大吸引力的休闲投资领域,尤其是富人对在此领域投资更是趋之若鹜。

第二节　个人理财的起源与发展

一、个人理财在西方发达国家的发展

个人理财业务最早在美国兴起,并且首先在美国发展成熟,其发展大致经历了萌芽期、形成发展期、成熟稳定期三个阶段。

(一)萌芽期

20 世纪 30 年代出现的保险营销人员为客户提供的简单资产管理服务通常被认为是个人理财业务的萌芽。1929—1933 年的银行危机和股灾使人们普遍丧失了对银行和券商的信赖,加之严重的经济危机给人们的未来生活带来了巨大的不确定性,保险公司提供的可以满足不同需求甚至为客户量身定制的保险产品逐渐进入人们的视野。保险公司的销售人员根据不同客户的年龄、收入、职业等要素进行市场细分,为客户提供购买保险的建议,以促进保险产品的销售。与此同时,部分保险销售人员为了更好地开展保险业务,对客户提供了一些简单的个人生活规划和综合资产运用方面的咨询。这一时期个人金融服务的重心是保险产品和共同基金的销售,为客户做全面的理财规划服务的观念尚未形成,完全独立意义上的个人理财业务还未出现。

(二)形成发展期

第二次世界大战后,经济的复苏,财富的积累,社会环境的快速变化促使美国个人和家庭的财务规划需求增加。比如超前消费观念的流行使人们的负债比率不断提高,政府对税收和遗产继承方面的复杂规定等问题让富裕人群和普通消费者无法凭借个人的知识和技能,有效

运用各种财务资源来实现自己的生活、财务目标。为了满足人们的财务规划需求,社会上出现了专业的个人财务规划人员。消费者开始主动寻求这些有理财知识和经验的、讲职业道德的个人财务策划人员,进行家庭财务管理咨询。适应当时社会快速发展的理财需求,这一时期,美国个人理财服务业快速发展,从业人员不断增加。理财从业人员主要包括个人财务咨询人员、保险专业人员、证券和投资咨询专业人员、税收遗产规划人员、不动产经纪人、会计师和律师等。伴随着个人理财业务的快速发展,也出现了严重的市场混同:一方面,几乎所有提供金融服务的专业人员都在使用个人财务策划师这个名字或称自己能提供个人理财服务;另一方面,美国与个人财务策划行业相关的资格证书、专业执照名目繁多。

(三)成熟稳定期

1969年美国创立首家个人财务策划的专业协会——国际金融理财师协会(international association for financial planning,IAFP)。1972年,国际金融理财协会又创立了教育机构——美国金融理财学院(college for financial planning),标志注册理财规划师(CFP)制度产生,这一制度的出现使理财市场混同问题逐步得以解决。在CFP制度的推动下,美国的个人理财业逐渐发展成为一个独立的金融服务行业,个人财务策划师的主要业务也不再是销售金融产品及服务,而是为客户实现其生活、财务目标进行专业咨询,并通过规范的个人理财服务流程实施理财建议,防止客户利益受到侵害。20世纪80年代,伴随着金融市场的国际化、金融产品的不断丰富和发展,这一时期的个人理财业务不仅开始广泛使用衍生金融产品,而且将信托业务、保险业务以及基金业务等相互结合,从而满足不同客户的个性化需求。在这一时期,为客户提供理财服务的人员的收入大幅增长;专门进行理财人员培养的独立学院及高校中的理财专业的数量也在显著增长;许多理财方面的专门协会、认证组织等成立,如国际注册财务咨询师协会、遗产规划协会、退休理财协会等。这些专业机构的出现及高校对理财专业的重视标志着个人理财业务逐步走向专业化,个人理财业务日趋成熟稳定。

在美国个人理财业务快速发展成熟的过程中,其他发达国家纷纷引进与推动国内个人理财市场的发展。

1957年,法国成立了理财师协会,理财师协会成员约500人,虽然协会成立的历史悠久,但由于该协会对会员入会要求很严格,没有协会要求的各个领域的知识、经验、业绩等,就不能成为法国理财师协会的会员。因此,理财行业发展缓慢。1987年,英国成立了理财师协会。英国理财师协会的资格认证从初级到高级共分为六个阶段,采用教育与实务相结合,择优录取。意大利于1978年成立了理财师协会,大约有15000名专业理财师,其中约6000人加入了意大利理财师协会。欧洲理财师协会制度明确,教育方法适宜,欧洲个人理财得以成熟发展。

日本的个人理财萌芽于1970年,最先引入个人理财的是国际证券株式会社前身之一的野村投资贩卖,其主要标志是设置了理财中心以促进证券的销售。1977年第一劝业银行成立理财部,1987年第一生命保险株式会社、住友海上财产保险会社成立理财中心,分别开启了个人理财在日本证券、银行、保险等各专业金融领域的先河。经历了20世纪80年代的个人金融资产的增加和金融制度的改革以及股价和地价的飞涨之后,人们在80年代后期开始探索如何利用金融资产,解决节税、养老、事业继承与遗产继承等问题,人们开始寻求理财师的帮助,个人理财进入启蒙阶段。由于20世纪90年代日本"泡沫经济"的破灭,人们需要对自己的生活进行总体规划设计,对理财的需求不断提高,日本理财协会1993年开始向会员颁发CFP资格证书。从此,银行和保险公司为主的金融机构对理财业务的关注不断提高,各公司也相继引入了理财系统。个人理财业务在日本迅速普及。

二、个人理财在国内的发展

20世纪90年代以来,随着社会经济的持续发展,人们收入水平不断提高,生活方式日益多元化,在住房、医疗、养老及其他社会保障制度改革的推动下,人们在多个方面的预期支出也不断增加,迫切需要在收入和支出之间进行权衡。随着我国金融市场的发展,加上物价水平的日益上涨,广大居民的储蓄倾向逐步弱化,风险管理及投资理财意识日益增强,炒股、投资房地产、买保险等一系列金融活动日益活跃。这都为个人理财业务的开展提供了广阔的市场和发展空间。

(一)银行理财发展

20世纪90年代末期,我国一些商业银行开始尝试向客户提供专业化的投资顾问和个人外汇理财服务。1997年,中信实业银行广州分行率先在国内银行界成立了私人银行部,客户只要在私人银行部保持最低10万元的存款,就能享受该行的多种财务咨询。1998年,中国工商银行的上海、浙江、天津等5家分行,根据总行的部署,分别在辖区内选择一些软硬件条件符合要求的营业网点进行"个人理财"的试点。2000年9月,中国人民银行改革外币利率管理体制,为外币理财业务创造了政策通道。建设银行2001年在上海、江苏、广东等地全面推开个人客户经理制后又在北京、上海等10个城市建立个人理财中心。随后,农行、中行、招行等各家银行跟进,纷纷建立理财工作室及个人理财中心。

2000年国内商业银行开办外币理财业务之后的几年内外汇理财产品一直处于主导地位,但是总体规模不大,没有形成竞争市场。2002年中国社会调查事务所在北京、天津、上海、广州四地的专项问卷调查显示,74%的被调查者对个人理财服务感兴趣,41%的被调查者需要个人理财服务。在上海,大多数市民认为"未经专家指导的自发理财方案有很大风险",有87%的被访问市民表示会接受银行提出的理财建议,其中32%的市民"最感兴趣银行的理财咨询和理财方案设计",40%的人认为"应增加代理客户投资操作、提供专家服务",并"希望能与银行理财专家建立稳定和经常性的业务联系"。在广州,33%的居民对存款、股票、债券、基金、保险等金融资产的优化组合感兴趣,22%的人要求银行提供信息咨询服务。由于个人理财业务是基于以客户为中心的经营,为消费者提供从家居生活到投资置业的全方位的金融服务,在方便人们日常生活的同时,帮助客户的货币资产实现保值增值,此项业务的开展备受客户的青睐,并有着广大的客户群体和支出、即期和远期之间寻求一种良性组合,以期达到财务收支的平衡和增值,而由于大多数人在时间、精力、知识等方面的限制,往往无法使自己的资产合理有效地利用。因此,技术先进、信息全面、经验丰富、人才优秀的商业银行提供具有专业水准、安全可靠的个人理财业务成为一种必然,也成为国内各家银行抢占市场份额,赢得相对竞争优势的重要发展战略。

2004年11月,光大银行推出了投资于银行间债券市场的"阳光理财B计划",开创了国内人民币理财产品的先河。2005年9月中国银行业监督管理委员会出台了《商业银行个人理财业务管理暂行办法》《商业银行个人理财业务风险管理指引》《中国银监会关于进一步规范商业银行个人理财业务投资管理有关问题的通知》等办法和文件,标志着我国商业银行个人理财业务发展进入形成时期,理财产品、理财环境、理财观念和意识以及理财师专业队伍的建设均取得了显著的进步。

商业银行人民币理财业务快速发展过程中,中小股份制商业银行成为推动人民币理财业务发展的先锋,是由于在当时信贷投放高速增长的背景下,中小银行定期储蓄存款占比较低,缺乏稳定的资金来源,而发行人民币理财产品能够增强其吸储能力,缓解资金趋紧压力。在商业银行理财业务蓬勃发展的过程中,品牌因素对推动个人理财业务的市场竞争作用巨大,各大银行逐步形成了自己的理财品牌。如表1-1所示为部分银行的理财品牌。

表1-1 部分银行的理财品牌

中国工商银行	理财金账户	中国民生银行	民生财富
中国农业银行	金钥匙理财	中国光大银行	阳光理财
中国建设银行	乐当家	广东发展银行	真情理财
招商银行	金葵花理财	华夏银行	华夏理财
交通银行	交银理财	深圳发展银行	天玑财富
中国银行	中银理财	中信实业银行	中信贵宾理财

个人理财发展过程中,在银行理财占主导的情况下,证券理财、保险理财和信托理财也获得了快速持续发展。

(二)保险理财发展

伴随着银行个人理财业务的发展,保险业开始推行顾问式行销,保险营销人员转型成理财顾问,理财中心及理财工作室相继成立。同时,各大保险公司不断进行保险理财产品创新,以吸引更多的客户借助保险的方式进行个人或家庭的财务安排。

(三)其他金融机构个人理财的发展

其他金融机构的个人理财业务也在不断发展,证券机构在传统代客买卖、咨询服务的基础上推出了集合理财计划,帮助更多的个人客户实现集中投资理财。信托机构在发展单一信托业务的基础上发行了大量的信托理财产品,通过集合信托理财方式,将筹集到的资金以贷放、投资等方式在多个领域运用,极大地推动了信托业的发展,为个人投资者提供了一条有效的投资理财渠道。

(四)媒体对理财知识的宣传

在国内理财市场快速发展过程中,新闻媒体起到了强有力的推动作用。各类专业理财媒体相继成立,比如《理财周刊》等刊物的出版,新浪、搜狐等众多网站出现理财频道和专栏,大量财经类报纸也开辟理财专栏进行宣传。此外,电视和电台的理财节目也日益增多。以上海为中心开始举办理财博览会进行理财知识的宣传。

(五)理财协会和理财职业资格认证的出现

2000年,北京召开"2000年中美金融论坛",理财规划师的理念被介绍给中国;2002年11月16日在北京召开了"2002年中美金融论坛",开始筹备中国的理财规划师资格认证体制的导入工作;2004年9月,中国金融理财标准委员会正式成立;2006年6月,中国金融理财标准委员会接受国际金融理财标准委员会授权,推广国际金融理财师。

2004年成立了中国金融理财标准委员会,开始采用内容本土化、水平国际化的标准进行金融理财师和国际金融理财师的资格认证。2003年国家劳动和社会保障部正式推出理财规划师职业，颁布理财规划师职业资格证。2006年，理财规划师列入全国职业资格鉴定范畴，开始进行理财规划师职业认证统一考试。截至2014年9月30日，由国际金融理财标准委员会(FPSB)认证的中国大陆理财规划师系列持证人总数为168284人，其中金融理财师(AFP)持证人142442人，注册理财规划师(CFP)持证人20826人，金融理财管理师(EFP)持证人4190人，认证私人银行家(CPB)持证人为826人。

（六）理财培训与高校理财教育的开展

随着国内理财市场的发展，理财培训市场兴起。2003年11月，北京推出金融策划课程培训；2004年1月，香港RFP协会与上海交大合作，在上海推出"注册财务策划师"培训。之后，各类理财培训机构相继设立，开展理财培训活动。例如，道明诚教育已在上海、北京、广州、深圳建立了四个金融培训中心，为社会培养了大批专业的金融财务和投资理财人员。

为了满足社会对理财人员的需求，高等学校也开展专业理财教育活动。对外经济贸易大学、立信、中山大学以及北京大学等率先在国内开展个人理财课程，之后，许多高校纷纷在金融财务等专业开设理财课程，培养理财规划人才。

三、个人理财发展的前景展望

国外各类金融机构提供的个人理财业务品种丰富多样，包括银行投资管理、保险、个人信托等各类金融服务，并提供有关居家生活、旅行、退休、保健等方面的便利。中国的个人理财虽然起步较晚，在快速发展中也存在一些问题，但因其适应社会发展的需要，目前已经颇具规模而且发展前景十分广阔。随着国内理财市场竞争的加剧，各大商业银行逐步引入市场细分的观念，确立以客户为中心的经营思想。以目标客户为基础，根据客户的需求开发新产品，有差别、有选择地进行金融产品的营销和客户服务，从而把有限的资源集中用于能为自身业务带来巨大发展空间的重点优质客户。商业银行通过实行理财经理制和客户经理制，打造专业的理财顾问队伍，充分发挥理财经理的人格魅力，主动为优质客户提供个性化服务，正成为商业银行吸引重要客户的服务手段。随着信息技术、互联网技术的发展和进步，具备24小时服务功能的自助银行、网上银行、电话银行、手机银行等服务渠道迅速发展，打破了传统银行柜面服务的地域和时间限制，方便了客户，增加了理财产品的附加价值，未来如何实现多种营销渠道的联动服务将是商业银行提高服务能力和理财服务水平的重点。随着个人理财业务的快速发展，理财经理的专业化知识和能力将成为理财服务的重要组成部分，产品和服务的差异性将不可避免，品牌因素在个人理财服务的市场竞争中将越来越重要。

第三节 个人理财规划的内容体系

一、个人理财规划的目标

个人理财是通过制订和实施理财规划实现的。理财规划的第一步是设定理财目标。每个个体或家庭的理财目标千差万别，同一个人在不同的阶段的理财目标也不尽相同。个人理财规划目标从不同角度有不同的划分。

(一)根据目标是否细化划分

根据目标是否细化的不同,个人理财规划目标可以分为总体目标和具体目标。

1. 总体目标

总体来讲,个人理财规划的目标是建立一个财务安全健康的生活体系,实现人生各阶段的目标和理想,最终实现财务的自由。因此,个人理财规划的目标包含两个层次:实现财务安全和追求财务自由。

(1)财务安全。

财务安全是指个人或家庭对自己的财务现状有充分的信心,认为现有的财富足以应对未来的财务支出和其他生活目标的实现,不会出现大的财务危机。通常,衡量个人或家庭的财务安全,主要参考以下内容:①是否有稳定、充足的收入;②个人是否有发展的潜力、是否有充足的现金准备;④是否有适当的住房;⑤是否购买了适当的财产和人身保险;⑥是否有适当、收益稳定的投资;⑦是否享受社会保障;⑧是否有额外的养老保障计划。当然,上述衡量标准仅仅具有参考价值,具体的财务安全标准要根据每个客户的实际情况决定。

(2)财务自由。

财务自由是指个人或家庭的收入主要来源于主动投资而不是被动工作,投资收入可以完全覆盖个人或家庭发生的各项支出,个人从被迫工作的压力中解放出来,已有财富成为创造更多财富的工具。

2. 具体目标

在理财规划实际工作中,财务安全和财务自由目标具体体现在现金规划、消费支出规划、投资规划、教育规划、风险管理与保险规划、税收筹划、退休养老规划、财产分配与传承规划等方面。

(1)必要的资产流动性。

为了满足日常开支、预防突发事件,个人有必要持有流动性较强的资产。以保证有足够的资金来支付短期内计划中和计划外的费用。但个人又不能无限地持有现金类资产,因为过强的流动性会降低资产的收益能力。理财规划师进行理财规划时,既要保证客户资金的流动性,又要考虑现金的持有成本,通过现金规划使短期需求可用手头现金来满足,预期的现金支出通过各种储蓄或短期投资工具来满足。

(2)合理的消费支出。

个人理财的首要目的并非是追求经济价值最大化,而是使个人财务状况达到稳健合理,实现个人效用最大。在实际生活中,减少个人开支有时比寻求高投资收益更容易达到理财目标。借助于消费规划,使个人消费支出更合理,能够满足个人和家庭各方面的消费支出,使家庭收支结构大体平衡。

(3)投资增值,积累财富。

虽然个人财富的增加可以通过减少支出相对实现,但有效的财富积累方式是要通过增加收入来实现的。工资薪酬类收入增长有限,而投资则更有利于个人财富的快速积累。因此,进行个人财富的有效积累是根据个人理财目标、可投资额度以及风险承受能力进行资产配置,确定科学的投资方案,使投资收入占家庭总收入的比重逐渐提高,带给个人或家庭的财富越来越多,并逐步成为个人或家庭的主要收入来源,最终达到财务自由。

(4)实现教育期望。

通过教育,改变及提高人们的认识和技能是人生之本。随着社会的发展,人们对受教育程度要求越来越高。加上教育费用的持续上升,家庭教育开支在收入中的比重越来越大。通过合理的财务规划,理财规划师可以确保客户将来有能力合理支付自身及其子女的教育费用,充分达到个人或家庭的教育期望。

(5)完备的风险保障。

人活一世,各种意外和风险在所难免,有些风险甚至可能严重影响到个人和家庭财务的正常运转。理财规划师通过风险管理与保险规划对风险事先进行适当的财务安排,将意外事件带来的损失降到最低限度,使客户更好地规避风险。同时,理财规划的过程中还应注重对非保险类的风险进行管理,以更好地保障我们的生活。

(6)合理的纳税安排。

纳税是每一个公民的义务,但纳税人往往希望在不违法的情况下将自己的税负降到最低。理财规划师可以通过适当的财务策划,进行合理的纳税安排,帮助人们实现减税目的。具体指纳税人通过对纳税主体的经营、投资等经济活动的事先筹划和安排,在不违法的情况下,充分利用政策优惠和差别待遇,适当减少或延缓税负支出,以达到整体税后收入最大化。

(7)安享晚年。

人到老年,身体机能逐渐衰退,劳动并获取收入的能力必然有所下降。随着人口老龄化趋势的加剧,传统的社会保障与家庭养老模式已被打破,所以有必要在青壮年时期进行财务规划,使人们到晚年能过上"老有所养,老有所依"的有尊严、自立的老年生活。

(8)财产的分配与传承。

财产的分配与传承是个人生涯中不可回避的部分,大部分个体都希望自己辛苦一生积累起来的家庭财产能够得到有效传承。理财规划师就要根据客户的需要选择适当的遗产管理工具和制定遗产分配方案,确保在客户去世或丧失行为能力时其个人意志能够得以延伸,尽量减少财产分配与传承过程中发生的支出,实现家庭财产的合理分配和代际相传。

(二)根据目标制定的频率和实现时间的长短划分

根据目标制定的频率和实现时间的长短的不同,个人理财规划目标可以分为短期目标、中期目标、长期目标和终生目标。

1. **短期目标**

短期目标是指那些需要客户每年制定和修改,并在较短时期内(一般1年以内)实现的愿望。如日常生活开支的减少,购买电脑、电视机等。

2. **中期目标**

中期目标是指那些制定后在必要时可以进行调整,并希望在一定时期内(一般1~5年)实现的愿望。如购买汽车、购房经费、出国深造积蓄经费及子女教育经费筹集等。

3. **长期目标**

长期目标是指那些通常一旦确定,就需要客户通过长时期(一般5~10年)的计划和努力才能实现的愿望。最典型的长期目标如就业、创业等生涯规划,买车、买房还贷等大件消费品购置规划。

4. **终生目标**

终生目标是指客户对其生命周期不同阶段的全部,乃至终生的生活目标所制订的规划(以上乃至终身），如退休生活保障目标、遗产管理等。

事实上，短期目标和长期目标是相对而言的，不同的客户对同样的财务目标会有不同判断。比如客户只需要理财规划师为其未来的5年进行理财服务，对该客户而言，5年以后才能实现的目标就属于长期目标。再如，退休规划目标一般情况下属于长期目标，但对已经接近退休年龄的客户而言，该目标就应该算是中期甚至是短期目标。此外，随着时间的推移，同一个客户的理财目标性质也会改变。对一个25岁的客户来讲，子女的高等教育规划一般需要15~20年的时间，帮助子女完成学业对该客户是一个长期目标。15年之后，该客户40岁，其子女即将上大学，实现子女教育目标就转化为中期目标。

 知识链接1-4

家庭理财离不开四个账户

选对方向与品种，更要用对方法。家庭理财同样如此。据嘉丰瑞德理财师介绍，他们曾做过一项调研，调研了十万个资产稳健增长的家庭，得出了一个被认为是比较可靠的家庭资产的分类配置模型，用来指导普通家庭投资理财过程中的资金配置。据悉，该模型分别有四个象限，对应不同的账户。

首先，位于左上方象限的第一个账户为日常开销账户，主要涉及短期的消费资金储备，这部分金额大致为3~6个月的生活费用准备。一般来说，是放在活期储蓄的银行卡中。但事实上，随着现金理财意识的普及，以余额理财为主的"新活期时代"正在到来。浙商银行理财师指出，利率市场化和互联网金融的快速发展正在促进银行业加速变革创新，"宝宝类"理财眼下已现多元化，完全可以取代活期储蓄账户成为余额资金的最佳去处。据了解，浙商银行新近推出的"增金宝"由于具备投资消费无缝对接、申购赎回无上限等功能，问市不久便成为目前市场中最强大的宝类产品。

其次，位于右上方象限的第二个账户为杠杆账户，主要涉及的是用小额资金解决大问题，比如遭遇风险的问题。而解决之道则是通过保险的方式，因此这个账户较多地涉及保险产品配置，包括意外险、健康保险、重大疾病保险等。

第三，位于左下方象限的第三个账户为投资账户，主要用来做"以钱生钱"的投资。比如常见的股票投资、基金投资、银行理财产品、固定收益类的理财产品等，这几类投资比较能生钱，但同时具备一定的风险性。

第四，位于右下方象限的第四个账户为保本增值的长期收益账户，其作用主要是稳定财富、锁定财富的小幅增长功能。譬如一些长期国债、信托产品，以及一些定期的存款或房产等。

在业界理财师看来，以上四个账户的参考配置比例依次为10%、20%、30%、40%。倘若家庭中主要赚钱的成员年纪较轻的话，其风险承受能力一般比较强。而反之，年纪越大，则风险承受能力相对要弱些，这是个动态过程。因此，对于家庭的具体投资方向和理财配置而言，还应根据家庭成员自身的年龄结构、风险承受能力去配置资产会更科学。

二、个人理财规划的原则

个人理财原则指个人在组织其理财活动时应遵循的若干准则和规范要求，或者说应具备什么样的指导思想。理财规划师在对客户进行理财规划服务的过程中，必须要遵循一定的原

则,概括起来主要有以下几个方面:

(一)提早规划原则

理财规划应越早越好,时间早晚,差异明显。提早规划一方面可以尽量利用复利的"钱生钱"的功效,另一方面由于准备期长,可以减轻各期的经济压力。能否通过理财规划达到预期的财务目标,与金钱多少的关联度并没有通常人们想象得那么大,却与时间长短有很直接的关系,因此理财规划师要与客户充分沟通,让客户了解早做规划的好处。

(二)风险保障优先于追求收益原则

理财规划首先应该考虑的因素是个人或家庭在日常的生活工作中所面临的主要风险,而非收益。在风险分析与保险保障的基础上,再考虑资产收益的最大化。因此理财规划师应根据不同客户的不同生命周期阶段及风险承受能力制定不同的理财方案。

(三)量入为出原则

理财规划应该正确处理消费、投资与收入之间的矛盾,坚持量入为出和量出为入原则,形成资产的动态平衡。所谓量入为出,就是要根据自己的财产收支状况进行投资,有多少钱办多大事,决不能见异思迁、好高骛远地盲目投资,或超出个人理财承受能力的投资,导致影响家庭正常生活和工作。把握量入为出原则,要求个人根据自己的收入水平,财产拥有量、消费基准及对各类消费品的需求迫切程度,分轻重缓急,选择同家庭收入状况相匹配的消费水平和财产结构;要求收支相符,动态平衡,还要求审时度势,有计划有顺序地添置家庭财产,如生活必需品优先购买,一般品按需购置,耐用品计划购买,享受品酌情添置。

坚持量入为出原则的同时,量出为入原则也需要考虑。今天人们主张的"用明天的钱圆今天的梦",在许多情况下,适度的负债经营、负债投资、负债消费未尝不是一种可行的选择。

(四)家庭类型与理财策略相匹配原则

不同家庭形态具有不同的财务状况,所要实现的理财目标也不相同。理财规划师要根据不同家庭形态的特点,分别制定不同的理财规划策略。通常来讲,青年家庭的风险承受能力比较高,理财规划的核心策略为进攻型;中年家庭的风险承受能力居中,理财规划的核心策略为攻守兼备型;老年家庭的风险承受能力比较低,理财规划核心策略为防守型。

 知识链接1-5

家庭理财四阶段

第一阶段:重积累的探索实习期

该阶段指从正式参加工作到婚后有子女之前的这段时间,大约为10年。该期的主要特点是没有太大的家庭负担,精力旺盛,但阅历和经验都不够丰富,需要体验社会,因此应尽力寻找高收入机会,广开财源,节约消费,不寻求高风险性投资,应作稳妥增值的投资理财计划,为将来打好基础。总体来说,这一时期就是经济的积累与对投资理财的初步探索实习。

第二阶段:重消费的理财综合期

该阶段指从孩子出生到其10岁左右这段时间。这期特点是抚养与教育孩子、赡养老人的负担较重,完善家庭生活的消费也占很大比例,因此投资与消费应综合考虑,如购房置业、增加保险险种、收集艺术藏品等尽量在消费中寻求保值和增值的可能。除此之外,应做好一定比例的低收益风险投资和储蓄保险、教育储蓄等多方面相结合的投资理财计划,为致富做好全方位的物质和精神准备。

第三阶段：高风险高回报的投资期

该阶段指 40 岁左右到退休前这段时间,约为 20 年。该期内人的内在素质、工作能力、经济状况已达到顶峰,精力充沛,可以选择适合自己文化背景与社会环境的经济领域,在好的入市时机实行高风险性投资,通常成功率很高,即便遇有风险时,损失也不会太大。在投资中,理财显得更加重要,会理财才能生财,而且还要重视防险,一是买保险,二是预留出必要资金,以防遇到较大风险时,影响家庭生活和安度晚年。

第四阶段：安稳的守业期

无论你有多大家产,如果已超过 60 岁,就应该转化投资方式,把有形资产压缩得很少,而把无形资产——技术、经验、知名度、社会地位等尽量发扬成为"无本生意",也可以得到丰富收益。守住现有产业、家业是该期的主要任务,不必再从事新的风险性投资。

(五) 核算与效益原则

核算与效益原则应该贯穿于个人理财的全过程,而不仅仅局限于通常意义上的收支后的记账核算。比如怎样才能开辟更多的收入渠道,增加收入来源;如何合理运用支出,实现家庭各项资产的合理分配;科学处理家务,减轻家务负担,实现家务劳动的社会化、现代化和合理分工;如何管理好家庭财产,使之发挥最佳效用,延长寿命期,提高使用值;以及如何理性消费,减少不必要的开支,提高消费的理财效益,都需要在核算的基础上合理安排。

三、个人理财规划的内容

个人理财规划往往针对个人或家庭整个一生或某些重要阶段的财务活动进行安排,可以理解为从"摇篮到坟墓"的全过程的规划。个人家庭工作生活中可能出现各种风险要预防与转嫁,需要进行家人的抚养与赡养、疾病治疗、子女教育、退休养老等各种支出,需要通过多种方式进行家庭财产保值与增值活动,因此,个人理财规划一般包括保险规划、银行理财规划、教育规划、房地产投资规划、投资理财规划、税收规划、退休养老规划、遗产规划等内容。

上述各项具体理财规划的详细说明,是本书所要研究的基本内容,将在后文进行一一说明,在此不予赘述。

四、个人理财规划的主要工具

理财规划的主要工具有储蓄、证券投资基金、商业保险、银行理财产品、股票、期货、外汇、黄金、个人信托、权证等。

(一) 储蓄

储蓄是指城乡居民将暂时不用或结余的货币收入存入银行或其他金融机构的一种存款活动,又称储蓄存款。银行通过信用形式,动员和吸收居民节余的资金,再以各种方式投入到社会生产过程,并取得利润。居民因为获得存款利息而使货币得以保值和增值,是个人和家庭一种传统的理财方式。与其他投资理财方式相比,储蓄具有安全可靠、方便灵活、形式多样,还可以继承等优势,长期以来都是深受普通居民家庭欢迎的投资行为,也是人们最常使用的一种投资方式。

(二)证券投资基金

证券投资基金是指通过发售基金份额(或称基金受益凭证),将众多投资者的资金集中起来,形成独立财产,由基金托管人托管,基金管理人管理,以投资组合的方法进行证券投资的一种利益共享、风险共担的集合投资方式。基金具有集合理财、专业管理;组合投资、分散风险;利益共享、风险共担;独立托管、保障安全;严格监管、信息透明等特点。相对于其他投资工具来说,基金的投资起点低、风险小、收益稳定,比较适合普通投资者。自1997年我国首批封闭式基金成功发行至今,基金一直备受国内个人投资者的推崇。目前,基金已经明显超过存款,成为家庭投资理财的主要工具之一。

(三)商业保险

保险是一种有效的风险转嫁方式,也是风险管理中传统的财务转移机制。人们通过保险将自身承担的风险进行转移,以小额固定的保费支出为代价来应对未来不确定的、巨大风险造成的经济损失,使风险的损害后果得以减轻甚至消化。在所有理财工具中,保险的防御性最强,因此,保险是个人和家庭财务安全规划的主要工具之一。

(四)银行理财产品

银行理财产品指由商业银行或其他正规金融机构设计并发行,将募集到的资金根据产品合同约定投入相关金融市场及购买相关金融产品,获取投资收益后,根据合同约定分配给投资人的一类理财产品。在谋求生存发展和争夺客户的市场竞争中,商业银行纷纷推出个人理财产品来扩大资金来源。由于银行理财产品附加值高、批量多、风险小,而且还涉及了非常广泛的领域,被银行视为实现盈利目的效率最高的工具。目前,商业银行不断更新自己的设计模式,推出名目繁多的理财产品。包括人民币理财产品、外币理财产品,其中人民币理财产品有包括债券类理财产品、信托类理财产品、产品最终收益率与相关市场或产品的表现挂钩的挂钩类理财产品以及合格的境内投资机构代客境外理财产品等类型。形式多样的银行理财产品为银行带来丰厚收益的同时也为个人或家庭提供了更广阔的投资理财机会。

(五)股票

因其较高的预期收益和流动性特点,股票已成为金融市场上主要的信用工具,也是个人投资理财的一种常用手段。但投资者必须明确股票只是代表股份资本所有权的证书,本身并无任何价值,是一种虚拟资本。股票一经认购,股东不能以任何理由要求退还本金,需要回流资金时,只能通过股票市场将其出售。股票投资的收益来自于发行公司的分红和买卖价差,若投资者判断准确,持有时间恰当,获取收益的可能较大,预期收益较高。但是以股票作为投资理财工具时,必须注意通过投资组合来分散和降低风险。

(六)期货

期货是交易双方按约定价格在未来某一期间完成特定资产的交易行为。期货交易的最终目的并不是商品所有权的转移,而是通过买卖期货合约,回避现货交易的价格风险。按照交易标的不同,期货可以划分为商品期货和金融期货。商品期货是最早的期货品种,主要包括农产品期货、有色金属期货和能源期货等类型。金融期货是指以金融工具作为标的物的期货合约,主要包括外汇期货、利率期货和股票指数期货等。

(七)外汇

随着汇率形成机制的改革,管制程度的逐步放松,人们看到了外汇投资有利可图,越来越多的人投入到外汇交易当中。个人进行外汇买卖主要是通过汇率本身的波动,进行低买高卖或高卖低买,利用其差价来获取收益。一般来讲,一个经济前景看好、政局稳定的国家的货币相对一个经济发展减速或经济倒退、政局动荡的国家的货币来说,其汇率会不断走高,反之则下降。因外汇交易可以全球范围内24小时不间断进行,交易规模巨大,汇率波动频繁,所以需要投资者具有敏锐的洞察力和及时的信息来源。

(八)黄金

黄金因其体积小、价值大、色泽美丽,自古以来就深受人们的喜爱。把黄金作为一个重要部分与其他投资理财产品进行资产配置,有利于家庭降低投资风险,获取相对稳健的理财收益。黄金一般分为实物黄金和纸黄金。实物黄金通常包括金条、金币和黄金饰品。实物黄金投资直接快捷,但交易成本高,变现渠道少;纸黄金是虚拟黄金,交易方便、成本低,但不能提取实物。自从中国银行在上海推出专门针对个人投资者的"黄金宝"业务之后,炒黄金一直是个人理财市场的热点,备受投资者们的关注和青睐。目前很多商业银行都推出了纸黄金的交易业务。国际黄金市场通常按照1盎司黄金若干美元报价,国内通常参考国际黄金报价,通过即时的汇率折算成人民币后再报价,方便交割。

(九)个人信托

个人信托是信托机构针对个人客户开办的代客理财服务。个人因为时间、精力不够或者专业知识和技能的欠缺,无法有效管理或处理自身或家庭的财产事务时,可委托信托机构代为管理。信托投资的范围广泛,比如共同基金、私募股权基金都是信托在投资领域的具体表现形式。除了投资功能外,个人信托还可以在非增值的财产管理领域内发挥重要作用。比如在子女教育方面,子女教育信托或子女激励信托的运用可以保全子女教育资金、鼓励子女发展;在税收筹划方面,尤其对于高端客户而言,可以借助信托方式有效降低税收负担;在退休养老方面,老年人因体力智力日益衰退,其财产管理能力也随之变弱,而针对老年人养老的信托服务就显得十分重要;在财产分配与传承方面,信托比其他理财工具更有优势,通过信托方式实现婚姻家庭财产的隔离保护,更有利于实现财产的分配与传承。

(十)法律

理财规划过程中除了要使用到大量的金融知识外,还需要相关法律知识的掌握,比如婚姻法、继承法、税法、收养法、公司法、合伙企业法、其他民商法等。掌握必要的法律知识是理财规划师在提供理财规划服务时有效规避风险、与客户建立良好关系、保障自己的合法利益不受侵犯的有效手段。

第四节 理财规划师职业资格认证体系

一、注册理财规划师(CFP)

(一)CFP 注册理财规划师含义

注册理财规划师(certified financial planner,CFP),又称国际金融理财师、注册金融理财师,注册金融策划师,是指依靠专业知识根据客户的财产状况、财务状况、财务目标与风险承受能力,为客户提供全面的理财建议,帮助客户实现资产的保值与增值的专业人员。注册理财规划师是国际上金融服务领域最权威、最流行的个人理财职业资格,其主要职责是为个人提供全方位的专业理财建议,保证人们财务独立和金融安全。

(二)注册理财规划师认证

CFP注册理财规划师最初是由国际金融理财协会(international associated for financial planning,IAFP)于1972年开始推出的。目前,国际金融理财标准委员会(financial planning standards board,FPSB)球范围内受到广泛认可的金融理财师认证机构。

注册理财规划师的职业要求非常高:要求具备广博的知识面,熟悉各种理财工具;制定高水平的理财方案;具备娴熟客户关系管理(CRM)技巧;良好的职业道德及高尚的人品。CFP认证需达到4项标准:教育(education)、考试(examination)、从业经验(experience)和职业道德(ethics)标准,即"4E"标准,并取得CFP认证证书。CFP证书是目前世界上最权威的理财顾问认证项目,CFP持证者人数的多少,已成为衡量一个国家或地区理财行业发达程度的参考指标。对个人来说,CFP证书是理财专家的身份证明,更是获得高薪和高职的有力保证。在美国,注册理财规划师的年收入在十万美元以上;在国内,CFP的年薪可达50万元以上。

中国于2005年8月26日正式成为国际金融理财标准委员会成员,2006年获得国际金融理财标准委员会认证授权在国内推广CFP。中国金融理财标准委员会获得国际金融理财标准委员会授权,采用多数国际CFP组织正式成员的做法,在中国实施两级金融理财师认证制度,即金融理财师(AFP)和国际金融理财师(CFP)。理财师认证包括培训、专业考试、职业道德考核等几个步骤。要想取得CFP资格认证,首先需要取得金融理财师AFP资格认证。AFP资格认证考试科目为"金融理财基础",CFP资格认证考试科目包括四门专业科目和一门综合科目。其中,专业科目为"投资规划""人风险管理与保险规划""工福利与退休计划""人税务与遗产筹划",综合科目为"综合案例分析"。考试面非常宽泛,内容涉及与财务规划、税务规划、财产规划有关的百余门学科。考试采用统考、闭卷、机考的形式,每天6个小时,连考两天。当然要想获得注册理财规划师资格,必须满足中国金融理财标准委员会制定的职业道德标准。

报考CFP的人员需具有一定的财经知识和英语基础,而且还要有在银行、基金、保险、证券等相关金融行业的工作经历。

二、特许金融分析师(CFA)

(一)特许金融分析师的含义

特许金融分析师(cartered financial analyst,CFA),也称为特许财务分析师、注册金融分析师,它于1963年设立,由总部设于美国的CFA协会每年在全球范围内举行资格考试。CFA是目前全球金融财经界最为推崇的金融投资专业资格,是世界上公认的金融证券业最高认证证书,有金融"全球通行证"。也是世界上规模最大的职业考试。

CFA资格授予广泛的各个投资领域内的专业人员,包括基金经理、证券分析师、财务总监、投资顾问、投资银行家、交易员等。CFA要求持有人建立严格而广泛的金融知识体系,掌握金融投资行业各个核心领域理论与实践知识,包括从基础概念的掌握到分析工具的运用,以及资产的分配和投资组合管理。CFA既要有全面的金融理论知识,还需要有实践经验和良好的职业道德。

(二)CFA的优势

鉴于CFA考试的正规性、专业性和权威性,其资格证书在全球金融领域内受到广泛的认可,成为银行、投资、证券、保险、咨询行业的从业通行证。美国证监会(SEC)认可CFA特许资格是等同美国证券从业员第七系列(Series 7)法定资格。英国证券及投资公会(SII)给予CFA特许资格持有人可以直接得到英国证券及投资公会(SII)的会员资格(MSI)或符合相关经验要求便可以成为资深会员(FSI)。

正如获取CFA特许资格认证显示了投资专才对更高标准的执著追求,聘用CFA特许资格认证持有人也表现了公司对此的重视。全球的雇主和传媒都将CFA特许资格认证视为卓越的专业标准。CFA资格经常被金融业内不同机构包括投资公司、基金公司、证券公司、投资银行、投资管理顾问公司、银行等的雇主当做指标,借之量度某人的工作能力及专业知识,从而决定是否聘用某应征者或晋升某雇员。凭着如此广泛的认同,CFA特许资格认证持证人在国际职场上享有明显的竞争优势。CFA特许资格认证持有人通常就职于投资公司、互惠基金公司、证券公司、投资银行等,或成为私人财富经理。在我国拥有最多CFA特许资格认证持有人的机构包括中国银行、中国工商银行、中国国际金融有限公司、汇丰银行、中国中信、中国平安保险、国泰君安证券股份有限公司等。

(三)CFA考试

CFA的知识涵盖了金融分析行业所必备的专业知识,考试内容包括:职业道德与专业标准、定量分析方法、经济学、财务报表分析、公司金融、投资组合管理、权益类投资分析、固定收益投资分析、资产评估、金融衍生产品分析、其他投资产品分析)。

CFA考试内容分为三个不同级别,分别是Level Ⅰ、Level Ⅱ和Level Ⅲ。考试在全球各个地点统一举行,每个考生必须依次完成三个不同级别的考试。CFA资格考试采用全英文,候选人除应掌握金融知识外,还必须具备良好的英文专业阅读能力。

随着CFA考试参考人数的不断增加,"投资管理与研究协会"自2003年起,将Level Ⅰ考试由每年一次增加为每年两次,除了6月在全球160个考点举行一次外,12月将在包括新加坡、香港等考生较为集中的23个地区再举行一次。因而,从2003年起Level Ⅰ考生将有两次机会参加考试。中国内地已经开设考场,每年6月份的考点有北京、上海、广州、香港、南京、成都、天津、深圳,12月份的考点有北京、上海、广州、香港。

考试内容涵盖了广泛的金融知识,同时考察当年最新的金融市场相关知识以及最新金融领域研究成果。考试的难度每级递增,考生只有通过了前一级,才能参加下一级的报名。CFA考试主要量度考生应用投资原则的能力及专业操守。第一阶段的课程及考试针对投资评价及管理的不同投资工具及概念;第二阶段着重资产评价;第三阶段则深入探讨投资组合管理,还包括投资工具的使用战略,以及个人或机构管理权益类证券产品、固定收益证券、金融衍生产品和其他类投资产品的资产评估模式。伦理和职业道德标准是CFA三个级别考试课程中均强调的内容。

CFA 考生只要完成三个阶段的考试,持有学士学位或累积至少四年投资决策相关经验,以及遵守 CFA 的道德标准守则(code of ethics and standards),便可以得到特许财务分析师(CFA)资格。

三、理财规划师国家职业资格证书

理财规划师国家职业资格认证(CHFP)是由中华人民共和国人力资源和社会保障部颁发的职业资格证书,是国内唯一一个由政府权威机构颁发的理财规划师证书。证书采用全国统一编号,可登录国家人力资源和社会保障部官方网站——国家职业资格工作网(www.osta.org.cn),查询真伪。2003 年,国家人力资源和社会保障部(原国家劳动和社会保障部)正式推出理财规划师职业。2004 年,国家职业技能资格鉴定专家委员会理财规划师专业委员会成立。2005 年 11 月初,首批 42 人通过考试获颁国字号理财规划师职业资格。2006 年,理财规划师列入全国职业资格统一鉴定范畴。目前,我国国家理财规划师的保有量已超过 8 万人,已形成了中国主流、权威的理财师职业群体。

理财规划要求提供全方位的服务,因此要求理财规划师要全面掌握各种金融工具及相关法律法规,为客户提供量身订制的、切实可行的理财方案,同时在对方案的不断修正中,满足客户长期的、不断变化的财务需求。理财规划师在理财规划实际工作中,根据客户的要求为客户提供现金规划、消费支出规划、教育规划、风险管理与保险规划、税收筹划、投资规划、退休养老规划、财产分配与传承规划等具体理财规划。

(一)证书等级

理财规划师国家职业资格认证分为三个等级,即助理理财规划师(国家职业资格三级)、理财规划师(国家职业资格二级)、高级理财规划师(国家职业资格一级)。

(二)考试科目

助理理财规划师全国统考科目为理论知识、实操知识两门。理财规划师全国统考科目为理论知识、实操知识、综合评审三门。高级现在属于内部认证试点,考试科目为理论知识、实操知识、综合评审三门。

(三)考试时间

理财规划师国家职业资格认证证书必须经考试取得,认证考试为全国统一考试,每年考试两次,分别为 5 月中下旬和 11 月中下旬,考试地点由各地区劳动和社会保障部门指定。

(四)培训教材

国家人力资源和社会保障部、国家职业技能鉴定专家委员会理财规划师专业委员会规定,国家理财规划师考试全国统一教材为《国家理财规划师职业资格培训教程》,该教材共分三册,包括《理财规划师基础知识》《助理理财规划师专业能力》和《理财规划师专业能力》。

《理财规划师基础知识》《助理理财规划师专业能力》和《理财规划师专业能力》适用于理财规划师(国家职业资格二级)考试,《理财规划师基础知识》和《助理理财规划师专业能力》适用于助理理财规划师(国家职业资格三级)考试,如表 1-2,表 1-3 所示。

表1-2 国家理财师二级课程设置

序号	课程	内容
1	理财原理	基础知识
2	金融基础	基础知识
3	宏观经济	基础知识
4	财务会计	基础知识
5	税务基础	专业能力
6	税收筹划	基础知识
7	理财计算	基础知识
8	投资规划	专业能力
9	黄金外汇投资	专业能力
10	保险规划	专业能力
11	现金、消费、教育、退休养老规划与职业道德	专业能力
12	家庭财产分配与传承规划	专业能力
13	法律基础	基础知识
14	综合理财案例	专业能力

表1-3 国家理财师三级课程设置

序号	课程	内容
1	理财原理	基础知识
2	金融基础	基础知识
3	宏观经济	基础知识
4	财务会计	基础知识
5	税务基础	基础知识
6	理财计算与四小规划	专业能力
7	法律基础	基础知识
8	保险规划	专业能力
9	投资规划	专业能力
10	家庭财产分配与传承规划	专业能力

四、中国银行业从业人员——个人理财业务岗位资格认证

我国商业银行个人理财业务尚处在起步阶段,发展时间较短,相关配套政策和措施都需要逐步完善,中国银监会采取了循序渐进的方法规范个人理财业务从业人员的资格问题,在《办法》《指引》中对从业人员应当具备的基本条件进行了明确规定。在此基础上,中国银行业协会于2006年6月6日成立了银行业从业人员资格认证委员会,并制定了中国银行业从业人员资格认证(certification of china banking professional,CCBP)制度。中国银行业从业人员资格认

证制度，由四个基本的环节组成，即资格标准、考试制度、资格审核和继续教育。中国银行业从业人员资格是中国银行业的基本从业标准。

中国银行业从业人员资格认证考试是中国银行业从业人员资格认证委员会统一组织的银行业从业人员资格认证的考试。中国银行业协会银行业从业人员资格认证委员会授权中国银行业从业人员资格认证办公室组织和实施考试。资格考试统一大纲、统一命题、统一考试。考试一般为每年两次。

从2014年开始银行业专业人员的职业水平评价分为初级、中级和高级3个资格级别。银行业专业人员初级职业资格采用考试的评价方式；中级和高级职业资格的评价办法另行规定。银行业从业人员资格考试正式更名为银行专业人员职业资格考试。银行业专业人员初级职业资格考试设"银行业法律法规与综合能力"和"银行业专业实务"2个科目。在"银行业专业实务"科目中又分设"个人理财""风险管理""公司信贷"和"个人贷款"4个专业类别，考生在报名时应根据实际工作需要选择相应的专业类别。"个人理财"涵盖的内容包括银行个人理财业务基础知识、专业技能、相关法规和个人理财业务管理等基础内容，是商业银行个人理财业务相关岗位以及有志于从事该工作人员学习的基础教材。一些银行规定员工考试合格后，才有资格从事银行个人理财业务相关岗位工作。作为一项高知识含量的业务，商业银行个人理财业务必须有一支专业素质与职业操守兼备的执业队伍作支撑。CCBP制度建立以来，大量银行从业人员通过了"个人理财"考试，有效促进了我国商业银行个人理财业务的规范发展。

 知识链接1-6

中美理财观念大比拼

由于中美两国在经济与文化方面的差异，在理财方式上的区别也是相当明显的。

1. 税收

美国人比较重视税收的作用，无论是投资股票和基金，还是买房和积累养老金，都会考虑到税收的问题。

（1）房产税

如果你买房子是自己住，除了买房子当年的过户费用一部分可以抵税外，主要的抵税项目是地产税（real estate tax）与贷款利息（mortgage interest）。

在美国购买房子后，你支付的贷款利息可以从个人所得税中扣除。这是政府为了鼓励民众自购房屋的优惠政策。美国的税赋比较重，如果你年薪五万，购买价值四十万左右的房屋，贷款三十万，每月要支付贷款约一千八百元，其中利息平均一千五百块，一年是一万八千块，在年终报税时，扣除一万八千块的利息，你的报税基数就降低为三万二千，节省了很多。因此，租房不如买房，买房必定会使用按揭就是这个道理。

（2）股票税

美国个人所得税中其中重要的一项申报就是股票税，它还包括黄金白银的买卖、原材料期货的买卖、股票和共同基金的分红等。

交纳股票税有一个严格的界定，股票的盈利以你卖出的价格高于你买进的价格为标准。如果你在当年12月31号之前，没有卖出自己的股票，你的股票价格在股市上即便高于你买进时的价格，你的股票也不算盈利。更准确地说，你无需交纳股票税。

如果你的股票在当年12月31号或之前卖出时的价格低于你买进时的价格，你的股票便是亏损。亏损不但不用交纳股票税,而且可以从你的年薪中减去股票亏损的那一部分。举例说明,如果你年薪六万,股票亏损五千,你便以五万五千年薪收入向联邦政府报税。因此,在抛售股票或基金时,美国人会首选亏损的股票先抛,充分享受税收上的好处。

而在中国,想获得税收上的减免基本没有可能,尤其是大量的工薪阶层,工薪收入的所得税是代扣代缴的,即便你股票亏得再多,也不会减你一分钱税。当然,这也让中国人可以放心大胆地做短线交易,因为股票交易不收资本利得税,赚到的都是自己的。而在美国,资本利得是要纳税的,持有不超过1年的资产,资本利得税的税率要高于持有1年以上的资产,这也是为什么做短线交易的美国人相对较少的原因。

2. 消费

全球银行卡普及率最高的当数美国。截至2011年,有超过六成的美国人拥有信用卡,平均每个持卡者拥有的信用卡数量更是高达7.3张。美国人早就把信用卡当成最主要的支付工具了,甚至越来越多的中、低收入家庭要依赖信用卡来维持生活。

而近几年信用卡在中国的发展速度也相当迅猛,一些大城市居民的平均持卡数量较高。侨报网资料库数据显示,截至2014年第二季度末,中国累计发行银行卡45.40亿张。

与美国不同的是,大部分中国持卡人更倾向于一次性还清欠款,只享受免息期带来的好处,而不支付高额的循环利息。而美国人中因为过度刷卡成为卡奴的比例要远高于中国人。

在美国负债是一种本事,侨报网资料库数据显示,2013年第四季度,美国消费者负债规模增加2410亿美元,创2007年第三季度以来最大季度增幅。美国人平均个人负债5.3850万元。

3. 子女教育

中国人更愿意在子女身上花钱,念书尽量要上最好的学校,还要参加各种各样的补习班。子女教育支出已经成为中国城市家庭的主要经济支出之一。调查显示,中国城市家庭平均每年在子女教育方面的支出,占家庭子女总支出的76.1%,占家庭总支出的35.1%,占家庭总收入的30.1%。

不仅如此,很多家长不仅会提供子女读大学的费用,还会提供子女出国留学的费用。据美国《国际商业时报》报道,中国90%资产超过1亿元的富人计划将孩子送到国外,而拥有100万美元以上的父母中,有85%愿意送孩子出国接受教育。2013年底,在世界各地留学的中国学生人数为45万。到2014年,送孩子出国留学的中国家庭达到50万个。《金融时报》称,过去10年里,中国留学生数量增加了3倍多,而且还在继续增加,中下层家庭的增长尤为明显。

而美国的孩子大多在免费的公立学校接受12年义务教育,到了大学阶段,学费和生活费的来源也不完全是家长,奖学金和教育贷款成为了支持大学学习的重要资金来源。

美国的文化比较崇尚孩子18岁以后自己在社会闯荡,尽量减少家庭的资助,这也是为什么许多大学生习惯贷款付学费的原因。美国助学贷款目前已超过1万亿美元,有71%的美国大学毕业生是依靠贷款完成学业的,人均借贷2.94万美元。

4. 购房

虽然买房并不难,但35岁以下的美国人,房屋拥有者仅占了36.3%。美国年轻人经济独立,没有来自父母的资助。同时也不怎么存钱,因为观念不同,而且要还各种贷款,加上近几年经济发展缓慢,很多年轻人根本就没有什么结余。而那些能存下钱的人,也不一定就这么早想买房安家。再加上投资种类繁多,买房容易养房难,还是租房省事,种种原因造成了美国年轻人买房的比率较低。

而在中国,父母为子女购房似乎变得越来越普遍。数据显示,在对中国30岁以下年轻购房群体的调查中,84%表示父母一起出资买房,仅16%的人表示是靠自己买房,父母没有提供资金。而在出资的人群中,有75%的人父母是提供首付,另有25%的人表示,父母给其全额付款。在父母提供首付款的人群中,有62%的人表示父母提供全部首付,而其余38%的人父母会提供一定的首付,但另一部分让孩子自己出。首付出资在20万~50万元和50万~100万元的父母比例最多,各占到27%。

5. 保险

美国人更愿意把保险当成一种保障,因此他们在财产险、汽车险方面的投入较大,在人寿保险方面,他们更倾向于购买价格相对较便宜的定期寿险。而中国人则更多地把保险当成是一种生财的工具,能不能收回本金是最先要考虑的问题,因此,返本产品最受中国人的青睐。

从未来的趋势看,中国人在借鉴美国的现代金融意识的同时,仍然保持着自己的文化传统,如讲究安居乐业、量入为出、重视子女教育等。如果我们能够将两种文化加以融合,一定能让我们的生活更加美好。

本章小结

个人理财是一种综合金融服务,是指专业理财人员通过分析和评估客户财务状况和生活状况、明确客户的理财目标、最终帮助客户制订出合理的、可操作的理财方案,使其能满足客户人生不同阶段的需求,最终实现人生在财务上的自由、自主和自在。在整个个人理财规划中,不仅要考虑财富的积累,还要考虑财富的安全保障。

个人理财是全方位的综合金融服务,而不是简单的金融产品销售。个人理财应强调个性化,应根据客户的需要进行具体分析,为客户量身打造理财方案,提供长期、全面、综合性的财务管理。个人理财是一个动态的过程,个人理财规划应贯穿客户的一生,而不是针对某一生命阶段进行的规划。

树立正确的个人理财理念很重要,避免陷入理财就是发财,理财就是投资赚钱等个人理财的种种误区。

个人理财业务最早在美国兴起,并且首先在美国发展成熟,其发展大致经历了萌芽期、形成发展期、成熟稳定期三个阶段。

个人理财规划的总体目标是建立一个财务安全健康的生活体系,实现人生各阶段的目标和理想,最终实现财务的自由。在理财规划实际工作中,财务安全和财务自由目标具体体现必要的资产流动性、合理的消费支出、投资增值、积累财富、实现教育期望、完备的风险保障、合理的纳税安排、安享晚年以及财产的分配与传承。

个人理财规划必须要遵循一定的原则,概括起来主要有:提早规划原则、风险保障优先于追求收益原则、量入为出原则、家庭类型与理财策略相匹配原则。

个人理财的主要工具包括储蓄、证券投资基金、商业保险、银行理财产品、股票、期货、外汇、黄金、个人信托、权证等。

关键术语

个人理财　理财师　股票　债券　证券投资基金　保险　银行　外汇　黄金　财务安全　财务自由

 本章思考题

1. 个人理财的目标是什么？
2. 简述个人理财的产生与发展历程。
3. 个人理财规划应该依据哪些原则？
4. 结合实际阐述个人理财存在的误区。
5. 进行个人理财通常借助的工具有哪些？

案例分析

王小姐，新疆人，现居住北京。24岁，在文化公司工作，每月税后工资3500元，每年13个月工资，有五险，无兼职无其他收入。目前个人名下无房产，存款人民币1万元。个人月开销3000元左右，房租支出三分之一，吃饭支出三分之一，书、化妆品、衣服、包均有支出，但不购买奢侈品，偶尔看话剧、演唱会，常去影院观影。未婚，无男友，无赡养支出，家里每年补贴1.5万元，父母给上了相关保险。爱好广泛，拼图、绘画、阅读、摄影、烹饪，时间和金钱不允许全都报班学习，但有自己买材料学习的计划。目前想要去法国学习绘画课程，费用在3万元人民币左右，但是工资及存款太少。

像王小姐这样的情况应该怎样进行理财呢？

对于"月光族"们而言，发了工资好不容易有点入账，除去衣食住行等必要开销，再还了信用卡账单，存款账户上的数字就屈指可数了。而像王小姐这样的职场新人，生活中并没有什么储蓄，面对一些金额较大的开支就有心无力了。

据了解，平时生活中王小姐有着广泛的兴趣爱好，并且希望在相对较短的时间内达成去法国学习绘画的愿望。想要完成自己的理财目标，就需要从现在开始作有效的积累和投资，那么首先就要每个月强制拿出工资的一部分存入账户，再将这部分资金作如下合理配置。

（1）强制储蓄。建议像王小姐这样的年轻消费者，可以通过强制储蓄的方式来迈出理财第一步。建议王小姐首先选择定期存款，积少成多，培养自己的理财习惯。比如中国银行的"智能定存"业务，王小姐可以选择将自己的工资卡办理这项业务，每个月银行都会按约定自动将客户账户资金中的一部分资金转为定期存款，从而达到强制储蓄的目的。

（2）基金定投。王小姐可以选择基金定投的模式进行长期投资，每月定期定额买入，并设置止盈止损线，在收益达到一定比例时落袋为安，在出现一定比例亏损时，根据当时市场情况选择补仓或者止损。由于基金产品存在一定风险，王小姐在选择产品时可以参考专业理财人士的建议。

（3）流动资金巧理财。像王小姐这样的消费者，可以选择购买一些适用于活期资金理财的产品。比如中国银行的日积月累产品，在每个工作日开放申购和赎回，在规定的时间内交易，资金可实时到账。王小姐可以先将部分活期资金购买这类产品，需要用钱时再利用其在规定时间内交易实时到账的特点，将资金用手机银行赎回。如此，客户即可在满足流动性需求的同时，获得超过活期存款的利息收益。

第二章 个人理财的财务基础

教学目的及要求

通过本章学习,理解货币时间价值的定义,掌握终值与现值的计算公式和不同现金流的计算方法,理解风险和收益的关系,认识资本资产定价模型。

 教学重点及难点

货币时间价值、终值、现值、风险与收益、资本资产定价模型。

第一节 货币时间价值

一、单利与复利

(一)单利

单利是指在规定期限内只就本金计算利息,每期的利息收入不作为下一个计息期的本金,从而不产生利息收入。其计算公式为:

$$FV = PV + PV \times r \times n \tag{2-1}$$

其中:P 是指现值,F 表示终值,r 表示年利率,n 为计息期数。

【例2-1】本金为1000元,年利率为10%,期限为5年,到期一次还本付息。到期应该偿还的金额是多少?

解:$1000 \times (1 + 10\% \times 5) = 1500$(元)

(二)复利

复利即所谓的利滚利,是指每期的利息收入在下一期转化为本金,产生新的利息收入。复利是相对单利而言的。其计算公式为:

$$FV = PV \times (1+r)^n \tag{2-2}$$

【例2-2】本金为1000元,年利率为10%,期限为2年的复利定期存款,2年后一次还本付息。到期应该偿还的金额是多少?

解:$1000 \times (1 + 10\%)^2 = 1210$(元)

二、终值与现值

(一)单期现金流的终值与现值

1. 终值

终值是指现在的一笔资金在未来一段时间后具有的价值。按照计息方式不同,有单利终值和复利终值。

单利终值的计算公式为:

$$FV_n = PV(1+r \times n) \tag{2-3}$$

复利终值的计算公式为:

$$FV_n = PV(1+r)^n \tag{2-4}$$

$(1+r)^n$ 称为复利终值系数,记作 $FVIF_{r,n}$。为方便计算,人们编制了复利终值系数表。在进行时间价值计算时,只需要在表上直接查出相应的复利终值系数,再乘以初始价值就可以了。

【例2-3】 投资者购入面值为100元的5年期复利债券一张,利率为10%,到期一次还本付息。求到期时的终值。

解: $FV_n = 100 \times (1+10)^5 = 161.05(元)$

2. 现值

现值是指未来现金流折算到当前的价值。

与终值相对应,现值的计算方法有两种:单利现值和复利现值。

单利现值的计算公式为:

$$PV = \frac{FV_n}{(1+r \times n)} \tag{2-5}$$

复利现值的计算公式为:

$$PV = \frac{FV_n}{(1+r)^n} \tag{2-6}$$

$\frac{1}{(1+r)^n}$ 叫做复利现值系数,记作 $PVIF_{r,n}$。r 为贴现率,n 为期数。与复利终值系数相同,复利现值系数也可以查表。

【例2-4】 某人希望2年后得到1815元,已知年利率为10%,按复利计息。那么此人现在应存入多少钱?

解: $PV = \frac{FV_n}{(1+r)^n} = \frac{1815}{(1+10\%)^2} = 1500(元)$

(二)多期现金流的现值与终值

1. 多期现金流的终值

【例2-5】 某人制定了一项储蓄计划,期限是三年。当前存入1000元,第一年末再存入2000元,第二年末再存入3000元。若年利率为5%,那么三年后他一共可以从银行取出多少钱?

解:

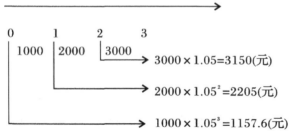

1000 元三年后的终值＝1000×(1＋5％)³＝1157.6(元)
2000 元两年后的终值＝2000×(1＋5％)²＝2205(元)
3000 元一年后的终值＝3000×(1＋5％)＝3150(元)
因此三年后他可以从银行取出的资金总额＝1157.6＋2205＋3150＝6512.6(元)
一般情况下,当有 n 个现金流的终值公式是:

$$FV_n = \sum_{t=0}^{n-1} CF_t (1+r)^{(n-1)} \tag{2-7}$$

注:该公式中假设所有的现金流发生在每一期的期初。若是现金流发生在期末,那么计算终值的公式就变成:

$$FV_n = \sum_{t=1}^{n} CF_t (1+r)^{(n-t)} \tag{2-8}$$

2. 多期现金流的现值

当未来不同时期均有现金流发生时,多期现金流量的现值就是各期单次现金流量的现值之和。其计算公式为:

$$PV_n = \sum_{t=1}^{n} \frac{CF_t}{(1+r)^t} \tag{2-9}$$

如果每一期现金流总是发生在期初,那么每一笔现金流贴现的期数相应减 1。其计算公式为:

$$PV_n = \sum_{t=1}^{n} \frac{CF_t}{(1+r)^{(t-1)}} \tag{2-10}$$

【例 2-6】王先生与银行签订一笔三年内的现金交换协议,内容如下:王先生现在向银行存入一笔钱,分三期提取,第一年末取出 1000 元,第二年末取出 2000 元,第三年末再取出 3000 元。假设年利率为 5％,那么王先生现在应该存入多少钱?

解: $PV_n = \sum_{t=1}^{n} \frac{CF_t}{(1+r)^t} = \frac{1000}{(1+5\%)} + \frac{1000}{(1+5\%)^2} + \frac{1000}{(1+5\%)^3}$
＝952.4＋1814.1＋2591.5＝5358(元)

三、复利频率与实际年利率

由于计息次数不同,复利计息的终值也就不同。因此,将不同计息次数换算成每年记一次息的对应利率,即实际年利率(effective annual rate,EAR)。

假设一年内记 m 次息,名义利率为 APR,那么实际年利率的计算公式为:

$$EAR = (1 + \frac{APR}{m})^m - 1 \tag{2-11}$$

四、年金

所谓年金,是指一定时期内多次发生的每期金额相等的现金流量。比较常见的年金的表现形式有直线折旧、固定利息、学费、租金等。年金现值与终值的计算是多期现金流现值与终值计算的一个特例。

1. 普通年金

(1) 普通年金终值。

普通年金就是在有限的期限内等额支付的多期现金流。通常所考虑的年金是在每一个时期的期末支付,称为后付年金。

假设每期的年金现金流为 A,根据多期现金流终值的计算公式,后付年金的终值为:

$$FV_n = \sum_{t=1}^{n} A(1+r)^{n-t} = A\sum_{t=1}^{n}(1+r)^{n-t} = A\sum_{t=1}^{n}(1+r)^{t-1} \quad (2-12)$$

(2-12)式子中,其中 $\sum_{t=1}^{n}(1+r)^{t-1}$ 称为年金终值系数,可以简记做 $FVIFA_{r,n}$。所以,(2-12)式又可以写作:

$$FV_n = A \times FVIFA_{r,n}$$

【例 2-7】李先生五年内每年年底存入银行 2000 元,存款利率为 4%,按复利计息。计算第五年年底时的年金终值。

解:这是一个后付年金终值计算的问题,直接运用公式(2-12),即

$FV_5 = A \times FVIFA_{4\%,5} = 2000 \times 5.4163 = 10832.6$(元)

(2) 普通年金现值。

根据多期现金流现值计算公式,后付年金的现值为:

$$PV_n = \sum_{t=1}^{n} A * \frac{1}{(1+r)^t} = A\sum_{t=1}^{n}\frac{1}{(1+r)^t} \quad (2-13)$$

(2-13)式子中的 $\frac{PV_n}{A} = \sum_{t=1}^{n}\frac{1}{(1+r)^t} = \frac{(1+r)^n - 1}{r(1+r)^n}$ 称为年金现值系数,可以简记做 $PVIFA_{r,n}$。所以,(2-13)式又可以写作:

$$PV_n = A \times PVIFA_{r,n}$$

【例 2-8】李先生五年内每年年末将得到 2000 元的现金收益,若贴现率为 4%。求其现值。

解:$PV_5 = A \times PVIFA_{4\%,5} = 2000 \times 4.4518 = 8903.6$(元)

2. 递延年金

递延年金又称"延期年金",是指在最初若干期没有现金流的情况下,后面若干期等额的系列收付款项。递延年金是普通年金的特殊形式。

假设最初有 m 期没有现金流,后面 n 期有等额年金,则递延年金的现值即为后 n 期年金贴现至 m 期第一期期初的现值。其计算公式为:

$$PV_{m,n} = A \times PVIFA_{r,n} \times PVIF_{r,m} \quad (2-14)$$

式中:$PV_{m,n}$ 表示递延 m 期,并持续 n 期的年金。

递延年金现值的另一种求法是,先求出 $m+n$ 期后付年金现值,减去没有付款的前 m 期后付年金现值,二者之差便是延期 m 期的 n 期后付年金现值。其计算公式为:

$$PV_{m,n} = A \times PVIFA_{r,m+n} - A \times PVIFA_{r,m} = A \times (PVIFA_{r,m+n} - PVIFA_{r,m})$$

递延年金的终值公式则与普通年金相同。因此,也可以先计算出递延年金的终值,再将其贴现到期初。其计算公式为:

$$PV_{m,n} = A \times FVIFA_{r,n} \times PVIF_{r,m+n}$$

【例 2-9】 某公司向银行借入一笔款项,银行贷款的年利息率为 8%,银行规定前 10 年不用还本付息,但从第 11 年至第 20 年每年年末偿还本息 1000 元。这笔款项的现值应为多少?

用第一种方法计算递延年金的现值:
$$PV_{10,10} = A \times PVIFA_{8\%,10} \times PVIF_{8\%,10} = 1000 \times 6.7101 \times 0.4632 = 3108(元)$$

用第二种方法计算递延年金的现值:
$$PV_{10,10} = A \times PVIFA_{8\%,20} - A \times PVIFA_{8\%,10} = 1000 \times (9.8181 - 6.7101) = 3108(元)$$

用第三种方法计算递延年金的现值:
$$PV_{10,10} = A \times FVIFA_{8\%,20} \times PVIF_{8\%,20} = 1000 \times 14.487 \times 0.2145 = 3108(元)$$

3. 永续年金

永续年金是指每期金额相等的现金流量永久地持续下去。比如优先股的现金股利。

永续年金的现金流量的个数是无限的,因此无法计算其终值,永续年金的价值就是指无限个现金流量的现值的和。其计算公式为:

$$PV_n = A \sum_{t=1}^{\infty} \frac{1}{(1+r)^t} \quad (2-15)$$

求和可得:

$$永续年金的现值 = \frac{A}{r}$$

【例 2-10】 一项每年提供 1000 元现金流量的永续年金投资,在贴现率为 5% 时的价值为多少?

解: $PV = 1000 \div 0.05 = 20000(元)$

4. 先付年金与后付年金

先付年金是指等额现金流量总是发生在每一期的期初,后付年金是指等额现金流量总是发生在每一期的期末。前面讨论的年金均为后付年金,下面讨论先付年金的终值和现值。

(1)先付年金的终值。

根据多期现金流终值的计算公式,先付年金的终值计算公式为:

$$FV_n = \sum_{t=0}^{n-1} A*(1+r)^{n-t} = A \sum_{t=0}^{n-1}(1+r)^{n-t} = A \sum_{t=1}^{n}(1+r)^t \quad (2-16)$$

n 期先付年金与后付年金的付息期数相同,但时间不同。先付年金比后付年金提早一期发生,故计息期数也相应增加一期,终值计算公式也就有所不同。由于年金终值系数表是按后付年金计算公式编制的,因此,在计算先付年金的终值时,不能直接用年金终值系数表计算,而是要对计算公式作必要的调整。这种调整有两种方法:一种方法是考虑先付年金比后付年金多付一期利息,因此只需计算出 n 期后付年金的终值后再乘以 $(1+r)$ 就可以了,即:

$$FV_n = A \sum_{t=1}^{n}(1+r)^t = A \sum_{t=1}^{n}(1+r)^{t-1}(1+r)$$
$$= A(FVIFA_{r,n})(1+r)$$

另一种方式是考虑 n 期先付年金与 $(n+1)$ 期后付年金的计息期相同,但比 $(n+1)$ 期后付年金少付一次年金,所以,只要从 $(n+1)$ 期后付年金的终值中减去一笔年金,即可得到 n 期先付年金的终值,即:

$$FV_n = A(FVIFA_{r,n+1}) - A$$
$$= A[(FVIFA_{r,n+1}) - 1]$$

【例 2-11】张先生每年年初存入银行 2000 元,存款利率为 5%,按复利计息。计算第五年年底时这些存款的终值。

采用第一种方法:$FV_5=A(FVIFA_{5\%,5})(1+5\%)=2000\times5.5256\times1.05=11603.8(元)$

采用第二种方法:$FV_5=A(FVIFA_{5\%,6}-1)=2000\times(6.8019-1)=11603.8(元)$

(2)先付年金的现值。

根据前面多期现金流现值的计算公式,先付年金现值公式为:

$$PV_n=\sum_{t=0}^{n-1}\frac{A}{(1+r)^t}=A\times PVIFA_{r,n}\times(1+r)=A[(PVIFA_{r,n-1})+1] \qquad (2-17)$$

【例 2-12】假设上例中的张先生为了避免存钱的麻烦,打算现在一次性存入一笔钱。为了获得与之前一样的效果,现在需要存入多少钱?

根据公式,张先生现在需要一次性存入的资金是:

$$PV_5=2000\times PVIFA_{5\%,5}\times(1+5\%)=2000\times4.3295\times(1+5\%)=9092(元)$$

$$PV_5=A[(PVIFA_{5\%,4})+1]=2000\times(3.5460+1)=9092(元)$$

第二节 风险与收益

一、风险与收益

风险与收益是正相关的,风险越高收益越大。因此,可以根据投资项目的收益来判断其风险水平。在对收益和风险进行度量的方法中,最常用的是期望和方差。

(一)收益

1.单项证券的收益

(1)无风险债券的收益。

对于无风险债券的收益衡量常用的是持有期收益率(HPR)。持有期收益率即收入和资本增益的总额与期初投资额相比的百分率。其计算公式为:

$$HPR=\frac{P_1+D_1-P_0}{P_0} \qquad (2-18)$$

式中:HPR 为证券持有期收益率;D_1 为证券持有期收入,若该证券是股票,那么 D_1 为股利,若证券时债券,则 D_1 是利息;P_0 为证券的期初价格;P_1 为证券的期末价格。

(2)有风险债券收益。

对于有风险的债券,最常用的衡量指标是期望。对于任意的证券 X,有:

$$E(R)=\sum_{i=1}^n X_iP_i \qquad (2-19)$$

其中:$E(R)$ 为证券 X 的期望收益;X_i 为 i 结果的预期收益;P_i 为 i 种结果出现的概率。

【例 2-13】某种证券未来可能的收益率水平分别为 80%、20%、-20%。发生这些可能收益的概率分别为 20%、50%、30%。

该证券的期望收益为:

$$E(R)=\sum_{i=1}^n X_iP_i=80\%\times20\%+20\%\times50\%+(-20\%)\times30\%=20\%$$

2. 证券投资组合的收益

对于投资组合,收益的衡量是一样的。任意的组合 P,有:

$$E(R_p) = \sum_{j=1}^{n} X_{pj} P_j$$

式中:R_p 为证券投资组合 P 的预期收益率;R_{pj} 为证券投资组合 P 的第 j 个收益率;P_j 为证券投资组合 P 的第 j 个收益率发生的概率。

由于:

$$R_{pj} = \sum_{i=1}^{n} X_i \times R_{ij}$$

式中:X_i 为投资组合中证券 i 所占的比重;R_{ij} 为证券 i 的第 j 个收益率。

推导出证券投资组合预期收益的另一种表达方式为:

$$E(R_p) = \sum_i X_i \bar{R}_i$$

【例 2-14】两种证券各按 50% 的比例构成投资组合,两个证券的收益率分别如表 2-1 所示:

表 2-1 两种证券的收益率

估计收益率		概率
证券 1	证券 2	
20%	25%	25%
15%	18%	50%
12%	15%	25%

根据已知收益可得:

$\bar{R}_1 = 20\% \times 25\% + 15\% \times 50\% + 12\% \times 25\% = 15.5\%$

$\bar{R}_2 = 25\% \times 25\% + 18\% \times 50\% + 15\% \times 25\% = 19\%$

$\bar{R}_p = 50\% \times 15.5\% + 50\% \times 19\% = 17.25\%$

(二)风险

在证券操作和理论研究中通常用证券投资收益率的方差或标准差来衡量证券投资风险。

1. 单项证券投资风险

$$\sigma_i^2 = E(R_{ij} - \bar{R}_i)^2 = \sum_j P_{ij}(R_{ij} - \bar{R}_i) \tag{2-20}$$

式中:σ_i^2 为证券 i 的方差;P_{ij} 为证券 i 的第 j 个可能收益率发生的概率;R_{ij} 为证券 i 的第 j 个收益率;$\bar{R}_i$ 为证券 i 的预期收益率;σ_i 为证券 i 收益率的标准差。

【例 2-15】某种证券未来可能的收益率水平分别为 80%、20%、-20%。发生这些可能收益的概率分别为 20%、50%、30%。求证券组合的方差是多少?

$\sigma_i^2 = E(R_{ij} - \bar{R}_i)^2 = \sum_j P_{ij}(R_{ij} - \bar{R}_i)$

$= 20\%(80\% - 20\%)^2 + 50\%(20\% - 20\%)^2 + 30\%(-20\% - 20\%)^2$

$$= 0.12$$

2. 证券投资组合的风险

如果构成组合的证券有 N 个，那么组合的风险为：

$$\sigma_p^2 = \sum_{i=1}^{N} \omega_i^2 \sigma_i^2 + \sum_{i=1}^{N} \sum_{j \neq i}^{N} \omega_i \omega_j \rho_{ij} \sigma_i \sigma_j \tag{2-21}$$

本章小结

公司在投资过程中，投资收益会面临各种各样的不确定性。因此，任何投资都存在风险。风险和收益是公司理财的两个核心概念。要想了解风险与收益的关系，就要知道货币的时间价值。

对于不同的现金流计算货币时间价值，需掌握现金流的支付方式，然后对其求现值和终值。

风险与收益的计算，根据单项证券和证券组合分别求风险与收益。

关键术语

货币时间价值　风险　收益

本章思考题

1. 怎样理解货币的时间价值？
2. 风险与收益的关系是什么？

案例分析

张某今年 30 岁，是一名公务员，经过多年的打拼，工资收入稳定。假设张某每月工资 10000 元，为了在将来退休后有养老的资金，他打算每年从工资中取出 4000 元放入银行，银行年存款利率为 5%。每年年末进行，直到 60 岁为止。

请问 30 年后他可以取出多少钱？

分析：

公式 $FV = A \times FVIFA_{(5\%, 30)}$

代入数据可知 $FV = 4000 \times 66.4388 = 265755.2$（元），因此，30 年后张某可以取出 265755.2 元用于养老。

第三章 个人理财规划的步骤和流程

 教学目的及要求

通过本章学习,了解理财规划的发展,理解理财规划,掌握理财规划的要素、理财规划的流程,能够做简单的理财规划方案。

 教学重点及难点

理财规划、理财规划的要素、个人理财规划流程。

第一节 建立客户关系

进行个人理财,必须要建立并明确与客户的关系,具体包括如下内容:

(1)确定金融理财师提供的服务类型;
(2)披露金融理财师重大利益冲突;
(3)列明此项理财服务的收费项目、费用额度和支付方式,以及金融理财师的报酬安排;
(4)确定金融理财师和客户的责任;
(5)确定理财服务的时间期限;
(6)提供任何明确或限制理财服务范围的必要信息。

在正式提供金融理财服务之前,金融理财师应当建立并明确与客户的关系,这包含两层含义:一是建立与客户的关系,二是确定为客户服务的范围。建立并明确与客户的关系是金融理财的首要步骤。这个阶段,金融理财师要与客户充分沟通,取得客户的信赖,争取建立长期的合作关系。

一、目标客户群

确定目标市场、寻找目标客户群是建立客户关系的第一步。具有理财需求的目标客户群主要有以下几类:

(1)财富净值很高,但没有足够时间去规划及管理资产的人士,如企业主、企业高管、专业人士。
(2)财富净值较低,但积极规划未来的群体,如大学生。
(3)具有极高的家庭责任感,对子女有很高期许的人群。
(4)家庭或居住环境面临较大改变,需要作特殊调整安排的人群。
(5)发生了能激发客户寻找专业理财服务事件的人群。

我国的金融服务消费者日益需要寻求金融理财专家的咨询或建议。生活理财应该是消费者的主要需求，而追求投资收益最大化并不一定是他们寻求专家理财的首要动机。仅仅提供一些创新的储蓄投资产品和消费贷款，是不能满足客户理财需求的，因为这只是金融理财服务中的一个部分。

二、金融理财师的服务性质

人们常常把金融理财师的服务同家庭医生的服务相比较。同家庭医生类似，金融理财师需要和客户建立长期的业务关系，关注客户一生的财务健康规划。

同家庭医生面临患者不同的、复杂的健康问题一样，在提供理财服务的复杂过程中，金融理财师常常涉及投资、保险、税务或法律等专业问题。这些问题可以通过金融理财师自身知识和经验的积累以及深入的研究解决，也可以像家庭医生将患者推荐给专科医生那样，通过金融理财师与其他专业人士和专家，如注册会计师、律师、特许金融分析师和保险精算师等协作达成解决方案。金融理财师还要像医生熟悉药品那样，熟悉各金融机构的功能和他们能够提供的产品，以便帮助客户选择合适的金融产品。

三、金融理财思路

通过前面的学习我们知道，金融理财重在提供整体的理财方案服务，并帮助执行和监控客户的执行情况。因此，金融理财师首先自己要认识并帮助客户认识正确的理财思路。

现实生活中，很多金融服务消费者是购买金融机构称为"理财"的产品、"结构性存款"或其他金融产品后，被动地形成了理财产品的组合。由于缺乏整体规划和考虑客户的目标、需求和优先顺序，这样的组合反映的理财策略实际上很可能已经完全偏离了自己的理财目标。

金融理财师所倡导的正确理财思路是：首先根据客户的实际目标、需求和优先顺序确定理财策略；其次根据理财策略，结合客户的风险属性来确定其能够承受的风险和与之相匹配的投资回报率，在此基础上确定合理的投资组合；最后再根据已确定的投资回报率和投资组合，选择适合的理财产品。

四、关注客户关注的问题

美国CFP标准委员会总结了客户在选择理财师时最关注的10个问题：

1. 有多少相关经验

相关经验包括理财师从事金融理财行业的年限；在理财的各个方面的相关经验，如银行、投资、保险等方面；曾经作过多少金融理财规划等。

2. 通过了哪些资质认证

由于金融理财师这一名称经常被滥用，因此，客户需要金融理财师能够提供其资质证明，以便客户了解金融理财师：第一，是否具备提供金融理财师服务的能力；第二，提供金融理财服务的水平和层级，如CFP和AFP，就代表了两类不同级别的金融理财师水平。

3.提供哪种服务

客户需要了解,理财顾问提供的是纯粹的加入理财顾问服务,还是金融理财顾问服务和各类金融产品销售相结合。这并不是禁止金融理财师销售金融产品,而是强调金融理财师必须事先告知客户所提供的服务的类型。

4.如何作理财规划

目前市场上所谓的"理财规划"服务有三类,具体如下:

(1)针对单一目标作规划。

(2)全方位理财规划。

(3)通过判断客户的风险属性来配置金融产品。这类服务往往是理财顾问只是通过简单的问题来判定客户的风险属性,然后根据客户的风险属性来配置其所销售的金融产品,而没有关注客户的财务现状和理财目标。严格来讲,这还不能算是金融理财,只是主观的风险与产品的匹配。

5.有无团队支持

客户关注的问题还包括,是只有理财顾问一个人提供服务,还是有一支团队共同服务。在出现比较复杂或十分专业的理财事件时,理财顾问是否能够得到其团队或其他专业人士的支持。

6.如何支付费用

目前市场上,理财顾问收取服务费用的方式有以下几类:

(1)公司支付薪金,比如在银行工作的金融理财师。

(2)按时计费,通常是资深独立金融理财师采取的收费方式。

(3)通过代理金融产品获取佣金。

(4)混合收费。比如配合销售业绩支付奖金的银行金融理财师,属于薪金和佣金的混合;佣金加按时计收取顾问费的独立理财顾问,属于按时计费和佣金的混合。

7.大约收多少费用

客户关注理财顾问的收费标准,一是为了了解获得金融理财服务的成本,二是为了比较不同机构或个人提供服务的费用。

8.是否有第三方因理财顾问的建议而获益

有些理财顾问推荐金融产品,虽然不向客户收取顾问费,但实际上会从这些产品的提供者或者合作的律师、会计师处获得佣金。因此,金融理财师应该避免利益冲突,以免影响其独立客观性。

9.是否因为职业上的过失而受到过纪律处分

客户需要了解理财顾问遵循何种专业协会或行业公会制定的规范,并需要理财顾问提供联络方式,以便查阅理财顾问是否有不良记录。

10.以上问题是否能得到书面答复

通常,书面答复具有法律效力,可以将所有答复作为提供理财顾问服务合同的附件。

五、引导客户进行理财规划需求分析

金融理财师应当帮助客户对个人或家庭的理财需求进行分析,可以依据TOPS原则。

(1)取得客户信任(trust)。取得客户信任是金融理财师引导客户需求的首要原则。

(2)把握机会(opportunity)。寻找客户最关心、最困扰的理财问题,从正面帮助其分析,提出解决方案。

(3)避免痛苦(pain)。对于客户未意识到的,或者是比较敏感的话题,比如人寿保险或者退休保障等,可以举一些负面的例子,用案例的形式提醒客户发现自身的需求。

(4)提供解决方案(solution)。能够提供解决方案、帮助客户解决理财问题,是金融理财的最终结果,也是金融理财师真正价值的体现。

六、明确与客户的关系

1. 确定金融理财师所提供服务的类型

金融理财师提供的服务类型主要有以下三类:

(1)单一事件顾问。因为离婚、遗产等特殊事件需要理财规划,以处理问题需要时间为时限。

(2)确定期限合同。客户需要全面化的解决方案,可签三个月规划期及一年跟踪期等期限。

(3)长期会员制顾问。除首次规划外,以后每半年或一年根据情况监控调整理财方案。

2. 披露金融理财师重大利益冲突

金融理财师在正式提供理财服务前,应当向客户及时披露自身存在的与该项服务有关的重大利益冲突。

3. 列明提供此项金融理财服务所收取的费用项目和支付方式

(1)顾问费。顾问费是指直接向客户收取的费用。形式有按时计费或按件固定收费;根据管理资产或资本收益的百分比收费;根据投资收益的绩效收费。

(2)佣金。佣金是指由于推荐或销售产品,向第三者收取的费用。佣金包括回扣、附条件的业务拓展奖金和推荐佣金。推荐佣金是指由于推荐或介绍其他机构的产品与服务而取得的报酬或经济利益。

需要指出的是,为了防止利益冲突,保持严格独立性的金融理财师只收取单向费用。也就是说,金融理财师只接受客户的顾问费,而不收取与金融理财产品买卖有关的任何费用。即金融理财师不以推荐客户购买金融理财产品的方式,直接或间接向提供此产品的企业或个人收取费用。

4. 确定金融理财师和客户的责任

以书面合同的形式确定双方的责任,在法律上对双方更有保护。

5. 确定理财服务的时间期限

金融理财师可以根据服务的内容来确定服务的期限。一般而言,单一事件规划的服务期限较短,而生涯综合规划的服务期限可长可短。

6. 提供其他有关确定或限制服务范围的信息

有时候,金融理财师需要根据具体情况限定自己的服务范围。比如,客户由于私密性的原因,提供的财务信息相当有限时,金融理财师就只能将自己的服务范围限定在那些已获得充分信息的领域。

第二节　收集客户信息

金融理财师应当尽可能收集有关客户的价值取向(价值观)、态度、风险承受能力、期望及时限要求等信息,并根据收集到的信息,与客户共同确定客户生活的和财务的需求、目标以及实现的先后顺序。

当金融理财师无法获取充足的信息时,应将与客户的合同的服务范围控制在那些已经获取充足和相关信息的领域,并将由于限制服务范围导致的对个人理财方案和执行结果的负面影响,及时告知客户。当然,将无法取得充足信息和文件的情形向客户通报后,金融理财师也可以决定解除与客户的合同。

一、收集客户信息

在收集客户信息的过程中,金融理财师面临的一个主要问题往往是"财不露白"的传统观念。金融理财师可以向客户说明"保守秘密"是金融理财师必须遵循的职业道德原则之一,并主动提出签订保密声明,以法律的形式打消客户的顾虑。

金融理财需要的信息涉及个人或家庭生活和财务的各个方面,主要包括以下几个方面:

1. 家庭基本状况

家庭基本状况包括客户的婚姻状况、家庭成员的人数和各个成员的年龄以及抚养和赡养人口状况。例如:王先生已婚,有一个女儿,一家三口,王先生35岁,妻子33岁,女儿5岁;王先生的父母都已65岁,王先生和他的妹妹共同承担赡养他们的义务。

2. 客户收入状况

金融理财师要确定客户的收入来源。收入来源主要有工作收入、利息收入、转移性收入和其他收入。在工作收入方面,应当区分即期收入和递延收入。递延收入主要是指客户每月提取的公积金、退休金、医疗保险金和失业保险金等福利性支出。

这些信息对于分析客户的退休和保险需求非常重要。金融理财师在收集个人的资料后,可以根据家庭各成员的收入,确定家庭的收入情况。

3. 客户支出情况

支出可以按用途分为生活支出和理财支出;按支出时间可以分为日常支出、月度支出或年度支出。其中日常生活支出应尽量细分为衣、食、住、行、娱乐和教育等,以便按项目进行支出分析。支出应该能够按人归属,以便按家庭成员进行支出情况分析。

同时,金融理财师要了解客户是否有记录支出情况进行支出预算的习惯。

4. 客户资产状况

个人或家庭的资产可以按用途分为自用资产和金融资产;按形态分为固定资产和流动资产。金融理财师既要了解资产的购置原值情况,也要了解资产的市场价值,以便于进行比较。

5. 客户负债状况

个人或家庭的负债可以按用途分为消费负债和投资负债;按期限分为流动负债和长期负债。目前,中国的个人或家庭的负债主要是房贷、车贷和信用卡消费负债。

6. 客户的保障情况

客户的保障情况包括客户家庭各成员的各项社会基本保障、单位提供的团体保障和商业保险三个方面。金融理财师要具体了解商业报险的种类、保障范围、保险期限、缴费金额和缴费期限等方面。

7. 客户纳税情况

客户过去一年的税单是最好的依据。金融理财师应当采取各种合法途径,获取关于客户收入来源、个人债务以及个人生活状况的相关信息和文件。这些信息可以通过客户直接获取,也可以通过客户面谈、调查问卷、客户记录和客户文件等其他途径获取。

金融理财师应当使客户认识到,个人理财规划方案的合理性和可行性依赖于其所提供信息的完整和准确;不完整和不准确的信息对确定个人理财方案存在潜在的风险。金融理财师在无法获取相关且充足的信息和文件时,可以采取以下措施:

(1)将自己与客户的合同的服务范围控制在那些已经获取充足和相关信息的领域。
(2)在将无法取得充足信息和文件的情形向客户通报后,决定解除与客户的合同。

在限定理财服务范围的合同关系中,金融理财师应将由于限制服务范围,导致的对个人理财方案和执行结果的负面影响,及时告知客户。

二、确定客户理财目标

金融理财师有责任帮助客户确定目标并正确认识需求。评估一个客户的理财目标可以看这个目标是否符合 SMART 原则,即:①明确(specific);②可度量(measurable);③可行(attainable);④现实(realistic);⑤具体(tangible)。

客户的理财目标按照实现的时间可以分为短期目标、中期目标和长期目标。短期目标是指未来1年以内实现,可以推算到日的理财目标;中期目标是指在未来1~5年实现,可推算到月的理财目标;远期目标是指实现时间在5年以上,可推算到年的理财目标。

帮助客户确定合理的理财目标时要结合客户的家庭生命周期、个人生涯规划,还要考虑客户的风险属性、价值取向和行为特征。制定理财目标时应充分考虑以下因素:

(1)时间因素。比如2年以后买车。
(2)经济因素。买车需要30万元。
(3)合理可行性。如果客户的现有资产只有40万元,并且还有房贷没有还清,那么半年后买一辆80万元的宝马车这个理财目标,既不合理,也不可行。
(4)优先顺序。在有限的资源条件下,不可能实现所有的理财目标。金融理财师需要依据客户的理财价值观,来确定理财目标实现的优先顺序。
(5)动态调整。客户的理财目标确定后,并非一成不变,需要根据客户实际情况的变化进行动态调整。

第三节 分析客户财务状况

在制订个人理财规划方案之前,金融理财师应当先评估客户的财务状况,并依照客户现有资源,对实现客户目标的可能性进行分析和评估。

一、客户财务信息分析

金融理财师在收集了客户的有关数据和确定其财务目标后,并不能立即着手制订客户的理财规划方案,而需要先将收集到的信息进行整理和分析,全面和深入地了解客户目前财务状况及其与客户财务目标之间的差距。

二、客户非财务信息解析

不同生命阶段下的理财分析——生命周期理财理论。

1. 单身期

(1)理财要点:该时期没有太大的家庭负担,因为要为未来家庭积累资金,所以关键是打好基础,找一份稳定的工作。由于此时负担较轻,年轻人的保费又相对较低,可为自己买点人寿保险,减少因意外导致的收入减少或负担加重。

(2)投资建议:可将积蓄的60%用于投资风险大、长期回报高的股票、基金等金融品种;20%选择定期储蓄;10%购买保险;10%存为活期储蓄,以备不时之需。

2. 家庭形成期

(1)理财要点:这一时期是家庭消费的高峰期。经济收入有所增加,但为了提高生活质量,需要支付较大的家庭建设费用,如购买一些较高档的生活用品、每月还房贷等。此阶段的理财重点应放在合理安排家庭建设的费用支出上,稍有积累后,可以选择一些比较激进的理财工具,如偏股型基金、股票等,以期获得更高的回报。

(2)投资建议:可将积累资金的50%投资于股票或成长型基金;35%投资于债券和保险;15%存为活期储蓄。

3. 家庭成长期

(1)理财要点:家庭的最大开支是子女教育费用和保健医疗费等。但随着子女的自理能力增强,父母可以根据经验在投资方面适当进行创业,如进行风险投资等。购买保险应偏重于教育基金、父母自身保障等。

(2)投资建议:可将资本的30%投资于房产,以获得长期稳定的回报;40%投资股票、外汇或期货;20%投资银行定期存款或债券及保险;10%是活期储蓄,以备家庭急用。

4. 子女大学教育期

(1)理财要点:这一阶段子女的教育费用和生活费用猛增。对于理财已经取得成功、积累了一定财富的家庭来说,完全有能力支付,可继续发挥理财经验。而那些理财不顺利、仍未富裕起来的家庭,通常负担比较繁重,应把子女教育费用和生活费用作为理财重点,确保子女顺利完成学业。

(2)投资建议:将积蓄资金的40%用于股票或成长型基金的投资,但要注意严格控制风险;40%用于银行存款或国债,以应付子女的教育费用;10%用于保险;10%作为家庭备用。

5. 家庭成熟期

(1)理财要点:这期间,由于自己的工作能力、工作经验、经济状况都达到了最佳状态,加上子女开始独立,家庭负担逐渐减轻。因此,理财重点应侧重于扩大投资。而这一时期不宜过多选择风险投资。此外,还要存储一笔养老金,保险适合累积养老金和资产保全。

(2)投资建议:将可投资资本的50%用于股票或同类基金;40%用于定期存款、债券及保险;10%用于活期储蓄。

6.退休以后

(1)理财要点:应以安度晚年为目的,投资和花费都比较保守。在这个时期最好不要再进行风险投资。

(2)投资建议:将可投资资本的10%用于股票或股票型基金;50%投资于定期储蓄或债券;40%进行活期储蓄。

第四节 设计提交理财方案

在分析客户当前的财务状况之后,金融理财师应当考虑多方面的因素、开展专项研究或者咨询其他专业人员,来考虑各种可以合理实现客户目标和需求的备选方案,并评估它们的有效性。在考虑备选方案的时候,金融理财师必须充分认识自身在了解和掌握相关法律、政府监管法规方面的局限性,以及自己妥善解决客户金融理财问题的专业能力和水平。

在考察了各种备选方案后,金融理财师应当选定推荐提案,制订专业的个人理财规划方案,以实现客户的既定目标。方案可以是一个单独的执行方案,也可以是若干个执行方案的组合。在个人理财规划方案制定后,金融理财师应将该方案与客户原有的理财规划方案进行比较,若发现原方案为优时,应当保持原方案不变;但并不意味着金融理财师不能建议客户修正生活的和财务的目标,并在此基础上重新制订个人理财规划方案。

一、个人理财规划方案的内容

一个完善的理财规划方案涉及客户现金管理和预算、投资规划、税务筹划、退休规划、风险管理和保险规划及遗产规划等各种具体的策略。每个具体的策略都是由许多备选方案和减少相关风险的方法所构成的。尽管每一个具体策略在它所针对的领域都是恰当、有效的,但是,金融理财师不可能仅凭一个单独的策略解决客户所有理财规划的需求。同样,也不可能有一个单独的策略可以确保客户当前的和未来的财务状况安全稳定。

影响客户财务状况的各个领域之间存在着非常紧密的相互联系。例如,退休规划就涉及税收、养老金、现金流管理、投资规划以及遗产规划等多个方面的内容。因此,在进行具体的综合理财规划时,金融理财师不能孤立地考虑客户某一方面的情况,而忽视了客户其他方面的重要相关信息。金融理财师的能力就体现在如何将各种不同的策略整合成一个能满足客户目标与期望的综合理财规划方案。

一个完整的个人理财规划方案包括:①摘要;②主要内容;③方案实施建议;④产品推荐。

二、展示理财规划方案

金融理财师在向客户展示其个人理财规划方案时,应当帮助客户理解当前的财务状况、各个备选方案的内容以及方案的有效性。在这个过程中,金融理财师应当避免将个人的观点作为事实来影响客户。

金融理财师向客户展示和与其讨论理财规划方案的重点是:

(1)确定理财规划方案描述的正确性。检视引用的客户资料是否有误解或者是疏漏的地方。

(2)解答理财规划方案中客户不了解的部分。要注意理财规划报告书的内容要适应客户的知识水平,不宜使用太多的专业名词。

(3)详细讲解具体的理财规划方案。讲解中采用分析利弊或比较方案实施前后差异的方法会更利于客户理解,增强说服力。

(4)讨论过程中应该重点提醒客户注意以下重要事项:①关于未来个人状况和经济环境的假设;②方案中各项内容的相互依赖性;③方案的优势和劣势;④方案所面临的风险;⑤方案对时间的敏感性。

三、确定理财规划方案

金融理财师应告知客户,其个人状况或经济环境的变化可能会影响推荐方案的实施结果。这些可能发生变化的因素包括法律法规、家庭状况、职业状况、投资业绩或客户的健康状况等。

在向客户推荐方案时,若发现有未披露过的利益冲突,金融理财师必须及时披露这些利益冲突及其对推荐方案的影响。

此外,在确定理财规划方案时,金融理财师必须按照理财服务合同或协议,与客户就双方承担的责任达成一致。客户有权接受金融理财师所推荐方案,也有权委托金融理财师或他人执行该方案。如果客户委托金融理财师执行该方案,则必须对执行方案所涉及的服务达成协议,并可适当修改双方事先约定的理财服务范围。

第五节 理财方案的实施

理财规划方案只有付诸实施,才能产生应有的效果和达到原来预期的目的。一个合格的理财师,在为客户选择产品时,不能仅仅在自己所属的金融机构所提供或代销的产品中选择,而应该严格按照理财规划方案,在整个市场上选择合适的产品。例如,可以在金融控股公司或策略联盟的框架下,依照理财规划的建议或方案,交叉行销各项金融产品。其中,最重要的原则是:理财规划绝对不是吸引客户的花招,一定不要向客户推销他们不需要的产品,产品组合一定要满足客户的风险承受度与理财目标的要求。除了可以加上一些对金融市场的看法与买卖时机的注意事项供客户参考之外,后续的协助执行安排一定要与理财规划方案尽可能保持一致。

一、选择交易对象

当客户原来在券商开户、有银行账户、持有保险公司保单时,询问客户对原有的券商、银行或保险公司及其工作人员是否满意。若不满意,理财师及其所属金融机构可以取而代之,提供满意的理财服务。理财师可以把专业素质更高与服务态度更好的金融机构介绍给客户,选择更适合客户需要的产品作为客户交易的对象。

二、选择适当的产品种类

在理财规划报告书中,资产配置对产品分类口径比较粗,通常只会依照风险等级按照下列方式把资产大致分为货币、债券、股票、房地产等类别。

(1)货币类资产。按照币种,货币类资产又细分为以人民币计价的货币类资产和以外币计价的货币类资产。

(2)债券类资产。按照风险等级,债券类资产又细分为投机型债券、投资型债券、收益型债券和联动式债券。

(3)股权类资产。股权类资产可以分为普通股、优先股,或者分为价值股、成长股,或者分为大盘股和小盘股。

(4)房地产。房地产分为住宅、店面、办公大楼和不动产证券化工具。

(5)衍生金融工具。衍生金融工具可以细分为期货、期权、互换和远期。

在每种分类和子分类中,还存在很多风险形态相似、标的不同的产品可供选择。理财师应该搜集各种产品的信息,客观地评估可能的风险与报酬,作为最终选择产品的依据。要明确地告诉客户,过去的业绩表现不能完全代表未来。对于基金投资,一般选择基金的标准有:一是选择1年以内的短期绩效排名前二分之一的基金;二是5年以内的绩效排名前三分之一的基金;三是10年以上的绩效排名前四分之一的基金。也就是说,期限越长,业绩的参考价值越大。

三、连接现有产品

当理财规划报告书制作出了以后,理财师还应该考虑如何与自己隶属的金融机构所提供或代销的产品进行连接。有以下几个原则可以参考。

1. 先保障后求利

如果是隶属于银行的理财师,可以结合本银行的产品或代销的保险产品帮客户买足保障。例如,如果测算出来,客户应加保寿险20万元、意外险50万元,均在团保个人额度之内,可以建议客户以较低的费率购买团体定期寿险20万元与意外险50万元。如果是隶属保险公司的理财师,可以针对客户的财务安全需要,推荐寿险附加意外险、住院日额医疗险,或其他更复杂的保障型险种。在客户的保费预算足够多时,可以推荐兼备储蓄功能的终身寿险替代定期寿险。

2. 先揭示风险再说明获利潜力

理财师犹如家庭医生,所推荐的产品犹如开出的处方,一定要先说明处方适合什么患者、是否有副作用、疗效如何。例如,对于联动式债券,要给客户说明提前赎回具有不保本的流动性风险;对于股票型基金,除了给客户说明平均报酬率之外,还要说明由于市场波动,有可能造成短期资本损失;对于投资型保单,要给客户说明投资风险是由保户承担的。

3. 提供完整的市场信息与产品信息

理财师应该完整搜集相关的市场信息与产品信息,并如实地提供给客户。这些信息包括银行产品、保险产品、基金产品、结构型产品以及其他产品的公开说明书、合约及相关市场信息。理财师要清楚地把握各种产品的特性,以及这些产品的价格与经济景气状况的相关性。

4. 协助客户选择理财服务人员

选择好金融机构与产品之后,接下来,可以协助客户挑选理财服务人员。与理财师相比,理财服务人员实际上是买卖特定产品、管理账户、办理相关手续的执行者。挑选的理财服务人员要求细心不出错、态度好、服务热情。

5. 协助客户挑选律师或会计师

当遇到比较复杂的情况时,理财师应该协助客户选择胜任的律师或会计师,共同执行理财规划方案。由于各家律师事务所或会计师事务所专长有所不同,理财师应该谨慎评估律师事务所或会计师事务所的专业与专长,帮助客户挑选合适的律师或会计师。

本章小结

理财规划业务:通过对某人财务状况的适当管理从而实现其人生目的的过程,包括收集相关财务信息,确定生活目标,检查现在的财务状况并提出相应的战略和计划以实现生活目标。

个人理财规划的 6 个步骤流程:①建立和界定客户与个人理财师之间的关系;②收集信息并确定理财目标;③分析信息;④创建一个综合性个人理财规划;⑤实施这一规划;⑥对规划进行跟踪,以确保哪怕遇上重大变故也能实现设定的目标。

客户理财目标:明确、可度量、可行、现实、具体。

理财规划方案包括:①摘要;②主要内容;③方案实施建议;④产品推荐。

关键术语

理财规划   理财规划流程   客户关系   财务分析

本章思考题

1. 什么是理财规划?
2. 理财规划包括的内容有哪些?
3. 理财规划的流程有哪些?

案例分析

陈先生,25 岁,业务员,税后月收入 5000 元,日常花销 1200 元,房租每月 800 元,饮食 1000 元,每月总支出 3000 元。

个人理财目标:

1. 通过购买保险获得一定保障。
2. 购房计划:5 年后通过按揭贷款购买一套 80 平米的商品房。

陈先生的现金盈余=总收入-总支出=5000-3000=2000(元),则陈先生每月可自由支配用以理财规划的金额为 2000 元。

理财建议:

1. 基金定期定投。25 岁的陈先生目前经济压力主要来自于购房首付款,由于该部分费用巨大，建议陈先生每月固定拿出盈余收入的70%(1400元)投资基金。陈先生风险承受能力相对较低，建议在投资品种的选择上以稳健为主，选择混合型基金进行投资，以保证投资收入较为稳定地增长。

2. 保险投资。结合陈先生目前的收入状况，建议每月拿出盈余收入的20%(400元)投资寿险产品，提早为养老做好准备。另外，由于陈先生家在外地，一年中需多次使用长途运输工具，建议陈先生投保意外险产品，大概占盈余收入的10%(200元)，防止意外事故给家庭造成的巨大损失。

3. 其他理财建议。根据陈先生目前的状况，每月实际可盈余的资金并不多，就要求陈先生在投资理财的同时注意个人的开源节流，每月的房租及饮食费用为刚性支出，无法压缩，但可以通过适当压缩日常开销的方法，节余出更多的资金投资理财，为日后生活提供更好的保证。

同时为保证日后的生活质量及理财规划顺利进行，建议陈先生利用闲暇时间提高职业技能，以应对职业生涯的突发事件给生活造成的影响。

第四章 银行理财

 教学目的及要求

通过本章学习,了解银行理财的机构制度及发展过程,掌握各种银行理财产品的特点及优势,学会进行理财规划。

 教学重点及难点

银行理财产品、银行理财规划。

第一节 银行理财基础

银行理财作为金融理财的重要组成部分,地位是举足轻重的。由于银行在整个经济中有着特殊地位,银行理财也有着自身的独特性。

 一、银行理财含义和特点

(一)银行理财的含义

银行理财是指银行利用掌握的客户信息与金融产品,分析客户自身财务状况,通过了解和发掘客户需求,制订客户财务管理目标和计划,并帮助客户选择金融产品以实现客户理财目标的一系列服务过程。

(二)银行理财的特点

1. 资金更雄厚

与保险公司、证券公司、基金公司相比,银行资金更雄厚。根据《关于统一国际银行的资本计算和资本标准的协议》(简称《巴塞尔协议》)的最低充足率要求,商业银行在持续经营的全过程中,必须时刻将资本充足率保持在8%以上。从这条规定中我们不难看出,银行雄厚的资金保证了银行的正常运营和发展。

2. 信誉好、安全性高

银行在金融机构中诚信是第一位的,多年来的稳健经营也给人以信誉良好的印象。严格的存款准备金制度和中国银行业监督管理委员会的监管,也保证了客户资金的安全。

3. 网点众多,快捷便利

银行采取总分行制度,总行、分行、支行、分理处、储蓄所等各级分支机构数众多,且总分行垂直管理,效率高,资金划拨速度快。

4. 银行理财更专业、更客观

银行的部门设置、分工更加明确细致,并配有经验丰富和专业的理财人士。从某种意义上讲,银行理财较为客观。因为银行同时代理了多家公司的不同产品,有条件跳出自己本身产品的局限,能从不同公司的产品中挑选一款最合适的推荐给客户。

二、银行理财机构及制度

(一)银行理财机构

进入银行理财之门,首先要了解银行的机构设置以及理财部门在其中的位置。不同性质、不同类型、不同规模的商业银行,其内部组织机构的设置是不同的。银行一般都会专门设立理财机构。机构设置上,商业银行理财产品(计划)风险分析部门、研究部门应当与理财产品(计划)的销售部门、交易部门分开。

我国银行业监督管理委员会印发的《关于完善银行理财业务组织管理体系有关事项的通知》中,明确要求银行业金融机构完善理财业务的内部组织管理体系,设立理财业务经营部门,负责集中统一经营管理全行理财业务,并按照"单独核算、风险隔离、行为规范、归口管理"四项基本要求规范开展理财业务,防范理财业务的风险积累。要求银行理财产品与银行代销的第三方机构理财产品相分离,代销第三方机构产品时必须采用产品发行机构制作的宣传推介材料和销售合同,不得出现代销机构的标志。同时银行应在销售文件的醒目位置提示客户"理财非存款、产品有风险、投资须谨慎"。

(二)银行管理制度

银行的理财制度主要实行的是客户经理制度,通过客户经理将资产负债管理的内容与客户密切联系起来,并根据客户的需要,提供个性化服务,把金融产品的营销与商业银行的收益结合起来,达到金融产品营销的最佳配置与组合。

1. 客户经理的组织架构

商业银行客户经理的组织架构一般分为 3 层:一层是客户经理的组织模式;二层是客户部门与其他部门之间的关系;三层是客户经理的职级架构。

(1)组织模式。各个银行有所不同,大体分为以下几类:一是以区域分类,在总行或分行架构内,设立若干理财中心,实行中心化管理。二是以客户行业分类,如制造业、贸易、服务性行业等。一个或若干个客户经理专门负责一个行业的市场开发工作,对行业市场进行详细专业分析,对行业趋势能及时准确地把握,有利于对客户的监管,有利于更好地与客户沟通发展业务。三是以产品分类,按外汇业务、人民币业务、信用卡、消费贷款、各项代理服务等产品种类分成若干个专业的研究部门,以销售产品为主要职责,至于其他后台业务操作由有关业务部门负责办理。

(2)部门关系。客户部门与其他部门的关系主要有三种:第一种是线性关系,客户部门是前台,其他部门为它提供服务和各种支援,有些部门还与客户部共同拓展业务。第二种是直属关系,分支行行长兼做高级客户经理,下级客户经理直属于分支行行长领导。第三种是制衡关系,实行操作监管相分离,防范经营风险。

(3)职级架构。商业银行客户经理的职级架构一般分为 5 级制。5 级制由高往低为客户经理主管、高级客户经理、中级客户经理、客户经理、助理客户经理。客户经理主管只负责客户经理的管理工作,一般自己没有直接服务的客户。助理客户经理一般只负责协助比他高级别的客户经理工作,而不单独为客户提供服务。

2. 客户经理职能

客户经理的主要职能包括了解和分析银行业务;维护现有客户,为客户提供一揽子服务;拓展新客户;收集反馈信息。

3. 对客户经理的管理

(1)任职资格。对客户经理的任职资格即基本素质要求较高,包括道德素质、心理素质、学历素质、专业业务素质。

(2)选拔聘用。客户经理的选拔途径包括内部招聘、向外公开招聘。

(3)专业培训。通过多种方式对客户经理进行培训,要求客户经理队伍与时俱进,始终处于高素质状态。

(4)业绩考核。业务考核内容主要包括专业知识能力、各项业务指标(存款增长、中间业务发展情况、信用卡业务增长等)、客户关系发展(联系客户次数、新增客户数量),以及其他(如坏账率、被客户投诉次数及严重性等)。

(5)赏罚制度。赏罚分明,严格兑现。

三、银行理财业务发展和现状

一些国家或地区的银行理财业务起步较早,业务规模大、范围广,理财业务专业化程度较高。与发达国家的个人理财业务发展历史相比,我国商业银行个人理财业务起步较晚,发展历程较短。20世纪80年代末到90年代是我国商业银行个人理财业务的萌芽阶段,当时商业银行开始向客户提供专业化投资顾问和个人外汇理财服务,但大多数的居民还没有理财意识和概念。从21世纪初到2005年是我国商业银行个人理财业务的形成时期,在这一时期,理财产品、理财环境、理财观念和意识以及理财师专业队伍的建设均取得了显著的进步。

(一)2003—2005年起步阶段

以外资银行产品、结构化产品、外币理财产品为主,2005年五大国有银行开始全面开展理财业务。2001年底中国正式加入WTO,作出了全面开放金融行业的承诺,成为中国金融业进行改革的最大外生动力,中国金融理财业务的发展也随之进入了一个新的时代。证券、基金、保险等投资市场虽然开始逐步形成,但影响甚微;金融市场的监管刚刚起步,尚存在诸多不足;受市场需求和监管两方面的影响,金融机构自身对产品的开发和创新动力不足,一些早期的理财产品如证券投资基金和投连险还都处于尝试时期,金融机构为客户提供的理财服务普遍较为简单。

2002年以来,随着金融业对外开放程度的深化,市场竞争日益激烈,银行、保险、基金、信托、外汇等行业纷纷加大业务创新力度来提高综合竞争力。随着这些行业竞争意识的增强,相关金融产品与服务的社会宣传力度也不断扩大,公众对金融产品与服务的认知度日益深化,金融理财市场初步形成,金融理财业务悄然兴起。从市场构成看,证券投资基金获得了快速成长,资产规模进一步扩大,成为理财市场的主体;保险理财产品则由于"退保风波"而一度陷入停滞,经过三年低调的运行而逐步复苏;信托理财产品获得了巨大的发展,产品数量、种类和资金规模显著增长；经过两年整顿的证券公司在2005年3月才开始推出券商集合理财产品；银行理财产品由于收益率高于储蓄但风险较低而成为居民储蓄的替代选择，产品数量和资金规模迅速扩大，五大国有银行开始全面开展理财业务。

这一阶段，国内银行理财产品市场以外资银行产品、结构化产品、外币理财产品等为主，种类趋于多样化，设计创新有了明显突破。早在20世纪末，工商银行就推出了理财咨询设计、存单抵押贷款等理财顾问服务。2003年，中国银行发行了我国首款外币理财产品——"汇聚宝"外汇理财产品；之后渣打银行、广东发展银行、中国民生银行和招商银行相继推出了大量外币理财产品。2004年，光大银行推出了国内首款投资于银行间债券市场的"阳光理财B计划"，揭开了我国人民币银行理财产品的发行序幕；此后，中国民生银行、中信银行、招商银行等亦纷纷推出投资于央行票据、金融债券等金融资产的人民币理财产品，推动了人民币理财产品的发行。这一阶段，开展银行理财业务的机构较少，市场产品数量亦较少。据统计，截止2005年底，约有26家银行开展了理财业务，当年理财产品余额约2000亿元。

这一阶段理财产品的违规操作、恶性竞争不断出现。鉴于此，银监会于2005年出台了《商业银行个人理财业务管理办法暂行规定》等制度，结束了银行理财业务无法可依、无章可循的局面。

(二)2006—2008年探索阶段

商业银行自主发展理财业务。人民币理财产品占比迅速提升，资产配置更为灵活。受资本市场繁荣影响，推出的投资于新股申购和类基金理财产品深受市场欢迎。

经历了早期的萌芽和兴起阶段，2006年我国理财业务步入"快车道"，此后的两年多时间，中国理财市场逐步发展壮大。这一阶段是银行理财业务的探索阶段，各商业银行开始研究财富管理业务发展趋势及路径，总结财富管理经验，开始自主发展。面对日益旺盛的客户理财需求及存款市场的激烈竞争，各行不断加大理财产品的创新和发行力度，不断丰富和延伸理财品牌及价值链上的子产品。其主要特征：一是投资方式的多元化，投资于新股申购、信贷资产等金融产品的理财产品纷纷涌现，资产配置多元化。2006年6月，中信银行首倡人民币理财产品利用信托模式进行新股申购投资模式（双季理财3号），人民币理财资金进入交易市场。二是理财产品运作模式丰富，部分银行推出类基金理财产品及短期理财产品，深受市场欢迎。三是商业银行跑马圈地，获取大量理财客户，重视营销而忽略投资管理。

(三)2009至今腾飞阶段

人民币产品成为主流。银行顺应客户需求推出期限短、收益稳定、资金门槛不高的固定收益类产品

经过投资损失的洗礼后，2009年投资者信心企稳回升，国内市场逐渐回暖，保守的投资倾向有所改变，股票、基金以及房地产等投资方式占居民理财份额的比重不断扩大。2009年共有6824款理财产品到期，平均年化收益率为3.26%，比起2008年的4.52%的平均年化收益率来讲有明显的下降趋势，下降幅度近三成。储蓄、基金及一些风险低、期限短的银行理财产品仍是投资者的主要选择。自2009年起，人民币理财产品逐渐成为主流产品。国有银行则凭借其网点资源、客户资源、综合实力优势逐渐占据国内理财市场主导地位。投资管理日益受到重视，新股产品和权益类产品规模萎缩，全面的银行理财产品体系逐渐形成，且参与的金融机构众多。银行顺应客户需求推出期限较短、收益稳定、资金门槛不高的固定收益类产品。

这一阶段银行理财业务的特点主要体现在以下两个方面：一是参与发行理财产品的银行数量、银行种类取得较大突破。截至2015年末，我国银行理财产品余额达23.5万亿元，较上年增加8.48万亿元，同比增长56.46%。从理财业务结构看，个人理财仍占据银行理财的主导地位，全年总募集资金101.49万亿元，占比64.07%，期末余额为11.64万亿元，占全部理财产品余额的49.53%。

伴随着银行理财的高速发展，监管部门对银行理财业务的监管力度也不断加强，监管制度不断完善，相继出台多项规则制度规范银行理财业务。2011年，银监会印发了《商业银行理财产品销售管理办法》，对规范银行理财业务的销售发挥了重要作用。

目前我国银行理财产品主要是以短期、投资货币市场、债券市场、同业存款和债权类项目为主，这类资产风险相对较小。投向权益类资产的产品规模较小，且大多为高净值客户和私人银行客户理财产品。从全行业发展来看，股份制商业银行仍然是发行主力，城市商业银行直逼国有银行；理财产品以非保本为主；人民币理财产品占据绝对主导地位，各类外币理财产品市场占比继续下降；超短期理财产品急剧萎缩，1～3个月期理财产品成主流；债券与货币市场类产品增幅减缓，组合投资类产品增长显著；单一结构性存款、信托贷款类产品向各金融同业参与转变，单一产品模式向组合类产品模式转变。

从当前国内财富管理市场来看，银行、信托、券商、保险、基金均不断加大财富管理业务的推动力度，但仍难以满足投资者需求。面对利率市场化的加速、金融脱媒现象的加剧，银行迫切需要转变经营模式、拓展收益渠道。面对竞争日益激烈的市场环境，唯有加快银行理财业务的创新步伐，以技术化手段为重点推进理财产品结构设计的创新；以渠道拓展和组合优化为重点推进理财资金运作范围的创新；以核心投资研究能力的提升实现混业金融、全投资品种、业务类型的覆盖；以工具优化为重点推进理财风险管理的创新；以品牌构建为重点推进理财产品营销的创新，通过负债结构与收益结构的转变，才能在同业竞争中立于不败之地。

 知识链接

银行理财和保险理财的区别

1. 银行理财产品不带有保障功能，而保险理财则有死亡保险的保障功能

变额寿险的缴费是固定的，在该保单的死亡给付中，一部分是保单约定的、由准备金账户承担的固定最低死亡给付额，一部分是其投资账户的投资收益额。视每一年资金收益的情况，保单现金价值会相应地变化，因此死亡保险金给付额，即保障程度是不断调整变化的。

万能寿险的缴费比较灵活，客户在缴纳首期保费后可选择在任何时候缴纳任何数量的保费，只要保单的现金价值足以支付保单的相关费用，有时甚至可以不缴纳保费。此外，客户还可以根据自身需要设定死亡保障金额，即自行分配保费在准备金账户和投资账户中的比例。因此，死亡保险给付通常分为两种方式：①死亡保险金固定不变，等于保单保险金额；②死亡保险金可以因缴费情况不断变化，等于保单的保险金额+保单现金价值。

变额万能寿险的死亡保险金给付情况与万能寿险大体相同。但需要注意，万能寿险投资账户的投资组合由保险公司决定，它要对保户承诺一个最低收益；而变额万能寿险的投资组合由投保人自己决定，他必须承担所有的投资风险，一旦投资失败，他又没能及时为准备金账户缴费，保单的现金价值就会减少为零，保单将会失效，保障功能彻底丧失。

2. 资金收益情况不同

银行理财产品采取的主要是单利,即一定期限、一定数额的存款会有一个相对固定的收益空间。不论是固定收益还是采取浮动利息,在理财期限内,银行理财产品都采取单利。

保险理财产品则不同,大都采取复利计算。即在保险期内,投资账户中的现金价值以年为单位,进行利滚利。

在保险理财产品中,变额寿险可以不分红,也可以分红(目前国内大多属分红型的),若分红,会承诺一个收益底限,分红资金或用来增加保单的现金价值,或直接用来减额缴清保费;万能寿险也会承诺一个资金收益底限,通常为年收益4%或5%;而变额万能寿险则不会承诺,资金盈亏完全由投保人承担。客户在选择变额万能寿险时要注意,某些代理人所出示的"资金收益表"只是保险公司以前的盈利情况,并不代表今后的"一定的"收益。

3. 支取的灵活程度不同

银行理财产品都有固定的期限,如果储户因急用需要灵活支取,会有利息损失。保险理财的资金支取情况分为以下两种:

(1)可以灵活支取,如在合同有效期内,投保人可以要求部分领取投资账户的现金价值,但合同项下的保险金额也同时按照比例相应地减少,会影响保障程度。如果全部支取,要扣除准备金账户的费用损耗,因为已经享受了一段时间的死亡保障,因此只返还保单现金价值,会造成较大损失。现实中,很多保险公司的万能寿险产品为了满足保户的理财需求,在账户管理上讲求"保障少、投资多"的策略,如你缴纳10万元的保费,其中只拿出2000元用作责任准备金即可,其余9.8万元用来理财,并且可以灵活支取。

(2)不可以随时支取,直到保险期满时,死亡保障金和投资账户的现金价值可以一次返还。

目前,各保险公司和银行推出的产品很丰富,除了以上三点主要区别,具体到每一家银行和保险公司,资金收益情况、现金支取相关规定及费用情况都不一样,客户可视自己需要选择。

第二节 银行理财产品

银行理财产品,按照标准的解释,应该是商业银行在对潜在目标客户群分析研究的基础上,针对特定目标客户群开发设计并销售的资金投资和管理计划。在理财产品这种投资方式中,银行只是接受客户的授权管理资金,投资收益与风险由客户或客户与银行按照约定方式承担。

一、银行理财产品分类

目前,我国商业银行理财产品的种类比较丰富,在研究理财产品时,需要客观科学地对产品进行分类。基于理财产品的诸多基本要素和条款,我们可以从不同角度进行分类。

1. 按照货币币种分类

按照货币币种分类,可分为外汇理财产品和人民币理财产品。我国的外汇理财产品主要以美元、欧元等居多,目前,人民币理财产品的市场规模远远高于外汇理财产品的市场规模。本教材对理财产品的介绍以此分类为主。

2. 按照委托期限分类

按照委托期限分,类可以分为短期、中期和长期理财产品。通常认为,一年以下为短期理财产品,一年(含一年)以上至两年为中期理财产品,两年以上为长期理财产品。

3. 按照投资方向分类

按照投资方向分类,可分为股票型、货币型、债券型、信贷资产型、组合投资型、结构型及另类理财产品等。

4. 按照风险属性分类

按收益和本金是否可以保全,分为保本类和非保本类理财产品。

由于非保本类的产品预期收益率相对较高,所以尽管伴随着较高的风险,最近一段时期也越来越受到投资者的追捧。

5. 按照存续形态分类

按照存续形态分类,可分为开放式理财产品和封闭式理财产品。其中,开放式理财产品是指投资者可在理财产品存续期间随时或定期进行申购或者赎回,总体规模可变;反之,封闭式理财产品在存续期间一般不能进行申购或赎回,总体规模通常不可变。

二、人民币理财产品

随着世界经济的发展,居民资产的增加,金融投资工具的不断涌现,资产管理已成为我国金融发展的重要行为。人民币的理财产品已成为各大金融机构吸引大客户的重要产品,也是外国机构与我国机构竞争的焦点。

(一)什么是人民币理财

人民币理财是指银行以高信用等级人民币债券(含国债、金融债、央行票据、其他债券等)投资收益为保障,面向个人客户或机构客户发行,到期向客户支付本金和收益低风险理财产品。

人民币理财自身三大特点:第一,信誉度高。由于人民币理财产品是银行推出的,而银行在中国所有金融机构中是信誉度最高的,因此人民币理财产品具有极高的信誉保障;第二,人民币理财产品可以利用银行在银行间债券市场上的绝对优势得到一些特殊的债券品种,从而为客户获得较高的投资收益。第三,银行可以利用其特有的优势为人民币理财产品推出一些独有的优惠条款。

(二)人民币理财产品的分类

1. 债券型

债券型是指投资于货币市场中,投资产品一般为央行票据和企业短期融资券。由于央行票据与企业短期融资券个人无法直接投资,这类人民币理财产品实际上为客户提供了分享货币市场投资收益的机会。

2. 信托型

信托型是指投资于有商业银行或其他信用等级较高的金融机构担保或回购的信托产品,也投资于商业银行优良信贷资产受益信托的产品。

3. 挂钩型

挂钩型是指产品最终收益率与相关市场或产品的表现挂钩、与国际黄金价格挂钩、与国际原油价格挂钩、与道琼斯指数及与港股挂钩等。

4. QDII

所谓 QDII,即合格的境内投资机构代客境外理财,是指取得代客境外理财业务资格的商业银行。客户将手中的人民币资金委托给合格商业银行,由合格商业银行将人民币资金兑换成美元,直接在境外投资,到期后将美元收益及本金结汇成人民币后分配给客户的理财产品。

(三)人民币理财的优势

1. 收益效率高

人民币理财高于存款的收益率是其热销的根本原因。根据中央结算公司公布的中国银行业理财市场年度报告(2015年)显示,理财产品为客户带来了丰厚回报。2015年,银行业理财市场累计兑付客户收益 8651 亿元,比 2014 年增长 1529.7 亿元,增幅 21.48%,其中封闭式产品按募集金额加权平均兑付客户年化收益率为 4.69%。分投资者类型来看,一般个人类产品兑付客户收益 4696.9 亿元,机构专属类产品兑付客户收益 2379.5 亿元,私人银行类产品兑付客户收益 816.8 亿元,银行同业类产品兑付客户收益 757.8 亿元。同时,相关银行业金融机构实现理财业务收益约 1169.9 亿元。

2. 安全性强

人民币理财的最大优势在于信誉高。由于人民币理财产品都是由银行推出的,而银行在所有金融机构中是信誉度最高的。因此,人民币理财产品具有极高的信誉保障。根据中央结算公司公布的中国银行业理财市场年度报告(2015年)显示,我国银行理财业务风险总体可控。银行理财产品实现了全流程的集中登记,理财登记数据质量持续改善,理财产品的透明度进一步提高。理财资金投资的资产大部分都是优质资产,风险较低,风险等级为"四级(中高)"和"五级(高)"的理财产品募集资金仅占全市场的 0.55%。特别是理财产品实行了集中登记后,每个一般个人类产品都有唯一的产品登记编码,都可以在中国理财网上查询,避免了假冒产品。

3. 渠道优势明显

渠道和银行与生俱来的品牌传播优势让目前的人民币理财产品在销售大战中不处下风,几乎所有银行的理财产品均没有销售之虞。银行的渠道优势同时反映在客户的忠诚度上,比如同在银行销售的货币市场基金,尽管投资对象类似,且在透明度和流动性等方面更有优势,但对愿意购买银行理财产品的忠实客户来说,其对银行的新人是基金公司所无法比拟的。同时,作为同在银行销售的两种产品,银行对于自己的理财产品和别人的货币市场基金,无论是在内部考核激励,还是利润取向,内中差异是显而易见的。

(四)人民币理财的不足

(1)人民币理财产品作为一种投资工具,不像银行存款那样安全,目前该产品所面临的最大风险就是"加息"和"利率风险"。在人民币理财产品的运作模式中,银行依靠债券市场和货币市场进行投资,会受到央行利率调整的影响。自 2014 年 11 月份以来央行多次降准降息,多数银行都在次日就对存款利率进行不同程度的下调,市场利率普遍下行,理财产品的收益也深受影响随行就市,收益率不断下降,2015 年 9 月理财产品的平均预期年化收益率更是创近两年新低。

(2)国内外金融市场变化带来的风险。对于部分银行推出的一些双币理财产品而言,国际金融市场的变化会导致投资组合内的资产价格出现变化,从而使理财计划资产收益出现变化,并可能出现零收益,即除到期返还人民币资金外,美元返还资金为零。另外,如果银行的人民币理财产品仍属封闭运作,投资者在投资期内不能提前赎回,在此期间无论人民币升息或者加息,都意味着美元收益将贬值。

(3)风险过度集中于银行。商业银行为客户提供理财产品,应当是建立在委托代理关系之上,由商业银行设计并向目标客户销售,由客户承担部分或是全部投资风险的组合型产品。目前办理人民币理财产品的客户并不承担风险,真正的风险实际上是全部由银行承担。对于低成本存款来说,这种产品功能单一、投资范围局限性大,不能为银行带来太多的直接利润。

(4)商业银行普遍将人民币理财业务作为吸收和稳定存款的一项重要手段,在产品创新中忽视了利润的创造。中资银行推出大量人民币理财产品,实际上更重视市场份额的争夺。尤其是股份制银行,在其最初的理财产品中搭配储蓄产品,其初衷就在于吸储。人民币理财业务虽然名目繁多,但实质上仅仅是在储蓄产品上进行功能扩展,这不是单纯的理财服务,还包含着产品推销的痕迹。

(5)各银行的人民币理财产品已经出现同质化的趋势。人民币理财虽然开创了内地银行开展个人业务的新时代,但从一开始起,由于人民币理财产品的设计和操作原理相对简单和单一,直接导致了各家银行一拥而上,而且各行业产品的本质义差别不大,主要围绕优先、优惠、专业、个性四个方面展开服务,营销重点主要是打价格战,而在服务、产品和人才方面做得不够。

(6)有关制度的缺位带来风险。与基金、信托、保险等产品不同,银行人民币理财产品的具体投资范围投资品种的剩余期限、估值标准等没有统一的规定,投资者很难对人民币理财产品的风险收益作出评估。目前我国金融分业监管的局面导致很难用统一的制度规范理财市场,由于某些规定不明确往往会造成一些恶性竞争。

(五)人民币理财市场现状

2014年11月以来,央行6次降息并伴随多次降准,利率水平持续走低。与此同时,经济增速放缓、优质资产稀缺,银行理财资金陷入"缺资产"的窘况。2015年,银行理财产品发行数量增幅大幅下降,短期化趋势进一步加剧,而预期收益率则呈现明显的下滑之势。

1. 人民币理财产品发行增幅急速放缓

尽管银行理财产品的发行数量依然在攀升,但增长速度已急速放缓。据Wind资讯提供的数据,2014年全年银行发行的理财产品为66512款,同比增长46.76%。2015年全年发行的数量上升至77860款,但同比增幅只有17.06%,远低于往年的增幅。在2015年发行的理财产品中,人民币产品占比达到98.05%

2. 收益率下行趋势明显

与理财规模加速扩张相对应的是理财兑付收益率的持续下降,全年下降约70bp至4.1%,尤其在2015年下半年呈加速下滑态势。银行理财产品的兑付收益率在2015年上半年下行十分缓慢,主要是依靠存量非标以及类固收权益类产品的高收益支撑。但是在下半年股市去杠杆之后,理财资产端高收益资产欠配局面的倒逼下,各行之间竞争压力有所减轻,理财资产负债之间的息差收窄甚至边际倒挂,导致理财的负债端收益率下行速度加快。其中封闭式理财产品兑付收益率从2014年的4.8%回落至2015年末的4.1%,降幅70bp左右。

3. 理财投资者仍以个人主导

理财投资者结构有所变化,虽仍以个人投资者为主,但其余额占比降低在持续下降。据统计,2015年,个人投资者下降10个百分点至50%以下。同业理财爆发增长,占比从3%提升至13%。

(六)人民币理财未来趋势

目前,我国面临着利率市场化的改革,市场利率最终会由供需关系决定,这就会加剧各银行间的竞争,仅仅依靠存贷赚钱的银行在整个市场中无法占据有利地位。从投资者来看,我国正处在经济高度发展的时期,人均收入和人均存款余额都年年递增,投资者对资本市场的认识也逐渐理性,越来越多的投资者将资金交给机构或者银行投资与自己的风险偏好和收益目标合适的产品。人民币理财的未来发展趋势主要包括以下方面:

1. 银信合作仍然是未来发展的主流

信托型本币理财产品主要是投资于商业银行或其他信用等级较高的金融机构担保或回购的信托产品,也有投资于商业银行优良信贷资产收益权信托产品。近年来,银行与信托的合作步伐加快。主要原因是和我国金融行业分业经营以及鼓励金融创新相关,为银信合作提供了良机。信托有着广泛的投资方式和渠道,但是受到资金的限制;银行虽然有中间业务的职能和盈利要求,但业务范围和操作方式却有限。所以将银行和信托的优势互补,共同推进发展、促进产品创新成为必要选择。

2. 创新型结构产品

人民币理财产品的价格主要受到基础资产收益率、可提前终止权、可质押性和资产管理费的影响,而银行主要获利的方式是利差。在银行间竞争日益激烈的情况下,产品日益同质化,银行所能获得的利差十分有限。因此,银行理财产品创新尤为重要。随着市场格局的变化,银行理财产品正从封闭逐渐向开放式转型,净值型产品占比提升,并将成为未来银行理财产品的一大发展趋势。净值型产品是类似于基金的运作模式,没有预期收益,定期披露净值,投资者在开放期内可进行申购赎回,收益与产品净值有关。可见,净值化理财产品具有"买者自负"的特点,是银行理财解决隐性担保和刚性兑付的一个有效办法。

(七)人民币理财产品介绍

1. 保证收益型理财产品介绍

稳添利98天——重庆

登记编号:C1030116003939	发行机构:交通银行股份有限公司
运作模式:封闭式非净值型	收益类型:保证收益
期限类型:3~6个月	募集币种:人民币(CNY)
起点销售金额:50000元	风险等级:一级(低)
预期最低收益率:3.3%	预期最高收益率:3.4%
实际天数:98天	到期实际收益率:

2. 保本浮动收益型理财产品

"南洋益汇"人民币理财产品 C16076

登记编码:C1050316000202	发行机构:南洋商业银行(中国)
运作模式:封闭式非净值	收益类型:保本浮动收益

期限类型:6~12个月
起点销售金额:50000 元
预期最低收益率:1.2%
实际天数:306 天
3.保本型

募集币种:人民币(CNY)
风险等级:一级(低)
预期最高收益率:3.17%
到期实际收益率:

交银添利 1 个月

产品代码:2102160106
风险等级:2R(稳健型)
递增金额:1000.00 元
适用客户群:全部客户
销售地区:全行发售

币种:人民币
起点金额:5 万元
投资期限:34 天
预计年化收益率:3.50%

三、外币理财产品

市场经济的发展,改革开放的进一步深入,我国与外国在经济、技术、文化等各个方面的交流将日益频繁,个人所持有的外汇也将越来越多。以外汇作为重要的理财工具,积极从事外汇贸易,对广大投资人来讲成为现实。外汇买卖是个人的一个重要理财渠道,有着其他理财渠道所无法比拟的优点。

(一)外币理财产品的概念

外汇理财产品是指个人购买理财产品时的货币只针对自由兑换的外国货币,收益获取也以外币币值计算。"外汇"这一名词原是"对外汇兑"或"国际汇兑"这一名称的简称。一般有静态和动态两层含义:静态的对外汇兑是指以外国货币表示的,用于国际间的支付手段;动态的对外汇兑是指将一个国家的货币兑换成另一个国家的货币,借以清算国际债权债务的行为。我们通常所指的外汇一般是指其静态含义。我国的《外汇管理暂行条例》第二条对外汇范围作了明确规定:①外国货币,包括钞票、铸币等;②用外币表示的有价证券,包括外国政府的公债、国库券,外国的公司债券、股息、息票等;③用外国货币表示的支付凭证,包括各种票据银行存款凭证、邮政储蓄凭证;④其他外汇资金。

(二)外汇理财产品的分类

通过银行购买的外汇理财产品不需要投资者自身对投资决策作出判断,而完全由产品事先设计的条款以及银行专业投资人员来指导投资行为。主要也分为两类,即固定收益的外汇理财产品和外汇结构性理财产品。

1.固定收益类产品

固定收益的外汇理财产品主要挂钩的标的资产或者投资方向为外汇债券,在同等期限条件下,其收益高于相同币种的外汇存款收益,而且产生损失的风险也几乎没有。但是受金融危机的影响,各国央行纷纷降息,致使固定收益类的外汇理财产品的收益空间日渐萎缩,国内不少银行已陆续停止发售固定收益类的外汇理财产品,且大多以短期产品为主,收益水平更低。因此投资者可以在充分考虑到汇率风险的前提下,尽量转换成较高利率水平的外汇,可以选择购买固定收益理财产品或者索性以银行存款的形式保值。

此外由于固定收益类的外汇理财产品一般不允许提前赎回,投资者必须充分考虑资产的流动性风险,在汇率急剧波动的阶段,可以选择期限较短的理财产品以防范风险。

2. 结构性产品

外汇结构性理财产品的投资范围和挂钩的衍生品比较广泛,可以挂钩大宗商品、境外上市的股票价格或指数、对冲基金和黄金石油等标的。可以分为静态和动态两种,静态就是产品发行后设计结构就不发生变化;动态则会针对市场情况作相应的投资调整。目前结构性产品会设定一个最低保本额,保本额上的浮动收益取决于产品挂钩标的的表现。

和固定收益类产品相比,结构性产品的收益风险很大,出现很高的收益或者零收益,甚至负收益都有可能。而且目前银行的结构性外汇理财产品设计越来越复杂,普通投资者很难看懂产品设计的条款和可能发生的投资风险。虽然保本条款的设定确保投资者免受本金大幅缩水的风险,但是投资结构性外汇理财产品必须考虑以下几方面风险。

(1) 收益风险。

结构性外汇理财产品是跨市场操作的,其投资标的同国际市场利率、汇率、股票价格或指数、黄金等商品价格挂钩。银行一般会将到期的收益水平取决于挂钩标的的实际表现(观察值),有单边挂钩、双边挂钩两种方式。单边挂钩就是只有当挂钩投资标的的价格全部上涨或全部下跌才能获得收益;而双边挂钩则和价格波动的绝对值挂钩,具体可以采取取最大值、最小值或加权平均等方式来确定观察值。此外银行有时还会预先设定一个波动区间,无论是单边还是双边方式,当实际观察值落在这个区间内或超出这个区间时,投资者才能获得收益。

这样来看,任何一款结构性理财产品,要获得预期的收益还是很困难的。例如中国银行一款和H股红筹股挂钩的理财产品,期末3只股票的价格均上涨110%,才能获得23%的到期收益率,否则实际收益率只有3%。又如恒生银行的一款挂钩香港恒生指数的外汇理财产品,由于观察期内的指数超过了银行限定的波动区间,最终的投资收益为零。

相对而言,采取双向挂钩方式的收益风险比单向挂钩方式要小,由于双向挂钩产品到期收益只与挂钩资产价格的波幅绝对值有关,和实际波动方向无关,在观察期内,只要价格有波动,则无论涨跌都可以获得收益。例如花旗银行一款挂钩5只港股的涨跌双赢结构型产品,取观察期内5只股票最小波幅的平均值确定投资者的到期收益,只要这几只股票在观察期内有波动,就一定可以获得收益。

(2) 赎回风险。

有些外汇理财产品银行有权终止合同,银行往往会选择对自己不利的时机终止合同,而这时恰恰是投资者获得高收益的时候。目前我国各银行对于提前终止权的设定主要有两种形式:①银行在支付收益时可以提前终止该产品,客户没有提前终止产品协议的权利。如果想要提前终止产品协议需缴纳一定的违约金。②根据客户投资产品的金额大小,客户拥有提前赎回的权利。

(3) 流动性风险。

由于大部分外汇理财产品不允许投资者提前终止合同,必须持有到期,因此如果在投资期间出现财务困境,将会导致投资者现金周转困难。此外,由于流动性的限制,如果持有期间市场利率出现持续上升,而理财产品的收益率却不同时上升,也会导致产品的实际收益水平下降。

(4) 信息披露风险。

投资者往往忽视外汇理财产品的条款说明,或者由于条款披露内容专业晦涩而轻信银行销售人员的解释。很多外汇理财产品在销售时宣传的收益是一定时期的总收益,总收益与年化收益是有区别的,而银行有权提前终止合同,投资人或许得不到预期的收益。另外虽然银行会在产品说明中披露最不利的收益情况或无保底收益,但投资者往往会被预期高收益率所迷惑。特别是关于本金条款的信息披露,涉及本金收益由谁兑付,归还本金有无其他附加条件,如果到期后本金和收益的支付人是信托公司,这会增加风险,一旦信托公司破产,不要说投资收益,就连本金也很难保障。

此外有些外汇结构性产品设计复杂,投资者根本无法通过理财产品说明书的条款内容及时查询相关投资标的的情况及其他相关信息,导致投资者只能依赖银行定期投送的产品对账单了解产品实际投资收益状况,由此影响投资者的投资决策。

(5)汇率挂钩风险。

这类风险主要是与汇率挂钩的外汇理财产品有关。这些产品虽能给客户带来较大收益,但是如果判断不好汇率的波动方向,不仅会使自己的收益下降还会遭受货币贬值的损失。特别是有些挂钩小币种货币汇率的外汇理财产品,对普通投资者而言,就更无法判断其准确走势,汇率波动的风险更大。例如交通银行一款挂钩三种篮子货币的外汇理财产品,分别同美洲篮子货币(巴西里尔、阿根廷比索、墨西哥比索)、亚洲篮子货币(印尼盾、印度卢比、菲律宾比索)、欧洲篮子货币(土耳其里拉、波兰兹罗提、俄罗斯卢布)在观察期内对美元、日元和欧元的汇率表现的最大值来确定到期收益率。由于这几种货币属于非主要外汇币种,投资者很难进行预期,收益为零的风险很大。

(三)外币理财产品介绍

1. 中国银行双向宝(个人保证金外汇买卖业务)

(1)产品说明。

"双向宝"业务是指个人客户通过中国银行所提供的报价和交易平台,在事前存入与建仓货币名义金额相等的交易保证金后,实现做多与做空双向选择的外汇交易工具,包括"双向外汇宝"和"双向账户贵金属"。

(2)产品特色。

①支持多种货币。个人外汇买卖交易币种有美元、欧元、英镑、日元、瑞士法郎、澳大利亚元、加拿大元、新加坡元和港币9种外币;个人账户贵金属买卖交易货币有美元金、银、铂、钯和人民币金、银、铂、钯。

②支持多种交易方式。除即时交易外,提供多种委托挂单交易方式,包括获利委托、止损委托,以及"二选一"委托、追加委托、连环委托方式等,帮助投资者更好地把握国际汇市瞬息万变的行情。

③交易方便、安全性高。客户使用中国银行新外汇买卖客户端、手机银行、网上银行即可在线进行交易,交易时间长,高效、快捷;客户登录需通过三道防线(用户名、密码加动态口令登录),安全性高。

(3)适用对象。

凡具有完全民事行为能力的自然人均可申请在中国银行叙做双向宝业务。

2. 中国银行外汇宝(个人实盘外汇买卖)

(1)产品说明。

外汇宝是中国银行个人实盘外汇买卖业务的简称,是指在中国银行开立本外币活期一本通存折且持有外币现钞(汇)的客户,可以按照中行报出的买入/卖出价格,将某种外币(汇)的存款换成另一种外币(汇)的存款。支持即时买卖和挂单委托。

客户可以利用国际外汇市场上外汇汇率的频繁波动性,在不同的存款货币间转换并赚取一定的汇差,以达到保值、盈利的目的。

①交易币种:美元、欧元、英镑、澳元、港币、瑞士法郎、日元、加拿大元、新加坡元,可做直接盘交易与交叉盘交易。

②交易方式:柜台、电话、自助终端和网上银行等多种交易方式。

(2)产品优势。

①提高收益。使投资者有机会在获取外币存款利息的同时,通过外汇交易进行保值甚至赚得额外的汇差收益。

②交易方法多样。目前可以通过柜面服务人员、电话交易设备等方式进行。交易方式灵活,既可进行市价交易,又可进行委托交易。一日可进行多次交易,提供更多投资机遇。

(3)适用对象。

凡持有个人有效身份证件,拥有完全民事行为能力的境内、外个人,并持有中国银行外汇宝支持交易的货币,均可进行个人实盘外汇交易。

(四)外汇理财方式

1. 外币储蓄

外币(汇)储蓄跟国内的银行储蓄类似,也有利息,不过利息在不同的币种间、不同的银行间会有不同。像美元,国内银行的美元活期存款利率有不同,但差异不大,大多是在0.05%利率水平左右,个别银行有0.1%的利率水平。而短期的美元"定期存款",如1、3、6个月的美元存款利息,大多是0.2%、0.3%、0.6%左右的水平。而美元之外的其他的外币币种,各大银行的储蓄利息的差别则相对要大一些。

2. 银行外汇宝

银行的外汇宝只能买涨,不能买跌,无杠杆性质,是实盘的交易。投资者按照该银行公布的外汇买入/卖出价,将某种外币的存款换成另一种外币的存款,利用国际外汇市场外汇汇率上的波动,在不同的存款货币间转换来赚取一定的汇差。不过,由于银行的外币的"点差"通常都较大,因此外汇宝理财赚钱会比较难,赢利也较少。

3. 外汇保证金交易

外汇保证金交易可买涨买跌,是虚拟盘交易,其保证金的特点因此也具有了杠杆作用,杠杆倍数可达200倍。外汇保证金交易需要通过外汇交易经纪公司进行。外汇保证金交易的风险很大,交易还有可能"爆仓"。因此对于稳健的理财来说,过山车的外汇保证金交易可能并不适合。

第三节 银行理财业务

银行理财业务是指理财师通过收集整理客户的收入、资产、负债等数据,倾听客户的希望、要求、目标等,为客户制定投资组合、储蓄计划、保险投资对策、继承及经营策略等财务设计方案,并帮助客户的资金最大限度地增值。

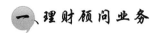理财顾问业务

(一)理财顾问业务的概念

理财顾问业务是指商业银行向客户提供的财务分析与规划、投资建议、个人投资产品推介等专业化服务。理财顾问服务是一种针对个人客户的专业化服务,区别于为销售储蓄存款、信贷产品等进行的产品介绍、宣传和推介等一般性业务咨询活动。在理财顾问业务活动中,客户根据商业银行提供的理财顾问业务管理和运用资金,并承担由此产生的收益和风险。

(二)理财顾问服务的流程

理财顾问服务是指银行在充分了解客户基本信息的基础上,对客户的财务资源提供安排和建议并协助其实施与管理,从而帮助客户实现财务目标的过程。国际通行的理财顾问服务的流程是:第一步,客户基本资料收集;第二步,客户资产状况分析;第三步,客户风险分析;第四步,客户资产管理目标分析;第五步,客户资产预测与评估;第六步,财务目标的确认;第七步,基础规划;第八步,建立投资组合;第九步,实施计划;第十步,绩效评估。

适合我国状况的理财顾问服务流程是:第一步,客户基本资料收集;第二步,客户财产分析;第三步,客户财务目标分析与确认;第四步,财务规划;第五步,建立投资组合;第六步,实施计划;第七步,绩效评估。

(三)理财顾问业务的特点

1. 顾问性

在理财顾问业务中,商业银行涉及客户财务资源的具体操作,只提供建议,最终决策权涉及代客操作,一定要合乎有关规定,按照规定的流程并要签署必要的客户委托授权书和其他代理客户投资所必要的法律文件。

2. 专业性

理财顾问业务是一项专业性很强的业务,要求从业人员有扎实的金融知识基础,对相关的金融市场及其交易机制有清晰的认识,对相关的金融产品的风险性和收益性能准确的测算和分析。

3. 综合性

理财顾问业务涉及的内容非常广泛,要求能够兼顾客户财务以及非财务状况的各个方面。

4. 制度性

商业银行提供理财顾问业务应具有标准的服务流程、健全的管理体系、明确的管理部门、相应的管理规章制度以及明确的相关部门和人员的责任。

5. 长期性

商业银行提供理财顾问业务需求的就是和客户建立一个长期的关系,不能只追求短期的收益。

6. 动态性

理财顾问业务应根据客户财务状况、宏观经济状况、投资市场状况以及其他重要因素变化提供动态性的方案建议,不能一成不变。

(四)客户分析

1. 收集客户信息

(1)客户信息分类。

①定量信息和定性信息。定量信息包括普通个人和家庭档案,即姓名、身份证号码、性别、出生日期、年龄、婚姻状况、学历、就业情况、配偶及赡养状况,有关财务顾问的信息,资产和负债,收入与支出,保单信息,雇员福利,养老金规划,现有投资情况,其他退休收益,客户的事业信息,遗嘱。定性信息包括:目标陈述,健康状况,兴趣爱好,就业预期,风险特征,投资偏好,预期生活方式改变,理财决策模式,理财知识水平,金钱观,家庭关系,现有和预见的经济状况,其他计划假设。

②财务信息和非财务信息。财务信息是指客户当前的收支状况、财务安排及未来发展趋势。财务信息是财务规划的基础。非财务信息是指客户的社会地位、年龄、投资偏好及风险承受能力。非财务信息有助于银行从业人员充分了解客户,影响财务规划的制定。

(2)客户信息收集方法。

①初级信息的收集方法。初级信息是指客户个人和财务资料,一般通过与客户沟通获得。初级信息的调查方法一般采用交谈和调查问卷相结合的方法。

②次级信息收集方法。次级信息就是由政府部门或金融机构公布的宏观经济信息。次级信息收集方法主要是平时的收集和积累并建立数据库供随时调用。

2. 客户财务分析

客户财务分析的对象是两类个人财务报表:资产负债表和现金流量表。

(1)资产负债表。

个人及家庭的资产负债和一般企业资产负债内容有所区别。个人及家庭的资产包括流动资产、投资、实际资产和个人资产,负债包括短期负债和长期负债。

资产负债表之间存在一定的恒等关系,即净资产=资产-负债。这个恒等式是理财规划人员应该掌握和熟练运用的等式。

(2)现金流量表。

现金流量表用来说明个人及家庭的现金收入和支出情况。除了实际现金流入和流出的交易,现金流量表还应列入额外收入,包括红利和利息收入、人寿保险现金价值的积累以及股权投资的资本利得等。在解读个人现金流量表时,理财师需要掌握的另一个基本关系式就是会计恒等式:盈余÷赤字=收入-支出

现金流量表的作用表现在:①有助于发现个人消费方式上的潜在问题;②有助于找到解决问题的方法;③有助于更有效的利用财务资源。理财规划不仅要分析客户目前的现金流量状况,还要对客户未来的现金流量进行一定的预测和分析。

对未来现金流量的预测包括以下几个方面:

第一,预测客户的未来收入。客户的收入会受到工资、奖金、利息和红利等项目变化的影响,考虑到各种因素的不确定性,银行从业人员应该进行两种不同的收入预测:①估计客户的收入最低时的情况,这一分析将有助于客户了解自己在经济萧条时的生活质量以及如何选择有关保障措施;②根据客户的以往收入和宏观经济的情况对其收入变化进行合理的估计。

一般而言,在这种收入预测方法下,客户未来的收入会有一定的涨幅。在预测客户的未来收入时,可以将收入分为常规性收入和临时性收入两类。

常规性收入一般在上一年收入的基础上预测其变化率即可,如工资、奖金和津贴、股票和债券投资收益、银行存款利息和资金收入等。每种收入的性质不同,变化幅度也不一样。工资和奖金等收入可以根据当地的平均工资水平增长幅度进行预测。有些收入(尤其是股票投资收益)随着市场环境的变化有很大的波动,所以如果客户所在地区经济情况不稳定,有必要对这些收入进行重新估计,而不能以上年的数值为参考。同时如果客户在未来会增加新的收入来源,银行从业人员也应该要求其在数据调查表中详细说明。对于临时性的收入,从业人员应该根据客户的具体情况进行重新估计。

第二,预测客户未来的支出。在估计客户的未来支出时,银行从业人员需要了解两种不同状态下的客户支出:①满足客户基本生活的支出;②客户期望实现的支出水平。这里所指的"基本生活",并非指仅实现基本生存状态的生活水平,而是指在保证客户正常生活水平不变的情况下,考虑了通货膨胀后的支出数额预测。而有很多客户在维持现有的消费水平基础上,能够进一步提高生活质量,所以从业人员要根据客户的要求制定出客户期望实现的支出水平。

无论是预测客户基本生活必需的支出,还是其期望达到的消费水平支出,银行从业人员都首先要考虑客户所在地区的通货膨胀率的高低。

(五)客户风险特征和理财特性分析

1. 客户的风险特征

风险是对预期的不确定性,是可以被度量的。同样的风险在不同的主体那里有不同的感受,因此每个客户对待风险的态度都是不一样的。客户的风险特征是进行理财业务要考虑的重要因素之一。

客户的风险特征由以下三个方面构成:

(1)风险偏好。反映的是客户主观上对风险的态度,也是一种不确定性在客户心理上产生的影响。产生不同的风险偏好的原因较复杂,但与其所处的文化氛围、成长环境有很深的联系。比如我们常说美国人喜欢冒险,而中国人强调平安是福。

(2)风险认知度。反映的是客户主观上对风险的基本度量,这也是影响人们对风险态度的心理因素。同一个风险每个人对其认知的水平是不一样的,人们对风险的认知水平往往取决于其个人的生活经验。比如房地产市场和股票市场都具有很高的风险,但是几年前我国股票市场持续下跌而房地产市场持续的增长,结果有为数不少的人不能正确评估房地产市场和股票市场的风险。

(3)实际风险承受能力。反映的是风险客观上对客户的影响程度,同样的风险对不同的人的影响是不一样的。例如,同样的10万元炒股票,其风险是客观的,但对于一个仅有10万元养老金的退休人员和一个有数百万资产的富翁来说产生的影响是截然不同的。

上述三个方面对每个个人都是不一样的。上述三个方面就构成了一个人的风险特征。对待不同风险特征的人应该采取不同的理财方式。综上所述,风险特征的三个方面,我们可以分别用风险承受能力和风险承受态度两个指标来分析客户的体现特征。表4-1、表4-2所示是客户风险特征分析表,供参考。

表 4-1 风险承受能力评估表

分数	10分	8分	6分	4分	2分
就业状况	公教人员	上班族	佣金收入者	自营事业者	失业
家庭负担	未婚	双薪无子女	双薪有子女	单薪有子女	单薪养三代
置业状况	投资不动产	自宅无房贷	房贷>50%	房贷<50%	无自宅
投资经验	10年以上	6~10年	2~5年	1年以内	无
投资知识	有专业证据	财金专业毕业	自修有心得	懂一些	一片空白

注：①年龄因素，总分50分，25岁以下者50分，每多一岁少一分，75岁以上者0分。
②其他因素，总分50分。

表 4-2 风险承担态度评估表

分数	10分	8分	6分	4分	2分
首要考虑因素	赚短差价	长期利得	年现金收益	抗通胀保值	保本保息
过去投资绩效	只赚不赔	多赚少赔	损益两平	少赚多赔	不赚只赔
赔钱心理状态	学习经验	照常过日子	影响情绪小	影响情绪大	难以成眠
目前主要投资市场	期货	股票	房地产	债券	存款
未来回避投资市场	无	期货	股票	房地产	债券

注：①对本金损失的容忍程度，可承受亏损的百分比（以1年的时间为基础），总分50分，不能容忍任何损失为0分，每增加1个百分点加2分，可容忍25%以上损失者为满分50分。
②其他心理因素，总分50分。

通过上述两个表格，我们可以获得客户的风险特征，结合风险能力和风险态度两个方面的数据，可以找到客户在风险矩阵中的位置，从而选择合适的投资组合。表 4-3 列出的风险矩阵中的投资组合是一般情况下的参考建议，银行从业人员在实际个人理财业务中，为客户进行投资组合设计时，除了考虑客户风险特征外，还要考虑其他因素，如利率趋势、当时的市场状况、客户投资目标等因素。

表 4-3 风险矩阵

风险矩阵 风险态度	风险能力 工具	低能力 0~19	中低能力 20~39	中能力 40~59	中高能力 60~79	高能力 80~100
低态度 0~19	货币	70	50	40	20	10
	债券	30	40	40	50	50
	股票	0	10	20	30	40
中低态度 20~39	货币	40	30	20	10	10
	债券	50	50	50	50	40
	股票	10	20	30	40	50

续表 4-3

风险矩阵	风险能力	低能力	中低能力	中能力	中高能力	高能力
中态度 40~59	货币	40	30	10	0	0
	债券	30	30	40	40	30
	股票	30	40	50	60	70
中高能力 60~79	货币	20	0	0	0	0
	债券	40	50	40	30	20
	股票	40	50	60	70	80
高能量 80~100	货币	0	0	0	0	0
	债券	50	40	30	20	10
	股票	50	60	70	80	90

2. 其他理财特征

除了风险特征外，还有许多其他的理财特征会对客户理财方式和产品选择产生很大的影响。

(1) 投资渠道偏好。投资渠道偏好指客户由于个人具有的知识、经验、工作或社会关系等原因而对某类投资渠道有特别的喜好或厌恶。对此，银行从业人员在给客户提供财务建议的时候要客观分析并向客户做准确的解释，在此基础上要充分尊重客户的偏好，而绝不能够用自己的偏好影响客户的财务安排。

(2) 知识结构。客户个人的知识结构尤其是对理财知识的了解程度和主动获取信息的方式对于选择投资渠道、产品和投资方式会产生影响。

(3) 生活方式。客户个人的不同的生活、工作习惯对理财方式的选择也很重要。比如一个非常繁忙的职业经理人，你建议他去炒股，尽管其风险特征、知识水平等各方面都适合炒股，但他没有时间和精力来做这样的理财。

3. 客户理财需求和目标分析

客户与银行从业人员接触的过程中会提出他所期望达到的目标。这些目标按时间的长短可以划分为短期目标(如休假、购置新车、存款等)、中期目标(如子女的教育储蓄、按揭买房等)和长期目标(如退休、遗产等)。

具体情况可以根据不同的客户加以区别，以上这些目标相对比较宽泛，银行理财规划人员必须在客观分析客户财务状况和目标的基础上，将这些目标细化并加以补充。客户可能提出的其他要求有收入的保护(例如预防失去工作能力而造成的生活困难等)、资产的保护(例如财产保险、客户死亡情况下的债务减免和投资目标与风险预测之间的矛盾)。

在确定客户的目标要求的过程中，银行从业人员需要特别注意的是，由于客户本身对于投资产品和投资风险的认识往往不足，因此客户可能会提出一些不切实际的要求。针对这个问题，银行从业人员必须加强与客户的沟通，增加客户对于投资产品和投资风险的认识，在确保客户理解的基础上，共同确立一个合理的目标。表4-4就是一个客户的个人理财目标的内容。

表 4-4 个人理财目标

姓名：　　　　　　　　　　　　　　日期：

时间阶段	目标	迫切(低中高)	目标达到日期	所需资本来源	备注
短期	税务负担最小化				
	筹集紧急备用金				
	减少债务				
	投资股票市场				
	控制开支预算				
	其他短期目标				
中期	为购车、住房集专项资金				
	寿险、财险及个人债务				
	提高保险保障				
	启动个人生意				
	其他中期目标				
长期	建立退休基金				
	为孩子准备教育金				
	有效地为继承人分配不动产				
	其他长期目标				

（六）个人理财财务规划

在对客户全面了解的基础上，理财顾问服务的下一个流程就是财务规划的制定。一个全面的财务规划涉及现金、消费以及投资规划的财务安排等问题。

1. 现金、消费及债务管理

消费贯穿个人的一生，而支出却具有较大的波动性。因此进行现金、消费债务管理可以保障计划内和计划外支出。

（1）现金管理。

①现金管理的对象是现金和流动资产。现金管理的目的：满足日常活动、周期性支出的需求；满足应急资金需求；满足未来消费的需求；满足财富积累与投资获利的需求。

②现金管理的主要内容是编制财务预算。编制财务预算的程序：建立长期的理财规划目标；预测年度收入；算出年度支出预算目标（年度支出预算＝年度收入－年储蓄目标）；对预算进行控制与差异分析。

a. 预算控制。认知需要＝储蓄动机＋开源节流的努力方向，认知需要是储蓄的动力，其后将由开源或节流产生储蓄。

为了控制费用与投资储蓄，需加强支出控制，方法是建议客户在银行开立三个账户：一是定期投资账户，进行强制储蓄；二是扣款账户，按期偿还房贷等本息；三是信用卡账户，弥补临时性的资金不足，减少低收益的比例。

b.预算与实际的差异分析。差异分析应注意的要点:总额差异的重要性大于细目差异;要定出追踪的差异金额或比率门槛;依据预算的分类个别分析;刚开始作预算若差异很大,应该每月选择一个重点项目改善;如果实在无法降低支出,就要设法增加收入。

c.应急资金管理。应急资金用途是预防暂时失业和紧急医疗或意外。紧急预备金的应变能力用现有资产状况来衡量。

$$失业保障月数=存款、可变现资产或净资产÷月固定支出$$

其中可变现金包括现金、活存、定存、股票、基金等,不包括汽车、房地产、古董等。固定支出的开支包括日常生活的开销、贷款本息支出、分期付款支出等已知债务的现金支出。失业保障月数最低标准是三个月,越高越好,最好是六个月。

d.紧急预备金的储存形式。紧急预备金的储存形式有两种:一是流动性高的活期存款、短期定期存款或货币市场基金;二是利用贷款额度。由于应急资金储备有机成本形式不同,以贷款额作为预备又要支付利息。如果存款利率差距较大,需要搭配管理。

消费的合理性,没有绝对的标准,只有相对的标准。消费的合理性与客户的收入、资产水平、家庭情况、实际需要等因素相关。在消费管理中要注意以下几个方面:平衡即期消费和远期消费,即理财从储蓄开始;消费支出的预期要合理;合理规划孩子的消费;抑制住房、汽车等大额消费和过度消费;保险消费应当和自身的收入水平相适应。

(2)债务管理。

①在有效债务管理中,应先算好可负担的额度,再拟订偿债计划,按计划还清负债。在金融服务日趋大众化的今天,许多人都与银行发生了借贷关系,于是归还银行贷款就成了许多人固定支出的最主要部分。银行从业人员应帮助客户选择最佳的借贷品种和还款方式,使其在有限的收入条件下,既能按期还本付息,又可以用最低的贷款成本实现效用最大化。需要考虑的因素包括:贷款需求,家庭现有经济实力,预期收支情况,还款能力,合理选择贷款种类和担保方式,选择贷款期限与首期用款及还贷方式,信贷策划特殊情况的处理(还款期内银行利率调整对还款额的影响、住房公积金贷款的选择、提前还贷)。

②在合理的利率成本下,个人的信贷能力即贷款能力取决于以下两点:客户收入能力和客户资产价值。

③在债务管理中应当注意以下事项:

a.债务总量与资产总量的合理比例。如总负债一般不要超过净资产。

b.债务期限与家庭收入的合理关系。如还贷款的期限不要越过退休的年龄。

c.债务支出与家庭收入的合理比例。还要考虑家庭结余比例、收入变动趋势、利率走势等其他因素。

d.短期债务和长期债务的合理比例。没有一定之规,要充分考虑债务的时间特性和客户生命周期以及家庭财务资源的时间特性相匹配。

e.债务重组。当债务问题出现危机的时候,债务重组是实现财务状况改善的重要方式。

(3)家庭财务预算的综合考虑。

在理财规划中,现金、消费及债务管理的目的是让客户有足够的资金去应付家庭财务开支、建立紧急应变基金去应付突发事件、减少不良资产及增加储蓄的能力,从而为家庭建立一个财务健康、安全的生活体系。为此,需要将这几个方面作综合分析:有足够资金应付日常开支;建立应急基金应付突发事件;减少不良资产并增加储蓄能力。

2.保险规划

保险是指投保人根据合同约定,向保险人支付保险费,保险人对于合同约定可能发生的事故因其发生而造成的财产损失承担赔偿保险金责任,或者当被保险人死亡、伤残和达到合同约定的年龄、期限时承担给付保险金责任的商业保险行为。从法律角度看,保险是一种合同行为。投保人向保险人缴纳保费,保险人在被保险人发生合同规定的损失时给予补偿。保险规划具有风险转移和合理避税的功能。

(1) 制定保险规划的原则。

客户参加保险的目的就是为了客户和家庭生活的安全、稳定。从这个目的出发,银行从业人员为客户设计保险规划时主要应掌握以下原则:

①转移风险的原则。投保是为了转移风险,在发生保险事故时可以获得经济补偿。

②量力而行的原则。保险是一种契约行为,属于经济活动范畴,客户作为投保人必须支付一定的费用,即以保险费来获得保险保障。投保的险种越多,保障范围越大。但保险金额越高,保险期限越长,需支付的保险费也就越多,因此为客户设计保险规划时要根据客户的经济实力量力而行。

③分析客户保险需要。在制订保险规划前应考虑以下三个因素:一是适应性。根据客户需要保障的范围来考虑购买的险种。二是客户经济支付能力。三是选择性。在有限的经济能力下,为成人投保比为儿女投保更实际,特别是对家庭的"经济支柱"来讲更是如此。

(2) 保险规划的主要步骤。

①确定保险标的。制订保险规划的首要任务,就是确定保险标的。保险标的是指作为保险对象的财产及其有关利益,或者人的寿命和身体。投保人可以以其本人、与本人有密切关系的人、他们所拥有的财产以及他们可能依法承担的民事责任作为保险标的。

一般来说,各国保险法律都规定,只有对保险标的有可保利益才能为其投保,否则,这种投保行为是无效的。所谓可保利益,是指投保人对保险标的具有的法律上承认的利益。可保利益应该符合三个要求:必须是法律认可的利益;必须是客观存在的利益;必须是可以衡量的利益。

②选定保险产品。人们在生活中面临的风险主要为人身风险、财产风险和责任风险。而同一个保险标的,会面临多种风险。所以,在确定客户保险需求和保险标的之后,就应该选择准备投保的具体险种。

③确定保险金额。在确定保险产品的种类之后,就简要确定保险金额。保险金额是当保险标的发生保险事故时,保险公司所赔付的最高金额。一般来说,保险金额的确定应该以财产的实际价值和人身的评估价值为依据。

④明确保险期限。对于财产保险、意外伤害保险、健康保险等保险品种而言,一般多为中短期保险合同,如半年或者一年,但是在保险期满之后可以选择续保或者是停止投保。但是对于人寿保险而言,保险期限一般较长,如15年甚至到被保险人死亡为止。在为客户制订保险规划时,应该将长短期险种结合起来综合考虑。

(3) 保险规划的风险。

在进行保险规划时,会面临很多风险。这些风险可能来自投保客户所提供的资料不准确、不完全,或者是来自对保险产品的了解不够充分。保险规划风险体现在以下几个方面:

①未充分保险的风险。这种风险可能体现在对财产的保险上,也可能出现在对人身的保险上。如对财产进行的保险是不足额保险。

②过分保险的风险。这种风险可能发生在财产保险和人身保险上。如对财产的超额保险或重复保险。由于保险公司在赔偿时,是根据实际损失来支付保险赔偿金,这种超额保险或者

重复保险并没有起到真正的保障作用,反而浪费保费。

③不必要保险的风险。有些风险可以通过自保险或者说风险保留来解决,如对平时由于感冒或牙痛等类似的小灾小病所需的医疗费用支出,人们自己承担风险这种处理办法反而更为方便和简单。

此外,一般来说,保险市场上的保险产品种类多样、名目繁杂,保险费率的计算和保险金额的确定都比较复杂,这也增加了保险策划的难度。所以,制订一份恰当而有效的保险计划,应该在相关专业人士的帮助和指导下进行。

3.税收规划

税收规划是指在纳税行为发生前,在不违反法律、法规(税法及其他相关法律、法规)的前提下,通过对纳税主体(法人或自然人)的经营活动或投资行为等涉税事项作出事先安排,以达到少纳税和递延缴纳的一系列规划活动。

在我国现行的税制结构中,以自然人即单独的个人为纳税人的税种并不是很多。其中,个人所得税是唯一的完全以自然人为纳税人的税种。个人所得税是以个人收入所得为征税对象的一种税,当收入达到一定额度的时候,人们就需要缴纳个人所得税。税收规划是对我国税收制度和法律的正确理解和灵活运用。

(1)税收规划的原则。

银行从业人员在为客户进行税收规划时,应该遵循一定的原则,从税法的基本原则,即从税收法定原则、社会政策原则和税收效率原则出发来定义税收规划的基本原则,应该遵循合法性、目的性原则、规划性原则及综合性原则,这些原则赋予了税收规划其本身及区别于其他节税手段的最本质的特征。

①合法性原则。合法性原则是税收规划最基本的原则,是由税法的税收法定原则所决定的。也是税收规划与偷税漏税乃至避税行为区别开来的根本所在。

②目的性原则。目的性原则是税收规划最根本的原则,是由税法基本原则中的税收公平原则所决定的。

③规划性原则。规划性原则是税收规划最有特色的原则,这是由作为税收基本原则的社会政策原则所引发的。

④综合性原则。综合性原则是指进行税收规划时,必须综合考虑规划以使客户整体税负水平降低。

(2)税收规划的内容。

税收规划由于其依据的原理不同,采用的方法和手段也不同,主要可分为三类,即避税规划、节税规划和转嫁规划。

①避税规划。避税规划即为客户制订的理财计划采用"非违法"的手段,获取税收利益的规划。避税规划的主要特征有以下几点:非违法性,有规则性,前期规划性和后期的低风险性,有利于促进税法质量的提高及反避税性。

②节税规划。节税规划即理财计划采用合法手段,利用税收优惠和税收惩罚等倾斜调控政策,为客户获取税收利益的规划。节税规划的主要特点有:合法性;有规则性;经营的调整性与后期无风险性;有利于促进税收政策的统一和调控效率的提高及倡导性。

③转嫁规划。转嫁规划即理财计划采用纯经济的手段,利用价格杠杆,将税负转给消费者或转给供应商或自我消转的规划。转嫁规划的主要特点有:纯经济行为;以价格为主要手段;

不影响财政收入;促进企业改善管理、改进技术。

(3)税收的主要步骤。

①了解客户的基本情况和要求。银行从业人员在为客户制订税收规划时,通过交流和资料填写,可以了解到客户的一些基本情况,要注意在税收规划中准确地把握这些情况:婚姻状况、子女及其他赡养人员、财务情况、投资意向、对风险的态度、纳税历史情况、要求增加短期所得还是长期资本增值、投资要求。

②控制税收规划方案的执行。

4. 人生事件规划

(1)教育规划。

教育规划是指为了需要时能支付教育费用所订的计划。教育规划可以包括个人教育投资规划和子女教育规划两种。个人教育投资规划是指对客户本身的教育投资规划;子女教育规划是指客户为子女将来的教育费用进行规划,对子女的教育又可以分为基础教育、大学教育及大学后教育。在确定了客户教育投资规划的基本数据,即该规划所需的资金总额、投资规划的时间、客户可以承受的每月投资额、通货膨胀率和基本利率后,从业人员就可以帮助客户制订教育投资规划了。

(2)退休规划。

大概来说,退休规划包括利用社会保障的计划,购买商业性人寿保险公司的年金产品的计划以及企业与个人的退休金计划等。一个完整的退休规划包括:工作生涯设计、退休后生活设计及自筹退休金部分的储蓄投资设计。退休规划的最大影响因素分别是通货膨胀率、工资薪金收入成长率与投资报酬率。

(3)遗产规划。

遗产规划,指当事人在其活着时通过选择遗产规划工具和制订遗产计划,将拥有的或控制的各种资产或负债进行安排,从而保证在自己去世时或丧失行为能力时尽可能实现个人为其家庭所定目标的安排。

①遗产规划工具主要包括遗嘱、遗产委任书、遗产信托、人寿保险、赠与。根据客户的不同情况制订遗产计划时,工具和策略的选择也有着很大的差别。

②遗产规划包括:确定遗产继承人和继承份额;为遗产所有者的供养人提供足够的财务支持;在与遗产所有者的其他目标保持一致的情况下,将遗产转移成本降低到最低水平;确定遗产所有者的继承人接受这些转移资产的方式;为遗产提供足够的流动性资产以偿还其债务;最大限度地为所有者的继承人(受益人)保存遗产;确定遗产的清算人;等等。

5. 投资规划

(1)投资规划概述。

银行从业人员在制订投资规划时首先要考虑的是某种投资工具是否适合客户的财务目标。要做到这一点,银行从业人员就要熟悉各种投资工具的特性和投资基本理论。投资是指投资者运用持有的资本,用来购买实际资产或金融资产,或者取得这些资产的权利,目的是在一定时期内预期获得资产增值和一定收入(固定的或非固定的)。根据这个概念,我们可以把投资分为实物投资和金融投资。实物投资一般包括对有形资产(如土地、机器、厂房等)的投资,有时也称为直接投资;金融投资包括对各种金融合约(如股票、固定收益证券、金融信托和基金产品、金融衍生品等)的投资,有时也称为间接投资。

(2)投资规划的步骤。

制订投资规划先要确定投资目标和可投资财富的数量,再根据对风险的偏好,确定采取稳健型还是激进型的策略。

①确定客户的投资目标;
②让客户认识自己的风险承受能力;
③根据客户的目标和风险承受能力确定投资计划;
④实施投资计划;
⑤监控投资计划。

二、综合理财业务

(一)综合理财业务的概念

综合理财业务是指商业银行在向客户提供理财顾问业务的基础上,接受客户的委托和授权,按照与客户事先约定的投资计划和方案进行投资和资产管理的业务活动。综合理财服务与理财顾问服务的一个重要区别是在综合理财服务活动中,客户授权银行代表客户按照合同约定的投资方向和方式,进行投资和资产管理,投资收益与风险由客户或客户与银行按照约定方式获取或承担。与理财顾问服务相比,综合理财服务更加突出个性化服务。综合理财业务又可分为理财计划和私人银行业务。其中理财计划是商业银行针对特定目标客户群体进行的个人理财服务,而私人银行业务的服务对象主要是高净值客户,涉及的业务范围更加广泛,与理财计划相比,个性化服务的特色相对强一些。

(二)理财业务、财富管理业务与私人银行业务

银行往往根据客户类型进行业务分类。按照这种分类方式,理财业务可分为理财业务(服务)、财富管理业务(服务)和私人银行业务(服务)三个层次,银行为不同客户提供不同层次的理财服务。其中私人银行业务服务内容最为全面,除了提供金融产品外,更重要的是提供全面的服务,如图4-1所示。

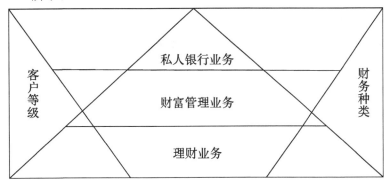

图4-1 银行理财业务分类(按客户分)示意图

从客户等级来看,理财业务客户范围相对较广,但服务种类相对较窄,私人银行客户等级最高,服务种类最为齐全;财富管理客户则居二者之中,客户等级高于理财业务客户但低于私人银行客户,服务种类超过理财业务客户但少于私人银行业务客户。一般而言,理财业务是面

向所有客户提供的基础性服务,而财富管理业务是面向中高端客户提供的服务,而私人银行业务则是仅面向高端客户提供的服务。商业银行大多通过客户分层、差别化服务培养客户的忠诚度和销售产品,对于等级越高的客户,银行会提供越丰富的服务内容。对于银行理财业务而言,由于客户分层和服务分类没有完全标准化,大多数银行根据自己的业务需求和客户发展目标划分客户标准,提供服务项目,因此,理财业务、财富管理业务和私人银行业务之间并没有明确的行业统一分界。

(三)理财计划

理财计划是指商业银行在对潜在目标客户群分析研究的基础上,针对特定目标客户群开发、设计并销售的资金投资和管理计划。商业银行在综合理财服务活动中,可以向特定目标客户群销售理财计划。根据客户获取的收益不同,理财计划分为保证收益理财计划和非保证收益理财计划。

1. 保证收益理财计划

保证收益理财计划是指商业银行按照约定条件向客户承诺支付固定收益,银行承担由此产生的投资风险,或银行按照约定条件向客户承诺最低收益并承担相关风险,其他投资收益由银行和客户按照合同约定分配,并共同承担相关投资风险的理财计划。监管机构对保证收益理财计划实施严格的审批制度和程序。

2. 非保证收益理财计划

非保证收益理财计划分为保本浮动收益理财计划和非保本浮动收益理财计划。保本浮动收益理财计划是指商业银行按照约定条件向客户保证本金支付,本金以外的投资风险由客户承担,并依据实际投资收益情况确定客户实际收益的理财计划。非保本浮动收益理财计划是指商业银行根据约定条件和实际投资收益情况向客户支付收益,并不保证客户本金安全的理财计划。

三、私人银行业务

(一)私人银行概念

私人银行业务是一种向高净值客户提供的金融服务,它不仅为客户提供投资理财产品,还包括为客户进行个人理财,利用信托、保险、基金等金融工具维护客户资产在风险、流动和盈利三者之间的精准平衡,同时也包括与个人理财相关的一系列法律、财务、税务、财产继承、子女教育等专业顾问服务,其目的是通过全球性的财务咨询及投资顾问,达到财富保值、增值、继承、捐赠等目标。对于私人银行,国际通用的定义是:"私人银行是金融机构为拥有高额净财富的个人,提供财富管理、维护的服务,并提供投资服务与商品,以满足个人的需求。"

2005年中国银监会曾正式提出了私人银行概念:"私人银行业务是指商业银行与特定客户在充分沟通的基础上,签订有关投资和资产管理合同,客户全权委托商业银行按照合同约定的投资计划、投资范围和投资方式,代理客户进行有关投资和资产管理操作的综合委托投资服务。"具体来讲,就是银行等金融机构利用自身在金融咨询、投资理财、服务网络等方面的专业优势,由理财专家根据客户的资产状况和风险承受能力,帮助客户合理而科学地将资产投资到股票、债券、保险、基金、储蓄等金融产品中,从而满足客户对投资回报与风险的不同需求,以实现个人资产的保值与增值,银行等金融机构则可从中收取服务费。

(二)私人银行业务特征

1.准入门槛高

私人银行业务是专门面向高端客户进行的一项业务,为高资产净值的客户提供个人财产投资与管理等综合性服务,由于该项业务并没有统一规定,各商业银行对高资产净值客户的划分标准不同。但总体来说,私人银行客户是个人业务中面向最高端客户提供的全方位服务,因此准入门槛高。

2.综合化服务

对客户而言,私人银行服务最主要的是资产管理、规划投资、根据客户需要提供特殊服务。商业银行也可通过设立离岸公司、家族信托基金等方式为客户节省税务和金融交易成本。因此,私人银行服务往往结合了信托、投资、银行、税务咨询等多种金融服务。该种服务的年均利润率要高于其他金融服务。

3.重视客户关系

对商业银行来说,与其他业务人员相比,私人银行业务人员更加注重客户关系管理。因此有人形象地用资产管理＋客户关单管理＝私人银行家这个公式表达客户关系在私人银行业务中的重要性。可以说,私人银行业务更加强调业务人员与客户之间的信任关系。

本章小结

银行理财具有资金更雄厚、信誉好、安全性高、网点众多、快捷便利、更专业、更客观等特点。

银行的理财制度主要实行的是客户经理制度,通过客户经理将资产负债管理的内容与客户密切联系起来,并根据客户的需要,提供个性化服务,把金融产品的营销与商业银行的收益结合起来,达到金融产品营销的最佳配置与组合。

按照货币币种分类,可分为外汇理财产品和人民币理财产品。人民币理财产品具有收益效率高、安全性强、渠道优势明显等优点。

和固定收益类产品相比,结构性产品的收益风险很大。投资结构性外汇理财产品必须考虑收益风险、赎回风险、流动性风险、信息披露风险及汇率挂钩风险。

关键术语

银行理财　人民币理财产品　外汇理财产品　客户经理　商业银行

本章思考题

1.简述商业银行理财产品的种类。
2.比较人民币理财产品的优势与缺陷。
3.试述银行理财顾问业务的内容。

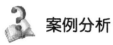 **案例分析**

郑先生夫妇有一笔10万元现金,想存一年定期,觉得资金灵活性太差,存半年又觉得利率太低。怎样才能在保证利息的前提下,提高资金灵活性呢?郑先生有些伤脑筋。

银行人士建议,郑先生手中的10万元现金,可以把它平均分成两份,每份5万元,然后分别将其存半年和一年定期存款。半年后,将已到期的半年期存款改存为一年期的存款,并将两张一年期的存单都设定成为到期自动转存。这样交替储蓄,循环周期为半年,每半年就会有一张一年期的存款到期可取,相当于享受一年定期存款利息的同时,将资金的灵活性提高了一倍。

在中国许多中等收入家庭都会有一些小额闲置资金,他们对资金灵活性要求不是很高,但又不想把存款"锁"得太死,这种储蓄方式比较适合此类家庭。

第五章 证券投资理财

教学目的及要求

通过本章学习,了解证券投资对个人理财的作用;掌握投资的定义及范畴,熟悉股票、债券、基金及金融衍生工具的基本理论、知识、其运行机制及价格的决定;掌握股票与债券的特点、运行规律及二者的区别;掌握投资基金的基本知识、基本理论。

教学重点及难点

股票的价值与价格、债券交易价格的计算、投资基金的种类、投资基金的收益及其分配。

第一节 证券投资基础知识

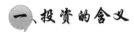

(一)投资

投资是指经济主体投入一定量的资产以获取预期收益的经济行为。威廉·夏普在《投资学》一书中表述为:"为了获得可能性的不确定的未来值而作出的确定的现值的牺牲。"其含义中包括四个要素,即投资主体、投入的资产、投资的客体、投资的目的。

(1)投资的主体。不同的金融产品投资的主体也不尽相同,上至中央政府、地方政府,下至金融机构、公司、企业及个人。

(2)投入的资产。投入的资产可分为固定资产和流动资产,其中最常见的又属流动资产中的货币资产。

(3)投资的客体。投资的客体指投资在什么标的物上,可根据标的物形式的不同分为实物投资和金融投资。

(4)投资的目的。投资的目的指为了达到一定的预期目的,有可能是投资收益也有可能是其他目的,例如稳定经济。

(二)投资的过程

1. 明确投资目的

在进行投资之前,投资者应该首先明确投资目的,不同的投资主体,投资目的会有所不同,例如一般的公司企业,投资的目的是为了获得经济效益,而政府机构投资的目的则有些是为了获得经济效益,有些则是出于一定的社会效益的需求。即使是为了得到经济效益的投资主体,也会有不同的投资目标,有些是为了使资金增值,有些是为了保值,有些则是为了达到一定的特定目标如保证资金的流动性，或者现金流能在指定时期回收，等等。所以在投资之前投资者一定要明确自身的投资目标。此外，投资者需要摈弃一些错误的投资观点，如投资必须要获利这一观点。如果投资不当，出现了亏损，有些投资者就无论如何不肯卖出，一直等待的结果有时是几年甚至几十年都不能回到自己的盈亏平衡点上。但如果果断地卖出，改为投资其他的产品，可能很快就能补偿亏损的部分，重要的不是投资后的严守，而是投资前的分析及投资的时间与品种是否得当。

2. 了解投资环境

不同的投资品种需要了解甚至掌握不同的投资环境，小到一个公司的财务状况，中到某一行业的政策法规及市场发展，大到一个国家甚至整个世界的政治、经济、文化、外交、军事等各个方面。只有了解资金在不同环境中的运作状况，才能根据投资环境判断投资的品种及投资的时间、价格是否合理，是否能够获得预期的收益，是否会承担额外的风险。

3. 制定及实施投资策略

股票投资是一种高风险的投资，在投资时，必须结合个人的实际状况，制订出可行的投资策略。投资者应量力而行，采取分散投资的方式，在进行股票投资时，追求收益最大化及风险最小化两者的平衡点，即构成最佳的投资组合，并根据自己的风险承担能力、个人财务状况及风险偏好，拟定合理的投资策略。

4. 监控及评价投资业绩

定期评估投资业绩，测算投资收益率，根据市场环境的变化及时调整投资策略。因为随着时间推移，各种因素会发生变化，投资者对股票的评价，对风险和收益的预期也相应发生变化。在评估前一段业绩的基础上，适当修正或调整投资策略非常必要。

（三）证券投资的含义

证券分为广义的证券和狭义的证券。广义的证券是指各类记载并代表一定权利的法律凭证。狭义的证券即为有价证券中的资本证券，也是我们通常所说的证券。本章中证券的范畴即为狭义的证券。

证券投资就是投入一定的货币资金用于交易证券，并据以获取预期收益的投资。狭义的证券投资是指对有价证券中的资本证券的投资。

因为证券投资期限灵活，品种多样，所以是常见的形式，也是个人理财投资中重要的投资获利的形式。

二、投资收益的计算

（一）单项资产收益率

收益一般用收益率来衡量，证券的投资收益率可表示为以下几种：

1. 持有期收益率

$$持有期收益率 = \frac{证券年利息 + (证券卖出价 - 买入价) \div 持有年限}{证券买入价}$$

即：

$$持有期收益率 = \frac{红利(利息) + 价差收益}{初期成本}$$

用公式表示,即为:

$$R = \frac{D_t + (P_t - P_{t-1})}{P_{t-1}}$$

以股票的持有期收益率的计算为例,计算公式如下:

$$股票持有期收益率 = \frac{股息+新股认购收益+无偿增资收益等+股票的买卖价差}{购买价格 \times 持有年限}$$

$$R = \frac{P + (S_t - S_0) \div N}{S_0}$$

其中:R 表示持有期收益率,S_n 表示卖出价格,S_0 表示买入价格($S_n - S_0$ 即为持有期内的价差收益),N 表示期限,P 表示股息红利收益、新股认购收益及无偿增资收益之和。即:

$$持有期收益率 = \frac{[股票年股息红利+(证券卖出价-买入价)] \div 持有年限}{证券买入价}$$

股票的投资收益 = 卖出价格 × 卖出数量 − 买入价格 × 买入数量 − 券商佣金 − 印花税 − 过户费 + 分红收益

买入时的券商佣金 = 买入价格 × 买入数量 × 券商佣金率

卖出时的券商佣金 = 卖出价格 × 卖出数量 × 券商佣金率

印花税 = 卖出价格 × 卖出数量 × 印花税率

过户费 = (买入数量 + 卖出数量) × 过户费率

其中券商佣金一般为 0.1%～0.3%,不足 5 元按 5 元征收,印花税 0.1% 只在卖出时征收,过户费 1 元每千股,最低征收 1 元。委托没有成交或撤单一般不收费。

例如,某人以 20 元的价格买入 100 股股票以 30 元每股的价格卖出,持有期内未有分红收益,则此人的投资收益为

投资收益 = 30 × 100 − 20 × 100 − 10 − 3 − 2 = 985

投资收益率 = 985 ÷ 2000 = 49.25%

除此之外,投资者还必须对所得收益缴纳收入所得税。

2. 预期收益率

预期收益率指对所有可能的收益率计算出的平均值。因为通常收益率受许多不确定因素的影响,所以是一个随机变量,我们假设收益率服从以下概率分布,如表 5-1 所示:

表 5-1 不同收益率对应的概率

收益率(R)	R_1	R_2	R_3	R_4	R_5	……	R_N
概率(P)	P_1	P_2	P_3	P_4	P_5	……	P_N

此种情况下的预期收益率为:

$$E(R) = \bar{R} = \sum_{i=1}^{n} R_i P_i$$

3. 必要收益率

必要收益率又称最低必要报酬率或最低要求的收益率,表示投资者对某资产合理要求的最低收益率,也是以内在价值计算的未来收益的贴现收益率。

必要收益率＝无风险收益率＋风险收益率
　　　　　＝无风险收益率＋风险价值系数×标准离差率
　　　　　$=Rf+b \cdot V$

4. 到期收益率

到期收益率是指将证券获得的未来现金流量的现值，等于证券当前市价的贴现收益率。相当于投资者按照当前市场价格购买并且一直持有到满期时可以获得的年平均收益率。

(二)股票的投资收益率的计算

投资报酬率＝（股票的买卖价差＋股息＋新股认购收益＋无偿增资收益等）÷购买价格×持有年限

$$R=\frac{P+(S_n-S_0)\div N}{S_0}$$

其中，R 表示收益率，S_n 表示卖出价格，S_0 表示买入价格，N 表示期限，P 表示利息额。

$$持有期收益率=\frac{股票年股息红利+(证券卖出价-买入价)\div 持有年限}{证券买入价}$$

股票的投资收益率＝股票的投资收益÷投资成本

股票的投资收益＝卖出价格×卖出数量－买入价格×买入数量－券商佣金－印花税－过户费＋分红收益

买入时的券商佣金＝买入价格×买入数量×券商佣金率

卖出时的券商佣金＝卖出价格×卖出数量×券商佣金率

印花税＝卖出价格×卖出数量×印花税率

过户费＝（买入数量＋卖出数量）×过户费率

其中券商佣金一般为 0.1%～0.3%，不足 5 元按 5 元征收，印花税 0.1% 只在卖出时征收，过户费 1 元每千股，最低征收 1 元。委托没有成交或撤单一般不收费。

例如，某人以 20 元的价格买入 100 股股票以 30 元每股的价格卖出，持有期内未有分红收益，则此人的投资收益为：

投资收益＝30×100－20×100－10－3－2＝985

投资收益率＝985÷2000＝49.25%

除此之外，投资者还必须对所得收益缴纳收入所得税。

(三)债券的投资收益率的计算

债券的投资收益率＝债券的投资收益÷投资成本

债券的投资收益＝债券的卖出价格×卖出数量－买入价格×买入数量－佣金、手续费－印花税－个人收益调节税

(四)基金的投资收益率的计算

封闭式基金的交易形式和股票相似，其投资收益率的计算公式也基本相同。

开放式基金的投资收益率＝（赎回价格－申购价格）÷申购价格

三、投资风险的衡量

(一)投资风险分类

1. 利率风险

利率风险是指由于市场利率变动而使投资者遭受损失的风险。利率是影响证券价格的重要因素之一,当市场利率提高时,证券的价格就降低。

2. 购买力风险

购买力风险是指由于经济的衰退及萧条导致投资者可供投资的资金额减少而出现的购买力降低的风险。当经济环境不好时,投资者手中可供投资的资金变少,即使有可投资的货币,也会出现不愿或不敢投资的情况。投资证券的数量减少因而导致证券价格的下跌。

3. 通货膨胀风险

通货膨胀风险是指由于通货膨胀而使投资者的实际收益小于名义收益的风险。通货膨胀期间,投资者实际利率应该是票面利率扣除通货膨胀率。若年通货膨胀率为5%,相当于一年前100元的东西一年后必须要用105元才能买到,因此当名义收益率为5%时100元得到的收益5元实际上只相当于补偿了通货膨胀而造成的损失,名义收益5元,并没有实际获利。

4. 变现能力风险

变现能力风险是指投资者在短期内无法以合理的价格卖掉证券的风险。如果投资者急需资金或遇到一个更好的投资机会,他想出售现有证券,但短期内找不到愿意出合理价格的买主,要把价格降到很低或者很长时间才能找到买主,那么,他不是遭受降低损失,就是丧失新的投资机会。

5. 经营风险

经营风险是指由于发行人经营不善或单位管理与决策人员在其经营管理过程中发生失误,导致资产减少而使证券价格下跌,投资者遭受损失的风险。

6. 违约风险

违约风险是指证券的发行人不能按时或足额支付证券利息或偿还本金,而给投资者带来损失的风险。尤其是债券,存在一定的违约风险。在所有债券之中,财政部发行的国债,由于有政府信用作担保,所以违约风险极小。但其他的债券则或多或少地有违约风险。

(二)投资风险的衡量

在实际的投资活动中,并不是当收益率为负或减少时投资者才受亏损,只要存在着收益率与预期不一致时,投资者就有可能承担风险。所以期望收益率与实际收益率之间存在偏差,投资者就有风险,偏差越大,风险越大。以数学方法衡量,则由方差或标准差表示。我们假设收益率服从以下概率分布,如表5-2所示。

表5-2 不同收益率对应的概率

收益率(R)	R_1	R_2	R_3	R_4	R_5	……	R_N
概率(P)	P_1	P_2	P_3	P_4	P_5	……	P_N

$$\sigma^2 = \sum_{i=1}^{n}(R_i - \bar{R})^2 P_i$$

$$\sigma = \sqrt{\sum_{i=1}^{n}(R_i - \bar{R})^2 P_i}$$

第二节 股票投资

一、股票的概念与种类

(一)股票的概念

股票是股份有限公司发行的,用以证明投资者的股东身份和权益,并据以获取股息和红利的凭证。

我国法定的公司有两种形式,为股份有限公司和有限责任公司。因为有限责任公司的投资者的股权出资证明一般是以出资证明书的形式出现的,不是必须发行股票。所以股票主要是股份有限公司所发行的,股票的发行人即为股份有限公司。公司股份是将公司账面所有者权益部分平均分成若干份,每份即为股份,股份的具体表现形式就是股票。股票票面必须具备一些基本的内容。一般情况下,公司的股票票面上应具备以下内容:发行股票的公司全称、地址;是普通股还是优先股;公司股份总数及每股金额;公司设立日期或变更登记日期;股票发行日期;股票编号;董事长签章;主管机关核定的发行登记机构的签章等。随着电子信息化的发展,现阶段的股票绝大多数都已不是纸质形式。

(二)股票的类型

1. 按股东的权益分,可分为普通股和优先股

(1)普通股是公司资本构成中普通、基本的股份,是股份公司资金的基础部分。

普通股股东有收益权,有获得破产清偿的权利,有发言权和表决权,相对于非股东而言有优先认股权,投资收益不固定。普通股股东有收益权但投资收益不固定,而是根据股票发行人的经营状况来确定,公司的经营业绩好,分红政策好,普通股的收益就高;而公司的经营业绩不好,分红政策差,普通股的收益就低甚至没有。当公司因破产或结业而进行清算时,普通股股东有权分得公司剩余资产,但必须在公司的债权人、优先股股东之后才有可能分得财产。普通股股东一般都可在股东大会上就公司重大问题进行发言和投票表决,但持有多少比例股票便有多少比例的投票权,任何普通股股东都有资格参加公司股东大会,可选择参加或不参加,也可以委托代理人来行使其投票权。普通股东相对于非股东而言有优先认股权,即当公司增发新普通股时,现有股东有权优先(可能还以低价)购买新发行的股票。

(2)优先股是股份公司发行的在利润分配和剩余财产清偿时比普通股具有优先权的股份。

优先股股东有优先分配、优先清偿的权利,但无投票权,股息固定。股份公司只要盈利,并决定分派利润,优先股股东就可先于普通股股东领取股息,股息固定但并非一定要支付,只有当公司有盈利并决定分配且可分配的利润足以支付优先股股息时才能足额分配。股份公司在解散、破产清算时,优先股具有公司剩余资产的优先分配权,不过优先股的优先分配权在普通股之前但在债权人之后,只有还清公司债务之后还有剩余资产,优先股才具有剩余资产的分配权。而在优先股索偿之后,普通股有权要求清偿。

优先股股息一般不会根据公司经营情况而增减,一般也不能参与公司的普通股分红(可参与优先股除外),由于股息固定,它不影响公司的利润分配。优先股股东一般没有选举权和被选举权,对股份公司的重大经营无投票权,但在某些特殊情况下可以享有临时投票权。

优先股的风险大于债券但小于普通股,因为债券的投资收益是相对较固定的,不论发行债券的发行人有无收益,向投资者支付的利息或价差不会有变化,而股票的股息红利则要根据公司的收益决定分配给投资者的金额甚至是否会分配,所以股票的风险大于债券。又因为在股票分红时优先股先分配,普通股后分配,所以优先股的风险要比普通股小一些。

2. 按是否记名分类可分为记名股和无记名股

(1)记名股票是指发行时票面上记载有股东的姓名,并记载于公司的股东名册上的股票。记名股票的特点就是除持有者和其正式的委托代理人或合法继承人、受赠人外,任何人都不能行使其股权。另外,记名股票不能任意转让,转让时,既要将受让人的姓名、住址分别记载于股票票面,还要在公司的股东名册上办理过户手续,否则转让不能生效。这种股票有安全、不怕遗失的优点,但转让手续繁琐。如需要转让,例如发生继承和赠予等行为时,必须在转让行为发生后立即办理过户手续。

(2)无记名股票是指发行时在股票上不记载股东姓名的股票。持有者可自由转让股票,投资者一旦持有便享有股东的权利,无须再通过其他方式途径证明有自己的股东资格。这种股票转让手续简便。

3. 按有无面值分为有面值股和无面值股

(1)有面值股指标有票面金额的股票,简称金额股票或面额股票,即在股票票面上记载一定的金额,如每股人民币100元、200元等。金额股票给股票定了一个票面价值,这样就可以确定每一股股份的名义价值及在股份公司中所占的比例。我国目前发行的股票每股的面额均为一元人民币。

(2)无面值股也称比例股票或无面额股票。股票发行时无票面价值,仅表明每股占资本总额的比例。其价值随公司财产的增加而增减,避免了公司实际每股价值与票面价值的背离,因为股票的面值不能真实反映股份的价值,此外交易的时候也主要参照股票价格而不会关注股票面值。发行这种股票对公司管理、财务核算、法律责任等方面要求极高,因此只有在美国比较流行,而不少国家根本不允许发行。

4. 按股投资主体分类

我国上市公司的股份可以分为国有股、法人股和社会公众股。

(1)国有股指名义上归公司所有的股票,是有权代表国家投资的部门或机构以国有资产向公司投资形成的股份,包括原来的国有企业改制成为公司后以公司国有资产折算成的股份。由于我国很多股份制公司都是由原国有大中型企业改制而来的,因此,国有股在公司股权中占有较大的比重。

(2)法人股指企业法人或具有法人资格的事业单位和社会团体以其依法可经营的资产向公司投资所形成的非上市流通股份。

(3)社会公众股是指我国境内个人和机构,以其合法财产向公司可上市流通股权部分投资所形成的股份。可自由流通转让。

随着我国股改的进行,我国的国有股和法人股之类的不可流通的股份也渐渐解禁,解禁即由于股改使非流通股可以流通转让。因此现阶段也有根据股票是否可流通而将股票分为全流通股和大非小非。非是指非流通股,即限售股,或叫限售A股。小非指禁止上市流通的股票占小部分,即股改后,不可流通股占总股本比例小于5%,在股改一年后方可流通;大非指股改后,不可流通股占总股本比例大于5%,在股改两年后方可流通。

5. 按股票的上市地点以及所面对的投资群体分类

按股票的上市地点以及所面对的投资群体可以把股票分为:A股、B股、H股、N股、L股、S股。

(1)A股。A股的全称是人民币普通股票,指我国的公司在我国境内证券交易所上市的,面向境内投资者发行的,以人民币标明面值,人民币交易的股票。

(2)B股。B股的全称是人民币特种股票,是我国的公司在我国境内(上海、深圳)证券交易所上市交易的,面对境外的自然人、法人,以及中国香港、澳门、台湾地区的自然人、法人和定居在国外的中国公民(现在还包括有外汇账户的境内投资者),以人民币标明面值,美元或港币认购和交易的股票。

(3)H股。H股是由香港的英文"Hong Kong"的字首而命名的。是注册地在内地,上市地在中国香港的股票,供香港机构、组织或个人认购和交易,以人民币标明面值,港币买卖。

(4)N股。N股是指在纽约证券交易所上市的股票。N,纽约(New York)的英文首字母。在我国内地注册的,在纽约上市交易的,面向美国投资者,以美元交易的外资股。在我国境内的股市中,当股票名称前出现了N字,还表示这只股票是当日新上市的股票,字母N是英语New(新)的缩写。表明它是新股且当日股价是不受10%涨跌幅限制的。

(5)L股。L股是指在伦敦证券交易所上市的股票。L,伦敦(London)的英文首字母。在我国内地注册的,在伦敦上市交易的,面向英国投资者,以英镑交易的外资股。

(6)S股。S股是指在新加坡证券交易所上市的股票。S,新加坡(Singapore)的英文首字母。在我国内地注册的,在新加坡上市交易的,面向新加坡投资者,以新加坡元交易的外资股。

H股、N股、L股、S股都是境外上市外资股。

6. 按股票的发行人信用程度分主板股票和二板股票

主板的股票主要是由具有一定规模和盈利能力的大型公司所发行的股票。

创业板股票或称二板市场(the second board market)股票是特指处于创业期不够证券交易所上市条件但有发展潜力的中小型高新技术公司发行上市的股票。由于创业板的上市公司多为成长型的高新技术公司,相对主板市场而言,其上市条件较为宽松,因而其投资风险也大大高于主板市场。中国的创业板股票目前在深圳证券交易所挂牌交易。美国的创业板股票主要在NASDAQ系统交易。

7. 其他的一些常见股分类

其他的一些常见股有:ST股、*ST股、SST股、S*ST股。

(1)ST制度是指沪深证券交易所从1998年4月22日开始,对上市公司股票交易进行特别处理(special treatment),在"特别处理"的股票简称前冠以"ST"。监管机构对亏损公司实行"ST"制度既是对亏损上市公司警告,也是对投资者风险提示。ST股的日涨跌幅为10%。

(2)*ST股票指发行公司经营连续三年亏损,有被摘牌即不允许在证券交易所挂牌上市交易风险,退市预警。*ST股票的日涨跌幅为5%。

(3)在 ST 之前再加 S 指未完成股改的公司的股票,所以 SST 指连续出现 2 年亏损且未完成股改的公司的股票;S*ST 指连续三年亏损,有被摘牌风险且未完成股改的公司的股票。

二、股票投资的收益与风险

股票的收益指投资者从股票投资中获得的收入。主要来自于两个方面:一是股票的股息红利收入,即由于股票价值增值而获得的收入,以现金股利或股票红利的形式出现;二是因为股票的价格变动而得到的价差收益。

股票投资的风险包括利率风险、购买力风险、通货膨胀风险、变现能力风险、经营风险等。此外当股票价格和变动方向与预期不一致时也会产生风险。一般人都会认为只有股价下跌才会有亏损的风险,但在有些情况下,例如卖空时,价格上涨反而会亏损,所以当股票价格与投资者预期不一致就有可能导致投资者亏损,出现风险。

三、股票的价值和价格

(一)股票的价值

1. 票面价值

股票的票面价值又称面值,即在股票票面上标明的金额。股票的票面价值在初次发行时有一定的参考意义。如果以面值作为发行价,称为平价发行,此时公司发行股票募集的资金等于股本的总和,也等于面值总和。发行价格高于面值称为溢价发行,募集的资金中等于面值总和的部分计入资本账户,以超过股票票面金额的发行价格发行股份所得的溢价款列为公司资本公积金。我国的股票不允许折价发行即以低于面值的价格发行。我国股票的面值现阶段都为人民币一元。

2. 账面价值

股票账面价值又称股票净值或每股净资产,是每股股票所代表的实际资产的价值。普通股的每股账面价值如果是没有优先股的公司普通股,是公司净资产除以流通中的普通股股票总数量得到的,如果是有优先股的公司在计算普通股账面价值时,则是以公司净资产减去优先股账面价值后,除以发行在外的普通股的股数求得的。

3. 清算价值

股票的清算价值也称作股票的清算价格,是指股份公司破产或倒闭后进行清算时每股股票所代表的实际价值。从理论上讲,股票的每股清算价格应与股票的账面价值相一致,但公司在破产清算时,其财产价值是以实际的销售价格来计算的,而在进行财产处置时,其售价一般都会低于实际价值。所以股票的清算价格就会与股票的净值不相一致。股票的清算价格只是在股份公司因破产或其他原因丧失法人资格而进行清算时才被作为确定股票价格的依据,在股票的发行和流通过程中没有意义。

4. 内在价值

股票内在价值即股票未来收益的现值,取决于预期股息收入和市场收益率。决定股票市场长期波动趋势的是内在价值,短期股票价格的波动则除了受内在价值的影响,还受市场供求关系的影响。

(二)股票的价格

1. 发行价格

股票的发行价格是指将股票直接或间接的销售到投资者手中时的价格。发行价格并一定是按股票面值发行,因为股票面值只是反映了在确定发行时每股股票的净资产值,但从股票的筹措发行到正式发行往往还要经过一段时间,这段时间里股票的每股净资产值会发生变化,且发行价格里还包含了一些费用,因此一般发行价格都会高于面值,称为溢价发行。但也有按面值销售的平价发行和低于面值销售的折价发行。我国公司的股票不允许折价发行。

2. 流通价格

股票的流通价格也是股票的交易价格,是投资者相互之间买入卖出股票时的成交价格,也就是平常所说的股票的市场价格。除开盘价为集合竞价得到的外,开盘价之外的其他价格均为连续竞价得到,即本着时间优先、价格优先的原则确定成交价格。

3. 除权参考价格

除权参考价是在除权当日作为收盘前为投资者提供一个参考价格,并以此作为确定涨跌停限制范围的一个基准价格。

(三)股票价格指数

股价指数(indexes)是反映不同时点上股价变动情况的相对指标。通常是将报告期的股票价格与选定的基期价格相比,并将两者的比值乘以基期的指数值,即为报告期的股价指数。股价变动的总趋势及其幅度,我们必须借助股价平均数或指数。

1. 股票价格平均数的计算

股票价格平均数(averages)反映一定时点上市场股票价格的绝对水平,它可分为简单算术股价平均数、修正的股价平均数和加权平均数三类。

(1)简单算术股价平均数。

$$简单算术股价平均数 = \frac{1}{n}(P_1 + P_2 + P_3 + A + P_n) = \frac{1}{n}\sum_{i=1}^{n} P_i$$

其中,n 为样本的数量,P_n 为第 n 只股票的价格。

(2)修正的股价平均数。

①除数修正法,又称道氏修正法。该法的核心是求出一个除数,以修正因股票拆细、增资、发放红股等因素造成的股价平均数的变化,以保持股价平均数的连续性和可比性。

②股价修正法。股价修正法就是将发生股票拆细等变动后的股价还原为变动前的股价,使股价平均数不会因此变动。

(3)加权股价平均数。

加权股价平均数就是根据各种样本股票的相对重要性进行加权平均计算的股价平均数,其权数 Q 可以是成交股数、股票总市值、股票总股本等。其计算公式为:

$$股价 = \frac{\sum_{j=1}^{n} P^j O^j}{\sum_{j=1}^{n} O^j}$$

2. 股价指数的计算

股价指数的计算方法主要有两种,即简单算术股价平指数和加权股价指数。

(1)简单算术股价指数。

①相对法。相对法又称平均法,就是先计算各样本股价指数,再加总求总的算术平均数。其计算公式为:

$$股票指数 = \frac{1}{n}\frac{P_1^i}{P_0^i}$$

②综合法。综合法是先将样本股票的基期和报告期价格分别加总,然后相比求出股价指数。其计算公式为:

$$股票指数 = \frac{\sum_{i=1}^{n}P_1^i}{\sum_{i=1}^{n}P_0^i}$$

(2)加权股价指数。

加权股价指数是根据各期样本股票的相对重要性予以加权,其权重可以是成交股数、总股本等。按时间划分,权数可以是基期权数,也可以是报告期权数。以基期成交股数(或总股本)为权数的指数称为拉斯拜尔指数。其计算公式为:

$$加权股价指数 = \frac{\sum P_1 Q_0}{\sum P_0 Q_0}$$

以报告期成交股数(或总股本)为权数的指数称为派式指数。其计算公式为:

$$加权股价指数 = \frac{\sum P_1 Q_1}{\sum P_0 Q_1}$$

其中,P_0 和 P_1 分别表示基期和报告期的股价,Q_0 和 Q_1 分别表示基期和报告期的成交股数。

四、股票投资分析

股票的投资分析的方法可分为基本分析和技术分析。

(一)基础分析

基础分析法又称基本分析法,是指分析人员根据经济学、金融学、财务管理学和投资学等基本原理,对影响股票价格的各种基本因素进行分析,评估股票的投资价值,判断股票的合理价位,并提出投资建议的一种分析方法。

基本分析的内容包括宏观分析、行业分析和公司分析。

1. 宏观分析

宏观分析的主要内容包括宏观经济分析及其他宏观要素分析,如政治分析、军事分析、医疗卫生、自然灾害等。通过宏观分析投资者可以把握证券市场的总体变动趋势,判断整个证券市场的投资价值,掌握宏观经济政策对证券市场的影响力度及方向。

宏观经济分析的方法有总量分析法和结构分析法两种,在做具体分析时最常见的方法是通过经济指标来分析股票的投资价值。这些基本变量包括如下:

(1)国民经济指标。如国内生产总值、工业增加值、失业率、通货膨胀、国际收支等。

(2)投资指标。如政府投资水平、企业投资水平、外商投资水平等。

(3)消费指标。如社会消费品零售总额、城乡居民储蓄余额。

(4)金融指标。如货币供应量、金融机构各项存贷款余额、金融资产总量、贴现率与再贴现率、同业拆借利率、回购利率、存贷款利率、汇率、外汇储备等。

(5)财政指标。如财政收入、财政支出、赤字或结余。

这里举例说明,例如GDP国内生产总值这一指标,如果GDP是持续稳定增长的,说明一国的经济形式较好,大多数生产经营实体的运作状况良好,投资者手中也有可供投资的闲散资金,股票发行公司收益将会稳定增加,股票价格自然会有所增长。如果GDP增速减缓,或GDP开始下降,则说明一国经济发展受阻,股票发行公司收益将会减少甚至有亏损的可能,股票价格自然会下跌。如果GDP虽然呈增长趋势,但GDP的增长速度赶不上通货膨胀的速度,则会使投资者名义上虽然获利,实际上由于购买力的下降而在亏损。

再例如短期温和的通货膨胀,会刺激投资者为补偿这种购买力的下降而加大对证券的投资,会使股票价格短期上涨,但如果通货膨胀没有及时得到控制,演变成为长期的或者严重的甚至恶性的通货膨胀,则股票发行公司会因为原材料的价格上涨和消费者消费数量的减少而收益降低,投资者也会因为投资无法补偿通货膨胀导致的购买力下降,纷纷将资金撤出证券市场,引发股价的下跌。

此外,再如当商业银行提高存款利率时,一些投资者会将资金从股票市场转存为风险程度较低而收益有保障的存款,导致股票市场的资金流失,从而引发股票价格的下跌。

其他宏观要素分析如对政治、军事、医疗卫生、自然灾害等的分析,也都有可能得出股票价格会随之变动的结论。例如,当一国出现大范围的疾病或自然灾害时,绝大多数股票的价格会下跌,但生物医药板块的股票价格却会上涨。

2.行业分析

行业分析指对从事国民经济中同性质的生产或其他经济社会活动的经营单位和个体等构成的组织结构体系进行的分析。通过对行业所处阶段、在国民经济中的地位及各影响因素的分析,得出关于行业的发展趋势、行业投资价值及行业投资风险的结论,进一步明确拟投资的公司所处的行业是否具有投资价值。

行业分析包括行业的市场结构分析、行业经济周期分析和行业生命周期分析。

(1)行业的市场结构分析。行业的市场结构分析将行业分为完全竞争型行业、垄断竞争型行业、寡头垄断型行业和完全垄断型行业,如表5-3所示。

表5-3 行业的市场结构分析

行业的市场结构					
市场类型	生产者数量	产品差别程度	生产者对价格的控制	行业准入的难易	代表性市场
完全垄断	众多	无差别	无	容易	绝大多数农产品
垄断竞争	较多	有一定差别	较少	较容易	零售业
寡头垄断	很少	有差别	较多	较困难	钢铁、汽车制造业
完全垄断	一个	无替代品	在政府管制下控制价格	除政府特批外不可能进入	公用事业如水、电

竞争越是激烈的行业,获利难度越大,投资风险也就越大,股价波动较大,反之,垄断性越强的行业,获利越容易,投资风险较小,股价表现也较好。

(2)行业经济周期分析。经济周期分析指对行业与经济周期的关系进行对照,并据以判断行业的投资价值的分析方法。增长型行业指不受经济周期的影响,自身稳定增长的行业,如通信业。周期性行业是指会随经济周期的行业收益相应变化的行业,如金融业。防守型行业指不会受经济衰退的影响行业收益发生太大变化的行业,如农业。了解行业与经济周期的关系,就可以凭借经济周期所处的环节得出行业发展状况的结论,据此判断股票的投资价值。

(3)行业生命周期分析。行业生命周期分析是对行业自身所处的阶段作出判断,并分析在该阶段的公司是否具有投资价值的分析方法。处在幼稚期,即刚成立不久的公司,由于有大量的研发费用等投入,而市场需求较小,收入较低,因此只有较少利润甚至是在亏损,因此除非做长期投资,否则不具备投资价值。处在成长期的公司,虽然仍有一定的投入,但利润已稳步提高,因此具有一定的投资价值。处在成熟期的行业,只需极少的投入甚至无需投入即可获得稳定的收益,具备较高的投资价值。处在衰退期的行业即使投入再多的资金,收益也在减少甚至亏损,因此如果此类公司不对主营业务方向及时调整,是不具备投资价值的。

此外还有一些影响行业兴衰的因素,如技术进步、产业政策、产业组织创新、社会习惯的改变、经济全球化等。

3.公司分析

公司分析包括公司基本素质分析、会计数据分析和公司财务分析。

(1)基本素质分析。基本素质分析主要是一个定性分析的过程,其目的是明确公司最重要的利润产出点和最主要的业务风险所在。主要对公司获利能力和公司竞争地位进行分析。公司获利能力分析:公司选择开展主业的行业,即行业选择;公司在既定行业中所采取的保持竞争优势地位的竞争战略,即竞争定位。公司竞争地位分析即分析公司是否具有正确的竞争定位。正确的竞争定位是确保其在行业中生存并得以发展的战略基础。

(2)会计数据分析。会计数据构成了上市公司财务报表的主体,是外部投资者据以对上市公司进行分析的数据基础。对影响会计数据质量的因素即造成会计数据和其所代表的经济现实之间出现偏差的因素进行分析,弄清哪些会计政策对企业经营的影响最大,重点检查容易出现数据不真实的会计科目。

(3)公司财务分析。公司财务分析的目的是从财务数据的角度评估上市公司在何种程度上执行了既定的战略,是否达到了既定的目标。公司财务分析的基本工具有两种:比率分析和现金流量分析。比率分析的目的就是透过财务数据之间的关系评估企业状况。现金流量分析通过对现金流量表的分析,可以进一步剖析企业的经营、投资和筹资活动的效率。比率分析需掌握以下比率和数据的计算方法:

①净资产收益率;

②反映偿债能力的比率:流动比率、速动比率、利息支付倍数指标、应收账款周转率;

③资本结构比率:股东权益比率、资产负债率、股东权益与固定资产比率;

④反映经营效率的比率:存货周转率或存货周转天数、固定资产周转率、主营业务收入增长率;

⑤盈利能力比率分析:销售毛利率、销售净利率、主营业务利润率;

⑥投资收益分析:普通股每股净收益、股息发放率、本利比、每股净资产。

(二)技术分析

技术分析指通过分析证券市场的行为,对市场未来的价格变化趋势进行预测的分析方法。技术分析主要包括图形分析和指标分析。

技术分析的三大前提假设分别是:①市场是完全信息市场,即任何一个因素对证券市场的影响最终都必然体现在股票价格的变动上;②价格沿趋势移动,即股票的价格变动是按一定规律进行的,价格有按原方向变动的惯性;③历史会重演,即在相同或相似的背景下,股票的价格变动规律是一致的。

由于技术分析的具体方法十分多样化,因此这里我们除道氏理论外只介绍图形分析中的形态理论和少数几种常见指标。

1. 道氏理论

道氏理论是《华尔街日报》查尔斯·亨利·道及其合作伙伴所创立的,开创了技术分析的先河,所以该理论虽然没有太多实践意义,但仍具有重要地位。

道氏理论的内容主要有三点:

(1)市场波动的三种趋势。

道氏理论认为虽然价格的波动表现形式不同,但具有沿同一方向运动,直到这一运动形态被打破为止,这种沿同一方向运动的规律就是趋势,股票价格波动的趋势可归纳为三种:主要趋势(价格沿同一方向变动持续时间在几个月以上)、次级趋势(价格沿同一方向变动持续时间在几周至几个月)和短期趋势(价格沿同一方向变动持续时间在两周以下)。

(2)交易量的重要作用。

道氏理论认为成交量是能够辅助判断价格变动方向及幅度的重要指标。

(3)收盘价是最重要的价格。

道氏理论认为,在所有的价格中,收盘价是最重要的价格,甚至认为只需用收盘价进行价格分析,而不必参看其他价格。

道氏理论虽然对大趋势的判断有一定作用,但对于时刻发生的小的价格波动则无法预测,且道氏理论强调追随价格而不是预测价格,会使投资者错失一些投资机会。因此对于现在的投资者来说这种方法已经过时,但之后的技术分析的方法都是在道氏理论的基础上发展而来的,是道氏理论的延伸。

2. K线理论

K线又称作日本线,最初起源于日本的米市交易。K线所反映的是某一段时间内价格的变动情况。分别由四个价格绘制而成,即开盘价、收盘价、最高价、最低价。这里以交易日为单位做一说明。日开盘价指每个交易日的第一笔成交价格,日收盘价为每个交易日的最后一笔成交价格,日最高价为每个交易日的最高成交价格,日最低价为每个交易日的最低成交价格。

(1)K线形式。

①以时间范围划分,分为日K线、周K线、月K线、年K线。

a. 日K线,以交易日为单位,用每个交易日的开盘价、收盘价、最高价和最低价绘制而成的K线称为日K线。

b. 周K线,以交易周为单位,用每个交易周首个交易日的开盘价、每个交易周最后一个交易日的收盘价、当周的最高价和当周的最低价绘制而成的K线称为周K线。

c. 月 K 线,以交易月为单位,用每个交易月首个交易日的开盘价、每个交易月最后一个交易日的收盘价、当月的最高价和当月的最低价绘制而成的 K 线称为月 K 线。

d. 年 K 线,以年为单位,当年首个交易日的开盘价、当年最后一个交易日的收盘价、当年的最高成交价和当年的最低成交价绘制而成的 K 线称为年 K 线。

②以涨跌划分,分为阳线和阴线。

a. 阳线。当收盘价高于开盘价格时,K 线中间柱状的实体部分为空心(或 K 线用红色表示),说明总体价格是在上涨,这种形态的 K 线被称作阳线。

b. 阴线。当开盘价高于收盘价格时,K 线中间柱状的实体部分为实心(或 K 线用黑色、蓝色或绿色表示),说明总体价格是在下跌,这种形态的 K 线被称作阴线。

在图 5-1 中,左图为阳线,其中最高价与收盘价之间绘出的线称为上影线,收盘价与开盘价之间绘出的形态为阳线实体,实体部分说明总体价格呈上涨,开盘价与最低价之间绘出的线为下影线;右图为阴线,其中最高价与开盘价之间绘出的线称为上影线,开盘价与收盘价之间绘出的形态为阴线实体,实体部分说明总体价格呈下跌,收盘价与最低价之间绘出的线为下影线。

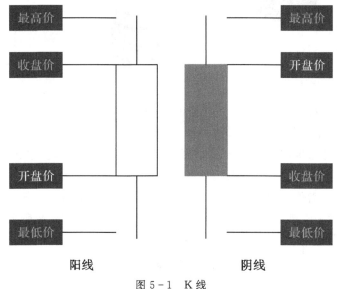

图 5-1 K 线

除上图所绘的 K 线外,由于四个价格之间的关系的不同,K 线还会形成其他的形态。

当最高价等于收盘价,最低价等于开盘价,最高价和收盘价高于最低价和开盘价时,会形成没有上影线和下影线的阳线实体,称为光头光脚的阳线,如图 5-2 所示。

当最高价等于开盘价,最低价等于收盘价,最高价和开盘价高于最低价和收盘价时,会形成没有上影线和下影线的阴线实体,称为光头光脚的阴线,如图 5-3 所示。

阳线实体说明多方(认为价格会上涨并买入证券带动价格上涨的一方)力量大于空方(认为价格会下跌并卖出证券带动价格下跌的一方)力量;阴线实体则说明空方力

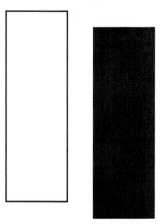

图 5-2 光头光脚的阳线

量大于多方力量。K线实体部分越长,说明价格变动幅度越大。

当最高价高于收盘价,收盘价高于最低价和开盘价,最低价等于开盘价时,会形成有上影线但没有下影线的阳线,称为光脚不光头的阳线,如图5-4所示。

当最高价高于开盘价,开盘价高于最低价和收盘价,最低价等于收盘价时,会形成有上影线但没有下影线的阴线,称为光脚不光头的阴线,如图5-5所示。

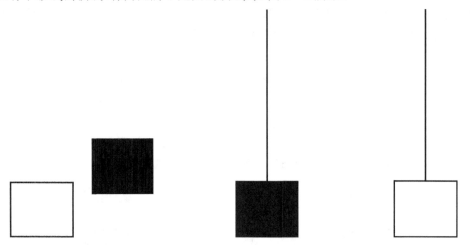

图5-3　光头光脚的阴线　　　图5-4　光脚不光头的阳线　　　图5-5　光脚不光头的阴线

当最高价等于收盘价,收盘价高于开盘价,开盘价高于最低价时,会形成有下影线但没有上影线的阳线,称为光头不光脚的阳线,如图5-6所示。

当最高价等于开盘价,开盘价高于收盘价,收盘价高于最低价时,会形成有下影线但没有上影线的阴线,称为光头不光脚的阴线,如图5-7所示。

当最高价高于开盘价,开盘价等于收盘价,开盘价和收盘价高于最低价时,形成的K线是个十字形的图形,称为十字星,说明多空双方力量势均力敌,如图5-8所示。

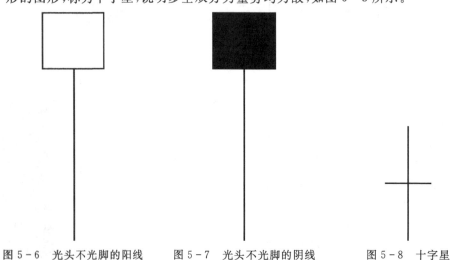

图5-6　光头不光脚的阳线　　　图5-7　光头不光脚的阴线　　　图5-8　十字星

当最高价等于开盘价等于收盘价,开盘价和收盘价和最高价高于最低价时,形成的K线是个T字形的图形,称为蜻蜓线,说明虽然空方将价格拉低,但最终又被多方拉回原价位,多方力量较强,如图 5-9 所示。

当最高价高于开盘价和收盘价和最低价,开盘价等于收盘价等于最低价时,形成的 K 线是个倒 T 字形的图形,称为墓碑线,说明虽然多方将价格拉高,但最终又被空方拉回原价位,空方力量较强,如图 5-10 所示。

当开盘价、收盘价、最高价、最低价四个价格都相同的时候,所绘出的 K 线是一个一字的形状,称为一字线。一般只在开盘即涨停或跌停或者停盘的情况下才会出现,如图 5-11 所示。

图 5-9　蜻蜓线　　　图 5-10　墓碑线　　　图 5-11　一字线

K 线是将多空双方的力量对比关系以图形的方式表示出来,反映出多空双方力量的增加减少以及力量差别大小。但不足以对下一个交易日的涨跌作出绝对的预测。因此尽可能使用多根 K 线,以其价格趋势作出形态曲线,再同其他的指标相对比,得出的结论要可靠的多。

3. 形态理论

以下图形中折线为股票价格连接而成的价格曲线,直线和弧线为所做的辅助线。

(1) M 顶和 W 底。

一旦价格曲线在顶部形成了 M 顶形态,从右肩处起,后市是下跌信号(见图 5-12);反之一旦价格曲线在底部形成了 W 底形态,从右肩处起,后市是上涨信号(见图 5-13)(图中折线部分为价格线,直线为所画的辅助线)。

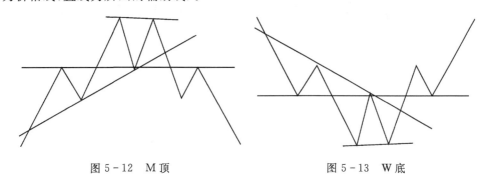

图 5-12　M 顶　　　　　　　图 5-13　W 底

(2) 圆弧顶和圆弧底。

一旦价格曲线在顶部形成了圆弧顶形态,后市是下跌信号(见图 5-14);反之一旦价格曲线在底部形成了圆弧底形态,后市是上涨信号(见图 5-15)(图中折线部分为价格线,弧线为所画的辅助线)。

图 5-14 圆弧顶

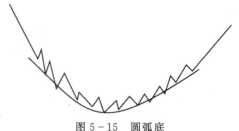
图 5-15 圆弧底

(3)头肩顶和头肩底。

一旦价格曲线在顶部形成了头肩顶形态,从右肩处起,后市是下跌信号(见图 5-16);反之一旦价格曲线在底部形成了头肩底形态,从右肩处起,后市是上涨信号(见图 5-17)(图中折线部分为价格线,直线为所画的辅助线)。

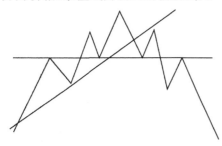
图 5-16 头肩顶

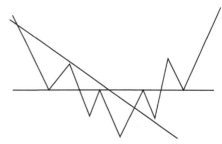
图 5-17 头肩底

(4)对称三角形。

图 5-18 为三角形,形成此价格形态时分别是上升趋势的延续和下降趋势的延续(图中折线部分为价格线,直线为所画的辅助线)。

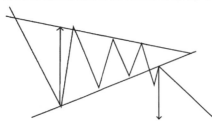
图 5-18 对称三角形

(5)矩形。

图 5-19 为上升矩形和下降矩形,上升矩形是上升趋势的延续,下降矩形是下降趋势的延

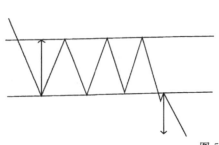
图 5-19 矩形

续(图中折线部分为价格线,直线为所画的辅助线)。

(6)楔形。

图5-20为下降楔形和上升楔形,下降楔形是上升趋势的延续,上升楔形是下降趋势的延续(图中折线部分为价格线,直线为所画的辅助线)。

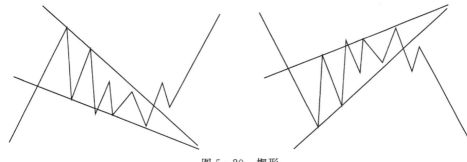

图5-20 楔形

(7)旗形。

图5-21为下降旗形和上升旗形,下降旗形是上升趋势的延续,上升旗形是下降趋势的延续(图中折线部分为价格线,直线为所画的辅助线)。

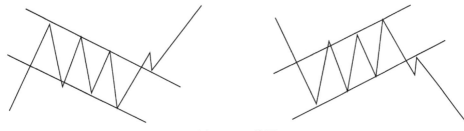

图5-21 旗形

对称三角形、矩形、楔形、旗形都是整理形态,会是价格的延续。如果之前价格曲线是自上而下跌入这些辅助线所做出的形态,后从这些形态底端突破时,下跌趋势会延续,是卖出信号;反之,如果之前价格曲线是上升进入这些辅助线所做出的形态,后从这些形态顶端突破时,上升趋势会延续,是买入信号。

4. 指标分析

(1)MA(移动平均线)的应用法则为葛兰威尔法则(见图5-22),具体内容为:

①买入法则。当移动平均线由下降转为水平甚至向上,价格曲线自下而上穿过了移动平均线,是买入信号,如①。当股价线自上而下跌破移动平均线后,忽然转头向上,回到移动平均线之上,是买入信号,如②。当股价线跌至移动平均线附近,但还未到达移动平均线又迅速掉头向上,是买入信号,如③。股价线跌至移动平均线之下,远离了移动平均线,是买入信号,如④。

②卖出法则。当移动平均线由上升转为水平甚至向下,价格曲线自上而下穿过了移动平均线,是卖出信号,如⑤。当股价线自下而上穿过移动平均线后,忽然转头向下,回到移动平均线之下,是卖出信号,如⑥。当股价线涨至移动平均线附近,但还未到达移动平均线又迅速掉头向下,是卖出信号,如⑦。股价线涨至移动平均线之上,远离了移动平均线,是卖出信号,如⑧。

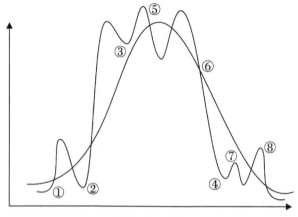

图 5-22 MA

(2) MACD(指数平滑异同移动平均线)基本应用方法(见图 5-23)。

图 5-23 MACD

①MACD 金叉:DIF 由下向上突破 DEA,为买入信号。

②MACD 死叉:DIF 由上向下突破 DEA,为卖出信号。

③MACD 绿转红:MACD 值由负变正,市场由空头转为多头。

④MACD 红转绿:MACD 值由正变负,市场由多头转为空头。

⑤当 DEA 线与 K 线趋势发生背离时为反转信号。

⑥MACD 处于低位并且一底比一底高,而此时相对应的市场价格却一底比一底低,这是底背离,是买入信号。

⑦MACD 处于高位并且一峰比一峰低,而此时相对应的市场价格却是一峰比一峰高,这叫顶背离,是卖出信号。

(3) KDJ(随机指标)基本应用方法(见图 5-24)。

①D%>80,市场超买,卖出信号;D%<20,市场超卖,买入信号。

图 5-24 KDJ

②J%＞100,市场超买,卖出信号;J%＜10,市场超卖,买入信号。

③KD 金叉:K%自下而上穿过 D%,为买进信号。

④KD 死叉:K%自上而下穿过 D%,为卖出信号。

⑤KDJ 处于低位并且一底比一底高,而此时相对应的市场价格却一底比一底低,这是底背离,是买入信号。

⑥KDJ 处于高位并且一峰比一峰低,而此时相对应的市场价格却是一峰比一峰高,这叫顶背离,是卖出信号。

(4)RSI(相对强弱指标)基本应用方法(见图 5-25)。

①RSI 值大多处于 20~80,达到 80 时被认为已到达超买状态(overbought),至此市场价

图 5-25 RSI

格可能会回落调整。当该指标跌至 20 以下即被认为是超卖(oversold),市价将出现回升。

②RSI 金叉:快速 RSI 从下往上突破慢速 RSI 时,认为是买入机会。

③RSI 死叉:快速 RSI 从上往下跌破慢速 RSI 时,认为是卖出机会。

④RSI＜20 为超卖状态,若出现 W 底部形态,为买进机会。

⑤RSI＞80 为超买状态,若出现 M 顶部形态,为卖出机会。

⑥RSI 处于高位并且一峰比一峰低,而此时市场价格却是一峰比一峰高,这叫顶背离。

⑦RSI 处于低位并且一底比一底高,而此时市场价格一底比一底低,是为底背离。

(5)BOLL(布林带)基本应用方法(见图 5-26)。

图 5-26 BOLL

布林带是一条带状的通道,由上轨、中轨和下轨三条轨道组成。

①在平衡市(即布林轨道呈水平波动),一般在股价运行到下轨时买入而在股价运行到上轨时抛出。

②在股价连续下跌,等股价回到下轨之上(远离下轨)时是买入信号。

③在股价连续上涨,等股价回到上轨之下(远离上轨)时是卖出信号。

五、股票的交易操作

股票的交易操作是在股票的二级市场即股票流通市场交易的,因此二级市场也称流通市场或交易市场。二级市场通常可分为场内交易市场即证券交易所市场和场外交易市场。场外交易市场又包括店头市场(柜台市场)、第三市场和第四市场。因此股票的交易流程也可分为股票场内交易流程和场外交易流程。因为我国的个人投资者主要都是在场内进行交易的,因此这里只重点介绍场内交易流程。

(一)股票交易流程

境内居民个人股票交易的一般程序为:

1. 开户

投资者买卖股票首先要开设证券账户和资金账户。

(1)证券账户。证券账户用于记录投资者所持有的证券种类和数量。在我国,投资者开立的证券账户包括上海股票账户和深圳股票账户。投资者可以通过所在地的证券营业部或证券登记机构办理,需提供本人有效身份证及复印件。委托他人代办的,还需提供代办人身份证及复印件。

(2)资金账户。资金账户是投资者在券商处开设的资金专用账户,用于存放投资人买入股票所需的资金和卖出股票取得的价款等。

资金账户有以下几种类型:

①现金账户(cash account)。现金账户是为以现货交易方式进行证券投资的投资者开立的账户。开立这种账户的投资者在交易过程中不得融资或融券,必须全部以现款或现券进行交易。我国的个人投资者的资金账户最主要的形式为现金账户。

②保证金账户(margin account)。保证金账户又称普通账户,是为以保证金交易方式进行证券投资的投资者开立的账户。所谓保证金交易是指投资者可以通过交付保证金向证券商融资或融券的交易方式。

③信托账户。信托账户是为限制或无民事行为能力人所开立的账户,由法定代理人或监护人管理。

在开户的同时填证券委托交易协议书和银券委托协议书,并设置密码;表格经过校验无误后,当场输入交易密码,并领取协议书客户联。即可查询和委托交易。

2. 委托

委托是指投资者决定买卖股票时,以申报单、电话、电报或信函等形式向证券商发出买卖指令。投资者买卖股票必须通过证券交易所的会员(证券商)进行。委托的内容包括证券名称、代码、买入或卖出的数量、价格等。股票委托的数量一般以100股为一个单位,称为手,也称作整股,如少于100股便是零股。可以以100股即手的整数单位委托交易。委托指令当日有效,如果当日并未成交,则隔日失效。

证券交易委托是投资者通知经纪人进行证券买卖的指令,其主要种类有以下几种:

(1)市价委托(market order)。市价委托只指定交易数量而不给出具体的交易价格,但要求按该委托进入交易大厅或交易撮合系统时当时市场上最好的价格进行交易。市价委托的好处在于它能保证即时成交。

(2)限价委托(limit order)。限价委托是指投资者向证券经纪商发出买卖某种股票的指令时,不仅提出买卖的数量,而且对买卖的价格做出限定。即在买入股票时,限定一个最高价,只允许证券经纪人按其规定的最高价或低于最高价的价格成交;在卖出股票时,限定一个最低价,只允许证券经纪人按其规定的最低价或高于最低价的价格成交。限价委托的一个最大特点是,股票的买卖可以按照投资人希望的价格或者更好的价格成交,有利于投资人实现预期投资计划,谋求最大利益。

(3)停止损失委托(stop order)。停止损失委托是一种特殊的限制性的委托,它要求经纪人在证券市场价格移动到特定价格时,即当市场价格上升到特定价格时按市场价格买进证券,称为停损买入委托;当市场价格下跌到特定价格时按市场价格卖出证券,称为停损卖出委托。

证券交易中的交易费用在交易中佣金由证券公司收取,其他费用由证券公司代为收取,如

表5-4所示。

表5-4 交易费用一览表

收费项	深市A股	沪市A股	深市B股	沪市B股
印花税	0.10%	0.10%	0.10%	0.10%
佣金	小于等于0.3%起点5元	小于等于0.3%起点5元	无	无
过户费	无	0.10%	无	无
委托费	无	5元每笔	无	无
结算费	无	无	0.05%上限500港元	0.05%

3. 成交

券商在接受委托后,将委托指令通过证券交易所的电脑终端机进行竞价处理,按成交数量最大的价格作为开盘价格,称为集合竞价;按"价格优先,时间优先"原则自动撮合成交确定除开盘价外的其他价格,称为连续竞价。在未及时成交,或有一部分没有成交以前,如果想取消委托指令时,可以进行撤单委托,撤单程序与买卖委托的过程基本相同。

4. 清算与交割

清算是由证券登记结算中心计算当天的各家券商及其客户的证券和资金应交付交收情况的过程。交割即股票买卖成交后货银兑付的过程,也就是买卖双方通过结算系统买入方支付资金收取证券,卖出方付出证券收取资金的过程。我国证券市场自1992年开始实行"无纸化制度",实物股票不再流通。投资者所持证券体现为其证券账户中的电子数据记录。因此交割只是投资者证券账户中证券数据和资金账户中资金数据的账面记加记减。目前,中国证券市场A股采用"T+1"制度,即当天买卖,次日交割。

5. 过户

股票过户是指投资者买入股票后,办理变更股东名称的手续。我国股票交易是在电脑自动化基础上的无纸化交易,也实行自动化的股票过户。股票成交时,卖出方的股票同时就划进了买入方的名下。

(二)股票交易规则

对个人理财而言,主要的交易市场为证券交易所市场(场内交易市场),因此这里只对场内交易市场的交易规则做一介绍。证券交易所市场即证券交易所,是由证券管理部门批准的,为证券的集中交易提供固定场所和有关设施,并制定各项规则以形成公正合理的价格和有条不紊的秩序的法人组织。

1. 组织形式

从组织形式上看,国际上的证券交易所主要有公司制和会员制两种。

(1)公司制证券交易所。公司制证券交易所是指以股份有限公司形式并以盈利为目的的法人团体。瑞士的日内瓦证券交易所、美国的纽约证券交易所、中国的香港联合证券交易所都实行公司制。它本身的股票虽可转让,却不得在本交易所上市交易。

(2)会员制证券交易所。会员制证券交易所是由会员自愿组成,不以盈利为目的的社会法人团体,由取得交易所会员资格的券商组成。目前,世界上大多数国家的证券交易所均实行会员制,是证券交易所一种较为普遍的组织形式。

我国的沪市和深市都是会员制的证券交易所。1996年8月我国发布的《证券交易所管理办法》中规定,证券交易所是指依法设立的,不以营利为目的,为证券的集中和有组织的交易提供场所、设施,履行国家有关法律、法规、规章、政策规定的职责,实行自律性管理的会员制事业法人。与证券经营机构不同,证券交易所本身并不从事证券买卖业务,也不决定证券交易价格,只是为证券交易提供场所和各项服务,并对证券交易进行周密的组织和严格的管理,以保证证券交易活动持续、高效地进行。

2. 证券交易所的上市制度

证券上市是指已经发行的证券经证券交易所批准后,在交易所公开挂牌交易的法律行为。在我国,股票向社会公开发行后向证券交易所申请得到批准即获得上市资格。

股票发行可筹资,但发股筹资并不一定要上市,上市可提高公司知名度及股票流动性。

世界各国证券交易所都对股份公司上市做出了严格的规定,根据《中华人民共和国公司法》的有关规定,股份公司申请股票上市必须符合下列条件:

(1)经国务院证券管理部门批准股票已向社会公开发行。

(2)公司股本总额不少于人民币5000万元。

(3)公司成立时间须在3年以上,最近3年连续盈利。原国有企业依法改组而设立的,或者在《公司法》实施后新组建成立的公司改组设立为股份有限公司的,其主要发起人为国有大中型企业的,成立时间可连续计算。

(4)持有股票面值达人民币1000元以上的股东人数不少于1000人,向社会公开发行的股份不少于公司股份总数的25%;如果公司股本总额超过人民币4亿元的,其向社会公开发行股份的比例不少于15%。

(5)公司在最近3年内无重大违法行为,财务会计报告无虚假记载。

(6)国家法律、法规及交易所规定的其他条件。

3. 证券交易所的交易时间

深沪证交所市场交易时间为每周一至周五。上午为前市,9:15—9:25为集合竞价时间,9:30—11:30为连续竞价时间,下午为后市,13:00—15:00为连续竞价时间。周六、周日和上证所公告的休市日不交易(一般为五一、十一、春节等国家法定节假日)。

4. 证券交易所的交易制度

证券交易所的交易制度有做市商制度和竞价制度:

(1)做市商制度。做市商制度也称报价驱动(quote-driven)制度,证券交易的价格由做市商给出,并由做市商提供交易地点,投资双方只能与做市商交易而不能双方直接交易。目前我国的证券交易所无做市商制度。

(2)竞价制度。竞价制度也称委托驱动(qrder-driven)制度,交易双方直接进行交易或委托经纪商代为在证券交易所集中撮合成交。竞价交易制度又分为集合竞价和连续竞价。集合竞价又称集中竞价,系统对所有买卖有效委托进行集中撮合成交,其中最大成交量的价格即为成交价格。连续竞价又称日常竞价,对买进有效委托,若不能成交,则相同报价下委托在前的先成交,即时间优先;相同时间委托时,报价较合理的成交在先,即价格优先。例如在买入报价时所报买卖价较高时先成交,而在卖出报价时,所报价格较低时先成交。集合竞价遵循最大成交量原则。连续竞价遵循价格优先,时间优先原则。目前世界上大多数证券交易所都是实行混合的交易制度。例如,我国证券交易所的价格中开盘价是由集合竞价的方式确定的,而除开盘价之外的其他价格是由连续竞价的方式确定的。

5. 股票的信用交易(保证金交易、垫头交易)

指证券买者或卖者通过交付一定数额的保证金,得到证券经纪人的信用而进行的证券买卖。包括买空与卖空。保证金购买(buying on margin),是指对市场行情看涨的投资者交付一定比例的初始保证金(initial margin),由经纪人垫付其余价款,买进指定证券。

(1)买空交易(buy long)。买空交易是指对市场行情看涨的投资者本身缺乏资金,向经纪人交纳一定比率的初始保证金借入资金,在市场上买入股票,并在指定时间还给经纪商本金及利息。若投资者判断正确则受益加倍,但若判断错误则风险也加倍。

当投资者预期证券价格上涨,可通过保证金账户购买证券。

例如,某投资者有本金1万元,认为A公司股票价格将上涨,A公司股票目前的市场价格为10元。假定初始保证金比率是50%,投资者把1万元本金存入保证金账户,则可向证券经纪商借入1万元,并委托经纪商共计购入市值为2万元的A公司股票2000股。假如A公司股票正如投资者预期的那样,经过一段时间,上涨到11元一股,涨幅为10%,于是投资者委托经纪商出售股票,可得$11 \times 2000 = 22000$元。若不考虑手续费和借款利息等,在归还向经纪商的借款1万元和扣除本金1万元后,可获利2000元,为投资者本金的20%。如果没有向经纪商借入资金,该投资者用1万元自有资金只能获利1000元,即10%。显然,使用保证金交易方式买进股票,在股票价格上涨的情况下,投资者可获得更多的盈利。但当股票价格同投资者预期的相反,不涨反跌,如上例中假如A公司股票同投资者预期相反,经过一段时间,下跌到9元一股,跌幅为10%,于是投资者股票市值为18000元。若不考虑手续费和借款利息等,在归还向经纪商的借款1万元和扣除本金1万元后,亏损2000元,为投资者本金的20%。如果没有向经纪商借入资金,该投资者用1万元自有资金只会亏损1000元,即收益为-10%,则投资者的亏损也是放大的。

保证金购买(margin purchase)的盈亏计算公式如下:

$$盈利(亏损) = 抵押证券市值 - 借款额 - 本金$$

$$收益率 = \frac{盈利(亏损)}{本金}$$

公式中抵押证券是投资者交存保证金并取得经纪商贷款后委托经纪商买入的证券,该证券作为贷款抵押品存放于经纪商处,抵押证券的市值随证券价格的涨跌而变化。

(2)卖空交易(short sales)。卖空交易是指对市场行情看跌的投资者本身缺乏证券,向经纪人交纳一定比率的初始保证金(现金或证券)借入证券,在市场上卖出,并在未来买回该证券还给经纪人。同样,若投资者判断正确则受益加倍,但若判断错误则风险也加倍。

假设某投资者经分析认为某公司的股票市价每股10元价格过高,预期该股票价格会下跌,他打算以1万元本金做保证金卖空交易,若初始保证金比率为50%,该投资者可以以1万元保证金作为抵押,向证券经纪商借得当时市价为10元每股的该公司股票2000股在市场上卖出,总市值为2万元。假定一段时间后,该公司股价跌至9元一股,跌幅为10%,则归还经纪商该公司股票2000股,投资者需支付$9 \times 2000 = 1.8$万元买入,若不考虑手续费和利息,该投资者获利2000元,收益率为20%。

当股价同做卖空的投资者预期的相反,不跌反涨,则卖空者就会发生亏损,而且亏损也是放大的。例如上式中一段时间后,该公司股价涨至 11 元一股,涨幅为 10%,则归还经纪商该公司股票 2000 股,投资者需支付 11×2000=2.2 万元买入,若不考虑手续费和利息,该投资者亏损 2000 元,收益率为−20%。亏损也会放大。

在发达国家的证券市场中信用交易是一个普遍现象,但对信用交易都有严格的法律规定并进行严密监管。而我国的买空、卖空行为仍在试点阶段。

六、股票的主要投资方法

股票市场的价格瞬息万变,投资者往往没有明确的投资方向,这容易导致投资的失误,而股票的收益不确定性甚至有亏损可能更增加了投资的风险,因此在进行股票投资时应根据投资者的风险偏好及风险承受能力制定不同的投资方法。

(一)盈亏停止法

盈亏停止法指事先确定一个盈利和亏损的比例,一旦达到这一比例就卖出持有的股票。这种方法又可分为止盈法和止损法。

(1)止盈法是当股价的变动使投资者获利达到一定比例时,就卖出持有的股票获利了结。这可以使投资者得以保住已有的盈利。

(2)止损法是当股价的变动使投资者亏损达到一定比例时,就卖出持有的股票以确保将亏损的幅度控制在一定的范围内。

此种方法适用于投资者对市场变动的判断绝大多数是正确的,并且是在投资者有相当强的自制力的情况下。例如,某投资者在交易中设定的盈亏百分比都是 10%,在十笔交易中,此人有七笔交易获利,三笔交易亏损,则不考虑交易费用的情况下他盈利 70%,亏损 30%,总体还是在盈利的。

(二)顺势投资法

顺势投资法即顺着股票价格的变动趋势买卖证券。当股票价格呈上升趋势时买入证券,当股票价格呈下跌趋势时卖出证券。此种方法简便易行,因此目前绝大多数个人投资者都采用的此种方法,但顺势投资法必须是在价格趋势单边上涨或单边下跌形式明确的情况下,且要求投资者能够及早辨明趋势,因为如果掌握趋势太迟,就有可能在较高或最高价位买入,或在较低或最低价位卖出,减少获得空间并加大了亏损风险。

(三)摊平操作法

当投资者亏损时,在低价位补入股票,拉低成本价格,例如某投资者以 30 元每股的价格买入了 100 股股票,当该股价格下跌至 24 元时,此人又补入 100 股,将股票的成本价由 30 元拉低至 27 元,股价由当前的 24 元上涨回 30 元以上的难度较大,但上涨回 27 元以上的概率就大大增加了,在不考虑手续费的情况下,只要价格上涨至 27 元之上,该投资者就在盈利,比苦等价格涨回 30 元之上要风险小得多。但这种方法一来必须要有足额的后续资金,二来如果股票价格持续下跌,而补仓后的成本价仍居高,必会导致多次摊平,直至无资金再买入。

(四)拨档操作法

当投资者在股价下跌时发生亏损,投资者先卖出所持股票,等到价格更低时补入,如上例中投资者在 30 元时买入的 100 股,当价格下跌至 27 元时全部卖出,每股亏损 3 元,但当该股价格下跌至 24 元时此投资者再次买入这只股票 100 股,当股票价格上涨至 27 元时,不考虑交易费用的情况下每股获利 3 元,平均不盈不亏,即只要股价上涨至 27 以上此投资者即获利。

拨档操作法与摊平操作法有类似之处,但无需更多后续资金支持。

(五)公式投资计划

这是一种按照定式投资的计划。它遵循减少风险、分散风险和转移风险等风险控制原则,利用不同种类股票的短期市场价格波动控制风险,获取收益。具体有等级投资计划、平均成本投资计划、固定金额投资计划、固定比率投资计划、可变比率投资计划等。这些计划的形式各不相同,但基本原理基本相同。

此外还有一些其他的投资方法,投资者应根据自己的资金状况和风险承担能力选择适合自己的投资方法。

第三节 债券投资

一、债券的概念及种类

(一)债券的概念

债券是投资者向发行人提供资金的债权合同,是债务人依法发行、承诺按约定利率和日期还本付息的书面债务凭证。因此是投资者的债权凭证,是发行人的债务凭证。

(二)债券与股票的区别

1. **发行人不同**

股票的发行人是股份有限公司;而债券的发行人更多样化,可以是中央政府,可以是地方政府,可以是金融机构,还可以是公司或企业。

2. **筹措到的资金的资本结构划分不同**

通过发行股票筹措到的资金划入公司资本,即划入所有者权益中能带来价值增值的部分,而通过发行债券筹措到的资金则划入发行人的负债中。

3. **存续期限不同**

股票是无期的,因为股票一经发行如无特殊原因不允许赎回注销,只要公司存在,股票就存在,如果公司永远存在下去,股票理论上可以永远存在;而债券一般都有一个固定的还本付息期限。

4. **收益固定与否不同**

股票的收益不固定,普通股只有在公司有净利润并且决定分红时才有收益,公司净利润越多分红越多,即使是优先股,名义上股息固定,也只能在公司有净利润并且决定分红且利润足以支付股息时才能全额支付固定的股息,且由于股票价格的变动不确定,投资者的价差收益也不确定;而债券一般都有固定的面值和利率,即使发行人全无收入甚至亏损的情况下,也必须支付债权人本金利息。

5. **投资者承担的风险不同**

股票因其股息红利收益不固定,且随着价格涨跌价差收益也不确定甚至有亏损风险,因此投资者风险较大;债券则不论发行人的经营状况如何都必须履行还本付息的义务,投资者的风险较小。

6.清偿顺序不同

发行人破产清算时,在支付过员工工资和各种税费之后,先偿还债务(包括债券本金利息),在偿还完还有剩余的情况下才清偿给优先股和普通股。

债券与股票的不同之处如表5-5所示:

表5-5 债券与股票的区别

	股票	债券
所代表的权利	所有权	债权
融资划分	增加资本	属于负债
存续期限	无期	有期
收益是否固定	收益不固定	利息固定
风险	较大	较小
清偿顺序	在后	在先

(三)债券的分类

1.按发行主体划分

按发行主体划分,可以把债券分为政府债券、金融债券、企业债券和公司债券。

(1)政府债券。政府债券是由政府信用为保障发行的债券,又可根据发行人级别分为中央政府债券、政府机构债券和地方政府债券。

①中央政府债券即国债,是由中央政府信用发行的约定在一定期限内还本付息的有价证券,又因其信用程度极高因此又名金边债券。一般一年以下的国债称为国库券,一年以上期限的称为公债,但我国八十年代所发行的国债不分期限,都称作国库券。按融资目的的不同,国债又可分为建设国债、赤字国债、战争国债和特种国债。我国的国债发行曾采取行政分配、定向发售、承购包销和招标发行方式。

②政府机构债券是指除中央政府以外,其他政府部门和有关机构发行的借款凭证。政府机构债券虽然不是政府的直接债务,但通常也受到政府担保,因此债券信誉比较高,风险比较低。政府机构债券通常要交纳中央所得税,不用缴纳地方政府所得税,税后收益率比较高。政府机构债券与政府债券的区别:政府证券通常指由中央政府或地方政府发行的债券。发行主体有所不同。

③地方政府债券指由地方政府所发行的债券。地方政府债券又可分为一般债券和专项债券。一般地方政府债券是指债券的发行是以地方政府名义发行的,以地方政府信用作为保障,债券到期时以地方政府财政经费进行偿还的地方政府债券。一般不存在或很少存在到期无法按时足额偿还的情况,风险较小。专项债券是指债券的发行是以地方政府某一在建项目的名义发行的,以该项目建成后的收益作为偿还依据,项目能建成并且有足额收益的情况下才会给投资者分发足额的本金和利息,若项目无法建成或项目建成后收益不足以偿还投资者的本息,投资者就有无法按时足额领取本息的风险。我国自1995年的《预算法》规定不允许发行地方政府债券后,于2009年恢复发行。

(2) 金融债券。金融债券是由金融机构依照法定程序发行并约定在一定期限内还本付息的有价证券。其发行人除了商业银行外还包括非银行性质的金融机构。

中国境内发行金融债券始于1985年,当时为了解决国有商业银行信贷资金不足问题,中国工商银行、中国建设银行和其他非银行金融机构被批准向社会公开发行金融债券,发行持续到1992年,以后再没有发行过。这种金融债券为了贯彻国家经济政策,完成国家资金管理机构承担的融资任务,而不是为了金融机构多赚利润。但它完全以金融债券的名义发行。1994年,国家开发银行、中国进出口银行和中国农业发展银行三家政策性银行相继成立,在银行间债券市场面向金融机构发行特种金融债券的权利转移到了政策性银行。1997—1998年,中国人民银行批准了14家金融机构,先后发行16次金融债券。目前我国的金融机构只要符合债券的发行要求,经证监会审核批准,都可发行金融债券。

(3) 企业债券。企业债券是企业依照法定程序发行,约定在一定期限内还本付息的债券。企业债券持有人有权按照约定期限取得利息、收回本金,但是无权参与企业的经营管理。企业债券可以转让、抵押和继承。

规定企业发行企业债券的总面额不得大于该企业的自有资产净值。企业发行企业债券所筹资金不得用于房地产买卖、股票买卖和期货交易等与本企业生产经营无关的风险性投资。企业债券的利率不得高于银行相同期限居民储蓄定期存款利率的40%。

中国发行企业债券始于1983年,因为在20世纪下叶世界范围的民营化浪潮下,绝大多数国家的企业都已转化为民营的公司形式,因此企业债券成为了中国存在的一种特殊的债券形式。

(4) 公司债券。公司债券是公司依照法定程序发行,约定在一定期限内还本付息的债券。我国的公司债券是指公司依照法定程序发行、约定在1年以上期限内还本付息的有价证券。

我国发行公司债券,每张面值100元,发行价格由发行人与保荐人通过市场询价确定。公司债券须经信用评级,应当委托经中国证监会认定、具有从事证券服务业务资格的资信评级机构进行。

企业债券与公司债券的主要区别有:①发行主体的不同。公司债券是由股份有限公司或有限责任公司发行的债券;企业债券则是由企业发行的债券。②筹措资金用途不同。公司债券是公司根据经营运作具体需要所发行的债券,它的主要用途包括生产、经营、投资和改善财务结构等;而我国的企业债券发债资金的用途主要限制在固定资产投资和技术革新改造方面,并与政府部门审批的项目直接相联。③信用程度的不同。公司债券因各发债的公司的经营状况和规模大不相同,信用级别也相差很多;企业债券因为通过行政强制担保,所以企业债券的信用级别普遍较高。④法律依据不同。公司债券在发行、交易中受《公司法》和《证券法》法律约束;企业债券的发行、交易则受国务院《企业债券管理条例》法规的约束。

企业债券是中国经济体制改革发展过程中的历史产物,随着中国逐步完善市场经济体制,随着国有企业股份制的推进和逐步规范,企业债券必将向公司债券方向发展。

2. 按计息方式划分

按计息方式划分,可以将债券分为单利债券、复利债券、贴现债券和累进利率债券。

(1) 单利债券。单利债券是指债券利息的计算采用单利计算方法,即每一期计算利息时都是按不变的本金计算。

(2) 复利债券。复利债券是指债券利息的计算采用复利计算方法,即计息时,当年本金是上一年的本息之和。

(3) 贴现债券。贴现债券亦称贴水债券或无息债券，是指券面上不附有息票，发行时按规定的折扣率，以低于票面价值的价格出售，到期按票面价值偿还本金的一种债券。贴现债券的发行价格与票面价值的差价即为贴现债券的收益。

(4) 累进利率债券。累进利率债券是指债券的利率按照债券的期限分为不同的等级，每一个时间段按相应利率计付利息，随着不同时间段的递推，利率是呈递增的。

3. 按利率是否固定划分

按利率是否固定划分，债券可分为固定利率债券和浮动利率债券。

(1) 固定利率债券。固定利率债券是指债券率在偿还期内不变的债券。由于其利率不变，当通货膨胀率较高时，会有市场利率上升的风险。

(2) 浮动利率债券。浮动利率债券是指债券的息票率会在某种预先规定基准上定期调整的债券。作为基准的如伦敦银行同业拆借利率。采取浮动利率形式，减少了持有者的利率风险。

4. 按债券形态划分

按债券的形态不同划分，可将债券分为实物债券、凭证式债券和记账式债券。

(1) 实物债券。实物债券是一种具有标准格式实物券面的债券。债券的发行与购买是通过债券的实体来实现的，是看得见、摸得着的债券，且不记名。

(2) 凭证式债券。凭证式债券是以投资者购买债券的收款凭证的形式，证明投资者权利的。主要通过银行承销，各金融机构以柜台交易市场向企事业单位和个人推销债券。凭证式债券可记名、可挂失，但不可上市流通，持有人可以到原购买网点办理提前兑付手续。

(3) 记账式债券。记账式债券没有实物形态或凭证式的券面，而是在债券投资者的证券账户中作电子交易记录。记账式债券主要通过证券交易所来发行。其交易形式同场内交易的股票类似，投资者委托经纪商通过交易所网络交易，交易之后的信息，自动记入投资者的证券账户内。

5. 按利息支付方式划分

按利息支付方式划分，可将债券分为一般债券、附息债券、年金债券和贴现债券。

(1) 一般债券。一般债券指在债券到期时一次性偿还给投资者所有本金及利息的债券。

(2) 附息债券。附息债券指在指定期限内每隔一个固定的时间段偿还一次利息，但只在到期时才支付本金的债券。因早年间实物形式的附息债券都在债券券面上附有息票。息票上标明利率、期限和债券号码等内容。债券到期时，持有人从债券上剪下息票并据此领取利息，因此称为附息债券。

(3) 年金债券。永久债券(年金债券)也叫无期债券，它没有期限，持有人也不能得到本金，但可以按期取得利息。永久债券一般仅限于政府债券，而且极少采用。

(4) 贴现债券。贴现债券亦称贴水债券或无息债券，是指券面上不附有息票，发行时按规定的折扣率，以低于票面价值的价格出售，到期按票面价值偿还本金的一种债券。贴现债券的发行价格与票面价值的差价即为贴现债券的收益。

6. 按偿还期限划分

按偿还期限不同可将债券分为长期债券、中期债券和短期债券。

各国对短、中、长期债券的期限划分不完全相同。一般期限在1年或1年以下的为短期债券;期限在1年以上、10年以下的为中期债券;期限在10年以上的为长期债券。

7. 按是否记名划分

按是否记名可将债券分为记名债券和不记名债券。

(1)记名债券。记名债券是指在券面上注明债权人姓名,同时在发行人的名册上进行登记。转让记名债券时,要背书和名册上更换债权人姓名。投资者必须凭印鉴领取本息。优点是安全,但转让复杂,流动性差。

(2)不记名债券。不记名债券是指在券面上不注明债权人姓名,也不登记。转让时无须背书和更换债权人姓名,因此流动性强;但缺点是债券遗失或被毁损时,不能挂失和补发,安全性较差。

8. 按有无抵押担保划分

按有无抵押担保划分,可将债券分为信用债券、担保债券和抵押债券。

(1)信用债券。信用债券亦称无担保债券,是指仅凭债务人的信用发行的,没有抵押或担保的债券。因为无抵押或担保,相对风险较高,所以对发行人的信用要求较高,一般发行人都是政府和金融机构,少数信用良好的公司也可发行信用债券,但在发行时必须签订信托契约,由信托公司监督执行,以保障投资者的利益。

(2)担保债券。担保债券是指以第三方财产为担保而发行的债券,由第三者担保偿还本息,一旦出现发行人无法按时足额偿还本息时,由担保的第三方承担连带偿还责任。这种债券的担保人一般为银行或非银行金融机构或公司,个别的是政府。投资者承担的风险较小,但担保方却要承担一定的风险。

(3)抵押债券。抵押债券指以发行人一定的资产作为抵押品发行的债券,一旦发行人无法按时足额偿还本息时,将变卖抵押资产以用作偿还投资者本息。抵押债券主要包括以下几类:

①抵押公司债券。这是指以土地、房屋、机器、设备等不动产为抵押担保品而发行的债券。当债务人在债务到期不能按时偿还本息时,债券持有者有权变卖抵押品来收回本息。抵押公司债券是现代公司债券中最重要的一种。在实践中,可以将同一不动产作为抵押品而多次发行债券。

②抵押信托债券。这是以公司拥有的其他有价证券,如股票和其他债券为担保品而发行的债券。一般来说,发行这种债券的公司是一些合资附属机构,以总公司的证券作为担保。作为担保的有价证券通常委托信托人保管,当该公司不能按期清偿债务时,即由受托人处理其抵押的证券并代为偿债,以保护债权人的合法利益。

9. 按偿还期是否固定划分

按偿还期限是否固定划分,可将债券分为定期偿还和任意偿还两种。

(1)定期偿还债券。定期偿还债券是在指定的时间内,债券的发行人对投资者还本付息的债券。

(2)任意偿还债券。任意偿还债券指不是在指定的时间内对投资者进行偿还。例如期中偿还是未到期即对投资者还本付息的债券;延期偿还是到期仍未偿还,而是又要经过一段时间才能偿还的债券。期中偿还的债券基本都是由发行人来确定偿还的具体时间的,而延期偿还的债券则往往是由于发行人经营不善导致无法按时偿还。

不论是期中偿还还是延期偿还都对投资者不利,期中偿还会使投资者利息收入减少,延期偿还会使投资者资金流动性变差,都会给投资者带来一定的风险。

(四)债券的信用评级

债券在发行前一般都要进行信用评级,根据级别的不同,投资者可以知道打算购买的债券的风险状况和收益状况如何。级别越高说明发行人的信用状况越好,投资者到期无法按时足额获取本金和利息的风险就越小,因此发行人给投资者资金使用的补偿即利率就相应越低;反之级别越低则投资者承担的风险越大,债券标明的票面利率就会越高。

信用评级主要从以下几个方面进行分析:

(1)公司发展前景。其包括分析判断债券发行公司所处行业的状况、发展前景、竞争能力、资源供应的可靠性等。

(2)公司的财务状况。其包括分析评价公司的债务状况、偿债能力、盈利能力、周转能力和财务弹性,及其持续的稳定性和发展变化趋势。

(3)公司债券的约定条件。其包括分析评价公司发行债券有无担保及其他限制条件、债券期限、还本付息方式等。

债券信用等级如表 5-6 所示:

表 5-6 债券信用等级

标准普尔公司①		穆迪公司②	
AAA	最高级	Aaa	最高质量
AA	高级	Aa	高质量
A	上中级	A	上中质量
BBB	中级	Baa	下中质量
BB	中下级	Ba	具有投机因素
B	投机级	B	通常不值得正式投资
CCC	完全投机级	Caa	可能违约
CC	最大投机级	Ca	高度投机性,经常违约
C③	规定盈利付息但未能盈利付息	C	最低级

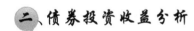二、债券投资收益分析

(一)影响债券价格的因素

影响债券价格变动的因素主要有市场利率、购买力、通货膨胀率、经营状况及信用程度。但债券价格决定的依据则必定是债券的价值。我们通过债券的价值定价公式可以计算得到。

(1)债券定价的金融数学基础是货币的时间价值,主要有两种表达形式:终值与现值。

货币的时间价值是指当前所持有的货币会随投资活动在一定时期后发生价值增值,即当前的货币比一定时期后的等量货币的价值要高。例如当前投资者手中的 1 万元,比一年后的

---

① 标准普尔公司和穆迪公司都是目前世界范围内最权威的信用评级机构之一。
② 标准普尔公司和穆迪公司都是目前世界范围内最权威的信用评级机构之一。
③ 标准普尔公司的信用评级中还有 D 级,即为不合格,不具备发行资格。

1万元要值钱,因为理论上现在的1万元会随着投资产生价值,一年后会比1万元要多。因此货币的现在的价值与未来的价值是不同的。

①终值是指现在一定量的货币在未来某一时点上的价值。其计算公式为:

$$P_n = P_0(1 + r \times n) \tag{5-1}$$

或

$$P_n = P_0(1 + r)^n \tag{5-2}$$

其中,P_0 表示一定量货币现在的价值,P_n 表示终值,r 代表收益率,n 代表期限。公式5-1是以单利计息法计算的现值,公式5-2以复利计息法计算的现值。

【例5-1】某投资者当前有资金1万元,投资于3年期的债券,债券的年利率为5%,到期的本息之和是多少即可用终值公式来计算。

按单利计息法: $P_n = P_0(1 + r \times n) = 10000(1 + 5\% \times 3) = 11500(元)$

按复利计息法: $P_n = P_0(1 + r)^n = 10000(1 + 5\%)^3 = 11576.25(元)$

②现值是以未来某一时点上的一定货币量折算所得的现在的价值。其计算公式为:

$$P_0 = P_n/(1 + r \times n) \tag{5-3}$$

或

$$P_0 = P_n/(1 + r)^n \tag{5-4}$$

其中,P_0 表示现值,P_n 表示一段时间后的货币价值,r 代表收益率,n 代表期限。公式5-3是以单利计息法计算的现值,公式5-4是以复利计息法计算的现值。

【例5-2】知道某投资者2年后的投资收益为10000元,债券的年利率为5%,该投资者现在应投入多少资金即可用现值公式来计算。

按单利计息法: $P_0 = P_n/(1 + r \times n) = 10000/(1 + 5\% \times 2) \approx 9090.91(元)$

按复利计息法: $P_0 = P_n/(1 + r)^n = 10000/(1 + 5\%)^2 \approx 9070.29(元)$

(2)一次性还本付息的债券、附息债券和无息债券的价值计算。

因为不同形式的债券其偿还方式不同,计息方式不同,因此价值的评估公式也有所不同。但总体上都是根据债券在期限内可以获得的本息及社会必要收益率(即当前所有投资产品的平均收益率)折算出一个现值[①]。这一现值被称为内在价值。

①一次性还本付息的债券的价值计算公式为:

$$V = M(1 + r)^n/(1 + k)^n \tag{5-5}$$

该式中 V 表示债券的内在价值,M 表示债券的面值(因为债券到期的本金是以面值来计的),r 表示票面利率,k 表示必要收益率,n 表示期限。

②附息债券的价值计算公式为:

$$P = \frac{C}{(1+r)} + \frac{C}{(1+r)^2} + \frac{C}{(1+r)^3} + \cdots + \frac{C}{(1+r)^n} + \frac{F}{(1+r)^n} \tag{5-6}$$

③贴现债券(无息债券)的价值计算公式为:

$$V = M/(1 + k)^n \tag{5-7}$$

该式中 V 表示债券的内在价值,M 表示债券的面值(因为债券到期的本金是以面值来计的),k 表示必要收益率,n 表示期限。

---

① 以下几个公式均只列出了以复利计算的价值公式。

(二)债券收益的估算

债券的投资收益＝债券的卖出价格×卖出数量－买入价格×买入数量－佣金、手续费－印花税－个人收益调节税

固定收益债券单利收益率：

$$R = \frac{P + (S_n - S_0)/N}{S_0} \tag{5-8}$$

固定收益债券复利收益率：

$$R = n\sqrt{\frac{S_n + \sum_{t=1}^{n}(1+i)^{t-1}}{S_0}} - 1 \tag{5-9}$$

贴现债券单利收益率：

$$R = \frac{S_n - S_0}{n \times S_0} \tag{5-10}$$

贴现债券复利收益率：

$$R = n\sqrt{\frac{S_n}{S_0}} - 1 \tag{5-11}$$

其中，R 表示收益率，S_n 表示卖出价格，S_0 表示买入价格，N 表示期限，P 表示利息额。

在不考虑税费因素下的几种投资收益率的计算：

$$\text{固定利率债券当期收益率} = \frac{\text{票面利率}}{\text{市场价格}} \tag{5-12}$$

$$\text{固定利率债券持有期收益率} = \frac{\text{卖出价格} - \text{买入价格} + \text{持有期间的利息}}{\text{买入价格} \times \text{持有年限}} \times 100\% \tag{5-13}$$

【例 5-3】 投资者于 2001 年 1 月 1 日以 102 元的价格购买了一张面值为 100 元、利率为 10%、每年 1 月 1 日支付一次利息的 1997 年发行 5 年期附息债券，持有到 2002 年 1 月 1 日到期，卖出者如果从发行时就买入该债券，那么持有期收益率是多少？

持有期收益率＝(102－100＋100×10%)/(100×1)×100%＝12%

贴现债券的投资收益率＝(债券面值÷债券发行价格－1)÷债券期限

【例 5-4】 面值为 100 元的两年期贴现债券，发行价格是 93 元，则债券的投资收益率是多少？

债券的投资收益率＝(100÷93－1)÷2＝3.76%

投资人通过券商认购交易所挂牌分销的(记账式)国债可以免收佣金，其他情况下的佣金收费标准是：每一手债券(10 股为一手)的佣金起价为 5 元，最高不超过成交金额的 2‰。经纪人在为投资人办理一些具体的手续时，又会收取成交手续费、签证手续费和过户手续费。每笔买卖成交后，交易所会向买卖双方都收取占交易额 3‰的成交手续费；达成口头交易后在债券交易柜台办理鉴别债券真伪业务还要交纳签证手续费；最后记名债券在交割划账时债券买方还要缴纳占购买总金额 2‰的过户手续费。

虽然国债、地方政府债券和金融债券是免税的，债券交易也免去了股票交易需要缴纳的印花税，但投资企业债券时要交纳占投资收益额 20%的个人收益调节税，这笔税款是由证券交易所在每笔交易最终完成后替投资者清算资金账户时代为扣除的。

三、债券投资风险

(1)利率风险。当市场利率提高时,债券的价格就降低。

(2)购买力风险。当经济环境不好时,投资者会出现不愿或不敢投资的情况,导致债券发行困难或已发行并公开交易的债券价格下跌。

(3)通货膨胀风险。一旦出现通货膨胀,会使投资者实际利率小于名义利率甚至实际亏损。

(4)变现能力风险。如果投资者急需资金或遇到一个更好的投资机会,想出售现有债券,但手中持有的是凭证式债券之类流通性相对较差的债券,则会出现变现困难甚至丧失新的投资机会。

(5)经营风险和违约风险。由于发行人经营不善或单位管理与决策人员在其经营管理过程中发生失误,导致发行人不能按时或足额支付证券利息或偿还本金,投资者就会遭受损失。

四、债券的投资策略

因为投资债券一般都有收益,除发行人破产倒闭外,基本不存在无法按时足额领取本息的可能,虽不会使投资者获得较高收益,但也不会让投资者承担过多风险,因此债券适合风险厌恶型投资者,或者那些打算分散投资的投资者和基金,可以起到降低投资组合风险,确保投资收益稳定的作用。

投资者可以根据外部投资环境和自己的情况选择适合自己的债券,前提是要先认识清楚种类繁多的债券的细分品种。

(一)消极投资策略

市场外部环境稳定,投资者如果只是想对资金保值,并没有太多增值需求,又对资金流动性要求不高,就可以投资于长期的一次性还本付息的凭证式政府债券。

投资者想获得相对较高的收益,对资金流动性要求不高,就可以投资于长期的一次性还本付息的公司债券和企业债券。

(二)积极投资策略

如果认为一定时期内可能有通货膨胀的风险或对资金的流动性要求较高,就适合投资于短期的或记账式的债券。短期债券由于其期限较短,因此在债券到期后就可以转投资于其他债券产品,虽然收益有限,但资金流动性强;记账式债券可随时流通转让,投资者除了保证资金流动性并可获取一定收益外,还可通过在二级市场上的买入卖出获得价差收益。

第四节 基金投资

投资基金作为一种集专家理财、组合投资和风险分散等优点于一身的集合投资方式,自19世纪从英国发端以来,在世界范围内得到了很大的发展,并成为当今世界金融市场非常重要的投资工具和金融产品。

一、基金的基础知识

(一)基金的概念

基金是一种利益共享,风险共担的集合投资制度,在国外又被称之为共同基金或单位信托基金。它通过发行基金单位(如发行受益凭证或入股凭证等),聚集投资者的资金,由基金托管人托管,由基金管理人管理、运作基金资产,对股票、债券等金融工具进行组合投资,从而达到分散和降低风险,以获得投资收益和资本增值的目的,获得的收益按比例分配给投资者的投资形式。

投资基金在不同的国家和地区有不同的称谓,美国称"共同基金"或"互助基金";英国和中国香港称"单位信托基金";日本和韩国及我国台湾称"证券投资信托基金"。

(二)基金的种类

投资基金种类繁多、内容丰富,按不同的划分方法可以进行不同的划分。

1. 按组织形式划分

按组织形式划分,划分为契约型基金和公司型基金。

(1)契约型(contractual type fund)基金。

契约型基金也称单位信托基金,是依据一定的信托契约由基金投资人、基金管理人与基金托管人三方订立信托投资契约,由基金管理人依照信托契约运用、管理信托资产,由基金托管人保证资金的安全性,通过购买基金单位,由基金投资人分享基金投资收益的基金类型。

(2)公司型(corporate type fund)基金。

公司型基金是依据《公司法》以公司形式成立的,通过发行股份将资金集中起来投资于各种有价证券的股份有限公司形式的投资基金。基金本身是以公司形式存在的,基金的持有人既是基金的投资者又是公司的股东,依照公司章程的规定,享受股东所应有的权利,同时履行其义务。

契约型基金和公司型基金二者的区别如下:①法律依据不同。公司型基金的法律依据是公司法和公司章程;契约型基金的法律依据则是契约。②基金发行凭证不同。公司型基金发行的是普通股;契约型基金发行的是基金份额。③投资者的地位不同。公司型基金的投资者作为股东,有权参与基金公司的经营管理;而契约型基金的投资者只有收益权,无权参与基金的经营管理。④基金融资渠道不同。公司型基金还可以通过发行优先股、债券和向银行借款等方式融资;而契约型基金则不能通过其他方式融资。⑤基金具体运作不同。公司型基金作为公司具有永久性,不能随意成立和终止;契约型基金依据信托契约建立和运作,随着契约期满基金运营即终止。

2. 按能否赎回划分

按能否赎回划分,划分为封闭式基金和开放式基金。

(1)封闭式(closed-end fund)基金。

封闭式基金指发行的基金单位总数固定不变,在封闭期里投资者只能在公开市场上同其他投资者相互进行交易的基金。

(2)开放式(open-end fund)基金。

开放式基金是指基金资本总额及股份总数不是固定不变的,而是可以随时根据市场供求状况增发新份额或赎回的投资基金。

封闭式基金和开放式基金二者的区别如下:①规模不同。封闭型基金份额不能赎回,资本总额固定不变;开放型基金份额可赎回,资本总额可变。②期限不同。封闭型基金一般设定存续期限;开放型基金无存续期限,基金公司存在基金就永远存在。③交易方式不同。开放型基金的投资者可以随时直接向基金管理公司或通过经销商购买。而封闭型基金刚发起设立时,投资者可以向基金管理公司或经销机构按面值或规定价格购买;当发行完毕或基金已经上市交易后,投资者只能通过经纪商在证券交易市场上按市价买卖。④基金单位的交易价格计算标准不同。封闭型基金的买卖价格受市场供求关系的影响,常出现溢价或折价现象,并不必然反映基金的资产净值。开放型基金的交易价格则取决于基金每单位净资产值的大小。⑤基金投资策略不同。封闭型基金在基金封闭期间不许赎回,因此可拿出全部基金资产用作投资,并且可以用作长线投资;而开放型基金,由于需要应付投资者随时赎回兑现,经理人必须保留一部分现金,而且投资组合流动性必须很强,以备大规模赎回之需。⑥交易费用不同。封闭式基金在交易价格之外另外支付交易费用。开放式基金有关费用包含在基金价格中。⑦单位净资产公布时间不同。封闭式基金每隔一周、三个月或更长公布一次。开放式基金每个交易日连续公布。

除传统的开放式基金和封闭式基金外,后来又产生了创新型的开放式基金和创新型的封闭式基金。

创新型的开放式基金包括上市型开放式基金(LOF)和交易型开放式指数基金(ETF)。

LOF(listed open-ended fund)即上市型开放式基金。上市型开放式基金发行结束后,投资者既可以在指定网点像一般开放式基金一样申购与赎回基金份额,也可以在交易所像封闭式基金一样在投资者之间买卖。不过投资者如果是在两个不同市场间交易,要办理一定的转托管手续。LOF兼具封闭式基金交易方便、交易成本较低和开放式基金价格贴近净值的优点。

ETF(exchange traded fund),直译为交易所交易基金,但因这个名称不足以反映ETF的特点,因此又被翻译为交易型开放式指数基金,也是一种在交易所上市交易的开放式基金产品。在申购和赎回时,ETF是基金份额和"一篮子"股票的交换,ETF的投资者一般是较大型的投资者,如机构投资者和规模较大的个人投资者,在二级市场的净值报价上,ETF每15秒钟提供一个基金净值报价。ETF一般采取完全被动的指数化投资策略,跟踪、拟合某一具有代表性的标的指数,因此管理费非常低,操作透明度非常高,可以让投资者以较低的成本投资于指数中的一篮子标的成份股票,以实现分散投资,从而有效地规避股票投资的非系统性风险。

3. 按投资目标划分

按投资目标划分,分为收入型基金、成长型基金和平衡型基金。

(1)收入型基金(income fund)。

收入基金是指将资金投资于各种可以带来收入的有价证券,以获取最大当期收益为目的的投资基金。其主要特点是基金的成长性不高,但当期就可以获得较高收益,适合较为保守的投资者。

(2)成长型基金(growth fund)。

成长型基金是一种以追求长期资本利得为主的基金。此种基金的短期收益不一定好,但具有长期成长性,往往投资于成长股或长期债券。

(3)平衡型基金(balanced fund)。

平衡型基金是介于成长型和收入型之间的基金。既追求资本长期增长,也要求当期的收入。其投资对象既有股票,又有债券,具有双重投资目标。

4. 按投资标的划分

按投资标的划分,分为股票基金、债券基金、货币基金、衍生基金和指数基金。

(1)股票基金(equity funds)。

股票基金指将筹措到的资金主要投资于股票的基金,因为收益相对保守的债券基金和货币市场基金更高,而风险程度较个人投资股票市场要低得多,且具有较强的变现性和流动性,因此它也是一种比较受欢迎的基金,目前是所有基金品种中最为流行的一种类型,其投资对象通常包括普通股和优先股。

(2)债券基金(bond funds)。

债券基金是指将筹措到的资金主要投资于政府债券、地方政府债券、企业债券等各类债券品种的投资基金。因为债券一般情况下定期派息,所以债券基金的收益也相对比较稳定,其风险和收益水平通常较股票基金低。是为稳健型投资者设计的基金品种。

(3)货币基金(money funds)。

货币基金是指将筹措到的资金主要投资于货币市场的金融产品的基金。这类基金的投资风险小,投资成本低,安全性和流动性较高。

(4)衍生基金。

衍生基金包括期货基金(future funds)、期权基金(option funds)和认股权证基金(warrant funds)等。期货基金是指投资于期货市场以获取较高投资回报的投资基金。期权基金就是以期权作为主要投资对象的基金。由于期货市场具有高风险和高回报的特点,因此投资期货基金既可能获得较高的投资收益,同时投资者也面临着较大的投资风险。

(5)指数基金(index funds)。

指数基金是通过建立参照证券市场某种价格指数的投资组合,以期获得与市场平均收益相接近的投资回报的基金。多数情况下,指数基金的收益水平与当期市场的平均收益水平基本保持一致,且投资风险通过分散投资也得到了较大程度地降低,因此非常适合稳健型的投资者。

除以上所述几种划分标准之外,投资基金还可以按照投资地域不同分为国内基金、国际基金;按投资计划等划分为固定型基金、融通型基金等多种类型。

二、基金的当事人

(一)基金的投资人

基金的投资人是基金的持有人也是基金的委托人,既可以是自然人也可以是法人,在认购了基金份额后就相当于把资金委托给了基金管理公司进行管理运作,交由基金托管人确保资金的安全性,并在基金获利之后有按比例获取收益的权利。公司型基金的投资者还有参与经营管理的权利,契约型基金的投资者则没有这一权利。

(二)基金的管理人

基金的管理人是专门负责基金资产运营的机构,一般也是基金的发行人和发起人,即基金管理公司。但也有个别例外的,如保险公司下设的保险保障基金,如果该保险公司自己没有专门的投资机构或投资部门时,会委托给专业的投资银行或其他具有基金管理资格的金融机构代为管理。这时的基金发行人是保险公司下设的保险保障基金,但基金的管理者则为投资银行或进行基金管理的金融机构。基金的管理者只负责账面对资金进行调拨,但不经手筹集到的现金。

(三)基金的托管人

基金的托管人是为了监督证券投资基金管理公司的经营活动,保障资金的安全的资金保管机构。一般由大型的金融机构,主要是商业银行来充当。因此,各国对这些金融机构的合法性和资金实力都有规定。

基金筹集的资金由基金管理人负责账面调拨,由基金托管人负责保证资金的安全性,这可以在最大限度上防范不当的投资行为或挪用资金的情况,基金的托管人和基金的管理人是相互合作和相互监督的关系。

三、基金的价格确定

基金的交易价格就是基金单位在交易市场买卖的价格。但是,由于基金类型和运作方式的不同,基金的交易价格又被划分为封闭式基金价格和开放式基金价格两大类。

(一)开放式基金的价格确定

开放式基金的交易由于采用的是申购和赎回制度,即基金必须以基金的单位净资产值进行交易也称基金单位资产净值(NAV)。基金的交易价格即基金的单位净资产再附加或扣除交易费用。NAV 的计算公式为:

$$NAV = \frac{基金总资产 - 总费用}{已发行的基金单位总数} ①$$

基金的总资产是由基金所投资的各种金融产品的价格乘以数量的总市值的加总。例如,某基金的持仓比例如表 5-7,则总资产币值的计算是由所有股票价格与持股数量的乘积之和加上各类债务与票据的市值总和再加上现金。

表 5-7 某基金的持仓比例

股票名称	价格(元)	持有量(股)	股票市值	占净值比例(%)
中国平安	52.8	6223273	328588814.4	6.87%
思源电气	20.18	9002815	181676806.7	4.65%
招商银行	14.83	16543217	245335908.1	4.17%

---

① 净资产是总资产扣除负债,但因为基金的资金主要是通过募集而来的,其中负债部分是由应付基金管理费及报酬、应付基金托管费、应付交易清算款、应付收益、预提费用、应付佣金、应付回购利息等项构成,因此净资产由总资产扣除各种费用得到。

续表 5-7

股票名称	价格(元)	持有量(股)	股票市值	占净值比例(%)
片仔癀	59.97	2747363	164759359.1	3.93%
中兴通讯	28.39	6385786	181292464.5	3.43%
西山煤电	26.64	5926779	157889392.6	3.11%
贵州茅台	173.38	839272	145512979.4	3.04%
恒宝股份	16.07	8347258	134140436.1	2.78%
三一重工	27.45	6378467	175088919.2	2.71%
海螺水泥	38.87	4385917	170480593.8	2.56%
			1884765674	
债券品种			债券市值	占净值比例%
国家债券			1051122995	20.00%
央行票据			98280000	1.87%
金融债券			525561497.3	10.00%
企业债券			525561497.3	10.00%
企业短期融资券			0	0.00%
可转债			1412031.56	0.03%
其他			0	0.00%
			2201938021	
现金			1095795722	20.85%
总资产市值			5182499417	

开放式基金申购价与赎回价的计算公式为：

$$申购价 = NAV + 申购费用$$
$$赎回价 = NAV - 赎回费用$$

基金的费率表举例如表 5-8 所示：

表 5-8 博时创业成长(050014)基金费率

序号	费率%	费率类型	费率金额	持有期限
1	1.2	认购前端	<100万	
2	0.5	认购前端	>=100万,<500万	
3	1000元/笔	认购前端	>=500万	
4	1.5	申购前端	<100万	
5	0.6	申购前端	>=100万,<500万	
6	1000元/笔	申购前端	>=500万	
7	1.5	赎回		Y<7天

续表 5-8

序号	费率%	费率类型	费率金额	持有期限
8	0.75	赎回		7天＜=Y＜30天
9	0.5	赎回		30天＜=N＜1年
10	0.25	赎回		1年＜=Y＜2年
11	0	赎回		＞=2年

(二)封闭式基金的价格确定

封闭式基金的基金单位是上市交易的,影响封闭式基金价格的因素也就相对要复杂得多。一般来说,封闭式基金的价格不仅仅以基金的资产净值(NAV)作为交易基础,还受市场供求关系的决定。因此,封闭式基金的价格在交易的过程中往往是随行就市,有升有跌,价格会出现与NAV相背离的情况。

四、基金的收益和费用

基金的管理者在投资运作过程中如果投资得当,会使基金的资产增值,所增值的资产会在扣除各种费用后按比例分配给投资者,即为投资者投资基金的投资收益。

投资基金在募集、发行和日常的经营管理过程中都会发生相应的费用,这些费用包括交易手续费、基金管理费、托管费等,而这些费用也是基金管理人、托管人以及其他当事人的收入来源。

(1)基金管理费用。基金管理费用主要是指基金在运作过程中所发生的管理费用,其中包括基金经理人管理费、基金托管人管理费以及会计师费用、律师费用等其他费用。

(2)基金交易费用。它指的是基金在进行证券交易时应支付给证券经纪商的代理费,通常情况下,这部分费用与基金的投资周转率密切相关,交易越频繁,交易费用相对也就越高。

五、基金的交易与绩效评估

(一)投资基金的交易

投资基金的交易是投资基金证券或受益凭证的交易,通常情况下,它指的是基金份额的认购、转让、申购、赎回等经济活动。投资基金的交易过程因基金类型和运作方式的不同而各有差异。

(1)封闭式基金的交易一般都是利用股票交易系统来进行的,个人投资者和机构投资者先按照基金证券发行公告或规定向基金管理公司或基金的信托投资机构购买已经批准发行的基金,当发行期结束后进入封闭期,基金将进入证券交易所挂牌交易,投资者通过向中介机构一般是证券公司委托买卖信息,中介机构将委托信息交由证券交易所的信息终端集中撮合成交。其交易和清算的有关操作事项基本上同股票交易规则相似。

(2)开放式基金的交易则表现为基金单位的申购与赎回,申购是投资者直接或间接的从基金的发行之处购入基金单位的行为,赎回是投资者直接或间接向基金发行人赎回基金份额的行为。一般来说,基金的申购和赎回都是通过中介机构间接完成的,最常见的中介机构是商业银行和证券公司。投资者可以根据市场情况和自己的投资决策随时向基金管理公司申购或赎回基金单位。

(二)基金的绩效评估

基金的业绩如何完全取决于基金管理者的管理水平高低。因此想要判断一支基金的绩效如何主要通过查询基金的历年管理收益状况,如果历年的收益较好,说明基金管理人管理水平较高,投资亏损的可能性就较小,投资者可投资于这样的基金;反之如果基金历年的收益较低,甚至亏损,投资者投资于这种基金的风险也会较大。

六、基金理财的策略和技巧

投资基金不同于其他证券产品,它是由专家管理,分散投资在多种金融产品上,并不需要投资者直接决定资金的投资去向、投资时机、投资比例等,因此基金的管理者的水平就决定了该基金的收益水平。所以在选择基金时其实已等同于选择管理水平较高的基金管理者。尤其是开放式基金,因其交易价格就是参照基金的单位净资产,所以只有基金管理者运作得当,基金的单位净资产有所增加才有可能使基金的投资者获利;封闭式基金虽然是上市交易,价格一定程度上还要受供求关系的影响,但总体上还是在某一折价率范围内围绕单位净资产波动。因此在进行基金选择时不仅要横向比较基金的短期盈利状况,还要纵向综合衡量基金的历史收益,这反映了基金管理者的管理运作水平,从中选择价值长期一直有增长并表现稳定的基金进行投资。

第五节 金融衍生品投资

20世纪60年代末,由于一些国家设置了对于金融机构利率水平的限制(如美国的Q条例),使金融机构的传统收益大大减少。到了70年代以后,随着布雷顿森林体系的瓦解,金融自由化和国际化的逐步发展,传统金融产品面临因汇率或利率变动而亏损的风险,为了规避、转移和分散风险,金融创新层出不穷。在此背景下,作为金融创新的核心,衍生金融工具应运而生。

一、金融衍生品基础知识

(一)金融衍生品含义

金融衍生品也叫衍生金融资产、金融衍生工具(financial derivative),是与基础金融产品相对应的一个概念,指建立在基础金融产品或基础变量之上,其价格随基础金融产品的价格(或数值)变动的派生金融产品。这里所说的基础金融产品是一个相对的概念,不仅包括现货金融产品(如债券、股票、银行定期存款单等),也包括一些金融衍生工具。1998年,美国财务会计准则委员会(FASB)所发布的第133号会计准则——《衍生工具与避险业务会计准则》将金融衍生工具划分为独立衍生工具和嵌入式衍生工具两大类。根据我国2006年2月财政部颁布的《企业会计准则第22号——金融工具确认和计量》之规定,衍生工具包括远期合同、期货合同、互换和期权,以及具有远期合同、期货合同、互换和期权中一种或一种以上特征的工具。

金融衍生品的出现,不仅使金融机构的业务范围拓宽,而且可供投资者选择的投资品种也增加了。金融衍生不仅使货币市场和资本市场有了重合点,而且模糊了存款类金融机构和非存款类金融机构的界限,使金融机构世界范围的合业经营成为可能。此外金融衍生工具的杠杆效应降低了交易成本(少量衍生证券交易就可取代大量现货交易),提高了市场流动性。

(二)衍生品种类

按交易形式,即合约类型可以分为远期合约、金融期货、金融期权和互换四大类。

1. 金融远期合约

金融远期合约(forward contracts)是指双方约定在未来的某一确定时间,按确定的价格买卖一定数量的某种金融资产的合约。远期合约是为了规避现货交易风险的需要而产生的。远期合约是非标准化合约,由合约的交易双方协商签订,灵活性较大,对交易的场所、程序、交易资格及价格等都没有强制的要求,但也存在明显的缺点,即效率较低,流动性较差,违约风险较高。

金融远期合约的种类主要有远期利率协议、远期外汇合约和远期股票合约等。

(1)远期利率协议(forward rate agreements,FRA)。远期利率协议是买卖双方同意从未来某一商定的时期开始在某一特定时期内按协议利率借贷一笔数额确定的货币的协议,交易中名义本金不进行交换。

(2)远期外汇合约(forward exchange contracts,FEC)。远期外汇合约是指双方约定在将来某一时间按约定的远期汇率买卖一定金额的某种外汇的合约。交易双方在签订合同时,就确定好将来进行交割的远期汇率,到时不论汇价如何变化,都应按此汇率交割。在交割时,名义本金不进行交割,只交割合同中规定的远期汇率与当时的即期汇率之间的差额。

按照远期的开始时期划分,远期外汇合约又分为直接远期外汇合约(outright forward foreign exchange contracts,OFFEC)和远期外汇综合协议(synthetic agreement for forward exchange,SAFE)。前者的远期期限是直接从现在开始算的,而后者的远期期限是从未来的某个时点开始算的,因此实际上是远期的远期外汇合约。

(3)远期股票合约(forward stock contracts,FSC)。远期股票合约是指双方约定在将来某一时间按约定的远期汇率买卖一定金额的股票的合约。

2. 金融期货合约

金融期货合约(financial futures contracts)是指在期货交易所内进行的双方约定在未来的某一确定时间,按确定的价格买卖一定数量的某种金融资产的标准化合约。金融期货能够在一定程度上规避价格变动的风险,通过套期保值控制风险甚至获利。

金融期货包括外汇期货、利率期货、股票期货和股指期货等类型。

(1)货币期货(外汇期货)。货币期货交易是指在期货交易所进行的,以某种特定货币的特定数量为标的,约定在未来某一时点按协定价格交割该种特定货币的标准化合约的交易。该期货出现于1972年的美国芝加哥期货交易所。

(2)利率期货。利率期货是指在期货交易所进行的,约定在将来某一时点买卖一定数量、约定收益率的某种特定的债务凭证的标准化合约的交易。由于固定收益率的债务凭证的价格和利率波动是反向运行的,利用利率期货就可以锁定利率。1975年,芝加哥期货交易所首次引入了"联邦抵押贷款利率期货"的交易。

(3)股票期货。股票期货交易是指以股票作为标的物的标准化合约。

(4)股票指数期货。股票指数期货交易是指在期货交易所进行的,以股票价格指数作为标的物的标准化合约。股价指数反映样本股的平均价格水平,利用股价指数来规避市场风险,只能适用于已充分分散风险的组合,个别证券并不适合。因为,一旦该证券的收益率变动与股价指数收益率负相关,就起不到对冲风险的作用。1982年2月24日,堪萨斯期货交易所率先推出"价值线综合平均指数"期货合约。

期货合约和远期合约相比较,虽然都是交易双方约定在未来某一特定时间、以某一特定价格、买卖某一特定数量和质量资产的交易形式,但也存在明显不同:期货合约是在期货交易所交易的标准化合约,流通性强,可对冲平仓(将合约转让),基本不存在违约风险。远期合约是根据买卖双方的特殊需求基于双方信用签订的合约,并无固定交易场所,很难转让,违约风险较大。

3. 金融期权

金融期权(option)是指在特定的时段或特定的时点,期权的购买者可按协议价格及规定数量买卖某种指定金融商品的权利。金融期权交易出现在20世纪20年代的美国,由于股市兴旺出现了股票看涨期权的交易,当时期权交易都在场外进行,交投清淡。1973年4月,芝加哥期权交易所宣告成立,从此,期权交易步入了集中交易的时代。

(1)金融期权具有以下几种性质:

①金融期权交易的对象是权利,而不是商品本身;

②这个权利是可以选择的,即可以选择执行、转让或放弃;

③这个权利是单方面的,只有期权的购买者因缴纳给对方一定的费用才拥有这项权利,期权的出售者只能被动的履行义务;

④这个权利只在规定的期限内才有效,或执行期权或转让期权,过期则合约失效,只能放弃权利。

(2)金融期权的分类。

①金融期权按标的物品种可分为现货期权和期货期权。现货期权指标的物为基础性的金融产品(如股票、国债、利率、外汇等)的期权合约,如利率期权、货币期权、股价指数期权、股票期权等。期货期权指标的物为金融期货合约的期权,如利率期货期权、货币期货期权、股价指数期货期权等。

②按履约方式可划分为美式期权和欧式期权。美式期权是指合约到期日之前,购买者可以随时要求出售者依合约的内容,买入或卖出约定数量的某种货币的期权。欧式期权是指期权购买者仅能于到期日的截止时间,要求期权出售者履行合约的期权。

③按双方权利的内容可分为看涨期权和看跌期权。看涨期权(call option)也称择购期权、买权,指在特定的时间,按协议价格及规定数量期权购买者可买入某种指定金融商品的权利。看跌期权(put option)也称择售期权、卖权,指在特定的时间,按协议价格及规定数量期权购买者可卖出某种指定金融商品的权利。

④按交易方式划分,可以分为在有组织的交易所交易期权和场外交易期权。期权交易场所不仅有正规的交易所,还有一个规模庞大的场外交易市场。交易所交易的是标准化的期权合约,场外交易的则是非标准化的期权合约。为了保证期权交易的高效、有序,交易所对期权

合约的规模、期权价格的最小变动单位、期权价格的每日最高波动幅度、最后交易日、交割方式、标的资产的品质等做出明确规定。

对于期权的购买者来说,期权合约赋予他的只有权利,除需交纳的期权费外没有任何义务;对期权的出售者来说,他只有履行合约的义务,除期权费收益外没有任何权利。

4. 金融互换

金融互换(financial swaps)是约定两个或两个以上当事人按照商定条件,在约定的时间内,交换一系列现金流的合约。

金融互换较为常见的是利率互换合约和货币互换合约。

(1)利率互换(interest rate swaps)指双方同意在未来的一定期限内按同种货币的名义本金不同利率交换现金流的协议。

【例 5-5】市场提供给 A、B 两公司的借款利率为:

	固定利率	浮动利率
A 公司	10.00%	6 个月期 LIBOR+0.30%
B 公司	11.20%	6 个月期 LIBOR+1.00%

我们假定双方各分享一半的互换利益,则其流程如图 5-27 所示:

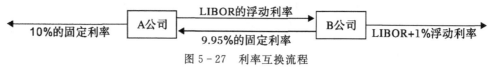

图 5-27 利率互换流程

(2)货币互换(currency swaps)是将一种货币的本金和与另一货币的等价本金进行交换的协议。

货币互换的主要原因是双方在各自国家中的金融市场上比较有优势。

【例 5-6】市场向 A、B 公司提供的借款利率为:

	美元	英镑
A 公司	8.0%	11.6%
B 公司	10.0%	12.0%

假定 A、B 公司商定双方平分互换收益,若不考虑本金问题,货币互换可用下面的流程图来表示,如图 5-28 所示。

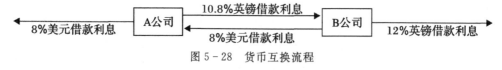

图 5-28 货币互换流程

通过金融互换可在全球各市场之间进行套利,从而一方面降低筹资者的融资成本或提高投资者的资产收益,另一方面促进全球金融市场的一体化;可以管理资产负债组合中的利率风险和汇率风险;金融互换为表外业务,可以逃避外汇管制、利率管制及税收限制。

二、股指期货投资

中国的股票期货开始于 1993 年 3 月 10 日,是由海南证券交易中心推出的深圳证券(简称深证)指数期货交易。期货合约的标的物为深证综合指数和深证A股指数,每种标的物均有3、6、9、12月份交割的合约,共计8个品种,一个点位盈亏额为500元人民币。当时,经过几个月的运作,海南证券交易中心发现,A股指数期货交易无人问津,综合指数期货交易虽呈上升趋势,但月成交量最高仅为千余次。由于投资者对这一投资方式认识不足,再加上中国股市发展的不稳定性,管理与运作不规范,容易引发投机行为,到1993年9月底,为维护股市的健康发展,股票指数期货交易被中止。

正式恢复股指期货交易是自2010年4月16日起我国沪深300股指期货合约正式上市交易,此前已有一个阶段的虚拟交易作为铺垫,首批上市合约为2010年5月、6月、9月和12月合约。合约标的为沪深300指数,合约乘数为每点300元,报价单位为指数点,最小变动价位为0.2点。每日价格涨跌停板最大波动限制为上一个交易日结算价的±10%,最低交易保证金为合约价值的12%,以现金进行交割,强行平仓,并设持仓限制和大户报告制度。自然人投资者申请开户时保证金账户可用资金余额不低于人民币50万元;一般法人投资者申请开立时净资产不低于人民币100万元,申请开户时保证金账户可用资金余额不低于人民币50万元。

我国正式恢复推出股指期货是在2008年美国金融危机引发的世界范围金融危机的背景下,希望借此一定程度上带动我国金融的可持续性复苏,此外也想通过分流资金缓解通胀压力和市场加息预期压力。虽然有可能有卖空机构联手压低股票价格的风险,但随着监管的加强和买空机构在一定程度上对风险的化解,总体的影响是积极的。部分解决了我国股票市场因为一直缺乏做空机制,单边上涨需求有可能引发的金融泡沫,有利于投资者规避股市系统性风险,增强证券市场活力,提高资产配置效率,为机构投资者提供有效的风险管理工具,增加投资品种,提高市场流动性,降低机构投资者的交易成本,提高资金的使用效率,也丰富了个人投资者的投资品种。

三、其他金融衍生品投资

(一)认股权证(warrants)

认股权证是给持有者在将来以事先约定的条件价格购入公司一定数量新发行股票的选择权。全称是股票认购授权证。因为认股权证的持有者只会在标的股票价格高于权证标明的价格时才会选择行使权证,所以认股权证的本质是看涨的股票期权。虽然二者本质存在共同之处但形式上仍有一些区别:①认股权证是由发行债务工具和股票的公司开出的;而期权是由独立的期权出售者开出。②认股权证通常是发行公司为改善其债务工具的条件而发行的,获得者无须交纳额外的费用;而期权则需购买才可获得。③有的认股权证是无期限的而期权都是有期限的。

权证交易在中国的产生是在其特有的经济环境下由配股权交易演变而来的,带有期权交易性质。其有A1权证和A2权证之分,其中A1权证代表购买公众股配股部分的权证,A2权证代表购买国家股、法人股转配股的购股权证。1994年9月初,深圳证券交易所上市的许多公司配股方案中,国有股、法人股股东表示愿意放弃配股权并转让给个人,于是同年10月,中国证监会特批深圳交易所的6只权证,转配的股票同时上市交易。1994年12月,这6只权证分离为A1权证和A2权证,其中A1权证交易在规定时间内退出,但A2权证交易则延期至1996年6月。此后,A2权证市场也不复存在了。2005年8月22日,宝钢权证上市交易,这是随着股权分置改革而推出的权证市场首只产品,此后又有一些权证产品推出,并前后到期,今后有可能在股权分置改革的推行下出现一些新的品种如备兑认股权证等。

(二)可转换债券

可转换债券是可转换公司债券的简称,又简称可转债。它是一种可以在特定时间、按特定条件转换为普通股票的特殊债券。可转换债券兼具债券和股票的特征。自20世纪90年代以来,中国企业逐渐开始尝试运用可转换债券来拓展资金来源渠道,解决资金短缺的问题。从1991年8月起,先后有琼能源、成都工益、深宝安、中纺机、深南玻、南宁化工、吴江丝绸等企业在境内外发行了可转换公司债。其中琼能源、成都工益两家企业是用其发行新股,并已分别于1993年5月、1994年1月转股后在深、沪交易所上市。1996年4月,国务院证券委提出,选择有条件的股份公司进行可转换债券的试点,后来又颁布实施了具体的管理办法。此后曾在深、沪证券交易所上市交易的可转换公司债券又有丝绸转债、南化转债、机场转债、鞍钢转债和茂炼转债等。其中丝绸转债和南化转债先上市转债后发行公司股票;而机场转债、鞍钢转债和茂炼转债则先发行上市公司股票,后发行可转换债券。因此,这两类公司发行可转换债券方式及投资者申购方式上略有区别。

除以上的一些金融衍生工具外,我国曾在1997年4月推出过人民币远期结售汇业务,1999年4月,国家禁止资本项目下的远期结售汇业务,只允许从事经常项目下的远期结售汇业务。还曾在1992年6月1日,试办过外汇期货交易,并于1993年7月,国家外汇管理局发出通知规定,办理外汇(期货)交易仅限于广州、深圳的金融机构,其他各地的外汇期货交易机构必须停止办理。金融机构办理外汇期货交易,以企业进出口贸易支付和外汇保值为目的,不得引导企业和个人进行外汇投机交易。企业和个人的外汇交易必须是现汇交易,严禁以人民币资金的抵押办理外汇交易,严禁买空卖空的投机行为。由于严格的管制办法,中国外汇期货试点停步不前。还在1992年12月28日由上海证券交易所首次推出过国债期货交易期货合约共有12个品种,仅对机构投资人开设。1993年7月10日,财政部颁布了《关于调整国库券发行条件的公告》,决定对一些国债品种保值进行贴补,国债的收益率开始出现不确定性,国债期货交易量成倍放大,但随之违规事件也相继发生,由于违规事件不断出现,1995年5月17日,证监会决定全国范围内暂停国债期货交易试点。至此,两年的国债期货交易试点暂告一段落。另外2005年6月15日债券远期交易正式登陆全国银行间债券市场。

目前我国品种繁多的商品期货交易也是常见的衍生交易产品,也可以作为个人理财的投资品种,例如上海期货交易所的铜、铝、锌、天然橡胶、燃油、黄金、钢材期货;大连商品交易所的大豆、豆粕、豆油、塑料、棕榈油、玉米、PVC期货;郑州商品交易所的小麦、棉花、白糖、PTA、菜籽油、稻谷期货等。

总体而言,金融衍生工具具有杠杆效应,其风险转移功能从大的方面说将能有效消除金融市场化进程中所产生的金融风险,从小的方面说,可使投资者在一定程度上化解现货交易中出现的价格风险甚至据以获利。有积极的作用,但相应的,杠杆效应越大,风险也就越大。因此在投资时主要适用于风险承受能力较强的风险偏好者。此外,金融衍生工具一般要求的投资资金额都较高,可投资资金额较少或对资金流动性有较高要求的投资者要避免投资。

第五章 证券投资理财

本章小结

本章系统介绍了证券投资的主要投资品种,并针对不同的投资者的资金持有状况及风险偏好状况提供了不同的投资方式的选择。通过本章学习,使读者了解投资的定义及范畴,熟悉股票、债券、基金及金融衍生工具的基本理论、知识、其运行机制及价格的决定。使学生掌握股票与债券的特点、运行规律及二者的区别。掌握投资基金的基本知识、基本理论及其分散风险的功能。了解金融衍生工具的主要形式及在我国的现状。了解证券投资对个人理财的作用的。

关键术语

投资 证券投资 预期收益率 风险 股票 普通股 优先股 A股 B股 H股
面值 股票的内在价值 净现值 股票价格指数 道氏理论 K线 集合竞价
连续竞价 信用交易 国债 金融债券 公司债券 企业债券 贴现债券 附息债券
凭证式债券 记账式债券 投资基金 契约型基金 公司型基金 开放式基金
封闭式基金 LOF ETF 基金单位净资产 金融期货 金融期权 股指期货
认股权证 可转换债券

案例分析

某投资者手中有10万元的闲散资金可供投资,此人选择了把资金分散投于股票、债券和基金。因为股票具有高风险,但相应的收益也较高,债券的风险虽小但收益也相对较低而且固定,基金对于像该投资者一样对于金融投资并不是非常精通的投资者来说,是不用自己运作管理的较适合的投资形式。

首先,此人将2万元资金投资于7年期凭证式附息国债,债券年利率3.1%,一年付息一次;3万元资金投资于15年期凭证式附息国债,年利率3.23%,半年付息一次。因为债券是不论发行人经营状况如何都必须在指定时间内还本付息的证券形式,风险较小收益有保障,且国债又是所有类型债券中发行人信用最高,风险最低,收益最有保障的,因此该投资者在选择长期投资的产品时选择了7年期中期国债和15年期长期国债。国债的免税待遇使债券的名义收益等同于实际收益,不像其他债券必须在获利后缴纳股息红利个人收入所得税,所以其收益并不比同期限的金融债券和公司企业债券低多少。但作为凭证式债券因为没有统一集中的交易市场,在债券的持有期内很难流通转让,如果未到期就赎回会使收益大大减少,因此一经购买,在债券期限到期前很难变现,因此当做长期投资的形式较好。

其次,此人将2万元投资于契约型开放式基金。根据开放式基金历年的投资业绩及分红状况选择了一支投资业绩及分红状况都较好的基金,因为基金的收益直接决定于基金管理人的管理水平。该基金每单位4元,历年的平均投资分红为每单位年平均收益0.1元,年平均收益率2.5%。2万元可投资5手。

基金风险虽高于债券,但要低于股票,且投资者不用自己决定投资的金融品种。之所以选择开放式基金而不是封闭式基金,是因为开放式基金可随时申购或赎回,不会影响资金的流动性,封闭式基金价格还受市场供求关系的影响,在证券市场价格整体下跌时有可能会出现很难出售或必须以极低价格出售的情况。因此当该投资者已投资于流通性不强的凭证式国债后，为保证资金的流动性选择开放式基金，一旦出现急需资金的情况时，可赎回基金份额变现，且收益率要大大高于同期限的商业银行活期储蓄收益率。

最后，此投资者将剩余的 3 万元资金投资于股票，且分散投资于金融行业和生物医药行业的股票上，并且在投资操作时采取短线投资的策略。之所以没有进一步分散于更多行业是因为交易过程中的佣金为 0.1%～0.3% 起点 5 元，如果一次交易的金额少于 5000 元，则收取的佣金 5 元会高于一般的佣金比率 0.1%。而进行短线投资也是为了保证资金流动性。虽然股票投资具有风险性，但因投资比例有限，因此承担的风险也有限，即使出现亏损，只要能及时止损，债券和基金的收益也能补偿这些损失，而一旦获利则能带动收益整体增加。

此投资者的投资计划如表 5-9 所示。

表 5-9 投资计划表

	股票	债券	基金
资产性质	权益资产	债权资产	委托资产
比例	30%	50%	20%
风险	较高	较低	中等
年收益率	不定	3.1%～3.23%	2.50%
变现能力	强	弱	强
期限	短期	中、长期	不定

第六章 风险管理与保险理财

教学目的及要求

通过本章学习,理解风险的不同定义,掌握保险学上风险的定义,描述风险的特征,掌握风险构成要素及风险分类;了解风险管理思想的起源,掌握风险管理的定义、程序及风险处理的方式;能阐述风险管理与保险的关系,分析可保风险的条件;掌握财产保险、人身保险、投资性保险等保险理财产品的具体种类,根据保险理财原则和流程设计保险理财方案。

教学重点及难点

风险与保险、个人的保险种类(人寿保险、意外伤害险、健康保险、财产保险等)、保险策划的制订。

第一节 保险理财基础

保险投资属于一种风险投资,无论从风险性、保障性还是从可靠性和获利性等多方面考虑,购买保险无疑都是一种最安全可靠的投资手段,是一种理想的理财方式,同时也是一种合理避税的有效途径。要了解保险如何理财、如何投资,首先我们应该了解一些风险以及保险的基本知识。

一、风险与保险的概念

(一)风险的定义

1.风险定义的不同观点

有关风险的定义,理论界至今没有统一的说法。但是总的来说大致可以分为两类,第一类强调风险的不确定性;第二类强调风险损失的不确定性。

(1)强调风险的不确定性(广义风险的含义)。广义风险是指在特定客观条件下,特定时期内,某一事件预期结果与实际结果的变动程度。如果变动程度越大,说明风险越大;反之,则越小。预期结果和实际结果的变动程度通常指不一致性或偏离状况,这种偏离情况大致可以分为三种:第一种情况,预期结果和实际结果基本一致,称之为零收益;第二种情况,实际结果小于预期结果,称之为负收益;第三种情况,实际结果大于预期结果,称之为正收益。

(2)强调风险损失的不确定性(狭义风险的含义)。狭义风险指未来结果的变化性,强调损失的不确定性,即结果的偏差。如果偏差越大,说明风险越大;反之,则风险越小。

2. 风险在保险学中的科学界定

保险学中对风险含义表述是：在特定的客观情况下和特定的期间内，某种损失发生的不确定性。所以，保险学中的风险属于狭义的含义。这里所说风险的不确定性表现在以下几个方面：

(1)导致损失的随机事件是否发生不确定；

(2)损失发生的时间不确定；

(3)损失发生的地点不确定；

(4)损失发生后造成的损失程度和范围不确定，即不可预见和不可控制。

3. 风险的类型

人类社会所面临的风险多种多样，不同的风险有着不同的特点，对人类造成的危害也不同，为了更好地对风险进行识别和管理，我们将风险按照不同的标准进行分类。

(1)按风险产生的原因进行分类，可以将风险分为自然风险、社会风险、政治风险、经济风险。

①自然风险。自然风险指的是由于自然力的不规则变化引起的种种现象所导致的对人们的经济生活和物质生产以及生命造成的损失与损害。如地震、水灾、火灾、旱灾、海啸等。

②社会风险。社会风险指的是由于个人或团体的行为，包括过失行为、不当行为及故意行为对社会生产及人们生活造成损失的可能。如盗窃、抢劫、玩忽职守及故意破坏等行为，对他人的财产或人身造成损失或损害的可能性。

③政治风险。政治风险指的是一国政府所实行的任何能够导致其国内或其影响范围内企业和个人价值减少的行为。形成政治风险的原因可能有：国家对其境内的外国公司实行没收、征用和国有化；政府拒绝履行合同或使合同落空；政府对国内和国外企业实行不公平的监管环境；政府为了保护本国利益，使境内企业不能自由兑换货币；国家内部或外部的战争风险。

④经济风险。经济风险是指因经济前景的不确定性，各经济实体在从事正常的经济活动时，蒙受经济损失的可能性。它是市场经济发展过程中的必然现象。

(2)按风险产生的环境进行分类，可以分为静态风险和动态风险。

①静态风险。静态风险指在社会政治经济环境正常的情况下，由于自然力的不规则变动和人们的错误判断和错误行为所导致的风险。如地震、洪水、飓风等自然灾害，交通事故、火灾、工业伤害等意外事故均属静态风险。

②动态风险。动态风险指与社会变动有关的风险，主要是社会经济、政治以及技术、组织机构发生变动而产生的风险。如通货膨胀、汇率风险、罢工、暴动、消费者偏好改变、国家政策变动等均属于动态风险。

(3)按风险的性质分类，可以分为纯粹风险和投机风险。

①纯粹风险。纯粹风险指只有损失机会，而无获利可能的风险。这种风险可能造成的结果只有两个，即没有损失或造成损失。如自然灾害，人的生老病死等。

②投机风险。投机风险指既有损失机会又有获利可能的风险。投机风险造成的结果有三种，即收益、无损失、有损失。如购买股票、通货膨胀时囤积商品等。

(4)按风险的标的分类，可以分为财产风险、信用风险、责任风险和人身风险。

①财产风险。财产风险指因发生自然灾害、意外事故而使个人或单位占有、控制或照看的财产遭受损失、灭失或贬值的风险。例如，建筑物有遭受火灾、地震、爆炸等损失的风险；露天堆放或运输的货物有遭受雨水浸泡、损毁的风险等。

②信用风险。信用风险又称违约风险,指交易对手未能履行约定契约中的义务而造成经济损失的风险。如进口商不能按时支付货款而给出口商造成的损失。

③责任风险。责任风险指因个人或团体的疏忽或过失行为,造成他人的财产损失或人身伤亡,按照法律、契约应负法律责任或契约责任的风险。如由于产品设计或制造上的缺陷致使消费者的财产或人身伤害;驾驶机动车辆不慎撞人造成对方伤残或死亡等。

④人身风险。人身风险指可能导致人的伤残、死亡、丧失劳动能力以及增加费用支出的风险。

(二)风险的特征

1. 客观性

风险是一种客观存在。随着科学技术的进步和经营管理方法的改进以及认识、管理和控制风险能力的增强,人们在社会经济活动中所面临的自然灾害、意外事故、决策失误等风险,虽然可以部分地得到有效控制,但是,从总体上说,风险是不可能完全排除的。在一定条件下,风险的发生还带有一定的规律性,这种规律性给人们提供了认识风险、估计风险和管理风险,把风险减少到最低程度的可能性。正是风险的客观存在,决定了保险经济的必要性。

2. 不确定性

风险的不确定性表现在以下三个方面:

(1)空间上的不确定性。以火灾为例,就总体来说所有的建筑物都面临火灾的危险,并且也必定有些建筑物会发生火灾,但是,具体到某一栋建筑物,是否发生火灾则是不确定的。

(2)时间上的不确定性。比如人总是要死的,但是何时死,在健康状况正常的情况下是不可以预知的。

(3)损失程度的不确定性。比如台风区、洪涝区,人们往往知道每年或大或小要遭受台风或洪水的袭击,但是人们却无法预知未来发生的台风或洪水是否会造成财产损失或人身伤亡及其程度大小。

3. 可测定性

风险的不确定性说明风险基本上是一种随机现象,是不可以预知的,那是从个别单位而言的。就危险总体而言,根据数理统计原理,随机现象一定要服从于某种概率分布。也就是说,对一定时期内特定危险发生的频率或损失率,是可以依据概率论原理加以正确测定,即把不确定性化为确定性。最典型的要算死亡表,它表明死亡对于个体来说是偶然事件,但是,通过对某一地区人的各年龄死亡率的长期观察统计,就可以准确得出该地区各年龄阶段稳定的死亡率,加以正确测定。

4. 发展性

人类在创造和发展物质资料生产的同时,也创造和发展了风险。尤其是当代高新技术的开发和应用,使风险的发展性更为突出。比如:向太空发射卫星,把风险拓展到外层空间;建立核电站则带来了前所未有的核污染风险;等等。危险的发展为保险的发展创造了空间。

(三)保险的概念、功能和分类

1. 保险的概念

保险是指投保人根据合同约定,向保险人支付保险费,保险人对于合同约定的可能发生的事故因其发生所造成的财产损失承担赔偿保险金责任,或者当被保险人死亡、伤残、疾病或者达到合同约定的年龄、期限时承担给付保险金责任的保险行为。

2. 保险的功能

(1)基本功能。

①分散危险功能。分散危险功能指为了保障经济生活的安定,保险可以把集中在某一单位或个人身上的因偶发的灾害事故或人身事件所致的经济损失,通过直接摊派或收取保险费的办法平均分摊给所有被保险人。

②补偿损失功能。补偿损失功能就是保险把集中起来的保险基金,用于补偿被保险人合同约定的保险事故或人身事件所致经济损失。

分散危险和补偿损失是手段和目的的统一,是保险本质特征的最基本反映,最能表现和说明保险分配关系的内涵。

(2)保险的衍生功能。

①积蓄基金功能。保险计算保险费是以一定的时间跨度为单位的,保险双方在履约时间上不对等,且保险方先收保费而等到保险事故发生后再予以补偿或给付,在此期间必然出现资金积累;保险这种以保险费的形式预提分摊金并把它积蓄下来,实现时间上分散危险的功能,就是积蓄保险基金功能,这种功能是实现分散危险,维系和发展保险分配关系的物质基础。

②监督危险功能。分散危险的经济性质表现为保费的分担,参加保险的人必然要求尽可能减轻保费负担而获得同样的保险保障。因此,他们之间必然要发生相互间的危险监督,以期尽量消除导致危险发生的不利因素,达到减少损失和减轻负担的目的。保险的这种功能就是监督危险功能。

3. 保险的分类

(1)按保险标的分类,可将保险分为财产保险、人身保险、责任保险和信用保证保险四大类。

①财产保险。财产保险是以财产及其有关利益为保险标的的一种保险。当保险财产遭受保险责任范围内的损失时,由保险人提供经济补偿。

②人身保险。人身保险是以人的寿命和身体为保险标的的保险。保险人对被保险人在保险期间因意外事故、疾病等原因导致死亡、伤残,或者在保险期满后,根据保险条款的规定给付保险金。

③责任保险。责任保险是以被保险人依法应负的民事损害赔偿责任或经过特别约定的合同责任作为保险标的的保险。即对被保险人由于疏忽、过失行为造成他人的财产损失或人身伤亡,根据法律或合同的规定,应对受害者承担的经济赔偿责任,由保险人提供经济赔偿。

④信用保证保险。信用保证保险是以各种信用行为为保险标的的保险。当义务人不履约而使权利人遭受损失时,由保险人提供经济赔偿。凡义务人应权利人的要求向保险人投保自己的信用的保险属于保证保险;凡保险人应权利人的要求担保义务人的信用的保险属于信用保险。

(2)按风险转嫁形式分类,可将保险划分为原保险、再保险、共同保险和重复保险。

①原保险。原保险是投保人与保险人之间直接签订保险合同而建立保险关系的一种保险。在原保险关系中,保险需求者将其风险转嫁给保险人,当保险标的遭受保险责任范围内的损失时,保险人直接对被保险人承担损失赔偿责任。

②再保险。再保险也称分保,是保险人将其所承保的风险和责任的一部分或全部,转移给其他的保险人的一种保险。转让业务的是原保险人,接受分保业务的是再保险人。这种风险

转嫁方式是保险人对原始风险的纵向转嫁即第二次风险转嫁。

③共同保险。共同保险也称共保,是由几个保险人联合直接承保同一标的或同一风险而保险金额不超过保险标的的价值的保险,在发生赔偿责任时,其赔偿按照保险人各自承保的金额比例分摊。与再保险不同,这种风险转嫁方式是保险人对原始风险的横向转嫁,它仍属于风险的第一次转嫁。

④重复保险。重复保险是指投保人以同一保险标的、同一保险利益、同一保险事故分别与两个以上保险人订立保险合同的一种保险。与共同保险相同,重复保险也是保险人对原始风险的横向转嫁,也属于风险的第一次转嫁。只不过在大多数情况下,重复保险的保险金额总和超过保险价值,因此,这时各保险人的赔偿金额要按一定标准进行分摊。

(3)按投保单位分类,保险可分为团体保险和个人保险。

①团体保险。团体保险是以集体名义签订保险合同,由保险人向团体内的成员提供保险保障的保险。

②个人保险。个人保险是以个人的名义向保险人投保的保险。

(4)按实施方式分类,保险可分为法定保险和自愿保险。

①法定保险。法定保险又称强制保险,它是由国家(政府)通过法律或行政手段强制实施的一种保险。法定保险的保险关系不是产生于投保人与保险人之间的合同行为,而是产生于国家或政府的法律效力。

②自愿保险。自愿保险是在自愿原则下,投保人与保险人双方在平等原则的基础上,通过订立保险合同而建立的保险关系。

(5)按经营的性质分类,可将保险分为营利保险和非营利保险。

①营利保险。营利保险是指保险业者以盈利为目的经营的保险。商业性保险属于营利保险,保险经营者按照营利原则开展业务,将其经营所得的利润或节余进行分配。

②非营利保险。非营利保险是指不以盈利为目的的保险。非营利保险一般是出于某种特定的目的,由政府资助营运,以保证经济的协调发展和安定社会秩序为目标而实施的保险保障计划。

二、保险与风险管理

(一)风险管理的概念

风险管理是指经济单位通过风险识别和衡量,采用必要且可行的经济手段和技术措施对风险加以处理,从而以一定的成本实现最大的安全保障的一种管理活动。这里所说的经济单位可以是企业,也可以是个人、家庭、任何团体,乃至国家或整个世界。风险管理是一系列行为所组成的一个过程,风险识别和风险评价是风险管理的前提和基础,而合理利用风险管理的手段则是风险管理成败的关键。

从应用标准和实施评价的准则来看,风险管理必须保证以下两个核心目标的实现:①要在成本、资源既定的前提下实现安全保障程度的最大化,或在管理目标既定的前提下,尽量寻找节约资源方案或一揽子措施。这个目标强调的是风险管理的决策同其他经济决策一样,必须要考虑到成本和效益之间的关系。②有效风险管理应该对那些一旦发生会给经济单位带来巨大灾难的、后果无法承受的事件预先做出有效的应对方案。

这里强调的是对于超过家庭承受能力和资源条件的风险,要么予以规避,要么事先通过保险等转移方式予以应对,以保证经营和生活的延续。个人和家庭风险管理目标是满足个人和家庭的效用最大化,即以较小的成本获得尽可能大的安全保障。根据国际注册金融理财协会的调查,无风险管理或财务规划的家庭遭受意外及其他安全事件造成的财产损失可达家庭财产总额的20%以上,最高可达100%,即所有财产损失殆尽。个人风险管理活动必须有利于增加个人和家庭的价值和保障,必须在风险与收益之间进行权衡。无论企业或家庭,都日益认识到了进行风险管理的必要性和迫切性。风险管理一条总的原则是以最小的成本获得最大的保障。

对纯风险的处理有损失控制、风险回避、风险分散、风险保留、风险转移等方法。

1. 损失控制

损失控制是指在风险发生时或发生后,为了防止风险的蔓延和损失扩大而采取的一系列措施,是处理风险的有效技术。如安装自动报警装置或自动喷淋系统,以便及时发现和扑灭火灾。损失控制不是放弃风险,而是制订计划和采取措施降低损失的可能性或者是减少实际损失。控制的阶段包括事前、事中和事后三个阶段。事前控制的目的主要是为了降低损失的概率,事中和事后的控制主要是为了减少实际发生的损失。

2. 风险回避

风险回避是指放弃某项活动以达到回避损失发生的可能性,从根本上消除风险的措施。它适用于对付那些损失发生概率高且损失程度大的风险,如考虑到游泳时有溺水的危险就不去游泳,再如将厂房建于地势较高且排水方便的地方以避免洪水风险,又如卖方拒绝与信用不好的买方签订买卖合同等。风险回避是一种最简单、最彻底、比较消极的控制型方法。风险回避的方法简单易行,但有时意味着丧失利益,且回避方法的采用通常会受到限制,因为有些风险是无法回避的,有些风险若采取回避的方法在经济上是不适当的,有些风险虽在被回避的同时有可能产生新的风险。

3. 风险分散

风险分散是集合有同类风险的多数单位,将风险损失分散到众多的单位,使某一单位所承担的风险较以前减少;或者将具有不同风险的单位组合起来,使之互相协作,提高各单位应付风险的能力,由于大数法则的作用,使损失的不确定相对减少。通过集中与分散,达到降低风险的目的。如基金公司的QDII产品,在全球范围内进行积极股票资产配置,能够满足投资者通过国际化投资分散风险、分享和把握全球市场的投资机会的投资需求。

4. 风险保留

风险保留,即自己非理性或理性地主动承担风险。风险自留可以分为部分自留和全部自留。部分自留是指一部分风险损失由自己承担,剩余部分通过保险或非保险转移出去。全部自留指的是个人或家庭承担全部的风险和损失。风险自留也可以分为"非理性"和"理性"自留两种。"非理性"是指对损失发生存在侥幸心理或对潜在损失程度估计不足从而暴露于风险中;"理性"是指经正确分析,认为潜在损失在承受范围之内,而且自己承担全部或部分风险比购买保险更经济合算。一般来说,在风险所致损失频繁和幅度低,损失在短期内可以预测,以及最大损失不影响个人及家庭的财务稳定时采用自留风险的做法。自留风险的成本低,方便有效,可减少潜在损失,节省费用和取得基金运用收益。但有时会因风险单位数量的限制和自我承受能力的限制而无法实现其处理风险的功效,当风险发生时,导致财务调度上的困难而失去作用。

5.风险转移

风险转移是指一些单位和个人为避免承担风险损失,而有意识地将风险或与风险损失有关的财务后果转移出去的一种风险管理方式。转移可分为非保险转移和保险转移。

(1)非保险转移。非保险转移是指为了减少风险单位的损失频率和损失幅度,将损失的法律责任借助合同或协议的方式转移给除保险公司以外的个人或组织的方法。非保险转移包括出售,即通过买卖合同将财产等风险标的转移给其他人,或出租房屋转让风险、或转包工程、租赁、保证互助,基金制度等。

(2)保险转移。保险转移是单位和个人通过订立保险合同,将其面临的财产和人身风险转嫁给保险人的一种风险管理方法。单位和个人可以基于家庭收入、支出与资产的现状,以及已有社会保险和福利的基础,得到单位及个人的保险需要缺口,然后通过向保险人交纳一定的费用(即保险费),将风险转嫁给保险人,一旦约定的风险发生并造成损失,则保险人在合同规定的责任范围内负补偿或给付责任。保险作为风险转移的方式之一,有许多优越之处,因而在社会上得到广泛运用。

(二)风险管理与保险

风险管理和保险无论从理论上,还是从实际操作上而言,都存在着密切的联系。从理论起源上看,应该是先出现保险学,后出现风险管理学。保险学中关于保险性质的学说是风险管理理论基础的重要组成部分,且风险管理学的发展很大程度上得益于对保险研究的深入。但是,风险管理学后来的发展也在不断促进保险理论和实践的发展。从实践层面看,保险是风险管理中最重要、最常用的方法之一;另一方面通过提高风险识别水平,可更加准确地评估风险,同时风险管理的发展对促进保险技术水平的提高起到了重要作用。正确认识和处理风险管理与保险的关系,弄清两者的联系和区别,并在实践中配合使用,充分发挥其效力,这对风险管理是至关重要的。

1.风险管理和保险研究的对象都是风险

风险的存在是保险存在的前提,没有风险则没有保险。但并非所有的风险都可保,亦即保险不能成为处理风险的唯一方法。风险管理源于保险而又高于保险,范围也大于保险。保险本身着眼于风险的分散、转嫁,而风险管理则从全局的观点进行综合治理,保险是风险管理的主要方法之一。

2.保险是完善风险管理的一个重要内容

保险作为补偿风险损失的一种手段,是完善风险管理的一项重要内容,风险管理在一定程度上可以防止风险发生或减轻损失的程度,并不能完全消除风险损失,何况有许多风险是无法避免的,有了保险才能在风险损失一旦发生时,及时给予经济补偿,使风险损失的影响缩小到可能的最低限度,因此有了保险才使风险管理更加完善。当然,个人对于风险管理的理念和方法的发展,又对保险提出更高的要求,从而促进保险的发展。所以,一个保险业不发达的国家或地区是不可能有出色的、健全的风险管理机制的。

3.加强风险管理是提高保险经济效益的重要手段

保险和风险管理都有相同的理论基础,其适用的原则和方法在许多方面是一致的。保险人要提高经济效益,也必须加强自身的风险管理。例如,保险人应用风险识别的方法,可以帮助分析哪些风险是可保的,哪些风险是不可保的,从而科学地划定自己的责任范围;又如利用风险估价的方法帮助合理厘定费率,使保险费率达到公平、合理、稳定的境界,从而推动保险业务的发展。在保险业务经营中,更是经常运用到风险管理方法:用风险避免的方法,拒绝接受或注销不良风险;用自留风险的方法,确定合理的自留限额,以避免承担过大的风险;用转移风险的方法,安排再保险,以分散风险;利用控制风险的方法,引导保户做好防灾、施救等工作,以减少损失等。

第二节　保险理财产品

一、财产保险

财产保险有广义和狭义之分。广义财产保险指人身保险之外的一切保险业务的统称;狭义财产保险也可称为财产损失保险,它专指以财产物资为保险标的的各种保险业务。概括来说,财产保险指以各种物质财产及相关利益和责任做为保险标的,以补偿投保人或被保险人的经济损失为基本目的的一种社会化经济补偿制度。

(一)财产保险的种类

广义财产保险包括物质财产保险、责任保险、信用保险、保证保险等。它是以有形或无形财产及其相关利益为保险标的的一类补偿性保险。

1. **物质财产保险**

物质财产保险是将各种有形的物质财产作为保险标的的财产保险。物质财产保险的主要类别有家庭财产保险、运输工具保险、货物运输保险、农业保险、工程保险。

(1)家庭财产保险。家庭财产保险指承保因自然灾害和意外事故引起的对家庭或者个人所有财产的损害。家庭财产保险的类别有普通家庭财产保险、房屋保险、机动车辆保险等。

①普通家庭财产保险。一般来说,普通家庭财产保险的保险标的主要指室内财产,包括家用电器和文体娱乐用品、衣物和床上用品、家具及其他生活用具。有些家庭财产,比如投保人代他人保管或者与他人共有而由被保险人管理的财产,必须由专业鉴定人员才能确定价值的财产和难以估算价值的财产一般不在可投保的保险标的范围之内,但是通过投保人和保险公司间的协商,可以特约投保获得保障。能够特约投保的财产包括:金银、珠宝、钻石及制品;玉器、首饰、古币、古玩、字画、邮票、艺术品、稀有金属等珍贵财物;货币、票证、有价证券、文件、书籍、账册、图表、技术资料、电脑软件及资料,以及无法鉴定价值的财产;食品、粮食、烟酒、药品、化妆品等日用消费品、各种养殖及种植物;等等。

②房屋保险。房屋保险指的是以房屋作为保险标的的保险类别。这里所说的房屋指自有居住房屋的主要结构、室内装修、装饰和附属设施以及室内家庭财产。

③机动车辆保险。机动车辆保险是以机动车辆本身及其第三者责任等为保险标的的一种险。其保险客户主要是拥有各种机动交通工具的法人团体和个人;其保险标的主要是各种类型的汽车,但也包括电车、电瓶车等专用车辆及摩托车等。机动车辆是指汽车、电车、电瓶车、摩托车、拖拉机、各种专用机械车、特种车。

机动车辆保险一般分为两类,即基本险和附加险。其中基本险主要是指车辆损失险和第三者责任险。在投保基本险的前提下,投保人可以选择各种附加险。

(2)运输工具保险。运输工具保险指承保运输工具因自然灾害和意外事故造成的本身的损失或者第三者责任损失。

(3)货物运输保险。货物运输保险指承保运输过程中的货物因自然灾害或者意外事故所造成的损失。

(4)农业保险。农业保险指承保种植业、养殖业、捕捞业在生产过程中或者因自然灾害和意外事故所造成的损失。

(5)工程保险。工程保险指承保在建工程和安装工程由于不可预料的事故和安装不善等所造成的损失。

2. 责任保险

责任保险是指以被保险人的民事损害赔偿作为保险标的的保险,即替被保险人承担对第三者的损害赔偿责任。责任保险一般是以各种附加险的形式与其他保险产品共同出售的,但是也存在着一些可以单独办理的责任保险。责任保险的种类有公众责任保险、产品责任保险、雇主责任保险、职业责任保险。

(1)公众责任保险。公众责任保险指承保被保险人在固定的公众场所活动中,由于意外事故对他人造成的人身伤害或者财产损失的经济赔偿责任。

(2)产品责任保险。产品责任保险指承保被保险人因产品缺陷而导致用户遭受人身伤害或者财产损失的经济赔偿责任。被保险人可以是产品的制造商、销售商或者是维修商。

(3)雇主责任保险。雇主责任保险指承保被保险人的雇员在受雇期间工作时遭受意外事故导致伤害或者死亡的经济赔偿责任。

(4)职业责任保险。职业责任保险指承担各种职业技术人员因工作疏忽或者过失造成对他人的人身伤害或者财产损失所应付的经济赔偿责任。所谓职业技术人员,是指医生、会计师、律师等专业人员。

3. 信用保险

信用保险是指权利人向保险人投保债务人的信用风险的一种保险,是一项企业用于风险管理的保险产品。其主要功能是保障企业应收账款的安全。其原理是把债务人的保证责任转移给保险人,当债务人不能履行其义务时,由保险人承担赔偿责任。

4. 保证保险

保证保险是指在约定的保险事故发生时,被保险人需在约定的条件和程序成熟时方能获得赔偿的一种保险方式。其主体包括投保人、被保险人和保险人。投保人和被保险人就是贷款合同的借款方和贷款方,保险人是依据保险法取得经营保证保险业务的商业保险公司,保证保险常见的有诚实保证保险和消费贷款保证保险。保证保险的内容主要由投保人交纳保险费的义务和保险人承担保险责任构成。保证保险的性质属于保险,而不是保证。在保证保险中,保险责任是保险人的主要责任,只要发生了合同约定的保险事由,保险人即应承担保险责任,这种责任因在合同有效期未发生保险事由而消灭。

保证保险虽具担保性质,但对狭义的保证保险和信用保险而言,担保的对象却不同,两者是有区别的。凡被保证人根据权利人的要求,要求保险人承担自己(被保险人)信用的保险,属狭义的保证保险;凡权利人要求保险人担保对方(被保证人)信用的保险,属信用保险,权利人也即被保险人。

(二)财产保险的特征

1. 财产保险的保险标的为各种财产物资及其相关利益

广义的财产保险的标的既包括各种有形的物质财产(如厂房、机械设备、运输工具、产成品等),也包括在物质财产基础上派生出的无形财产(如预期利益、权益、责任、信用等)。狭义财产保险的标的是各种具体的财产物质,如房屋、车辆等。

2. 财产保险的保险标的必须是可以用货币衡量价值的财产或利益

在财产保险中,财产或利益的实际价值是获得保险保障的最高经济限额,因此财产或利益的实际价值必须能够用货币来衡量。

3. 财产保险的业务活动具有法律约束力

财产保险是一种合同行为,其保险标的必须由具有法律约束力的文件加以确认,以明确合法归属、价值构成和保障范围。保险当事人双方订立保险合同的过程,所承担的权利与义务都受到保险合同的约束。

4. 财产保险对于保险标的的保障功能表现为经济补偿

根据保险基本原则,财产保险的补偿功能体现在被保险人的财产或利益在遭受保险责任内的损失后,保险人通过经济补偿形式,使其财产或利益恢复到损失前状态,维持保险标的的原有的价值,不允许被保险人从中获得额外利益。

5. 财产保险属于商业活动的组成部分

财产保险是保险人立足于保险原理,按照商品经济的原则所经营的保险业务。从条款设计、费率厘定,到展业、承保、理赔等业务流程,都是遵循市场经济规律的商业经营活动。

(三)如何选择财产保险

在选择财产保险时,我们应该分以下四个步骤考虑:

(1)投保标的的选择。普通家庭财产保险主要保障房屋主体结构、室内附属设备(如固定装置的门窗、地板、管道煤气、供电设备、厨房配套的设备等),以及室内财产。这里的室内财产仅指家用电器、服装、家具、床上用品。也可以附加现金、金银珠宝盗抢损失险。

(2)保险险种的选择。一般家财险承保的事故有火灾、爆炸、台风、暴雨、泥石流。这其中最容易发生的便是火灾事故。多数保险产品有一定的灵活性,完全可以在基本保险的基础上选择附加险,如附加盗抢责任、附加水暖管爆裂损失、附加间接损失保险等。

(3)保险方式的选择。家庭财产保险低保费、高保障,一顿请客的饭钱便够买一年的保险。但是,要根据自身财产情况选择保险保额,即各项财产值多少钱,如果选择过高,不仅保费交得多,真的发生事故后,也只能按照实际的价值获得赔偿,过低则发生损失后按比例赔偿。保费随保险责任、保险金额而变化。

(4)理赔的处理。一旦发生保险事故,要尽力防止或减少损失,产生的费用保险可以赔偿。另外要及时通知保险公司,按照保险公司的要求提供事故发生的原因、经过和损失的相关说明材料,并协助保险公司进行事故调查。

二、人寿保险

人寿保险是以被保险人生存或死亡为保险事故(即给付保险金条件)的一种人身保险业

务。人寿保险所承保的风险可以是生存,也可以是死亡,也可同时承保生存和死亡。在全部人身保险业务中,人寿保险占绝大部分,因而人寿保险是人身保险中主要的和基本的险种。当人们遭受不幸事故或因疾病、年老以致丧失工作能力、伤残、死亡或年老退休时,根据保险合同的约定,保险人对被保险人或受益人给付保险金或年金,以解决其因病、残、老、死所造成的经济困难。人寿保险可分为死亡保险、生存保险与生死合险。

(一)死亡保险

1. 死亡保险含义

死亡保险是指以被保险人在规定的期间内死亡为给付保险金条件的人身保险。死亡保险可分为定期保险及终身保险。

(1)定期保险。定期保险指在保险契约中,订立一定期间为保险期间,当被保险人在保险期间死亡,保险公司需负给付保险金的责任,若保险期满,被保险人仍然生存,则契约终止,被保险人在契约期满后死亡,保险公司并不负给付保险金的责任。例如,小张在20岁时投保20年期的定期保险,保额200万,如果小张在20—40岁期间死亡则可以获得200万理赔,如果在40岁之后死亡,则因为超过保险期间所以保险公司不予理赔。

(2)终身保险。终身保险即终身死亡寿险,是死亡保险的一种,以人的死亡作为保险事故,在事故发生时,由保险人给付一定保险金额的保险。死亡保险所保障的是避免由于被保险人死亡而使其家属或依其收入生活的人陷入困境。例如,小张在20岁时投保缴费20年的终身保险,保额200万,小张在缴费20年到40岁之后就不用再缴保险费,但是终身都享有200万的保障。也就是说小张从缴费开始不论何时死亡都享有200万的保障。

终身保险作为一种不定期限的死亡保险。在保单签发后,除非应交的保费不交,或因解约而早期停交,被保险人在任何时候死亡,保险人都得给付保险金。相对于定期死亡寿险,终身保险具有以下特点:①每一张有效保单必然发生给付;②保险费率高于定期寿险的费率;③具有储蓄性。终身保险属长期性保险,保单都具有现金价值,带有一定储蓄成分,因而适宜于需要终身保障和储蓄的人投保。

2. 投保人限制

在人寿保险中,身体健康欠佳的人或者危险性较大的人,往往积极地投保较大金额的定期人寿保险。为了使承保的风险掌握在控制范围内,保险公司选择投保客户的措施通常有:①对超过一定保险金额的保户的身体作全面、彻底的健康检查;②对身体状况略差或一些从事某种危险工作的保户提高收费标准;③对年龄较大身体又较差者拒绝承保。

比较适宜选择定期人寿保险的人,一是在短期内从事比较危险的工作、急需保障的人;二是家庭经济境况较差,子女年岁尚小,自己又是家庭经济主要来源的人。对他们来说,定期人寿保险可以用最低的保险费支出取得最大金额的保障。但是另一方面,定期人寿保险没有储蓄与投资收益。

(二)生存保险

若被保险人在保险契约的保险期间届满时仍生存,那么保险公司将会依照所约定的金额给付保险金,如在保险期间死亡,保险公司无给付保险金的责任,而且所缴的保费不予退还。生存保险包括定期生存保险和年金保险。

1. 定期生存保险

(1)定期生存保险的含义。

定期生存保险是"定期寿险"的对称,以人的生存作为给付条件的一种保险。定期生存保险的特点是只对被保险人在合同规定的期限满期时仍生存,保险人才给付保险金,如果被保险人在规定期限内死亡,保险人就不负任何给付责任。这种保险的费率是低廉的,给付的金额却是优厚的。因为有一部分被保险人不能生存到预期的日期而丧失了获取保险金的机会,他们留下的保险金就均分给满期未死亡的人。

(2)定期生存保险的特点。

①生存保险是以被保险人满一定时期仍生存为保险金给付条件,如果被保险人在保险期限内死亡,则没有任何给付,也不退还保险费。因此,保险公司给付满期生存者的保险金,不仅包括其本人所缴纳的保险费和利息,而且包括在满期前死亡者所缴纳的保险费和利息。

②生存保险的主要目的是为了满足被保险人一定期限之后的特定需要,如子女的教育资金、婚嫁金或被保险人的养老金等。

③生存保险具有很强的储蓄性。生存保险除了一般的定期生存保险如子女教育金、婚嫁金保险外,其主要类型是年金保险。

例如,小张在20岁时投保15年期的生存保险,保额100万,如果小张在20—35岁期间死亡则无法获得任何理赔金额,保险费也不予退还,但是如果小张在35岁之后仍然生存,那么小张就可以获得100万元的生存保险金。

2. 年金保险

年金保险是指在被保险人生存期间,保险人按照合同约定的金额、方式,在约定的期限内,有规则地、定期地向被保险人给付保险金的保险。年金保险,同样是由被保险人的生存为给付条件的人寿保险,但年金保险金的给付,通常采取的是按年度周期给付一定金额的方式,因此称为年金保险。一般年金保险,可分为"即期年金保险"与"递延年金保险",可以依照个人需求购买。

(1)即期年金。即期年金是指在投保人缴纳所有保费且保险合同成立生效后,保险人立即按期给付保险年金的年金保险。

(2)延期年金。延期年金是指保险合同成立生效后且被保险人到达一定年龄或经过一定时期后,保险人在被保险人仍然生存的条件下开始给付年金的年金保险。

例如,小林在30岁时购买递延型年金保险,在契约中约定缴费期满20年之后,小林可以每年领回10万元,直到小林过世为止,因此小林在50岁时就可以开始领取保险金,直到小林逝世为止。

(三)生死合险——生死两全保险

1. 生死两全保险的含义

生死两全保险又称"混合保险"或"储蓄保险",以被保险人在保险期限内死亡或期满生存为条件,都可获得保险金的一种保险。投保人或被保险人交付保险费后,如果被保险人在保险有效期内死亡,向其受益人给付保险金;如果被保险人在保险期满仍生存,保险人也将向其本人给付保险金,保险人给付全数保险金后,保险合同即告终止,死亡后未到期的保险费也不再续交。两全保险是人身保险中最受欢迎的一个品种,可以作为储蓄的一种手段,也可为养老提供一种保障,还可以用于为特殊的目的积累一笔资金。现在国内广泛流行的各种长期寿险保单都是在标准生死两全保单基础上的变通。

2. 生死两全保险的特点

(1) 储蓄性。被保险人参加两全保险,既可获得保险保障,同时又参加了一种特殊的零存整取储蓄。被保险人可按年(或每月)交付少量钱,存入保险公司,若遇到保险责任范围内的事故,即得到一份保障;若平平安安到保险期满时,可以领到一笔生存保险金,用来养老。

(2) 给付性与返还性。两全保险中,无论被保险人在保险期间身故,还是保险期满依然生存,保险公司均要返还一笔保险金。在未返还给被保险人保险金之前,投保人历年所缴的保险费等于以保险责任准备金的形式存在保险公司,换句话说,这些保险费等于是保险公司对被保险人的负债。这种生死合约在某种程度上,较大地满足了投保者取得生命的保障和投资的愿望。

例如,小张在20岁时投保15年期的生死合险,如果小张在20—35岁期间死亡则可以获得一笔死亡理赔金,而若是小张在35岁之后仍然生存,则还可以获得一笔生存保险金。

 知识链接 6-1

和谐人生终生寿险(A 款)(万能型)——中国人民人寿保险股份有限公司

(1) 保险金额。本合同的基本保险金额由投保人在投保时与保险公司约定并在保险单或批注单上载明。若该金额发生变更,则以变更后的金额为基本保险金额。该保险金额是指基本保险金额与个人账户价值两者中较大者。

若合同附加的"人保寿险附加安心提前给付重大疾病保险(A 款)合同",发生保险事故,则合同的基本保险金额和个人账户价值均按附加合同给付的重大疾病保险金与合同保险金额的比例相应减少。

(2) 风险保额。合同的风险保额按下列方式计算:风险保额＝保险金额－个人账户价值。其中每月结算日的个人账户价值为结息后的个人账户价值。

(3) 保险责任——身故或全残保险金。若被保险人因遭受意外伤害或自合同生效(或最后复效)之日起(以较迟者为准)180天后因非意外伤害原因导致身故或全残,按身故或全残之日的保险金额给付身故或全残保险金,合同终止。

(4) 责任免除。因下列原因中的一种或数种直接或间接导致被保险人身故或全残的,不承担给付身故或全残保险金的责任:

①被保险人或受益人的故意行为;
②被保险人故意犯罪或拒捕、故意自伤;
③被保险人服用、吸食、注射毒品或未遵医嘱使用管制药物;
④被保险人在本合同生效或最后复效之日起 2 年内(以较迟者为准)自杀;
⑤被保险人酒后驾驶、无合法有效驾驶证驾驶,或驾驶无有效行驶证的机动交通工具;
⑥被保险人感染艾滋病病毒或患艾滋病;
⑦战争、军事行动、暴乱或武装叛乱;
⑧核爆炸、核辐射或核污染;
⑨被保险人在合同生效或最后复效之日起 180 天内(以较迟者为准)因疾病身故或全残。

发生上述情形,导致被保险人身故或全残,合同终止,保险公司将向被保险人退还身故或全残当时的个人账户价值。对于已收取的合同终止日之后的风险保障费,保险公司将无息一并退还。

(四)人身保险与财产保险的区别

(1)人身保险和财产保险在保险金额的确定方式上有所不同。由于人的身体和生命无法用金钱衡量,所以保险人在承保时,是以投保人自报的金额为基础,参照投保人的经济状况、工作性质等因素来确定保险金额。财产保险是补偿性保险,保险金额依照投保标的的实际价值确定。

(2)保险期限不同。除意外伤害保险和短期健康保险外,大多数人身保险险种的保险期限都在1年以上。这就要求在保费计算中要考虑利率因素,不仅包括利率的绝对水平,还考虑利率未来的波动走势。除工程保险和长期出口信用险外,财产保险多为短期(1年及1年以内),计算保费时一般不考虑利率因素。

(3)是否具有现金价值不同。长期人寿保险所交纳的纯保费中,大部分被用于提存责任准备金。这部分资金是保险人的一项负债,保险单在一定时间后,具有现金价值,投保人或被保险人享有保单抵押贷款等一系列权利,而这是一般财产保险所不具有的。

(4)保险金补偿额不同。保险中的补偿原则规定:所获的补偿金额不应超出实际损失金额,即不允许通过保险补偿而获利。事实上,此原则仅限于财产保险。因为人身保险的保险标的具有特殊性,保险利益难以用货币衡量,保险人只能在签发保单时,根据实际情况,对保险金额加以控制。而且投保人可同时在几家保险公司进行投保,一旦发生保险合同规定的事故,他可同时在几家保险公司获得保险金的给付。

(5)代为追偿规定不同。代为追偿是指当损失由第三方造成时,保险人在履行赔偿义务后,有权以被保险人的名义向第三方进行追偿,投保人或被保险人相应地让渡出这一权利。这同样是根据补偿原则——被保险人不能从中获益而规定。但这一原则仅在财产保险范围内有效,在人身保险中,投保人或被保险人既能从保险公司获得保险金,又同时可从肇事者处获取赔偿,而保险人仅有提供保险金的义务,没有从肇事者处索取赔偿的权利。

三、人身意外伤害保险

(一)人身意外伤害保险的含义

人身意外伤害保险即意外伤害保险。是以被保险人的身体作为保险标的,以被保险人因遭受意外伤害而造成的死亡、残疾、医疗费用支出或暂时丧失劳动能力为给付保险金条件的保险。根据这个定义,意外伤害保险保障项目包括死亡给付、残疾给付、医疗给付和停工给付。意外伤害保险承保的风险是意外伤害。通常,保险公司的意外险产品对意外伤害定义是:以外来的、突发的、非本意的客观事件为直接且单独的原因致使身体受到的伤害。

例如,小王在25岁时购买寿险50万,意外险100万,若是小王在保险之后因车祸身亡,则小王的保险受益人可以获得150万元,但是若小王是因为疾病(心脏病发、高血压)而造成身故,则小王的保险受益人只能领取寿险50万的保险金。

(二)人身意外伤害保险的特点

(1)人身意外伤害保险多为1年期的保险,也有长期的,个别为终身型;
(2)免除体检;
(3)纯保障性,保费低;

(4)非储蓄性保险,不返本;

(5)费率主要与职业有关,与被保险人年龄基本无关。

并非一切原因造成的意外伤害都可以参加保险。保险实务上一般将风险分为可保风险和不可保风险两大类,能够通过保险承保的都是可保风险,不可保风险是不予承保的。不可保的意外伤害一般包括以下几种:①被保险人在犯罪活动中所受的意外伤害;②被保险人故意制造事端挑起殴斗所受的意外伤害;③被保险人在酒醉、吸食或注射毒品。这些由违反法律规定或社会公共利益的行为而导致的意外伤害,保险公司一般都会将其列入"除外责任",不予承保。

(三)保险责任

一般而言,人身意外伤害保险的保险责任范围只有两大类:因意外引起的死亡或残疾。但随着社会的发展和人们对保险产品需求的扩大,目前保险市场上除了这类最普通的、最原始的意外伤害保险外,还衍生出旅游保险(包括境外旅行保险)、意外伤害医疗费用类保险、意外伤害门急诊费用类保险,以及意外伤害收入补贴(住院津贴)类保险。

四、健康保险

(一)健康保险的含义

健康保险是以被保险人在保险期间内因疾病不能从事正常工作,或因疾病造成残疾或死亡时由保险人给付保险金的保险。健康保险的保险费率与被保险人的年龄、健康状况密切相关,保险公司往往要求被保险人体检,规定观察期或约定自负额,承保比较严格。因此,趁年轻、健康时购买最有利。健康保险包括医疗保险、失能保险和护理保险。其中,最常见的医疗保险包括了疾病医疗保险和意外医疗保险。

(二)健康保险的基本特征

1.连续有效条款

健康保险的保险期限通常为1年。一般的健康保险条款都注明保单在什么条件下失效,在什么条件下可自动续保,常见的方式有以下几类:

(1)定期保单。这种保单规定了有效期限,一旦期满,被保险人必须重新投保。在保险期限内,保险人不能提出解除或终止合同,也不能要求改变保险费或保险责任。但合同期满后被保险人重新投保时,保险人有权拒绝承保或要求改变保费或保险责任。

(2)可取消保单。对于这种保单,被保险人或保险人在任何时候都可以提出终止合同或改变保险费以及合同条件、保障范围。但是,当保险人提出终止合同或改变合同条件、保障范围时,对于已经发生尚未处理完毕的保险事故,仍应按原来规定的合同条件、保障范围承担责任。这种保单的优点在于保险人承担的风险小,所以其成本低,并对承保条件要求不严格。

(3)续保。被保险人续保时,一般有两种不同的续保条款,一是条件性续保。只要被保险人符合合同规定的条件,就可续保其合同,直到某一特定的时间或年数。二是保证性续保。这种保单规定,只要被保险人继续交费,其合同可继续有效,直到一个规定的年龄。在这期间,保险人不能单方面改变合同中的任何条件。

(4)不可取消条款。该条款是对被保险人和保险人而言,都不得要求取消保险合同,被保险人不能要求退费。但如果被保险人不能交纳保费时,则保险人可自动终止合同。

2. 严格的承保条件

健康保险的承保条件一般比寿险要严格,由于疾病是健康保险的主要风险,因而对疾病产生的因素需要相当严格的审查。一般是根据被保险人的病历来判断,了解被保险人身体的既往史、现病史,有时还需要了解被保险人的家族病史。另外还要对被保险人所从事的职业及其居住的地理位置及生活方式也要进行评估。在承保标准方面,一般有以下几种规定:

(1)观察期。由于仅仅依据以前的病历难以判断被保险人是否已经患有某些疾病,为了防止已经患有疾病的被保险人投保,有时要在保单中规定一个观察期或称免责期,观察期一般为半年,被保险人在观察期内因疾病支出医疗费及收入损失,保险人不负责,观察期结束后保单才正式生效。

(2)次健体保单。对于不能达到标准条款规定的身体健康要求的被保险人,一般按照次健体保单来承保,这时可能采用的方法有两种:一是提高保费;二是重新规定承保范围,比如将其某种疾病或某种保险责任作为批注除外后才予以承保。

(3)特殊疾病保单。对于被保险人所患的特殊疾病,保险人制定出特种条款,以承保规定的特殊疾病。

3. 免赔额条款

免赔额条款是医疗保险的主要特征之一,这种规定对保险人和被保险人都有利。在医疗费用方面,保单中规定了免赔额,即保险费用给付的最低限额。保险人只负责超过免赔额的部分。免赔额的计算一般有三种:一是单一赔款免赔额,针对每次赔款的数额。二是全年免赔额,按每年赔款总计,超过一年数额后才赔付。三是集体免赔额,这是对团体投保的被保险人而言,对于同一事故,按所有成员的费用累计来计算。

规定了免赔额之后,小额的医疗费由被保险人自负,大额的医疗费由保险人承担。这种作法是基于这样一种承保理论,即自负费用的一定比例能够促使被保险人努力去恢复身体,而不会去利用没有必要的服务和医疗设备;而且并不意味着医疗保险就可以随便拿药、住院,医疗保险并不是无限度的。

4. 给付条件

在健康保险的保险事故发生时,合理的和必需的费用,保险人都会给予保险金给付。可以赔付的费用包括门诊费、药费、住院费、护理费、医院杂费、手术费、各种检查费等。医疗费用保险一般规定一个最高保险金额,保险人在此保险金额的限度内支付被保险人所发生的费用,超过此限额时,则保险人停止支付。在一个年度内当医疗费用的支出累计超过(也可以是按次计算)免赔额时,被保险人才有资格申请给付各种医疗费用。

(三)医疗保险

医疗保险是指提供医疗费用保障的保险,是健康保险的主要内容之一。医疗费用一般依照其医疗服务的特性来区分,主要包含医生的门诊费用、药费、住院费用、护理费用、医院杂费、手术费用、各种检查费用等。

五、投资型保险

投资型保险是人寿保险的一个分支,这类保险是属于创新型寿险,最初是西方国家为防止经济波动或通货膨胀对长期寿险造成损失而设计的,之后演变为客户和保险公司风险共担,收益共享的一种金融投资工具。

(一)投资型保险的分类

投资型保险分为三类,即分红险、万能寿险、投资联结险。

1. 分红险

分红险指保险公司将其实际经营成果优于定价假设的盈余,按一定比例向保单持有人进行分配的人寿保险产品。

(1)分红保险的主要特点。

投保人除了可以得到传统保单规定的保险责任外,还可以享受保险公司的经营成果,即参加保险公司投资和经营活动所得盈余的分配。该种保险投资策略较保守,收益相对其他投资险为最低,但风险也最低。分红保险提供给客户的保障与非分红保险没有差别,如身故保障、生存保险金给付等。保障内容、保险金额、保单的价值、保险费都是投保时在合同中明确约定的,这部分是我们常说的"保底"——不论经营状况如何,出现保险责任事故或保险期满时,保险公司都要兑现给客户。

(2)分红保险的分红方式。

①现金红利。客户将所得红利直接以现金方式领取,这种方式又称"美式分红"。我国国内保险公司一般都采用美式分红。特别需要指出的是,这种保费分红的方式,并不是简单地以保户所缴纳的保费作为分红的基数,而是需要将保费折算成相应保单的现金价值再乘以"分红率",来决定客户的红利所得。

②累积生息(保额分红)。红利留存于保险公司,按保险公司每年确定的红利累积利率,以复利方式储存生息,并与本合同终止或投保人申请给付。这种方式又成为"英式分红"。

③抵缴保费。红利用于抵缴下一期的应缴保险费,若抵缴后仍有余额,则用于抵缴以后各期的应缴保费;抵缴保险费方式下的红利余额不计利息。抵缴保险费方式在缴费期满后自动变更为累积生息方式。

④购买缴清增额保险。依据被保险人当时的年龄,以红利作为一次性缴清保险费,按相同的合同条件增加保险金额。

 知识链接 6-2

国寿福满一生两全保险(分红型)——中国人寿

被保险人张先生,今年30周岁,为自己投保国寿福满一生两全保险(分红型),年交保险费50000元,10年交费,基本保险金额为92954元,福寿金开始领取年龄为60周岁,可获得如下收益(见图6-1、表6-1):

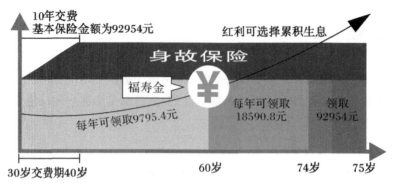

图 6-1 国寿福满一生两全保险(分红型)示意图

表 6-1 国寿福满一生两全保险(分红型)利益演示表

保单年度	年初保险金	累积保险金	身故保障	意外身故保障	生存给付（年付）	累积生存给付（年末）	满期给付	退保金（现金价值）（年末）	假定低等红利 周年红利	假定低等红利 累积红利	假定中等红利 周年红利	假定中等红利 累积红利	假定高等红利 周年红利	假定高等红利 累积红利
1	50000	50000	50000	979540	9795.4	10089.26	0	669	89	89	354	354	620	620
2	50000	100000	285908	129540	9795.4	20481.2	0	17866	227	318	907	1271	1587	2225
3	50000	150000	335908	1079540	9795.4	31184.9	0	36187	368	696	1473	2782	2577	4869
4	50000	200000	385908	1129540	9795.4	42209.71	0	61489	553	1269	2212	5078	3872	8886
5	50000	250000	435908	1179540	9795.4	53565.26	0	88418	742	2050	2970	8200	5197	14350
6	50000	300000	485908	1229540	9795.4	65261.48	0	118154	944	3055	3766	12222	6607	21388
7	50000	350000	535908	1279540	9795.4	77308.59	0	149749	1150	4297	4601	17189	8052	30081
8	50000	400000	585908	1329540	9795.4	89717.11	0	154387	1362	5788	5446	23151	9531	40515
9	50000	450000	635908	1379540	9795.4	102497.88	0	218869	1578	7539	6312	30158	11046	52776
10	50000	500000	685908	1429540	9795.4	115662.08	0	256590	1800	9565	7198	38261	12597	66956
20	0	500000	685908	1429540	9795.4	271102.25	0	261944	1697	32915	6786	131661	11876	230407
30	0	500000	685908	1429540	9795.4	480000.83	0	246402	1508	62673	6032	250693	10557	438712
40	0	500000	185908	1859508	18590.8	864597.35	0	142926	839	97557	3357	390228	5876	682900
45	0	500000	92954	92954	18590.8	1103967.41	92954	92954	454	116364	1815	465457	3176	814549

说明：

1. 上述利益演示是基于本公司的精算及其他假设，不代表公司的历史经营业绩，也不代表对公司未来经营业绩的预算，保单的红利分配是不正确的。
2. 累积红利是周年红利按假设的累积利率年复利计算，实际累积年利率由本公司每年宣布。累积生存给付是生存给付按假定的累积利率年复利计算，实际累积年利率由本公司每年宣布。

①即交即领,高额返还。

自合同生效之日起至张先生年满74周岁年生效对应日,若张先生生存,60周岁的年生效对应日前每年可领取9795.4元;60周岁的年生效对应日起每年可以领取18590.8元直至74周岁年生效对应日。

②福寿年龄,自由选择。

福寿金的领取年龄为55周岁和60周岁,张先生在投保时可根据自己意愿自由选择。

③多重领取,惊喜连连。

自合同生效之日起至张先生年满74周岁的年生效对应日,若张先生生存,在其60周岁的年生效对应日前,可每年领取特别生存金500元;每年领取关爱金9295.4元;60周岁的年生效对应日起每年领取18590.8元至74周岁年生效对应日;若张先生生存至其年满75周岁的年生效对应日,可再领取92954元。另外每年还可以按照公司经营情况领取红利。

④全面保障,倍加呵护。

张先生若于合同生效之日起一年内因疾病身故,公司给付50000元身故保险金,合同终止;张先生若在其60周岁的年生效对应日前,因前述以外情形身故,公司给付185908元与所交保险费(不计利息)之和给付身故保险金,合同终止。自张先生60周岁的年生效对应日起,若其身故,公司按张先生身故后尚未领取的各期福寿金(不包括张先生身故前已产生但尚未领取的各期福寿金)与满期保险金之和一次给付身故保险金,合同终止。

若张先生遭受意外伤害,并自意外伤害发生之日起180日内因该意外伤害导致其在60周岁的年生效对应日前身故,公司按上述规定给付身故保险金后,再给付743632元意外伤害身故保险金,合同终止。

2. 万能寿险

万能寿险是风险与保障并存,介于分红保险和投连险之间的一种投资型寿险。购买万能险后,投保人所缴纳的保费也分成两部分,一部分用于购买期望得到的寿险保障,另一部分用于个人投资账户。其中,万能寿险提供的保险保障为身故保障。若被保险人身故,保险公司将给付"身故保险金"。同时万能寿险中个人账户价值随保险公司投资收益的变动而变动。个人账户的投资表现不影响寿险的保障利益。万能寿险一般设置保底收益,且保险公司投资策略为中长期增长,主要投资工具为国债、企业债券、大额可转让定期存款、证券投资基金,存取灵活,收益可观。

3. 投资连结险

投资连结险的主要投资工具和万能险相同,不过投资策略相对进取,无保底收益,所以存在较大风险但潜在增值性也最大。

现今投资型保险大致上可以分为三种,分别是变额寿险、变额万能寿险及变额年金。以上三种投资型商品最大的特色是均设有一般账户及分离账户,此点亦是与传统型商品最大区别之处。顾客缴存一笔保费之后,一部分购买纯危险保障,并置于一般账户,有些保单可允许此账户为零,另一部分在扣除相关费用后投入分离账户,即由投资标的累积其现金价值。图6-2为投资型保险商品保费运用流程。

(1)变额寿险(variable life insurance)。

变额寿险是一种固定缴费的产品,可以采用趸缴或分期缴。与传统终身寿险相同之处在于,两者均为终身保单,签发时亦载明了保单面额。而两者最明显的差别,在于变额寿险的投

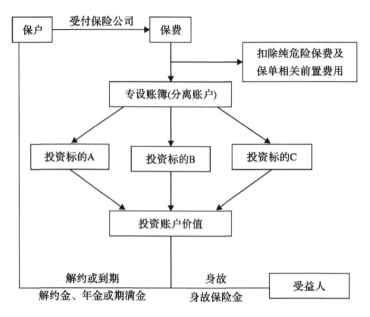

图 6-2 投资型保险商品保费运用流程

资报酬率无最低保证,因此现金价值并不固定;另一项最大的差别是传统终身寿险的身故保险金固定,而变额寿险身故保险金之给付会受投资绩效的好坏而变动。

(2)变额万能寿险(variable universal life insurance)。

变额万能寿险是结合变额寿险及万能寿险,不仅有变额寿险分离账户之性质,更包含万能寿险保费缴交弹性之特性,因此市场上几乎以变额万能寿险为主流。其包括以下几种特点:

①在某限度内可自行决定缴费时间及支付金额。

②任意选择调高或降低保额。

③保单持有人自行承担投资风险。

④其现金价值与变额寿险一样会高低起伏,也可能降低至零,此时若未再缴付保费,该保单会因而停效。

⑤分离账户的资金与保险公司的资产是分开的,故当保险公司遇到财务困难时,账户的分开可以对保单持有人提供另外的保障。

(3)变额年金。

与变额年金相对应之传统型商品是定额年金,定额年金分为即期年金及递延年金,而变额年金多以递延年金形式存在。变额年金的现金价值与年金给付额均随投资状况波动,在缴费期间内,其进入分离账户的保费,按当时的基金价值购买一定数量的基金单位,称为"累积基金单位",每期年金给付额等于保单所有人的年金单位数量乘以给付当期的基金价格,因此年金给付额随着年金基金单位的资产价值而波动。

(二)投资型保险与传统型保险之比较

未比较两者的差异之前,先了解投资型保险包含了哪几种产品,广义而言,共包含变额寿险、万能寿险、变额万能寿险及变额年金四种,若严格区分的话,万能寿险并不属于投资型保险,因为投资型商品最主要的功能是分离账户,而万能寿险并无此功能。投资型与传统型商品的比较如表 6-2 所示：

表 6-2 投资型与传统型商品的比较

比较项目	传统型保险	投资型保险
保费缴纳方式	定期、定额	可以不定期、不定额
保险金额	固定	不固定
投资资产之管理	一般账户	一般账户及分离账户
现金价值	有保证	通常没有保证
投资方式（资金运用方式）	无法自行选择投资标的，保户缴交的保费由保险公司全权运用	在保单所包含的标的中自行选择投资组合
投资风险	保险公司承担投资风险	保户自行承担投资风险
费用透明度	较不透明	较透明

第三节 保险策划程序

一、保险策划的原则

个人参加保险的目的就是为了个人和家庭生活的安全、稳定。保险策划应掌握以下原则：

(一)转移风险原则

投保的过程就是转移风险的过程，通过投保使得保险事故发生后投保人可以获得经济补偿。从这个原则出发，必须首先分析家庭的主要风险是什么，进而确定怎样才能合理地把这些风险转嫁给保险公司。

(二)量力而行原则

保险是一种契约行为，属于经济活动范畴，投保人必须支付一定的费用，即以保险费来获得保险保障。从某种意义上来说，投保的险种越多，必然保障范围越大。但相应的，保险金额越高，保险期限越长，需支付的保险费也就越多。因此投保时要根据自己的经济实力量力而行。投保人应该根据自身的年龄、职业和收入等实际情况，力所能及地适当购买人身保险，既能在经济上长时期负担，又能得到应有的保障。

(三)分析需要原则

保险可以将我们的风险转嫁给保险公司，但是投保人在投保前应该谨记三个必需的考虑因素：①适应性，即根据需要保障的范围来考虑购买的险种；②经济支付能力；③选择性，在有限的经济能力下，为成人投保比为儿女投保更实际，特别是家庭的"经济支柱"。

(四)利用免赔额原则

免赔额是由保险人和被保险人事先约定，被保险人自行承担损失的一定比例、金额，损失额在规定数额之内，保险人不负责赔偿。由于免赔额能消除许多小额索赔，损失理赔费用就大为减少,从而可以降低保费,所以免赔额条款在财产、健康和汽车保险中得到广泛使用。对于投保人来说,自留风险的能力越强,免赔额就越高,支付的保费也会越低。买保险的主要目的是为了预防那些重大的、自己无法承受的损失。免赔额过低,固然可以使各种小损失都能得到赔偿,但在遇到重大损失时,却得不到足够赔偿。

(五)综合投保原则

如果你准备购买多项保险,应尽量以综合方式投保。综合投保可避免各单独保单间可能出现的重复,从而节省保费,得到较大的费率优惠。

(六)购买保险的顺序选择原则

随着人们理财意识的提高,购买保险逐渐成为家庭财务规划的重要方面。在众多的保险产品中到底要如何选择呢?按什么顺序选择呢?

(1)先给大人买保险,其次是孩子。父母是家庭收入的主要来源,是家庭财富的创造者。因此我们必须先给父母买保险,父母才是孩子最好的保险。只有父母健康,才能够保证家庭有收入,孩子才能过得无忧无虑。

(2)先保障家庭主要经济支柱,再保障其他人。不少人认为,家庭中年老体弱者及年幼的孩子最需要保险,事实上,保险是保一个人的经济价值。对于一个家庭而言,处于家庭责任中心地位,最具有经济价值的人是家庭的经济支柱。因而,一定要先给家庭经济支柱购买保险,而且保险的额度要高。怎么定呢?就是以现在的"家庭支出×10年+供楼+供车+其他一些负债"来确定,有多少负债,就应有多少保额,因为只有这样才能保证万一有事发生的时候,不会对家庭造成冲击。

(3)先满足眼前保障需求,再考虑未来投资需求。人生有三大风险,即意外、疾病和养老。最难预知和控制的就是意外和疾病,而保险的保障意义,在很大程度上就体现在这两类保险上。目前,市场上的险种名目繁多,有意外险、健康险、养老险、保障险、投资型保险(万能、投连、分红)等,但是在经济条件有限的情况下,必须合理选择购买保险的顺序,一般顺序应为意外险、医疗险、健康险、寿险、养老险(教育金保险)、投资险。

(4)儿童保险购买的顺序。孩子是最容易受伤害的人群,好动又不懂事,磕磕碰碰是难免的,花很少的钱做些意外保障很必要。现在孩子的读书费用比较昂贵,选择教育金产品兼具储蓄与保障功能,可以有计划地积累孩子的教育基金,又能享受其他理财模式所无法给予的保障功能。因此,孩子一般只要考虑两个方面的保险就可以了,一是医疗,二是教育,并且应先保障医疗险,在考虑教育险。

二、保险策划的流程

(一)确定保险标的,评估风险

保险策划的首要任务就是确定保险标的。保险标的是指作为保险对象的财产及其有关利益,或者人的寿命和身体。投保人可以以其本人、与本人有密切关系的人、他们所拥有的财产以及他们可能依法承担的民事责任作为保险标的。

一般说来,各国保险法律都规定,只有对保险标的有可保利益才能为其投保,否则,这种投保行为就是无效的。所谓可保利益,是指投保人对保险标的具有的法律上承认的利益。可保利益应该符合以下三个要求：

（1）必须是法律认可的利益。如果投保人投保的利益的取得或者保留不合法甚至违法，那么这种利益不能成为可保利益。

（2）必须是客观存在的利益。如果投保人投保的利益不确定，或者仅仅只是一种预期，就不能成为一种可保利益。

（3）必须是可以衡量的利益。这样才能确定保险标的的大小，并以此来确定保险金额。对于财产保险，可保利益是比较容易确定的，财产所有人、经营管理人、抵押权人、承担经济责任的保管人都具有可保利益。人寿保险可保利益的确定就要复杂一些，因为人的生命和健康的价值是很难用经济手段加以衡量的。所以，衡量投保人对被保险人是否具有可保利益，就要看投保人与被保险人之间是否存在合法的经济利益关系，比如投保人是否会因为被保险人的人身风险发生而遭受损失。通常情况下，投保人对自己以及与自己具有血缘关系的家人或者亲人，或者具有其他密切关系的人都具有可保利益。

（二）认识保险需求

人们在生活中面临的风险主要可以归纳为人身风险、财产风险和责任风险。

而同一个保险标的，会面临多种风险。所以，在确定保险需求和保险标的之后，就应该选择准备投保的具体险种。比如对人身保险的被保险人而言，他既面临意外伤害风险，又面临疾病风险，还有死亡风险等。所以，投保人可以相应地选择意外伤害保险、健康保险或人寿保险等。而对于财产保险而言，同一项家庭财产也会面临着不同方面的风险。比如汽车，面临着意外损毁或者是失窃的风险，这时投保人可以相应地选择车辆损失保险、全车盗抢保险，或者是二者的组合。投保客户只有在专业人员的帮助下，准确判断自己准备投保的保险标的的具体情况（比如，保险标的所面临的风险的种类，各类风险发生的概率，风险发生后可能造成损失的大小，以及自身的经济承受能力），进行综合的判断与分析，才能选择对自己合适的保险产品，较好地回避各种风险。在确定购买保险产品时，还应该注意合理搭配险种。投保人身保险可以在保险项目上进行组合，如购买一个至两个主险附加意外伤害、重大疾病保险，从而可以得到全面保障。但是在全面考虑所有需要投保的项目时，还需要进行综合安排，应避免重复投保，使用于投保的资金得到最有效的运用。

（三）确定保险金额

保险金额是当保险标的的保险事故发生时，保险公司所赔付的最高金额。一般说来，保险金额的确定应该以财产的实际价值和人身的评估价值为依据。财产的价值比较容易计算：对一般财产，如家用电器、自行车等财产保险的保险金额由投保人根据可保财产的实际价值自行确定，也可以按照重置价值即重新购买同样财产所需的价值确定；对特殊财产，如古董、珍藏等，则要请专家评估。购买财产保险时可以选择足额投保，也可选择不足额投保，由于保险公司的赔偿是按实际损失程度进行赔偿的，所以一般不会出现超额投保或者重复投保。一般说来，投保人会选择足额投保，因为只有这样，万一发生意外灾难时，才能获得足额的赔偿。如果是不足额投保，一旦发生损失，保险公司只会按照比例赔偿损失。比如价值20万元的财产只投保了10万元，那么如果发生了财产损失，保险公司只会赔偿实际损失的50%，这样会使自己得不到充分的补偿，因而不能从购买保险产品中得到足够的保障。

理论上，人的价值是无法估量的，因为人是一种社会性生物，其精神的内涵超过了其物质的内涵。但是,仅从保险的角度,可以根据诸如性别、年龄、配偶的年龄、月收入、月消费、需抚养子女的年龄、需赡养父母的年龄、银行存款或其他投资项目、银行的年利率、通胀率、贷款等,计算出虚拟的"人的价值"。

在保险行业,对"人的价值"存在着一些常用的评估方法,如生命价值法、财务需求法、资产保存法等。需要注意的是,这些方法都需要每年重新计算一次,以便调整保额。因为人的年龄每年在增大,如果其他因素不变,那么他的生命价值和家庭的财务需求每年都在变小,其保险就会从足额投保逐渐变为超额投保。如果他的收入和消费每年都在增长,而其他因素不变,那么其价值会逐渐增大,原有保险就会变成不足额投保。所以每年请保险专业人士检视投保客户的保单是十分必要的。

(四)确定保险期限

在确定保险金额后,就需要确定保险期限,因为这涉及投保人的预期缴纳保险费的多少与频率,所以与个人未来的预期收入联系尤为紧密。对于财产保险、意外伤害保险、健康保险等保险品种而言,一般多为中短期保险合同,如半年或者一年,但是在保险期满之后可以选择续保或者是停止投保。但是对于人寿保险而言,保险期限一般较长,比如15年甚至到被保险人死亡为止。在为个人制定保险计划时,应该将长短期险种结合起来综合考虑。

(五)选择保险公司进行投保

投保是保险策划的最后一个环节,投保人在购买保险时,常对保险公司的选择感到束手无策。即使投保人明确了选择哪家保险公司,基本上也都是通过保险代理人来进行投保的,因此,投保人应该注重保险公司和保险代理人双重因素。

1.保险公司的选择基本原则

(1)偿付能力。

保险公司的偿付能力是一种支付保险金的能力,表现为实际资产减去实际负债后的数额。保险公司的偿付能力是影响公司经营的最重要因素。具备足够的偿付能力,保险公司就可以保证在发生保险事故的情况下,有足够的资金向被保险人支付保险金,保证保险公司的正常经营。影响保险公司偿付能力的因素主要有以下三个方面:

①资本金、准备金和公积金。保险公司的资本金、准备金和公积金的数额多少直接体现了保险公司的偿付能力大小。

②业务规模。保险公司的业务规模是指保险公司的业务范围和业务总量。业务规模越大,保险公司的偿付能力将越强,反之亦然。

③保险费率。保险费率是保险的价格,也是保险公司收取保险费的依据。以上三个因素是影响保险公司偿付能力的主要因素。除此之外,保险资金的运用、再保险业务等情况也对偿付能力有影响。

(2)合同条款。

虽然保险合同的基本事项原则是相同的,但不同的保险公司其合同条款还是有很大差异。因此,投保人必须非常明确你所购买的保险是否能够满足你的需要。比如,该合同承保哪些风险?被保的财产是什么?被保的责任有哪些?该合同的保险责任(保险收益)有多大?保险期限多长?6个月,还是1年,抑或更长的时间?损失发生时使用什么样的补偿方法?等等。

(3)理赔实践。

理赔实践是投保人了解保险公司的又一重要方面。在购买保险之前,通常从以下几个渠道获取有关公司理赔实践的信息。

①向保险公司的管理部门咨询该公司受消费者投诉的情况。
②从相关的报纸杂志上收集各公司有关理赔实践的文章和报导。
③从保险代理人和经纪人那里获取保险公司过去的理赔情况。
④从朋友那里打听,他们的保险公司是怎样对待他们的。

(4)承保能力。

虽然在大多数情况下,只有符合一定条件的投保人才能被保险公司接受其为消费者,这个过程就是业务承保的过程。对保险公司来说,面临三种抉择,即接受投保、拒绝投保、接受投保,但要作出一些变动。所以投保人投保时最好能了解保险公司的承保能力有多大。

(5)售后服务。

投保人所需要的服务大致有四个方面,即确定保险需求方面的帮助、选择保险项目方面的帮助、预防损失方面的帮助、索赔方面的帮助。选择保险公司时,要从两个方面注意其服务质量和数量:一是从保险公司代理人那里所能获得的服务,二是从保险公司那里所能获得的服务。

2. 注意代理人的选择

消费者在购买保险时应选择有经验的、专业的、负责任的业务人员作为代理人,他能够站在投保人的角度,为投保人提供全面而真实的信息,并能正确告之购买保险的相关注意事项,引导客户正确理解保险条款和自身权益。

好的代理人应该具备以下几个条件:①首先,拥有《保险代理人资格证》。②对保险业务知识的熟练。③分析讲解客观属实。④诚实,有责任心。

三、保险策划的风险

在进行保险策划的时候,会面临很多风险。这些风险可能来自投保客户所提供的资料不准确、不完全,或者是来自对保险产品的了解不够充分。保险策划风险体现在以下几个方面:

(一)未充分保险的风险

这种风险既可能体现在对财产的保险上,也可能出现在对人身的保险上。比如,如果对财产进行的保险是不足额保险,结果造成损失发生时所获得的保险金赔偿不足,未能完全规避风险;或者是在对人身进行保险时保险金额太小或保险期限太短,同样有可能造成一旦保险事故发生,不能获得较为充分的补偿。

(二)过分保险的风险

这种风险同样可能发生在财产保险和人身保险上。比如,对财产的超额保险或重复保险。由于保险公司在赔偿时,是根据实际损失来支付保险赔偿金,这种超额保险或者重复保险并没有起到真正的保障作用,反而浪费保费。

(三)不必要保险的风险

这种风险还可能发生在制定保险产品组合计划时。因为各个保险公司所提供的不同保险产品虽然主要保险合同不一样,但是可能存在某些保险内容的重叠,造成保险过度,而有些保险内容却又可能发生遗漏,形成保险空白。

有些风险可以通过自保险或者说风险保留来解决,比如对平时由于感冒或牙痛等类似的小灾小病所需的医疗费用支出,人们自己承担风险这种处理办法反而更为方便和简单,还可以节省费用,取得资金运用收益。对于应该自己保留的风险进行保险,是不必要的,也会增加机会成本,造成资金的浪费。此外,保险市场上的保险产品种类多样、名目繁杂,保险费率的计算和保险金额的确定都比较复杂,这也增加了保险策划的难度。所以,制定一份恰当而有效的保险计划,应该在相关专业人士的帮助和指导下进行。

本章小结

风险是指在特定的客观情况下,在特定的期间内,某种损失发生的不确定性。风险的特征包括:客观性、损害性、不确定性。

风险管理是指经济单位通过风险识别和衡量,采用必要且可行的经济手段和技术措施对风险加以处理,从而以一定的成本实现最大的安全保障的一种管理活动。风险处理方式分为控制型风险管理和融资型风险管理。控制型风险管理包括风险回避、风险预防、风险隔离、风险分散和损失控制等。

融资型风险管理包括:风险保留和风险转移。

财产保险有广义和狭义之分。广义财产保险指人身保险之外一切保险业务的统称,狭义财产保险也可称为财产损失保险,它专指以财产物资为保险标的的各种保险业务。概括来说,财产保险指以各种财产物资和有关利益为保险标的,以补偿投保人或被保险人的经济损失为基本目的的一种社会化经济补偿制度。广义财产保险包括物质财产保险、责任保险、信用保险、保证保险、农业保险等。

人身保险可分为人寿保险、年金保险、健康保险、伤害保险(意外险)等。人寿保险可分为死亡保险、生存保险与生死合险。健康保险是以被保险人在保险期间内因疾病不能从事正常工作,或因疾病造成残疾或死亡时由保险人给付保险金的保险。

投资型保险是人寿保险的一个分支,这类保险是属于创新型寿险,最初是西方国家为防止经济波动或通货膨胀对长期寿险造成损失而设计的,之后演变为客户和保险公司风险共担,收益共享的一种金融投资工具。投资型保险分为三类:分红险、万能寿险、投资联结险。

制定保险策划的原则:转移风险原则、量力而行原则、分析需要原则、利用免赔额、综合投保原则。

保险策划中面临的风险包括充分保险的风险、过分保险的风险、不必要保险的风险。

关键术语

风险　风险管理　保险规划　风险频率　损失程度　可保条件　风险隔离　风险分散
信用保险　保证保险　风险保留　风险转移　变额寿险　变额万能寿险

本章思考题

1. 什么是风险?

2.风险具有什么特征?
3.风险管理的方法有哪些?
4.请举例说明保险公司的财产保险产品有哪些?
5.制定保险策划的原则有哪些?
6.制定保险策划的程序有哪些?

案例分析1

南京的史小姐买了一套二手房,因为要做新房,所以装修好后不久就住入了。但是才住进去两个月,某天下班回家发现家里成了"游泳池",地板、家具和音响都被泡坏了,查了原因是楼下的下水管道因为生活污水里有杂物堵塞,生活污水流不下去。史小姐家住二楼,该楼房一共有六层,这六层人家都公用同一个下水管道,因一楼的堵塞了,楼上人家的生活用水到二楼史小姐家时通过厨房的管道和水池全部漫出来,把家里全部浸泡了。发生了这种损失,楼上和楼下的住户都认为自己对这个损失不承担责任,史小姐的损失超过了两万元,又不想为了这个事情和邻居们对簿公堂,最后无奈只好自己支付。对此史小姐很后悔自己没有买家财险。其实市场上有很多家庭财产保险可供选择,只要选择适合条款和责任就可以了,如都邦保险的《家庭财产基本险附加水渍损失险》条款,责任范围为:①因基本险保险责任引起的被保险人室内的自来水及暖气管道、水槽、引水道漏水;②被保险人室内空调、热水器漏水;③被保险人房屋的屋顶或阳台漏雨、漏雪;④被保险人室内的下水道堵塞溢水;⑤邻居家漏水。

相比较而言常州的王先生就比史小姐要幸运多了,王先生在银行工作,单位给每位员工买了家财险作为福利。去年还在上班的王先生被通知家里发生了火灾,等他心急火燎的赶回去一看,火势很大。原来是因为煤气泄露发生爆炸并发生火灾,因为火势比较大,等消防部门扑救了以后,发现家里的东西所剩无几,连屋顶都有些变形了(房屋是钢筋混凝土结构,钢筋受热变形)。仅房屋的损失就达几十万,因为单位发放的家财险福利,王先生顺利得到了保险公司的理赔,在这次大劫中避免了重大经济损失。其实,火灾责任是最基本的家财保险责任,并不需要过多的挑选就能涵盖这个责任。

案例分析2

友邦保险理财

1. 家庭特征

王先生今年42岁,妻子41岁,两人均在外企任职,年收入50万,夫妻有一子12岁。家庭购有一套80平方米住房,目前尚有8万元贷款未还。每月还贷加家庭开销在5000元左右,家庭存款28万元。另外,王先生刚刚开始读MBA,学费约为十几万元;在股市的投资约为15万元;每月用于补贴双方父母约3000元;孩子教育费用1年约1万元。

2. 保险选择

王先生选择的是友邦"财富通B款"投资连结险,保额为10万元(60岁以后保额为5000元),缴费10年,年缴保费2万元,其中包括有5000元的基本保险费。同日,一次性追加保费20万。

3. 产品介绍

友邦保险投连险产品是在传统寿险产品的基础上发展起来的,并融合了全新的投资账户功能,是目前市场中别具特色的个人综合理财产品。对追求稳健收益的投资人来说,投连险就成了平衡收益和风险的理想选择。在稳健、可观回报的基础上,投连险还具有风险保障功能,这是其他理财产品所不具备的。按照合同约定王先生支付的保险费在扣除初始费用后进入个人投资账户。除此以外还有一些费用如保单管理费、风险保险费等也将定期从个人账户中扣除,扣除后的个人账户余额将用于投资。根据"财富通"个人账户演示的中等假设,在王先生48岁时,个人账户价值将达337920元。此时,儿子年满18岁,王先生准备送儿子出国留学,从王先生48岁开始,连续四年每年支取100000元出国留学费用,累计支取400000元。王先生60岁时,个人账户价值为128012元;王先生70岁时,个人账户价值为205624元;王先生80岁时,个人账户价值为329772元。如果不幸身故或发生保险合同所约定的残废,则可以领取相当于个人账户价值和当时的保额之和的身故保险金,保险合同同时终止。

4. 理财方案评价

友邦投连险拥有传统寿险的身故和残废两大保障,并且具有独立的个人投资账户设置,是一个保险加投资的组合。对于王先生这样的中高收入家庭,其实也可给自己、太太和孩子加购意外伤害保险和重大疾病保险,以使家庭的保障更加全面充分。

第七章 个人税务筹划

 教学目的及要求

通过本章学习,理解个人所得税的基本知识,掌握我国个人所得税制度的基本规定,掌握个人税收筹划的基本方法。

 教学重点及难点

个人所得税的要素、个人所得税的计算、个人税收筹划的基本流程与方法。

第一节 个人税收筹划基础

个人税收筹划是在指纳税行为发生前,在不违反法律法规的前提下,通过对纳税主体的经营活动和投资行为等涉税事项作出事先安排,通过合理避税和有效组合而达到少纳税和递延交纳税收的一系列规划活动。

在我国现行的税制结构中,以个人为纳税人的税种并不是很多,其中,个人所得税是唯一以自然人为纳税人的税种。因此,个人税收筹划是以个人所得税为对象的活动。

一、个人所得税的纳税人

个人所得税是世界各国普遍征收的一个税种。我国的个人所得税同企业所得税相比,计算较为简单,费用扣除额较宽,累进税率与比例税率并用,并且实行分类征收的办法。

我国个人所得税的纳税义务人是在中国境内居住并有所得的个人以及不在中国境内居住而从中国境内取得所得的个人,包括中国国内公民,在华取得所得的外籍人员和港、澳、台同胞。

(一)居民纳税义务人

在中国境内有住所或者无住所而在境内居住满1年的个人,是居民纳税义务人,应当承担无限纳税义务,即就其在中国境内和境外取得的所得,依法缴纳个人所得税。

(二)非居民纳税义务人

在中国境内无住所又不居住或者无住所而在境内居住不满一年的个人,是非居民纳税义务人,承担有限纳税义务,仅就其从中国境内取得的所得,依法缴纳个人所得税。

各国判断居民身份的居住时间不尽一致。我国规定的时间是一个纳税年度内在中国境内住满365日,即以居住满一年为时间标准,达到这个标准的个人即为居民纳税人。在居住期间内临时离境的,即在一个纳税年度中一次离境不超过30日或者多次离境累计不超过90日的,不扣减日数,连续计算。我国税法规定的住所标准和居住时间标准,是判定居民身份的两个并列性标准,个人只要符合或达到其中任何一个标准,就可以被认定为居民纳税人。

二、个人所得税的应税所得

个人所得税的应税所得分为境内所得和境外所得。主要包括以下11项内容:

(一)工资、薪金的应税所得

工资、薪金的应税所得主要指个人因任职或受雇而取得的工资、薪金、奖金、年终加薪、劳动分红、津贴、补贴以及与任职或受雇有关的其他所得。这就是说,个人取得的所得,只要是与任职、受雇有关,不管其单位的资金开支渠道或以现金、实物、有价证券等形式支付的,都是工资、薪金所得项目的课税对象。

(二)个体工商户的生产、经营所得

个体工商户的生产、经营所得包括四个方面:

(1)经工商行政管理部门批准开业并领取营业执照的城乡个体工商户,从事工业、手工业、建筑业、交通运输业、商业、饮食业、服务业、修理业及其他行业的生产、经营取得的所得。

(2)个人经政府有关部门批准,取得营业执照,从事办学、医疗、咨询以及其他有偿服务活动取得的所得。

(3)其他个人从事个体工商业生产、经营取得的所得,即个人临时从事生产、经营活动取得的所得。

(4)上述个体工商户和个人取得的生产、经营有关的各项应税所得。

(三)对企事业单位的承包经营、承租经营所得

对企事业单位的承包经营、承租经营所得,是指个人承包经营、承租经营以及转包、转租取得的所得,包括个人按月或者按次取得的工资、薪金性质的所得。

(四)劳务报酬所得

劳务报酬所得指个人从事设计、装潢、安装、制图、化验、测试、医疗、法律、会计、咨询、讲学、新闻、广播、翻译、审稿、书画、雕刻、影视、录音、录像、演出、表演、广告、展览、技术服务、介绍服务、经济服务、代办服务以及其他劳务取得的所得。

(五)稿酬所得

稿酬所得指个人因其作品以图书、报纸形式出版、发表而取得的所得。这里所说的"个人作品",包括本人的著作、翻译的作品等。个人取得遗作稿酬,应按稿酬所得项目计税。

(六)特许权使用费所得

特许权使用费所得指个人提供专利权、著作权、商标权、非专利技术以及其他特许权的使用权取得的所得。提供著作权的使用权取得的所得,不包括稿酬所得。作者将自己文字作品手稿原件或复印件公开拍卖(竞价)取得的所得,应按特许权使用费所得项目计税。

(七)利息、股息、红利所得

利息、股息、红利所得指个人拥有债权、股权而取得的利息、股息、红利所得。利息是指个

人的存款利息(国家宣布2008年10月8日次日开始取消利息税)、贷款利息和购买各种债券的利息。股息,是指股票持有人根据股份制公司章程规定,凭股票定期从股份公司取得的投资利益。红利,是指股份公司或企业根据应分配的利润率按股份分配超过股息部分的利润。股份制企业以股票形式向股东个人支付股息、红利即派发红股,应以派发的股票面额为收入额计税。

(八)财产租赁所得

财产租赁所得指个人出租建筑物、土地使用权、机器设备、车船以及其他财产取得的所得。财产包括动产和不动产。

(九)财产转让所得

财产转让所得是指个人转让有价证券、股权、建筑物、土地使用权、机器设备、车船以及其他自有财产给他人或单位而取得的所得,包括转让不动产和动产而取得的所得。对个人股票买卖取得的所得暂不征税。

(十)偶然所得

偶然所得指个人取得的所得是非经常性的,属于各种机遇性所得,包括得奖、中奖、中彩以及其他偶然取得的奖金、实物和有价证券。如个人购买社会福利有奖募捐奖券、中国体育彩票,一次中奖收入不超过10000元的,免征个人所得税,超过10000元的,应以全额按偶然所得项目计税。

(十一)其他所得

除上述10项应税项目以外,其他所得应确定征税的,由国务院财政部门确定。国务院财政部门是指财政部和国家税务总局。截至1997年4月30日,财政部和国家税务总局确定征税的其他所得项目有:

(1)个人取得"蔡冠深中国科学院院士荣誉基金会"颁发的中国科学院院士荣誉奖金。

(2)个人取得由银行部门以超过国家规定利率和保值贴补率支付的揽储奖金。

(3)个人因任职单位缴纳有关保险费用而取得的无偿款优待收入。

(4)对保险公司按投保金额,以银行同期储蓄存款利率支付给在保期内未出险的人寿保险户的利息或以其他名义支付的类似收入。

(5)股民个人因证券公司招揽大户股民在本公司开户交易,从取得的交易手续费中支付部分金额给大户股民而取得的回扣收入或交易手续费返还收入。

(6)个人取得部分单位和部门在年终总结、各种庆典、业务往来及其他活动中,为其他单位和部门的有关人员发放现金、实物或有价证券。

(7)辞职风险金。

(8)个人为单位或者他人提供担保获得报酬。

个人取得的所得,如果难以定界是哪一项应税所得项目,由主管税务机关审查确定。

三、个人所得税的税率

(一)个人所得税根据不同的征税项目,分别规定了三种不同的税率

(1)工资、薪金所得,适用7级超额累进税率,按月根据应纳税所得额计算征税。该税率按

个人月工资、薪金应税所得额划分级距,最低一级为3%,最高一级为45%,共7级,如表7-1所示。

表7-1 七级累进税率表

级数	含税级距	不含税级距	税率(%)	速算扣除数
1	不超过1500元的	不超过1455元的	3	0
2	1500元~4500元的部分	1455元~4155元的部分	10	105
3	4500元~9000元的部分	4155元~7755元的部分	20	555
4	9000元~35000元的部分	7755元~27255元的部分	25	1005
5	35000元~55000元的部分	27255元~41255元的部分	30	2755
6	55000元~80000元的部分	41255元~57505元的部分	35	5505
7	超过80000元的部分	超过57505元的部分	45	13505

(注:本表所称全月应纳税所得额是指依照个人所得税法第六条的规定,以每月收入额减除费用3500元后的余额或者减除附加减除费用后的余额。(1)本表含税级距指以每月收入额减除费用3500元后的余额或者减除附加减除费用后的余额。(2)含税级距适用于由纳税人负担税款的工资、薪金所得;不含税级距适用于由他人(单位)代付税款的工资、薪金所得。)

(2)5级超额累进税率。该税率适用按年计算、分月预缴税款的个体工商户的生产、经营所得和对企事业单位的承包经营、承租经营的全年应纳税所得额划分级距,最低一级为5%,最高一级为35%,共5级,如表7-2所示。

表7-2 五级累进税率表

级数	含税级距	不含税级距	税率(%)	速算扣除数	说明
1	不超过15000元的	不超过14250元的	5	0	(1)本表含税级距指每一纳税年度的收入总额,减除成本,费用以及损失的余额 (2)含税级距适用于个体工商户的生产、经营所得和对企事业单位的承包经营、承租经营所得。不含税级距适用于由他人(单位)代付税款的承包经营、承租经营所得
2	15000元~30000元的部分	14250元~27750元的部分	10	750	
3	30000元~60000元的部分	27750元~51750元的部分	20	3750	
4	60000元~100000元的部分	51750元~79750元的部分	30	9750	
5	超过100000元的部分	超过79750元的部分	35	14750	

(注:本表所称全年应纳税所得额是指依照本法第六条的规定,以每一纳税年度的收入总额,减除成本、费用以及损失后的余额。)

(3)比例税率。对个人的稿酬所得,劳务报酬所得,特许权使用费所得,利息、股息、红利所得,财产租赁所得,财产转让所得,偶然所得和其他所得,按次计算征收个人所得税,适用20%的比例税率。其中,对稿酬所得适用20%的比例税率,并按应纳税额减征30%;对劳务报酬所得一次性收入畸高的、特高的,除按20%征税外,还可以实行加成征收,以保护合理的收入和限制不合理的收入。

(二)免征额

公众对"起征点"存在误解。正确的说法应该是"个人所得税免征额"。"起征点"与"免征额"有着严格的区别。

所谓起征点是征税对象达到征税数额开始征税的界限。征税对象的数额未达到起征点时不征税。一旦征税对象的数额达到或超过起征点时,则要就其全部的数额征税,而不是仅对其超过起征点的部分征税。

所谓免征额是在征税对象总额中免予征税的数额。它是按照一定标准从征税对象总额中预先减除的数额。免征额部分不征税,只对超过免征额部分征税。

二者的区别是:假设数字为3500,你当月工资是3501,如果是免征额,3500就免了,只就超出的1元钱缴税,如果是起征点,则是不够3500的不用交税,超出3500的全额缴税,即以3501元为基数缴税。

 知识链接

1981年,个人所得税正式开征,当年全国个税收入只有500万元。月均收入能够达到800元起征标准的中国公民少而又少,其余都是外籍在华高级职员交纳的。1986年9月,国务院发布了《中华人民共和国个人收入调节税暂行条例》,规定对本国公民的个人收入统一征收个人收入调节税,纳税的扣除额标准(即起征点)降低至400元。而外籍人士的800元扣除标准并没有改变,内外双轨的标准由此产生。

2005年8月23日,十届全国人大常委会第17次会议开始审议国务院提交的《个人所得税法修正案(草案)》。此次改动最大之处是费用扣除额从800元调至1500元。

十届全国人大常委会第十八次会议于2005年10月27日下午高票表决通过关于修改个人所得税法的决定,修改后的个人所得税法自2006年1月1日起施行,个人所得税的起征点正式由800元提高至1600元。

十届全国人大常委会第三十一次会议于2007年12月29日表决通过了关于修改个人所得税法的决定。根据决定,2008年3月1日起,我国个税免征额将从现在的1600元/月上调至2000元/月。

十一届全国人民代表大会常务委员会第二十一次会议于2011年6月30日表决通过了《关于修改〈中华人民共和国个人所得税法〉的决定》。根据决定,2011年9月1日起,我国个税免征额将从现在的2000元/月上调至3500元/月。

(三)免税项目

(1)法定所得免税。下列各项个人所得可免纳个人所得税(《中华人民共和国个人所得税法》第4条)。

①奖金。省级人民政府、国务院部委和军队以上单位,以及外国组织、国际组织颁发的科学、教育、技术、文化、卫生、体育、环境保护等方面的奖金。

②债券利息。国债和国家发行的金融债券利息。

③补贴津贴。按照国务院规定发给的政府特殊津贴和国务院规定免税的补贴、津贴。

④救济性款项。根据国家有关规定,由于某些特定事项和原因,给纳税人的正常生活带来一定困难,其任职单位从提留的福利费或工会经费中支付给个人的临时性生活补助费;民政部门支付给个人的救济金以及抚恤金。

⑤保险赔款。保险公司支付的保险赔款。

⑥转业复员费。军人的转业费、复员费。

⑦安家费、离退休费用。按规定发给干部、职工的安家费、退职费、退休工资、离休工资、离休生活补助费。

⑧外交人员所得。依照中国有关法律规定应予免税的各国驻华使馆、领事馆的外交代表、领事官司员和其他人员的所得。

⑨协议免税所得。中国政府参加的国际公约、签订的协议中规定免税的所得。

⑩其他所得。经国务院财政部门批准免税的所得。

(2)下列各项所得可暂免征个人所得税(《财政部 国家税务总局关于个人所得税若干政策问题的通知》[94]财税字第20号)。

①奖金。个人举报、协查各种违法、犯罪行为而获得的奖金。

②手续费。个人办理代扣代缴税款手续费,按规定取得的扣缴手续费。

③转让房产所得。个人转让自用达5年以上、并且是唯一的家庭生活用房取得的所得。

④延期离退休工薪所得。达到离、退休年龄,但因工作需要,适当延长离退休年龄的高级专家,其在延长离退休期间的工资、薪金所得。

(3)外籍个人的下列所得可免征个人所得税(《财政部 国家税务总局关于个人所得税若干政策问题的通知》[94]财税字第20号)。

①生活费用。外籍个人以非现金形式或实报实销形式取得的住房补贴、伙食补贴、搬迁费、洗衣费。

②出差补贴。外籍个人按合理标准取得的境内、外出差补贴。

③其他费用。外籍个人取得的探亲费、语言培训费、子女教育费等,经审核批准为合理的部分。

④股息红利所得。外籍个人从外商投资企业取得的股息、红利所得。

(4)外籍专家工薪所得免税。下列外籍专家的工资、薪金所得,免征个人所得税(《财政部 国家税务总局关于个人所得税若干政策问题的通知》[94]财税字第20号)。

①根据世界银行专项贷款协议由世界银行直接派往中国工作的外国专家。

②联合国组织直接派往中国工作的专家。

③为联合国援助项目来华工作的专家。

④援助国派往中国专为中国无偿援助项目工作的专家。

⑤根据两国政府签订的文化交流项目来华2年以内的文教专家,其工资、薪金所得由中国负担的。

⑥根据中国大专院校国际交流项目来华工作的专家,其工资、薪金所得由中国负担的。

⑦通过民间科研协定来华工作的专家,其工资、薪金所得由该国机构负担的。

(5)股息、红利收入免征税。对个人从基层供销社、农村信用社取得的股息、红利收入,免征个人所得税。

(6)境外支付所得免税。在中国境内无住所,且在一个纳税年度中在中国境内连续或累计居住不超过 90 天或在税收协定规定的期间中在中国境内连续或累计居住不满 183 天的个人,其来源于中国境内的所得,由境外雇主支付并且不由该雇主在中国境内的机构、场所负担的部分,免征个人所得税。

(7)境外所得免税。在中国境内无住所,而在一个纳税年度中在中国境内连续或累计居住超过 90 天,或在税收协定规定的期间内在中国境内连续或累计居住超过 183 天但不满 1 年的个人,其来源于中国境外的所得,除担任中国境内企业董事或高层管理职务的个人外,不论是由境内企业和境外企业支付的所得,均免征个人所得税(《国家税务总局关于在中国境内无住所的个人取得工资薪金所得纳税义务问题的通知》国税发[1994]148 号)。

(8)境外所得免税。在中国境内无住所,但在境内居住满 1 年而不超过 5 年的个人,其在中国境外的所得,仅对由中国境内企业和个人支付的部分征收个人所得税,对由中国境外企业和个人支付的境外所得,免征个人所得税(《国家税务总局关于在中国境内无住所的个人取得工资薪金所得纳税义务问题的通知》国税发[1994]148 号)。

(9)见义勇为奖免税。对乡镇以上政府或县以上政府主管部门批准成立的见义勇为基金会或者类似组织,奖励见义勇为者的奖金或奖品,经主管税务机关批准,免征个人所得税(《关于发给见义勇为者的奖金免征个人所得税问题的通知》财税字[1995]25 号)。

(10)福利和体育彩票奖金免税。个人购买社会福利有奖募捐彩票和体育彩票,一次收入不超过 1 万元的,免征个人所得税。超过 1 万元的,全额征收个人所得税(《关于社会福利有奖募捐发行收入税收问题的通知》国税发[1994]127 号、《国家税务总局关于个人取得体育彩票中奖所得征免个人所得税问题的通知》国税发[1998]12 号)。

(11)转让股票所得免税。对个人转让上市公司股票的所得,暂免征个人所得税(《国家税务总局关于个人转让股票所得继续暂免征收个人所得税的通知》财税字[1998]61 号)。

(12)国债利息和买卖股票价差收入免税。对个人投资者从证券投资基金分配中获得的国债利息、买卖股票价差收入,暂不征收个人所得税(《财政部 国家税务总局关于证券投资基金税收问题的通知》财税字[1998]55 号)。

(13)差价收入免税。对个人投资者从买卖证券投资基金单位获得的差价收入,暂不征收个人所得税(财税字[1998]55 号)。

四、个人所得税应纳税额的计算

1.计税依据

个人所得税的计税依据是纳税人取得的应纳税所得额。应纳税所得额是个人取得的总收入减去税法规定的扣除项目或扣除金额之后的余额。

中国现行的个人所得税采取分项确定、分类扣除,根据所得的不同情况分别实行定额、定率和会计核算三种扣除办法。其中:①对工资、薪金所得和对企事业单位的承包、承租经营所得涉及的个人生计费用,采取定额扣除的办法;②个体工商户的生产经营所得和财产转让所得,涉及生产、经营及有关成本费用的支出,采取会计核算办法扣除有关成本、费用或规定的必要费用;③对劳务报酬所得、稿酬所得、特许权使用所得、财产租赁所得,采取定额和定率两种扣除办法;④利息、股息、红利所得和偶然所得,不得扣除任何费用。

2. 应纳税额的计算方法

(1) 工资、薪金所得的计税方法。

工资、薪金所得以个人每月收入额固定减除3500元费用后的余额为应纳税所得额。其计算公式为：

$$应纳税所得额 = 月工资、薪金收入 - 3500$$

对在中国境内无住所而在中国境内取得工资、薪金所得的纳税义务人和在中国境内有住所而在中国境外取得工资、薪金所得的纳税义务人，确定附加减除费用1300元。其个人应纳税所得额的计算公式为：

$$应纳税所得额 = 月工资、薪金收入 - 3500 - 1300$$

附加减除费用所适用的具体范围是：

①在中国境内的外商投资企业和外国企业中工作的外籍人员。

②应聘在中国境内企业、事业单位、社会团体、国家机关中工作的外籍专家。

③在中国境内有住所而在中国境外任职或者受雇取得工资、所得的个人。

④财政部确定的其他人员。此外，附加减除费用也适用于华侨和中国香港、澳门、台湾同胞。

应纳税额的计算公式为：

$$应纳税额 = 应纳税所得额 \times 适用税率 - 速算扣除数$$

或

$$= (每月收入额 - 3500 或 4800) \times 适用税率 - 速算扣除数$$

(2) 个体工商户生产、经营所得的计税方法。

对于从事生产经营的个体工商业户，其应纳税所得额是每一纳税年度的收入总额，减除成本、费用以及损失后的余额。其计算公式为：

$$应纳税所得额 = 收入总额 - (成本 + 费用 + 损失)$$

其中，收入总额是指个体户从事生产、经营以及与生产经营有关的活动所取得的各项收入，包括商品（产品）销售收入、营运收入、劳务服务收入、工程价款收入、财产出租或转让收入、利息收入、其他业务收入和营业外收入。以上各项收入应当按照权责发生制原则确定。准予扣除的项目包括成本、费用及损失。

应纳税额的计算公式为：

$$应纳税额 = 应纳税所得额 \times 适用税率 - 速算扣除数$$

(3) 其他所得应纳税的计税方法。

①劳务报酬所得。劳务报酬所得适用20%的税率。劳务报酬所得的应纳税所得额为：每次劳务报酬收入不足4000元的，用收入减去800元的费用；每次劳务报酬收入超过4000元的，用收入减去收入额的20%。

劳务报酬所得应纳税额的计算公式为：

$$应纳个人所得税税额 = 应纳税所得额 \times (1 - 20\%)$$

对劳务报酬所得一次收入畸高（应纳税所得额超过20000元）的，要实行加成征收办法，具体是：一次取得劳务报酬收入，减除费用后的余额（即应纳税所得额）超过2万元至5万元的部分，按照税法规定计算的应纳税额，加征五成；超过5万元的部分，加征十成。

【例7-1】王某一次取得劳务报酬收入4万元，计算其应缴纳的个人所得税。

$$应纳税所得额 = 40000 - 40000 \times 20\% = 32000(元)$$

应纳个人所得税税额 = 32000×20% + (32000−20000)×20%×50% = 6400+1200 = 7600(元)

②稿酬所得。稿酬所得是按照未减除法定费用(每次800元或者每次收入的20%)的收入额计算。稿酬所得的应纳税所得额是指收入额减除法定费用扣除标准之后的余额。稿酬所得适用20%的税率。

法定费用扣除标准为：每次收入不超过4000元的,减除费用800元;4000元以上的,减除20%的费用。

应纳税所得额计算公式为：

每次收入不超过4000元的：

$$应纳税所得额 = 每次收入额 − 800$$

每次收入在4000元以上的：

$$应纳税所得额 = 每次收入额 × (1−20\%)$$

$$应纳税额 = 应纳税所得额 × 20\% × (1−30\%)$$

【例7−2】 2014年,方某出版一部科技专著,取得收入50000元,出版社已代扣税款5600元。且在每期中国某科技报上负责某个版面科技文章的撰写,报社每月支付其稿费6000元,报社已代扣个人所得税。假设方某除稿酬所得之外,没有其他项目收入。

应纳税所得额 = ∑(每次收入额 − 费用扣除标准) = 50000×(1−20%) + 6000×(1−20%)×12 = 97600(元)

应纳税额 = 97600×20%×(1−30%) = 13664(元)

五、纳税办法

我国个人所得税的征收方式实行源泉扣缴与自行申报并用法,注重源泉扣缴。

(一)征收方式

为了实现有效征管,目前个人所得税采用了以代扣代缴为主,纳税人自行申报纳税为辅的征收方式。《个人所得税法》第八条规定,以所得人为纳税义务人,以支付所得的单位或者个人为扣缴义务人。

1. 代扣代缴税款征收方式

代扣代缴是指按照税法规定负有扣缴税款义务的单位和个人,在向个人支付应纳税所得时,应计算的应纳税额,从其所得中扣出并缴入国库,同时向税务机关报送扣缴个人所得税报告表。这种方法有利于控管税源,防止漏税和逃税。

2. 自行申报纳税征收方式

自行申报纳税,是由纳税人自行在税法规定的纳税期限内,向税务机关申报取得的应税所得项目和数额,如实填写个人所得税纳税申报表,并按照税法规定计算应纳税额,据此缴纳个人所得税的一种方法。

3. 核定征收方式

按征管法及实施细则的规定,对不设置账簿或账证不全,或逾期不申报纳税的,税务机关有权实行查定征收、定期定额征收和以其他方式征收税款。目前,由于个体工商户、私营业主、承包承租经营者等存在财务制度不健全和财务信息不真实的情况,因此采取核定征收方式,是税源控管的有效办法。

4. 委托代征征收方式

按征管法及实施细则的规定,税务机关可委托有关单位代征税款,并发给委托证书。受托单位按照代征证书要求,以税务机关名义依法征收税款。

(二)纳税期限

个人所得税的纳税期限可分为按月计征和按年计征。个体工商户的生产、经营所得,对企业事业单位的承包经营、承租经营所得,特定行业的工资、薪金所得,从中国境外取得的所得,实行按年计征应纳税额,其他所得应纳税额实行按月计征。使纳税人有法可依,税法规定了各项应税所得的纳税期限,分别是:

(1)扣缴义务人每月所扣的税款,都应当在次月15日内缴入国库,并向税务机关报送纳税申报表。

(2)特定行业(采掘业、远洋运输业、远洋捕捞业以及财政部确定的其他行业)的工资、薪金所得应纳的税款,可以实行按年计算、分月预缴的方式计征,自年度终了之日起30日内,合计其全年工资、薪金所得,再按12个月平均并计算实际应纳的税款,多退少补。

(3)个体工商户的生产、经营所得应纳的税款,按年计算,分月预缴,由纳税义务人在次月十五日内预缴,年度终了后三个月内汇算清缴,多退少补。

(4)对企事业单位的承包经营、承租经营所得应纳的税款,按年计算,由纳税义务人在年度终了后30日内缴入国库,并向税务机关报送纳税申报表。纳税义务人在一年内分次取得承包经营、承租经营所得的,应当在取得每次所得后的次月7日内预缴,年度终了后3个月内汇算清缴,多退少补。

(5)从中国境外取得所得的纳税义务人,应当在年度终了后30日内,将应纳的税款缴入国库,并向税务机关报送纳税申报表。

(6)自行申报纳税人每月应纳的税款,应当在次月7日内缴入国库;年所得12万元以上的纳税义务人,在年度终了后3个月内到主管税务机关办理纳税申报。

第二节 个人税务筹划的原则与步骤

一、个人税务筹划的原则

(一)合法性原则

税收是政府凭借国家政治权力,按照税收法律规定,强制地、无偿地取得财政收入的一种形式。税收法律是国家以征税方式取得财政收入的法律规范,用以调整税收征纳双方的征纳关系,形成征纳双方各自的权利与义务,征纳双方都必须遵守。纳税人严格地按照税法规定充分地尽其义务、享有其权利,才符合法律规定,即才具有合法性。税务筹划只有在遵守合法性原则的前提下,才可以考虑纳税人少缴税款的种种方式。因此在税务筹划中,首先必须严格遵循规划的合法性原则。偷逃税收可以减轻纳税人的税收负担,但是却违背了税务筹划的合法性原则。

税务筹划要遵循各领域、各行业、各地区约定俗成或明文规定的各种制度和标准,以规范的行为方式和方法,来制定相应的节减税收的筹划方案。

(二)财务利益化最大原则

税务筹划的最主要目的,归根到底是要使纳税人的可支配财务利益最大化,即税后财务利益最大化。纳税人财务利益最大化除了要考虑节减税收外,还要考虑纳税人的综合经济利益最大化。不仅要考虑纳税人现在的财务利益,还要考虑纳税人未来的财务利益;不仅要考虑纳税人的短期利益,还要考虑纳税人的长期利益;不仅要考虑纳税人的所得增加,还要考虑纳税人的资本增值等诸多方面。

(三)稳健性原则

税务筹划在追求纳税人财务利益最大化时,还必须注意筹划的稳健性原则。一般来说,纳税人节税利益越大,风险也越大。各种节减税收的预期方案都有一定的风险,如税制变化风险、市场风险、利率风险、债务风险、汇率风险、通货膨胀风险等。税务筹划要尽量使风险最小化,即要在节税收益与节税风险之间进行必要的权衡,以保证能够真正取得财务利益。

(四)综合性原则

税务筹划的综合性原则是指纳税人在进行税务筹划时,必须要综合考虑以使整体税负水平降低。纳税人进行税务筹划不能只以税负轻重作为选择纳税方案的唯一标准,应该着眼于实现纳税人的综合利益目标。另外在进行一种税的税务筹划时,还要考虑与之有关的其他税种的税负效应,进行整体规划,综合衡量,力求整体税负和长期税负最轻,防止顾此失彼、前轻后重。

二、个人税务筹划的步骤

(一)熟练掌握和运用有关法律规定

理解法律规定的精神,掌握政策尺度,是一项重要的税务筹划前期工作。要学习和掌握国家税法精神,争取税务机关的帮助与合作,尤其是对实施跨国税务筹划业务的规划人来说,熟悉有关国家的法律环境更显得重要。

同时要了解法律和主管部门对纳税活动"合法和合理"的界定。不同国家对"合法和合理"的法律解释是不同的。有些国家执法偏于宽松,没明确禁止的即为合法和合理的;有些过国家执法偏于严格,主要侧重于法律规定应该如何,因此,在税务筹划时只能根据法律条文和法律实践作出判断。就我国的税法执法环境来看,因为欠缺可行的税法总原则,法律规定在操作性上也有某些欠缺,税务机关存在相当大的"自由裁量权",所以熟悉税法的执法环境非常重要。税务筹划人可以从税务机关组织和管理税收活动及裁决税法纠纷中来理解税法的尺度。通过税法执行中若干有代表性的案例来把握执法界限,并将其用于税务筹划的实施过程中。

(二)了解纳税人的财务状况和要求

1.了解纳税人的基本情况

对于纳税人,需要了解的基本情况包括以下几种:

(1)年龄和身体状况。纳税人的年龄和身体状况如何是直接影响税收筹划的重要因素。因为某些节税方法只适用于一定年龄之上或一定年龄之下的人。而身体状况则会影响到纳税人的工作状况、收入状况并进一步影响其纳税状况。

（2）家庭状况。家庭状况包括婚姻状况、子女及其他赡养人员的情况。纳税人的婚姻状况会影响某些税种的纳税人类别和扣除。在美国，个人所得税法中就存在未婚个人和夫妻共同申报而使用不同宽免额的法律规定，已婚夫妇亦可以选择单独申报或合并申报。纳税人如果赡养子女及其他人员，在很多国家可以享有一定的扣除、抵免或免税，从而会对纳税人的应纳税额产生影响。目前我国的个人所得税法中尚未考虑纳税人所赡养人口的情况，而是只针对个人所得征税。

（3）财务情况。纳税人财务情况包括纳税人的收支情况及财产情况，财产包括动产和不动产。只有全面和详细地了解纳税人的财务情况，才能针对纳税人的具体情况进行税收筹划，并使之合理。

（4）投资意向。许多纳税人的税务筹划目的是在投资中有效地节税，因而了解纳税人的投资意向就显得特别重要。纳税人的投资意向包括纳税人的投资方向和投资额。

（5）对风险的态度。节税与风险并存，节税越多的方案往往也是风险越大的方案，两者的权衡取决于多种因素，包括纳税人对风险的厌恶和偏好程度。了解纳税人对风险的态度及对风险的承受程度，可以更好地按纳税人的要求进行税务筹划。

（6）纳税历史情况。了解纳税人以前的有关纳税情况，包括纳税申报、所纳税种、纳税金额等情况，对制定未来的纳税计划会有很大的帮助和借鉴作用。

2. 了解纳税人的要求

纳税人对税务筹划的共同要求肯定是尽可能多地节税，节税的目的最终是为了增加纳税人的财务利益。但由于存在长期利益与短期利益及风险偏好程度的不同等各种因素，不同纳税人的要求可能是有所不同的，其税收筹划方案也会不同，因此在税务筹划之前，必须充分了解纳税人的具体要求，以便使规划方案符合纳税人的意愿。一般来讲，纳税人的要求主要有以下方面：

（1）纳税人对财务利益的要求。不同的财务利益意味着税收筹划方案的不同。一般而言，纳税人对财务利益的要求有三种：①最大限度地降低税收成本，增加可支配税后利润；②谋求所有者权益的最大增值；③兼顾短期税后利润和长期资本增值的最大。

（2）投资要求。纳税人的不同投资意向也意味着税收筹划方案的不同。一般而言，纳税人的投资意向包括投资项目、品种的选择，投资行业、地点的选择，投资期限和预期收益率的选择等，税收筹划是根据不同的选择，提出投资建设和修改纳税方案。

（3）获取信息资料的要求。税收筹划是应纳税人的要求为其进行的节税筹划，而纳税人有了解各种政策信息、取得各种筹划资料的权利，这就成为税收筹划的工作内容之一。

（三）签订委托合同

经过洽谈，正式受理客户的委托时，一般应签订书面的委托合同，明确双方的权利和义务。受托规划合同没有固定的格式，但它一般包括以下几项内容（其洽谈步骤如图7-1所示）：

（1）列明委托方、受托方的姓名、住址、电话等。

（2）委托事项的内容。

（3）酬金及计算方法。

（4）税务筹划成果的形式和归属。

（5）保护委托人权益的规定，包括业务的完成日期、业务质量等。

(6)保护受托人权益的规定。
(7)签名盖章及签订日期和地点等。

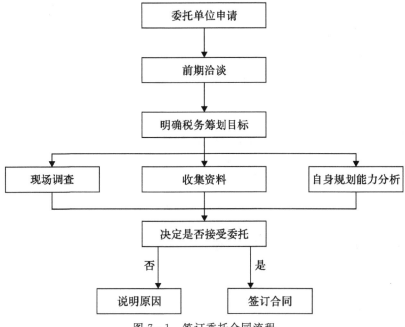

图7-1 签订委托合同流程

(四)制订规划方案并实施

1.制订税务筹划方案

制订规划方案的步骤应包括以下几项内容:

(1)分析纳税人职业背景并选择节税方法。不同纳税人的不同职业和所从事的业务,决定着其不同收入水平及节税方法。主要分析纳税人所处的行业及所从事的业务按法律规定应该缴纳哪种税,是否能够享受税收优惠待遇等。然后根据纳税人所从事的业务及收支渠道情况确定可以节税的方法。

(2)进行相关法律法规的汇集。在制订规划方案的同时,汇集纳税涉及的可依据的法律、法规、政策,以避免陷入法律纠纷。

(3)应纳税额的计算。在不同的规划方案制订出来以后,分别计算出应纳税额,并进行比较选择。

(4)相关因素分析。对影响税收筹划效果的相关内部因素可能会发生的变动情况进行分析,以防止因内部因素变动产生风险。对影响规划实施的外部条件发生变化可能引起筹划预期效果变化的敏感程度进行分析,以防止外部因素变化产生风险。

2.方案的选择

受托方为委托方制定的筹划方案往往不止一个,在多个筹划方案中进行选择时,应主要考虑委托方的偏好,并随时听取委托方的意见,以便根据委托方的需要进行修改并敲定最终方案。一般来讲,要选择节税多、成本低、实施便利、技术简单并且节税效果好,能使纳税人得到更大利益的策划方案。

3. 纳税筹划方案的实施

纳税筹划方案经过纳税人同意后,即可付诸实施,并且在实施的过程中,不断进行信息反馈,与纳税人进行沟通,使其按纳税计划执行。如果出现新的情况使原筹划方案执行时,纳税筹划人还需修订筹划方案。

第三节 个人收入的税务筹划

一、利用纳税人身份认定进行纳税筹划

1. 成为非居民纳税人

我国个人所得税法将纳税人分为居民纳税人和非居民纳税人。前者纳税义务无限,境内外所得均缴纳个人所得税,后者纳税义务有限,只就其境内所得缴纳个人所得税。因此,纳税人在某些情况下,可以充分利用这一规定,使自己成为非居民纳税人,以实现减少纳税额的目的。

【例7-3】一位法国人受雇于家乐福总部。2013年4月起,他到中国分支机构就职,2014年度他离开中国两次,一次离境52天回总部述职,一次离境42天回国探亲。2010年度法国总部支付给他120000元人民币薪金。根据个人所得税法的相关规定,这位法国人两次离境累计超过90天,因此他是非居民纳税义务人,又由于这120000元所得不是来源于中国境内分支机构的所得,所以不必向中国政府缴纳个人所得税。

案例中,这位法国人充分而又合法地利用我国税法关于非居民纳税人的纳税规定,减轻了纳税负担。如果他两次离境累计没有超过90天,则他需向中国政府缴纳个人所得税税额为:

应纳税额=(每月收入额-4800)×适用税率-速算扣除数
    =[(120000÷12-4800)×20%-555]×12=5820(元)

2. 成为个体工商业户、个人独资企业、合伙制企业纳税义务人

近年来,个人投资成为人们普遍关注的热门话题。个人可选择的投资方式主要有:建立个人独资企业,组建合伙制企业,设立私营企业,作为个体工商户从事生产经营和承包承租业务。在这几种投资方式中,从2000年1月1日起,个体工商户的生产经营所得、个人独资企业、合伙企业投资者的投资所得缴纳个人所得税,私营企业的生产经营所得缴纳企业所得税。因税率不同,在收入相同的情况下,私营企业的税收负担重于前三者。

【例7-4】范女士承包经营一集体企业。该企业将全部资产租赁给范女士使用,范女士每年上缴租赁费10万元,每年计提折旧10000元,租赁后的经营成果全部归范女士个人所有。2014年范女士生产经营所得为20万元。

如果范女士仍使用原集体企业的营业执照,按税法规定其经营所得应缴纳企业所得税,而且其税后所得还要再按承包、承租经营所得缴纳个人所得税。

根据企业所得税法规定,在不考虑其他调整因素的情况下:

该企业应纳企业所得税税额=(200000-10000)×33%=62700(元)
范女士的承包经营所得=200000-100000-62700-10000=27300(元)
范女士应纳的个人所得税=(27330-800-12)×20%-1250=2290(元)

范女士实际获得的税后利润＝27300－2290＝25010(元)

如果范女士将原企业的工商登记改变为个体工商户,则其承包经营所得应缴纳个人所得税,纳税情况如下:

应纳税所得额＝收入总额－(成本＋费用＋损失)

应纳税额＝应纳税所得额×适用税率－速算扣除数

范女士应纳的个人所得税税额＝(200000－100000－800×12)×35％－6750＝24890(元)

范女士获得的税后利润＝200000－100000－24890－10000元＝65110(元)

通过比较,范女士的纳税身份由私营企业主改变为个体工商户后,多获利40100元(65110－25010)。需要说明的是,纳税人在进行这方面纳税筹划时,应充分考虑各方面的因素,如不同的企业形式,风险的大小不一样。个人投资企业和合伙制企业承担无限责任,风险较大,而私营企业若以有限责任公司形式出现,只承担有限责任,风险相对较小。在全面权衡的基础上,选择最优的纳税义务人身份。

总之,在界定纳税人身份时,纳税人应尽量使自己成为税率较低或可以享受免税优惠的纳税人。此外,随着世界贸易和国际经济的日益发展,国际间、地区间人员流动将成为一种时尚,跨国经营、跨国收入成为必然。各国对于纳税人身份认定的标准不一,这些不同的标准为纳税人进行纳税筹划提供了更大的空间,如纳税人在不同国家、不同地区从事不超过规定期限的活动,使自己不成为任何一个国家的居民,或利用短期纳税人的身份,享受所在地给予的税收优惠。

二、利用减少应税所得避税

通过收入延期、收入分期和收入分割,可以降低每个人每次的收入,从而降低税率,起到避税作用。

(一)收入延期

收入延期是指通过延期取得本应本期取得的收入,可以推迟纳税时间,本应缴纳的税款在上缴之前,可以继续投资获得收益,从而在实质上减少了应缴的税款。例如长期持有房产,可以推迟缴纳房产交易所得税。

(二)收入分期

收入分期是指将原来一次取得的收入,分成若干次取得。如将本应一次性取得的收入分成若干次获得,可以降低每次收入对应的税率级别,从而降低总的应纳税额。

(三)收入分割

收入分割是将原来由一个人获得的收入,改为由两个或更多的人获得,可以降低每个人对应的税率级别,从而降低总的应纳税额。

【例7-5】王先生研制了一项新发明,并申请了专利,该人应某出版社的邀请,就该发明的原理、价值及发明经过等写了一本书,取得了6000元的稿酬收入。在写作的过程中,其夫人提供了许多建议,并收集了资料,还承担了其中一章的写作和全部文字的整理、润色工作。

在该案例中就有两种税务处理的方法,一种是该书只署名王先生的名字,另一种是署名王先生和他夫人两个人的名字。这两种不同的处理会有不同的纳税效果。采取第一种方法时,王先生的应纳税额是:6000×(1-20%)×20%×70%=672(元);采取第二种方法时,收入算两个人的,应纳税额是:(3000-800)20%×70%=308(元),他的夫人也缴纳相同的税,他们共同缴纳了616元的所得税,少缴56元。

(四)收入项目福利化和费用化

收入项目福利化和费用化是指将本应当纳税的收入转化为企业的福利或者费用,可以减少应税所得,从而降低应纳税额。

我国个人所得税法就规定,纳税人的所得为实物的,应当按照所取得实物的凭证上注明的价格,计算应纳税所得额;无凭证的实物或者凭证上所注明的价格明显偏低的,由主管税务机关参照当地的市场价格,核定应纳税所得额。所以,如果工作单位向个人提供实物津贴,使实物的所有权归属于个人,那么这种实物收入也要缴纳个人所得税。但如果实物的所有权不归属到个人,个人只是对其进行消费,从中得到便利,那么就可以不缴纳所得税。例如,企业购置一批小汽车,汽车归企业所有,但分给职工个人使用,这时小汽车就不是个人的实物收入,个人不用就其缴纳所得税。

三、兼有薪金和劳务报酬的个人所得税筹划

我国现行个人所得税实行分类课征制度,将个人所得分为十一项,分别纳税,这样,当同样一笔收入被归属于不同的所得时,其税收负担是不同的,从而为纳税人进行纳税筹划提供可能性。工资薪金所得与劳务报酬所得在这一方面表现得非常突出。

工资、薪金所得,是指个人在机关、团体、学校、部队、企事业单位及其他组织中任职或者受雇而取得的各项报酬,是个人从事非独立性劳务活动的收入;而劳务报酬是指个人独立地从事各种技艺、提供各项劳务所取得的报酬。两者的主要区别就是,前者提供所得的单位与个人之间存在着稳定的雇佣与被雇佣关系,而后者不存在这种关系。

工资、薪金所得适用3%~45%的七级超额累进税率,劳务报酬所得适用的是20%、30%、40%的三级超额累进税率。显然,相同数额的工资、薪金所得与劳务报酬所得的税收负担是不相同的。这样,在一定条件下,将工资、薪金所得与劳务报酬所得分开、合并或相互转化,就可以达到节税的目的。

(一)合并筹划法

一般情况下,当应纳税所得额比较少的时候,工资薪金所得适用的税率比劳务报酬所得适用的税率低,因此在可能的时候将劳务报酬所得转化为工资、薪金所得,在必要时甚至可以将其和工资、薪金所得合并缴纳个人所得税。

【例7-6】刘先生2014年10月份从单位获得工资类收入2000元,由于单位工资太低,刘先生同月在A企业找了一份兼职工作,收入为每月2400元。

如果刘先生与A企业没有固定的雇佣关系,则按照税法规定,工资、薪金所得与劳务报酬所得分开计算交税。这时,工资、薪金所得没有超过基本扣除限额3500元不用纳税,而劳务报酬所得应纳税额为:

$$(2400-800)\times 20\%=320(元)$$

因而刘先生4月份应纳税额为320元。

如果刘先生与 A 企业有固定的雇佣关系,则由 A 企业支付的 2400 元作为工资薪金收入应和单位支付的工资合并缴纳个人所得税,应纳税额为:

$$(2400+2000-3500)\times 3\% = 27(元)$$

在该案例中,如果叶先生与 A 企业建立固定的雇佣关系,则每月可以节税 293 元(320-27),一年则可节省税金 3516 元。

(二)转化筹划法

在某些情况下,将工资薪金所得转化为劳务报酬所得更有利于节省税金。

【例 7-7】 朱先生是一名高级工程师,2014 年 10 月获得某公司的工资类收入 62000 元。

如果朱先生和该公司存在稳定的雇佣与被雇佣关系,则应按工资、薪金所得缴税,其应纳税所得额为:

$$应纳税所得额 = 月工资、薪金收入 - 3500 元$$
$$62000 - 3500 = 58500(元)$$

其应纳税额为:

$$应纳税额 = 应纳税所得额 \times 适用税率 - 速算扣除数$$
$$58500 \times 35\% - 5505 = 14970(元)$$

如果朱先生和该公司不存在稳定的雇佣与被雇佣关系,则该项所得应按劳务报酬所得缴税,其应纳税所得额为:

$$应纳个人所得税税额 = 应纳税所得额 \times (1-20\%)$$
$$62000 \times (1-20\%) = 49600(元)$$

其应纳税额为:

$$49600 \times 30\% - 2000 = 12880(元)$$

因此,如果朱先生与该公司不存在稳定的雇佣关系,或采取某些可能的措施,使其与该公司没有稳定的雇佣关系,则他可以节省税金 2090 元(14970-12880)。

(三)分项筹划法

在一般的情况下,将工资、薪金所得和劳务报酬所得分开有利于节省税金。

【例 7-8】 刘小姐 2014 年 10 月从公司获得工资、薪金收入共 40000 元。另外,该月刘小姐还获得某设计院的劳务报酬收入 40000 元。

根据个人所得税法的规定,不同类型的所得分类计算应纳税额,因此计算如下:

工资、薪金收入应纳税额为:

$$应纳税额 = (月工资、薪金收入 - 3500 元) \times 适用税率 - 速算扣除数$$
$$(40000-3500) \times 30\% - 2755 = 8195(元)$$

劳务报酬所得应纳税额为:

$$40000 \times (1-20\%) \times 30\% - 2000 = 7600(元)$$

该月刘小姐共应纳税 15795 元(8195+7600)。

如果刘小姐不对这两项所得分开缴税,而是合并纳入工资、薪金所得缴纳,则刘小姐 7 月份应缴纳个人所得税税额为:

$$(40000+40000-3500) \times 35\% - 5505 = 21270(元)$$

因而分开缴纳可以节省税额 5475 元(21270-15795)。

(四)涉及附加减除费用的筹划

按照我国《个人所得税法》的规定,对于工资、薪金所得,以每月扣除3500元费用后的余额为应纳税所得额。但是,对于部分人员在每月工资、薪金所得减除3500元费用的基础上,还可以再享受1300元的附加减除费用。这些人员主要包括以下几种:

(1)在中国境内的外商投资企业和外国企业中工作并取得工资、薪金所得的外籍人员。

(2)应聘在中国境内的企业、事业单位、社会团体、国家机关中工作并取得工资、薪金所得的外籍专家。

(3)在中国境内有住所并在中国境外任职或者受雇取得工资、薪金所得的个人。

(4)财政部确定的取得工资、薪金所得的其他人员。

华侨和香港、澳门、台湾同胞,参照上述附加减除费用标准执行。

1. 利用附加扣除筹划法

作为具备享受附加扣除费用待遇的个人,可以考虑有效地利用该政策,最大限度地使自己少缴、甚至不缴税款。

【例7-9】某纳税人,其月薪为10000元,如果该纳税人不适用附加减除费用的规定,则其应缴纳的个人所得税款计算如下:

应纳税额=(月工资、薪金收入-3500)×适用税率-速算扣除数

应纳税所得额=10000-3500=6500(元)

应纳税额=6500×20%-555=745(元)

但如果该纳税人为在天津某外商投资企业中工作的外国专家(假定为非居民纳税人),其月薪仍然为10000元,则其应缴纳个人所得税的计算过程如下:

应纳税所得额=10000-(3500+1300)=5200(元)

应纳税额=5200×20%-555=485(元)

后者比前者少缴税260元(745-485)。

2. 内外所得分项筹划法

纳税义务人在境内和境外同时取得工资、薪金所得的,应根据《个人所得税实施条例》第五条规定的原则,判定其境内、境外取得的所得是否为来源于一国的所得。纳税义务人能够提供在境内、境外同时任职或者受雇及其工资、薪金标准的有效证明文件,可判定其所得是分别来源于境内和境外所得,应按税法和条例的规定分别减除费用并计算纳税;不能提供上述证明文件的,应视为来源于一国的所得,如其任职或者受雇单位在中国境内,应为来源于中国境内的所得,如其任职或受雇单位在中国境外,应为来源于中国境外的所得。

【例7-10】涂先生为具有中国国籍的居民纳税义务人,2014年10月份,从中国境内获得6000元的工资类收入,同时又从英国获得一定的收入,折合成人民币为10000元。试问,涂先生2014年10月份应缴纳个人所得税多少?

如果涂先生能够提供证明文件,证明其在境内和境外分别任职或受雇及工资、薪金标准,那么其来源于国内和国外的收入可以分别减除费用并计算纳税,其应纳个人所得税的计算如下:

应纳税额=(月工资、薪金收入-3500)×适用税率-速算扣除数

境内应纳税所得额=6000-3500=2500(元)

境内应纳税额=2500×10%-105=145(元)

$$境外应纳税所得额 = 10000 - 4800 = 5200(元)$$
$$境外应纳税额 = 5200 \times 20\% - 555 = 485(元)$$
$$境内、境外合并纳税额 = 145 + 485 = 630(元)$$

但如果涂先生不能提供有效证明文件,则其来源于境内、境外的工资类所得应合并征税,其计算过程如下:
$$合并应纳税所得额 = 6000 + 10000 - 3500 = 12500(元)$$
$$合并应纳税额 = 12500 \times 25\% - 1005 = 2120(元)$$

因此,较好地利用这一条可以节省税款 1490 元(2120-630)。

3. 扣除境外已纳税款筹划法

在对纳税人的境外所得征税时,往往会遇到该境外所得已经按照所得来源国税法的规定缴纳了税款的情况,为避免国与国之间的双重征税,各国一般都规定一定的减免或扣除。根据我国税法,纳税人从中国境内取得的所得,准予其在应纳税额中扣除已在境外缴纳的个人所得税税额。但扣除不能超过一定的限额,即不能超过该项所得依照我国税法规定计算的应纳税额。

这里应该注意的是,扣除境外取得的所得已缴税款时,采用的是分国不分项原则,即在同一国家或者地区内不同的应税项目,应合并计算其抵扣限额,并按照规定进行抵扣。

【例7-11】某中国纳税人,2014 年在 B 国取得应纳税收入。其中:在 B 国某公司任职取得工资类收入 60000 元,另又提供一项专有技术使用权,一次取得特许使用费收入 30000 元。上述两项收入,在 B 国缴纳个人所得税 5200 元。

按照我国税法规定的费用扣除标准和税率,该纳税义务人应缴纳的税额如下:

(1)工资所得。
$$每月应纳税额 = (60000/12 - 4000) \times 10\% - 25 = 75(元)$$
$$每年应纳税额 = 75 \times 12 = 900(元)$$

(2)特许权使用费所得。
$$应纳税额 = 30000 \times (1 - 20\%) = 4800(元)$$

因此,抵扣限额为:
$$900 + 4800 = 5700(元)$$

根据计算结果,该纳税人应缴纳 5700 元的个人所得税。由于其在 B 国已经缴纳了 5200 元的个人所得税,而且低于抵扣限额,可以全额扣除,在中国只用缴纳差额部分 500 元即可。但如果该纳税人在 B 国已经缴纳的税款超过了 5700 元,则不用再缴纳,而且超过部分可以在以后的纳税年度里扣除,但只能抵扣 5 年。

(五)工资、薪金收入不均衡时的筹划

我国个人所得税对工资、薪金所得采用的是七级超额累进税率,随着应纳税所得额的增加,其适用的税率也随着攀升,因此某个时期的收入越多,其相应的个人所得税税收比重就越大。如果某个纳税义务人的工资、薪金类收入极不平均,相对于工资、薪金收入非常平均的纳税义务人而言,其缴纳税收的比重就大得多。这个时候,对工资、薪金类所得的筹划就显得特别重要了。

1. 工资、薪金所得的均衡分摊筹划方法

由于工资薪金所得适用七级超额累进税率,应纳税所得额越大,其适用的税率也就越高。

因此相对于工资薪金所得非常均衡的纳税人而言,工资薪金所得极不均衡的纳税人的税收负担就较重。这时,如果采取均衡分摊法,可以达到少缴税款,获得一定经济利益的目的。

【例 7-12】 甲和乙同属一个季节性生产企业,二人一年的工资薪金所得均为 24000 元,甲为行政人员每月工资 2000 元,乙为车间工人,一年工作四个月,这四个月期间乙每月可得工资 6000 元。若按实际情况,甲乙纳税情况大相径庭,甲每月低于 3500 元,无需缴纳个人所得税。乙在工作四个月中每月应纳税额为:

$$应纳税额 = (月工资、薪金收入 - 3500) \times 适用税率 - 速算扣除数$$
$$(6000 - 3500) \times 10\% - 105 = 145(元)$$

如果乙和该企业达成一项协议,将 24000 元年工资平均分摊到各月,即在不生产的月份照发工资,则乙就会与甲一样不必缴纳个人所得税。

奖金的发放也可以按同样原理进行纳税筹划。根据国家税务总局的有关规定,对于在中国境内有住所的个人一次性取得数月奖金或年终加薪、分红可以单独作为一个月的工资、薪金所得计算纳税。由于对每月的工薪所得计税时已按月扣除了费用,因此,对上述奖金不再减除费用,全额作为应纳税所得额直接按适用税率计算应纳税额。根据上述规定如果该项奖金所得一次性发放,由于数额相对较大,将适用较高税率。如果将该项奖金均衡分摊,同样可以获得节税效益。

2. 劳务报酬所得分摊筹划方法

所得税法规定,劳务报酬所得分项按次纳税。对于同一项目连续性收入的,以每月收入为一次。对一次收入过高的要加成征收。对于纳税人而言,收入的集中便意味着税负的增加,收入的分散便意味着税负的减轻。因此,劳务报酬每次收入额的大小及每次取得收入的时间,成为影响税负的主要因素。

【例 7-13】 周教授被某校聘任为兼职教授,每周到该校授课一次,每次酬金 2000 元,每月 4 次,每学期 4 个月。若该校一次性支付酬金给周教授 32000 元,则周教授应纳税额为:

$$32000 \times (1 - 20\%) \times 30\% - 2000 = 5680 元$$

若周教授与该校商定,酬金按月支付,则周教授每次(月)应纳税额为:

$$8000 \times (1 - 20\%) \times 20\% = 1280 元$$

4 个月周教授共计纳税为:

$$1280 \times 4 = 5120 元$$

可见,通过增加费用开支尽量减少应纳税所得额,或者通过延迟收入、均衡分摊收入等方法,将每一次的劳务报酬所得安排在较低税率范围内。

四、稿酬所得的个人所得税筹划

个人所得税法规定,稿酬所得按次纳税,以每次出版、发表取得的收入为一次。但对于不同的作品可以分开计税。同时还规定,两个或两个以上的个人共同取得的稿酬所得,每个人都可以按其所得的收入分别按税法规定进行费用扣除。这些规定为纳税人提供了纳税筹划的空间。

(一)系列丛书筹划法

如果某些著作可以分解成几个部分,以系列著作的形式出版,则该著作被认定为几个单独的作品,分别计算纳税,这在某些情况下可以节省纳税人不少税款。值得说明的是,这种发行方式应使每本书的人均稿酬低于4000元(根据税法规定,在稿酬所得低于4000元时,实际抵扣标准大于20%)。

【例7-14】谷教授准备出版一本关于人力资源管理的著作,预计获得稿酬所得10000元。

如果以一本书的形式出版该著作,则谷教授:

$$应纳税额 = 10000 \times (1-20\%) \times 20\% \times (1-30\%) = 1120(元)$$

如果该著作可以分解成4本的系列丛书的形式出版,则谷教授:

$$应纳税总额 = [(10000/4) - 800] \times 20\% \times (1-30\%) \times 4 = 952(元)$$

由此可见,经过筹划,谷教授可少缴税款168元。

(二)著作组筹划法

如果一项稿酬所得预计数额较大,可以通过著作组法,即一本书由多个人共同撰写。与上述方法一样,这种筹划方法也是利用低于4000元稿酬的800元费用抵扣,该项抵扣的效果大于20%的标准。著作组法不仅有利于加快创作速度、集思广益、扩大发行量、积累著作成果,而且可以达到节税的目的。

使用这种筹划方法,虽然达到了节税的目的,但每个人的最终收入可能会比单独创作时少。因此,这种筹划方法一般用在著作任务较多如成立长期合作的著作组,或将自己的亲属列为著作组成员。

【例7-15】某财经大学专家孟教授准备写一本《金融学》教材,出版社初步同意该书出版之后支付稿费24000元。

如果孟教授单独著作,则可能的纳税情况为:

$$应纳税额 = 24000 \times (1-20\%) \times 20\% \times (1-30\%) = 2688(元)$$

如果孟教授采取著作组筹划法,并假定该著作组共有10人,则可能的纳税情况为:

$$应纳税额 = (2400 - 800) \times 20\% \times (1-30\%) \times 10 = 2240(元)$$

可见,利用著作组筹划法可以达到少缴税款的目的。

纳税人应尽量避免一次性取得大额收入,在合法的前提下将所得均衡分摊或分解,增加扣除次数,降低应纳税所得额。在实行累进税率时,还可以避免档次爬升现象的出现。

五、年终奖金的个人所得税筹划

目前,大多数国家都是按年来征收个人所得税,只有包括中国在内的部分国家是按月征收。为了使中国个人所得税缴纳向着人性化、国际化、科学化的方向转变,2005年1月26日,国家税务总局出台文件——《关于调整个人取得全年一次性奖金等计算征收个人所得税方法问题的通知》(国税发[2005]9号),对年终一次性奖金的计税方法作出了新的规定。新规定的计算和征收可归纳为以下几个方面:

(1)纳税人取得全年一次性奖金,单独作为一个月工资、薪金所得计算纳税,先将雇员当月内取得的全年一次性奖金,除以12个月,按其商数确定适用税率和速算扣除数。

(2)如果在发放一次性奖金的当月,雇员工资薪金所得低于税法规定的费用扣除额,应将全年一次性奖金减除"雇员当月工资薪金所得与费用扣除额的差额"后的余额,按上述办法确定全年一次性奖金的适用税率和速算扣除数。

(3)在一个纳税年度里,对每一个纳税人,该计税办法只允许采用一次。

(4)雇员取得全年一次性奖金以外的其他各种名目奖金,如半年奖、季度奖、加班奖、先进奖、考勤奖等,一律与当月工资、薪金合并,按税法规定缴纳个人所得税。

全年一次性奖金是指行政机关、企事业单位等扣缴义务人根据其全年经济效益和对雇员全年工作业绩的综合考核情况,向雇员发放的一次性奖金。年终加薪、实行年薪制和绩效工资办法的单位根据考核情况兑现的年薪和绩效工资,都可以适用新的方法计算纳税。

【例7-16】2014年林先生的每月工资为4500元,该年林先生的奖金预计共有66000元。

下面我们对奖金按月发放、年中和年末两次发放及年终一次性发放三种不同方式进行比较(扣除额按照个人所得税新标准3500元计算)。

方式一:奖金按月发放,每月发放5500元。则林先生每月应纳税所得额为:4500+5500-3500=6500元,6500元适用的最高税率为20%,于是,每月应纳税额为:6500×20%-555=745元。

$$年应纳个人所得税总额=745\times12=8940(元)$$

方式二:年中7月份发放一次半年奖10000元,年末再发放一次全年奖56000元。则除7月外,林先生应纳税所得额为:4500-3500=1000元,1000元适用的最高税率为3%,每月应纳税额为1000×3%=30元。

7月份发放半年奖时,7月应纳税所得额为:4500+10000-3500=11500元。

$$7月份应纳税额=11500\times25\%-1005=1870(元)$$

由于新规定计税方法是一种优惠办法,一个纳税年度此法每人只许用一次,全年分次发放奖金的,也只能用一次。因此,年终奖金为56000元,适用税率和速算扣除数分别为20%和555元(根据56000/12=4667元确定),此时,年终奖金应纳税额为56000×20%-555=10645元。

$$年应纳个人所得税总额=30\times11+1870+10645=12845(元)$$

方式三:年终一次性发放奖金66000元。林先生每月应纳税所得额仍为4500-3500=1000元,每月应纳税额为1000×3%=30元。

年终一次性发放奖金66000元。适用税率和速算扣除数分别为20%和555元(根据66000/12=5500元)确定。于是,年终一次性奖金应纳税额为66000×20%-555=12645元。

$$年度应纳个人所得税总额=30\times12+12645=13005(元)$$

由此可见,在新规定计税政策下,"年终奖金分期付款"方式税收负担最轻,比年中年末两次集中发放少纳税款12845-8940=3905元,比年终一次性发放少纳税款13005-8940=4065元。于是,得出这样一个结论:

结论一:在新政策下,奖金按月发放的方式税负最轻,而年中和年末两次发放及年终一次性发放两种方式的税负则较重。

方式四:年中7月份发放一次半年奖12000元,年末再发放一次全年奖54000元。此时,除7月份外。林先生应纳税所得额仍为4500-3500=1000元,每月应纳税额为30元。

7月份发放半年奖时。7月应纳税所得额为4500+12000-3500=13000元,7月份应纳税额为13000×25%-1005=2245元。

年终奖金为54000元,适用税率和速算扣除数分别为10%和105元(根据54000/12=4500元确定),于是,年终奖金应纳个人所得税额为54000×10%-105=5295元。

此时，年应纳个人所得税总额＝30×11＋2245＋5295＝7870元。

于是发现，与第二种发放方式相比，虽然两种均为分两次集中发放奖金方式，但方式四应纳税款少了12845－7870＝4975元；与年终一次性发放，第四种方式也少纳税13005－7870＝5135元；若与方式一相比，也少纳税8940－7870＝1070元。

方式二和方式四均为年中发放一次、年末发放一次，但由于发放数额的不同，两种方式的纳税数额又有不同，此间的筹划技巧关键是对新规定税收政策的充分利用。在方式四中，在确定年终奖金的适用税率时，54000÷12＝4500元，而4500元刚好是适用税率10%的临界值。但方式二中56000÷12＝4667元，虽然刚超过4500元没多少，但仍应按20%的税率计征年终奖，从而使得整个应纳税额一下子增加不少。

结论二：通过合理分配奖金，尽可能降低年终一次性奖金的适用税率。尤其是在求得（年终奖金/12）的商数高出较低一档税率的临界值不多的时候，减少年终奖金发放金额，使其商数调减至该临界值，降低适用税率。这种节税效果极为明显。

方式五：林先生的奖金发放分成两部分，一部分为月奖，每月2000元，另一部分为年终一次性发放奖金42000元。

每月应纳税所得额为4500＋2000－3500＝3000元，每月应纳税额为3000×10%－105＝195元。

年终一次性奖金42000元适用的税率和速算扣除数分别为10%与105（根据42000/12＝3500确定），年终一次性奖金的应纳税额为42000×10%－105＝4095元。

这样，年应纳个人所得税总额＝195×12＋4095＝6435元。

比较其他方式与方式五，可知方式五较其他方式节税。究其原因，是因为本例中年终奖金适用税率并未发生改变，而各月适用税率与年终奖金适用税率相同，将奖金分摊至各月可以减少税负。

结论三：如果将奖金分出部分在每月作为月奖发放，降低年终奖的适用税率，同时保持月收入适用的税率不变，可以降低税负。

关于季度奖等其他奖金的筹划方式，与半年奖筹划方式类似。"具体问题具体分析"，本案例分析得出的各项结论不一定适用于所有的情况，但总的筹划原则是：在月收入适用税率不低于年终奖金适用税率条件下，只要不使年终奖金的适用税率提升一级，就应尽量将各种奖金都放入年终奖金一起发放。但如果月收入适用税率本身已低于年终奖金适用率，那么就可以将奖金调换入工资收入。这里，临界点是筹划的关键。

六、个人投资的个人所得税筹划

随着经济的发展个人收入水平的不断提高，个人储蓄存款的增加，个人投资在经济生活中占有越来越重要的地位。作为个人投资者，在进行投资前必然会对不同的投资方式进行比较，选择最佳方式进行投资。目前，个人可以选择的投资方式主要有：作为个体工商户从事生产经营、从事承包承租业务、成为个人独资企业、组建合伙企业、设立私营企业。下面就各种投资方式所应缴纳的所得税分别进行分析。

（一）自然人投资理财间接投资的税负

个人投资者通常不注意相关理财方式的税收规定，这就难免造成个人不必要的经济损失。

如果能够巧妙利用税收成本进行个人理财筹划,也许会有意想不到的收获。

1. 免税理财工具

(1)教育储蓄。

《对储蓄存款利息所得征收个人所得税实施方法》第五条规定:"对个人取得的教育储蓄存款利息所得以及国务院财政部门确定的其他专项储蓄存款或者储蓄性专项基金存款的利息所得,免征个人所得税。"根据这一规定教育储蓄、住房公积金、医疗保险金、基本养老保险金、失业保险基金,按一定限额或比例存入银行个人账户所得的利息收入免征个人所得税。这为纳税人进行纳税筹划提供了有利的条件。具体做法是将个人的存款按教育基金或其他免税基金的形式存入金融机构。这样不仅可以少缴税款,而且也为子女教育、家庭正常生活秩序提供了保障。

(2)投资国债。

个人投资企业债券应缴纳20%的个人所得税。而根据税法规定,国债和特种金融债是可以免征个人所得税的。因此,即使企业债券的票面利率略高于国债,但扣除税款后的实际收益反而低于后者。而且记账式国债还可以根据市场利率的变化,在二级市场出卖以赚取差价。

(3)购买保险。

根据我国相关法律规定,居民在购买保险时可享受三大税收优惠:一是按有关规定提取的住房公积金、医疗保险金不计当期工资收入,免缴个人所得税;二是由于保险赔款是赔偿个人遭受意外不幸的损失,不属于个人收入,免缴个人所得税;三是按规定缴纳的住房公积金、医疗保险金、基本养老保险金和失业保险基金,存入银行个人账户所得利息收入免征个人所得税。

(4)人民币理财。

目前市场上有多家银行推出的各种人民币理财产品和外币理财产品。对于人民币理财产品,暂时免征收益所得税。投资者在购买这些理财产品时,要注意了解有关细则,分清收益率。

2. 资本市场间接投资

中国现在较成熟的资本市场有股票市场、期货市场,个人可以将货币资金余额进行股票投资、期货投资,同时,可以通过购买基金、证券等其他金融工具来进行资金的保值增值,还可以存入银行获得利息。

所有这些理财收入都涉及个人所得税,对于个人持有的股票、债券而取得的股利、红利所得,税法规定予以征收个人所得税。但各国为了鼓励企业和个人进行投资和再投资,规定的股票形式发放股利免缴个人所得税。这样,在预测企业发展前景非常可观、股票具有较大升值潜力的情况下,就可以将本该领取的股息、红利所得留在企业,作为再投资。这种筹划方法,既可以免缴个人所得税,又可以更好地促进企业的发展,使得自己的股票价值更为可观。当股东需要现金时,可以将分得的股票股利出售,获得的资本利得免缴个人所得税。因此,在权衡投资方案取舍时,一定要注意税收对其中的影响。

(二)个体工商户的税负

个体工商户的生产经营所得和个人对企事业单位的承包经营、承租经营所得,适用5%~35%的五级超额累进税率。

【例7-17】个体工商户李先生年营业收入54万元,营业成本42万元,其他可扣除费用、流转税金2万元,其年应纳税额为:(540000-420000-20000)×35%-14750(个人所得税速算扣除数)=20250元。

税后收入＝100000－20250＝79750(元)

个体工商户的实际税负＝20250÷(540000－420000－20000)×100％＝20.25％

(三)个人独资企业的税负及筹划

税收政策规定,从2000年1月1日起,对个人独资企业停止征收企业所得税,个人独资企业投资者的投资所得,比照个体工商户的生产、经营所得征收个人所得税。这样个人独资企业投资者所承担的税负依年应纳税所得额及适用税率的不同而有所不同。如,年应纳税所得额为6万元,适用税率为20％,应纳个人所得税为60000×20％－3750(个人所得税速算扣除数)＝8250元,实际税负为8250÷60000×100％＝13.75％。如果适当进行筹划,就能起到很好的节税效果。

【例7-18】王某开设了一个经营水暖器材的公司,由其妻负责经营管理。王某也经常承接一些安装维修工程。每年销售水暖器材的收入为4万元,安装维修收入为2万元。

全年应纳所得税＝60000×20％－3750(个人所得税速算扣除数)＝8250(元)

现在王某和妻子决定成立两个个人独资企业,王某的企业专门承接安装维修工程,王妻的公司只销售水暖器材。

在这种情况下,假定收入同上,王某和妻子每年应纳的所得税分别为:

20000×10％－750(个人所得税速算扣除数)＝1250(元)

40000×20％－3750＝4250(元)

两人合计纳税1250＋4250＝5500元,每年节税8250－5500＝2750元。实际税负由13.75％(8250÷60000×100％)下降到9.17％(5500÷60000×100％),税负下降了4.58％。

(四)合伙企业的税负

合伙企业是指依照合伙企业法在中国境内设立的,由各合伙人订立合伙协议,共同出资、合伙经营、共享收益、共担风险,并对合伙企业债务承担无限连带责任的营利性组织。在合伙企业中合伙损益由合伙人依照合伙协议约定的比例分配和分担。合伙企业成立后,各投资人获取收益和承担责任的比例就已确定。和个人独资企业一样,从2000年1月1日起,对合伙企业停止征收企业所得税,各合伙人的投资所得,比照个体工商户的生产、经营所得征收个人所得税。但是由于合伙企业都有两个及两个以上的合伙人,而每个合伙人仅就其获得的收益缴纳个人所得税。

【例7-19】某合伙企业有5个合伙人,各合伙人的出资比例均为20％。本年度的生产经营所得为30万元,由各合伙人按出资比例均分。

这样每个合伙人应纳的个人所得税为300000×20％×20％－3750(个人所得税速算扣除数)＝8250元。合伙企业每个合伙人的实际税负为13.75％(8250/60000×100％)。

(五)私营企业的税负

目前设立私营企业的主要方式是成立有限责任公司,即由两个以上股东共同出资,每个股东以其认缴的出资额对公司承担有限责任,公司以其全部资产对其债务承担责任。作为投资者的个人股东以其出资额占企业实收资本的比例获取相应的股权收入。作为企业法人,企业的利润应缴纳企业所得税。当投资者从企业分得股利时,按股息、红利所得缴纳20％的个人所得税。这样,投资者取得的股利所得就承担了双重税负。由于单个投资者享有的权益只占企业全部权益的一部分,其承担的责任也只占企业全部责任的一部分。但是,因其取得的收益是部分收益,企业缴纳的所得税税负个人投资者也按出资比例承担。

【例7-20】个人投资者占私营企业出资额的50%,企业税前所得为12万元,所得税税率为25%。

应纳企业所得税为:120000×25%=30000元。

税后所得为:120000-30000=90000元。

个人投资者从企业分得股利为:90000×50%=45000元。

股息、红利所得按20%的税率缴纳个人所得税,这样投资者缴纳的个人所得税为:45000×20%=9000元,税后收入为45000-9000=36000元。

实际税负为:(30000×50%+9000)÷(120000×50%)×100%=40%。

在上述几种投资方式中,一般来讲,在收入相同的情况下,个体工商户、个人独资企业、合伙企业的税负是一样的,私营企业的税负最重。但个人独资企业、合伙企业、私营企业等三种形式的企业,是法人单位,在发票的申购、纳税人的认定等方面占有优势,比较容易开展业务,经营的范围比较广,并且可以享受国家的一些税收优惠政策。

在三种企业形式中,私营企业以有限责任公司的形式出现,只承担有限责任,风险相对较小;个人独资企业和合伙企业由于要承担无限责任,风险较大。特别是个人独资企业还存在增值税一般纳税人认定等相关法规不健全不易操作的现象,加剧了这类企业的风险。而合伙企业由于由多方共同兴办企业,在资金的筹集等方面存在优势,承担的风险也相对较少。相对于有限责任公司而言,较低的税负有利于个人独资企业、合伙企业的发展。个人投资者在制定投资计划时,应充分考虑各方面的因素,选择最优投资方案。

本章小结

税收筹划是纳税人在充分了解、掌握税收政策、法规的基础上,当存在多种纳税方案的选择时,纳税人以税收负担最低的方式来处理财务、经营、组织及交易事项的复杂筹划活动。

个人所得税的要素有纳税人、征税对象、税率、免征额、减免项目和纳税办法。

个人所得税筹划的原则是法律原则、财务原则和经济原则。

个人所得税筹划的步骤有熟练把握有关法律规定、了解纳税人的财务状况和要求、签订委托合同、制定规划方案并实施。

个人所得税筹划的基本方法有利用纳税人身份认定进行纳税筹划、利用减少应税所得避税、降低税率进行纳税筹划。

个人收入的税收筹划有兼有薪金和劳务报酬的个人所得税筹划、稿酬所得的个人所得税筹划、年终奖金的个人所得税筹划、个人投资的个人所得税筹划。

关键术语

个人所得税 个人税收筹划 免征额 收入分割

本章思考题

1. 什么是税务筹划?并举例说明。
2. 税务筹划有哪些特点?

3. 在进行税务筹划时应遵循哪些原则?
4. 如何进行居民纳税人与非居民纳税人之间的转换?
5. 如何进行征税范围的税收筹划?
6. 如何进行工资、薪金所得税的税务筹划?
7. 如何充分利用免征额的规定?

案例分析

利用捐赠的税收优惠进行纳税筹划

为了鼓励纳税人进行公益、救济性捐赠,我国现行个人所得税法规定,个人将其所得通过中国境内的社会团体、国家机关向教育和其他社会公益事业以及遭受严重自然灾难的地区、贫困地区捐赠的,应纳税所得额30%以内的捐赠额,可以冲抵其应纳税所得额。

利用捐赠的税收优惠进行纳税筹划,是一种比较务实的做法。它一方面可以抵免一部分税款,另一方面可以使纳税人的捐赠行为长期化。捐赠支出的纳税筹划,关键在于如何所得捐赠支出最大化,同时又尽量使得应纳税额控制在承受范围内,也就是在符合税法规定的情况下,充分利用、调整捐赠限额。

管先生2014年10月份取得各项收入22000元,其中工资、薪金所得约8000元,特许权使用费所得10000元,稿酬所得约4000元,管先生热心公益事业,准备向希望工程捐赠5000元。

如果管先生用特许权使用费向希望工资捐赠5000元,则其10月纳税情况如下:工薪应纳税额=(8000−3500)×10%−105=345元;稿酬所得税额=(4000−800)×20%×(1−30%)=448元;特许权使用费所得税前允许扣除捐赠额=10000×30%=3000元,特许权使用费所得税应纳税额=(10000−3000)×20%=1400元;管先生10月份应纳税额=345+448+1400=2193元。

如果管先生精心筹划,根据各项应税所得的扣除限额分别从三项所得中拿出相应额数进行捐赠。根据税法相关规定,工薪所得扣除限额=(8000−3500)×30%=1350元;特许权使用费所得扣除限额=10000×30%=3000元;稿酬所得扣除限额=(4000−800)×30%=960元;扣除限额合计5310元。

如前所述,管先生捐赠5000元,按税率高低安排捐赠,即特许权使用费捐赠3000元,工薪所得捐赠1350元,稿酬所得捐赠650元,那么:工薪所得应纳税额=(8000−3500−1350)×10%−105=210元;特许权所得应纳税额=(10000−3000)×20%=1400元;稿酬所得应纳税额=(4000−800−650)×20%×(1−30%)=357元;应纳税额合计=210+1400+357=1967元。

显而易见,通过对捐赠额的适当划分,扣除限额得到充分利用,管先生少纳税226元(2193−1967),减轻税收负担。

第八章 房地产投资规划

教学目的及要求

通过本章学习,应该掌握房地产投资的概念、特征、种类;掌握房地产投资的优势和劣势;掌握房地产价格的影响因素;掌握购房规划的重要性和购房与租房的优缺点;掌握商业性个人住房贷款和住房公积金贷款的特点;掌握二手房转让和房屋出租等内容;了解房地产税费;了解房地产投资风险类型以及风险控制策略。

教学重点及难点

房地产投资的概念、分类,房地产价格,购房规划,住房贷款,房地产税费,房地产投资风险。

第一节 房地产投资概述

对于老百姓来讲,生活中的头等用钱大事就是买房。绝大多数中国人的骨子里都非常传统,所谓成家立业,要想在事业上有所作为,一个温暖的家是必不可少的,就算是还在一个人打拼的单身朋友们,一个温馨的小窝也能化解一天的疲倦。拥有自己的房子,是很多人梦寐以求的愿望。

一、房地产的概念、种类和特征

(一)房地产的概念

房地产又称不动产,在英语中,不动产称为"real estate"或"real property"。美国的不动产概念包含两个递进层次:一是土地和房屋构筑物等固着物的整体;二是土地房屋构筑物所附带的各种权利的整体。从房地产的自然属性来看,房地产可定义为土地和土地定着物。

我国的定义是指通过人类劳动建造的房屋和与房屋相关的土地,也就是说,房地产是房屋(含与房屋相关的其他建筑物、构筑物)财产和房屋相关的土地财产的总和。

房地产的内涵有狭义与广义之分。从狭义上讲,房地产是指土地、建筑物及固着物在土地、建筑物上不可分离的部分(如花园、假山等)。从广义上讲,房地产是指土地、构建物及其所附带的各种权利及契约。

(二)房地产投资的概念

房地产投资是指投资者将资本投入到房地产业,以期在将来获得收益的活动,即将其资金

投资于房地产的开发经营中的行为。房地产投资是近年来在我国蓬勃发展起来的一种投资形式

(三)房地产投资的种类

根据不同的投资需要,可以从不同的角度对房地产进行分类,主要的几种分类如下:

1. 按用途(功能)划分

根据这种划分标准,可分为居住房地产投资和非居住房地产投资两大类。居住房地产投资可进一步分为普通住宅投资、高档公寓投资、别墅投资等。非居住房地产市场可进一步分为写字楼投资、商铺投资、工业用房投资等。

2. 按档次划分

根据这种划分标准,可分为高档房地产投资、中档房地产投资和低档房地产投资。

3. 按交易目的划分

根据这种划分标准,可分为使用型房地产和投资型房地产两大类。使用型房地产投资买卖或租赁房地产的目的是自用。投资型房地产买卖或租赁房地产的目的是为了投资。

4. 按流转次数划分

根据这种划分标准,可分为房地产一级市场投资(具体为土地使用权出让市场)、房地产二级市场投资(具体为开发的商品房的初次交易市场)和房地产三级市场投资(具体为商品房、经济适用住房、已购公有住房等的再次交易市场)。相关的分类还有新房投资和旧房投资。其中的旧房市场又称为二手房投资、住房二级投资、存量房投资等。

5. 按达成交易与入住的时间划分

根据这种划分标准,可分为现房投资和期房投资。现房就是已经竣工的房屋,期房就是即将开建或者在建的房屋。

6. 按投资方式划分

根据这种划分标准,可分为金融房地产投资(间接性投资如股票等有价证券)和实物房地产投资(直接性投资)。

(四)房地产投资的特性

1. 房地产投资对象的固定性

房地产投资对象是不动产,土地及其地上建筑物都具有固定性和不可移动性。不仅地球上的位置是固定的,而且土地上的建筑物及其某些附属物一旦形成,也不能移动。这一特点给房地产供给和需求带来重大影响,如果投资失误会给投资者和城市建设造成严重后果,所以投资决策对房地产投资更为重要。投资者在进行投资决策时,不仅要重视当前物业所处的区位的研究,而且要重视未来的区域环境,充分考虑所投资的房地产是否具有增值潜力。

2. 房地产投资成本高

房地产业是一个资金高度密集的行业,投资一宗房地产,少则需要几百万,多则需要上亿元的资金。这主要是由房地产本身的特点和经济运行过程决定的。房地产投资的高成本性主要源于以下几个原因:

(1)土地开发的高成本性。由于土地的位置固定,资源相对稀缺以及其具有不可替代性,土地所有者在出售和出租土地时就要按照土地预期的生产能力和位置、面积、环境等特点,作为要价的依据,收取较高的报酬;同时作为自然资源的土地,不能被社会直接利用,必须投入一

定的资本进行开发,所有这些因素都使土地开发的成本提高。

(2)房屋建筑的高价值性。房屋的建筑安装成本,通常也高于一般产品的生产成本,这是由于房屋的建筑安装要耗费大量的建筑材料和物资,需要有大批技术熟练的劳动力、工程技术人员和施工管理人员,要使用许多大型施工机械。此外,由于建筑施工周期一般较长,占用资金量较大,需要支付大量的利息成本。再加上在房地产成交时,由于普遍采用分期付款、抵押付款的方式,使房地产的投入资金回收缓慢,因此,也增加了房屋建筑物的成本量。

(3)房地产经济运作中交易费用高。一般而论,房地产开发周期长、环节多,涉及的管理部门及社会各方面的关系也多。这使得房地产开发在其运作过程中,包括广告费、促销费、公关费都比较高昂,从而也增大了房地产投资成本。

3. 房地产投资的回收期长

房地产投资项目从开发阶段到项目结束,经历的时间长。从土地所有权或使用权的获得、建筑物的建造,一直到建筑物的投入使用,最终收回全部投资资金需要相当长的时间。房地产投资的资金回收期长,原因包括以下方面:

(1)房地产投资程序多。房地产投资不是一个简单的购买过程,它要受到房地产市场各个组成部分的制约,如受到土地投资市场、综合开发市场、建筑施工市场、房产市场的限制,其中特别是房屋的建筑安装工程期较长。投资者把资金投入房地产市场,往往要经过这几个市场的多次完整的运动才能获得利润。

(2)房地产投资专业性强。由于房地产市场本身是一个相当复杂的市场,其复杂性不是单个投资者在短期内所能应付得了的。所以,一般投资者必须聘请专业人员来进行辅助工作,才能完成交易。这样,又会增加一定的时间。

(3)租金金额相对较小。如果房地产投资的部分回收是通过收取房地产租金实现的,由于租金回收的时间较长,这样更会使整个房地产投资回收期延长。

4. 房地产投资制约因素多

首先,房地产投资受政治经济环境制约。其次,房地产投资要受国家政治法令的限制,任何国家对房地产业都有较强的政策和法规加以限定。再次,在房地产中环境问题也是投资者需要考虑的一个重要因素,使建筑物有助于维护和改善生态环境。此外,土地使用制度对房地产投资经营决策产生重大影响。

5. 房地产投资缺乏流动性

房地产投资成本高,不像一般商品买卖可以在短时间内马上完成轻易脱手,房地产交易通常要一个月甚至更长的时间才能完成;而且投资者一旦将资金投入房地产买卖中,其资金很难在短期内变现。所以房地产资金的流动性和灵活性都较低。当然房地产投资也有既耐久又能保值的优点。房地产商品一旦在房地产管理部门将产权登记入册,获取相应的产权凭证后,即得到了法律上的认可和保护,其耐久保值性能要高于其他投资对象。

6. 房地产投资有良好的抗通货膨胀性

房地产投资由于其土地具有稀缺性、不可替代性等特点而使房地产具有保值、增值的优点。

7. 房地产从周围社区环境的改善中获得利益

从以往的经验看,如果能准确预测到政府大型公共设施的投资建设,并在附近预先投资的房地产开发商,都能获得巨大的成功。正因为房地产投资这种高的预期收益潜力,吸引着众多的投资者乐于冒险投资于此行业,从而抵消了房地产投资者对房地产投资风险的畏惧感,调动了投资者对房地产投资的积极性,促进了房地产业的蓬勃发展。

(五)房地产投资的形式

就房地产投资而言,我国目前可分为从购地开始的开发投资和物业建成后的置业投资两类。

1. 房地产开发投资

所谓房地产开发投资,是指投资者从购买土地使用权开始,通过在土地上的进一步投资活动,即经过规划设计和建筑施工等过程,建成可以满足人们某种需要的房屋及构筑物,即房地产商品。然后将其推向市场进行销售,将商品转让给新的投资者或使用者,并通过这一转让过程收回投资,实现投资收益目标。

2. 房地产置业投资

与房地产开发投资相对应的是置业投资或物业投资。这种投资的对象可以是开发商新建成的物业,也可以是房地产市场上的二手物业。

3. 房地产金融资产投资

房地产金融资产投资是指通过购买房地产金融资产投资,如抵押债权的房地产投资,购买房地产债券、股票、房地产投资信托,以及金融机构从事房地产资金融通而进行的房地产投资。

在美国,受广大投资者青睐的投资形式是房地产投资信托(reits)。房地产投资信托是以共同基金的方式运营,并将资金投资于房地产或相关资产。房地产共同基金直接投资购置房地产,也可以投资于房地产抵押贷款赚取利息;也可以投资于其他房地产抵押贷款证券。

二、房地产投资的优势和劣势

(一)房地产投资的优势

1. 升值空间大

房产的资源来自土地,而土地资源是有限资源,从长远来说,随着经济的发展和人口增长,土地价值一定会越来越高,房地产能较好的保值升值,风险相对较小。

2. 现实性强

在决定购买一项房产之前,投资者可以去现场做实地的考察,投资者可以亲眼见到所要投资的房地产,还可以做建筑测试。

3. 能较好地实现分散投资

投资者可以通过购买不同类型和不同地点的房地产来分散投资。不同类型和不同地点的房地产的增值潜力不同,价值不同,风险也不同,所以可以做到比较明确的分散投资。

(二)房地产投资的劣势

1. 整体性

正常情况下,一套房地产因为设计等方面的原因不可分割出售,所以购买一套房地产需要的资金量较大,给中小投资者带来资金上的困难。

2. 税负高

房地产买卖需要承担高额的税负,包括过户的各种税费。一套房地产的税费率一般在2%左右。

3. 变现力差

房地产的建设周期长，其交易的环节较多，所以房地产投资的周期较长，不易变现。

三、房地产价格的影响因素

(一)房地产价格的含义

价格是商品价值的货币表现。房地产价格，从一般意义上讲，是指土地开发及房屋生产、经营等环节的价格，是房地产商品和货币相交换的比例。房地产价格是房价与地价的统一体，但土地价格又可以相对独立地存在。

1. 土地价格

所谓土地价格，是指地租的购买价格，是地租的资本化。土地价格和地租的关系用理论公式可以表述为：

$$土地价格 = 地租 \div 利息率$$

2. 房产价格

房产价格是指房产商品价值的货币表现。它包括房屋建筑产品价值的货币表现与房屋建筑所占土地的地价两个部分。

3. 房价与地价的关系

房价与地价相互依赖。一方面是房价对地价的依赖；另一方面是地价对房价的依赖。地价包含于房价之中，并能够转化为房价。讲房产时，就包含了作为地基的地产价。

(二)商品房销售价格构成

1. 土地开发费

(1)生地价格。生地价格是国家向土地开发生产经营单位出租未开发土地的价格。一般表现为土地(生地)出让金。

(2)征地发生费。征地补偿费共有三项内容：①安置补偿费，因为土地的所有权和使用权都发生了转移，就必须给农民以补偿；②土地附着物的补偿；③青苗补偿费，这部分是农民当年投入的活劳动和物化劳动或以前投入但收益期还未收回的投入。

(3)迁移安置补偿费。

(4)前期工程费。前期工程是为土地开发、施工而做的各项准备工作。费用包括以下内容：①勘察费用；②规划设计费；③项目可行性研究费；④原有建筑障碍物的处理，原有管道的迁建费。

(5)基础设施建设费。基础设施建设一般要求"七通一平"，即道路通、上水通、下水通、热力通、电力通、煤气通，土地平整。

(6)土地开发企业管理费和计入成本的贷款利息。

(7)税金。税金指土地开发企业的营业税、城市维护建设税和教育附加费等。

(8)土地开发企业的盈利。土地开发企业在土地由生地变为熟地的开发工程中所要获得的收益。

以上八项开发费构成了熟地价格。

2. 工程设计费

工程设计费主要内容有：工程设计前期工作费；直接设计费；现场服务费；技术专利费；生

产技术资料费;工程设计管理费;工程设计利润和税金。

3. 建筑安装工程费

建筑安装工程费是房产开发企业向建筑施工企业支付的建造房屋建筑的费用,一般称做建筑工程造价。包括以下一些项目:

(1)直接费。直接费是指直接耗费在建筑安装工程上的各种费用。它包括人工费、材料费、施工机械使用费和其他直接费用。

(2)间接费。间接费是指在建筑安装施工过程中,施工企业为组织与管理施工以及为生产提供服务的费用。它包括施工管理费和其他间接两部分。

①施工管理费包括管理工作人员工资、生产工人辅助工资、工资附加费、办公费、差旅交通费、固定资产使用费、工具使用费、劳保费、检验试验费、职工教育费、利息支出、其他直接费用等。

②其他间接费包括劳动保险基金、临时设施费、远地工程增加费等。

(3)施工图预算包干费。此项费用称为施工图预算包干费,或不可预见费。其主要费用项目有:一般设计变更引起增加的费用;一定幅度内材料代用、材料调整的价差;由一般自然灾害造成损失和预防自然灾害措施的费用。

(4)建筑安装施工企业计划利润和税金。

(5)其他费用。其指现行规定没有包括但随着国家和地方各种经济政策的实行,施工企业必须通过计入建筑安装工程造价向房屋开发部门企业收取的费用。

4. 设备工程费

设备工程费是指对房屋使用不可缺少的一些大型基本设备,如电梯等的购置、安装费用。

5. 其他工程开发费

(1)室外工程费。室外工程指房屋建筑物2米以外至小区规划红线以内的各种管线和道路工程。这项费用包括水电、暖气、煤矿气管线和小区道路的建设费;绿化和环境卫生设施的建设费等。

(2)附属工程。附属工程费是指小区内锅炉房、变电室、煤气调节器压站、高压泵房等附属工程建设费用。

(3)配套工程。配套工程费是指在开发小区内为配合主体工程(住宅),为主体工程使用服务的工程建设费用。它包括小区内的中小学、幼儿园、托儿所、体育场、居委会及其他用房建设费用。配套工程费也是以均摊的方法计入小区内商品房价格。

6. 商品房流通费

(1)直接流通费。直接流通费是指在房屋竣工之后未出售之前的看守费、自然损坏的修理费、北方地区的采暖、供暖费等。

(2)间接流通费。间接流通费由管理费和营销费组成。管理费包括管理人员工资、工资附加费、办公费等。营销费包括广告费、销售人员工资、奖金、经纪人手续费或销售代理公司佣金等。

7. 房地产开发企业的利润和税金

房地产开发企业的利润和税金是指房屋开发环节的企业利润和税金。

8. 贷款利息

目前人民银行贷款基准利率标准如下:

(1)短期贷款。六个月(含)5.6%;六个月至一年(含)6%。
(2)中长期贷款。一至三年(含)6.15%;三至五年(含)6.4%;五年以上6.55%。

各个商业银行执行的贷款利率,可以根据借款人的实际情况在央行允许的浮动范围内在基准利率的基础上进行浮动。给房地产贷款的利率,可以在基准利率的基础上根据房地产企业的风险状况上浮5%～50%甚至50%以上。

以上八项费用构成了我国当前商品房屋价格的全部内容。

(三)租赁房屋价格的构成

恩格斯指出:"租价,即所谓的租金构成部分是:①地租;②建筑资本的利息,包括承造人的利润在内;③修缮费和保险费;④随着房屋逐渐破旧无用的程度以每年分期付款方式支付的建筑资本补贴费(折旧费)包括利润在内。"

1. 折旧费

折旧费是补偿房屋在出租使用过程中,因磨损而减少的价值的费用;一般按房屋原值和折旧率计算提取,并入房租。

2. 维修费

维修费是指房屋出租使用期间由于自然损坏,需要修理或更换部分设备和材料而发生的费用。维修费计入房租是补偿房屋使用过程中追加价值的主要方式。

3. 管理费

管理费是对出租房屋进行必要的管理和服务所需的费用,包括经营管理房屋的公司和房管所(站)管理人员的工资、奖金、集体福利开支;文具、纸张及建立出租房屋档案和各种账册表、卡、资料等的业务费用;空房损失和欠租烂账;职工业务培训费用等。

4. 利息

利息是出租房屋的投资在资金占用期间(基本上是房屋的使用期),按银行利率计算的,属于追加费用。

5. 保险费

保险费是房屋所有者为了使自己的房产免遭意外损失,而向保险公司支付的费用。也属于追加费用的一种。

6. 地租

土地在生产利用中自然产生的或应该产生的经济报酬,即总产值或总收益减去总要素成本或总成本后的剩余部分。地租是土地所有权的经济实现形式。地租是一个历史范畴,既是国家从经济上管理土地的一种重要方法,也是国民收入的一个重要组成部分。

7. 税金

税金是房屋经营企业或房主向社会提供的积累。其是指目前的房产税、营业税、城市维护建设税、教育附加费等。

8. 利润

利润是房屋经营企业或房主在租赁经营活动中应得的经营利润。

(四)影响房地产价格的因素

1. 供求关系

房地产的供求状况有以下几种情形:房地产总的供求状况;本地区房地产的供求状况;本

类房地产供求状况,即结构性供求状况;本地区本类房地产的供求状况。

2. 社会经济因素

(1)经济增长状况。房地产市场价格变化总是与经济周期同步。

(2)财政与金融状况。财政金融状况对房地产价格的影响源于两个方面:一是经济发展水平;二是政府干预经济的政策。

(3)交通状况。新交通线路的开辟,促使地区经济得到开发和繁荣,使房地产的效用增加,从而其价值趋于上升。

(4)物价、工资与就业水平。物价变动会从两个方面波及房地产价格:①在通货膨胀时期,货币价值下跌,房地产作为一种保值商品其价格自然会上升。②物价水平的变动会对人们的消费结构产生影响。通货膨胀时期,人们用于住房的支出在收入中的比例就会下降,对住宅需求的总支出水平就会下降。工资和就业水平高的地区总收入多,房地产价格就高;反之则低。

(5)技术创新与产业结构的变化。技术和组织管理方面的改进,为房地产业提供新的有效的生产经营手段,长期来看,可以使房地产开发成本降低、质量提高、效率提高,从而使得房价下降。

(6)人口因素对房地产价格的影响。居民是房地产商品的最主要的需求主体。人口因素对房地产价格的影响主要表现在人口数量、人口流动情况、人口结构和家庭规模。

(7)家庭规模。如随着家庭小型化的发展,即家庭规模变小,对房地产的需求将增加,房地产价格也会相应变动。

(8)教育及社会福利状况。教育和社会福利高的国家和地区,人们对房子的要求也高,其房价也高。

(9)房地产交易和使用所形成的习惯及社会心理。消费者的心理对房地产价格有特殊的重要性,不同性别、不同年龄、不同性格、不同阶层的消费群,他们购房消费心理都是不一样的,这些习惯和心理都对房地产价格产生影响。

3. 物理因素

物理因素包括:房地产位置、地质、地势、光照、通风状况,建筑物外观以及建筑物的施工质量、设备配置状况、内部格局、结构和朝向等。环境因素也对房地产价格产生影响。

4. 行政法规因素

(1)土地制度。我国城市土地出让制度具有三个主要特征:政府垄断土地供给,以竞争性的招拍挂为主要出让方式以及一次性缴纳未来若干年的土地出让金的"批租制"。在我国快速城镇化和地方政府"土地财政"的背景下,我国城市土地出让制度导致了土地价格的高涨。土地价格高涨则是导致住房价格高涨的主要原因之一。

(2)房地产价格政策。政府对房地产价格的调控政策直接影响房地产的价格,比如我国近10年来的政策是抑制房地产价格的上涨,尤其是从2010年以来,这种限制起到了效果,房价变化基本平稳。

(3)城市规划。例如,某市将本来较荒凉的东区规划为未来的商业区和金融区,那么城市经济区位就会从其他区转到东区,东区房地产价格肯定会上升;而某一区有可能由于商业企业和金融企业的迁出,导致经济区位的移动,房地产价格会下降。

(4)住房制度和住宅政策。我国实行的市场化住房制度,忽视了住房制度的公益性,导致房价居高不下。

(5)房地产税制状况。我国目前虽然还未建立完善的房地产税制度,但已经开征土地税、房屋税、增值税等税种。契税是以取得房地产的人为对象的,对房地产的需求将发生影响;增值税是以转让房地产的人为对象的,对供求双方均有影响;而土地税和房屋税是以房地产的所有人为对象的,对供求双方均有影响。

5. 区域因素

区域因素是某一特定区域内的自然条件与社会、经济、行政、技术因素等产生的区域性特征,包括商业服务业繁华因素、交通便捷因素、城市设施状况因素、环境因素等。

土地价格没有一个波动中心。土地价格主要由需求价格决定,并呈不断上升趋势。土地价格具有明显的地域性,受到各国政府政策的控制。房地产价格是关于房地产权利利益的价格。由于房地产是不动产,交易过程中的转移对象并非房地产实物本身,而是有关房地产的所有权、使用权及其他权利利益,所以房地产价格实际上是这些无形权利利益的价格,房地产产权束中的每种权利利益均能形成价格。因为不同国家和地区,经济、人口、文化等方面存在差别,房地产价格就体现出较大的国民差异性和地区差异性。在一个长时期来看,房地产价格存在明显的上升趋势。

第二节 购房规划

一、购房规划的重要性

房产既是个人及家庭生活的必需品,也是重要的家庭资产构成部分。买房是人生的一件大事,首付款的支付与购房后贷款偿还的负担,可能影响每个家庭生活水准长达10~30年;同时,由于房价的不断攀升,再加上购房后所需的房屋装修和购置家具电器等费用,以及日后面临多年的贷款偿还,合理安排购房相关的财务活动日益成为个人或家庭理财的重要问题,购房必须事先要进行规划。

(一)迫使个人或家庭有目的地储蓄

住房支出是个人或者家庭的一项巨大支出,所以个人或者家庭根据购房规划制定前几年积攒首付款,购房后还贷款的储蓄目标,可强迫自己储蓄来达到拥有自己住宅的梦想。

(二)居住规划可供准备的时间较短

人生的三大资金需求规划中,购房规划所涉及的金额虽然不一定是最大,但计划的时间最短,大多以5年以内居多,它不像子女教育资金规划可长达10年,也不像退休计划可筹备20年以上,因此需要在短期内达到储蓄目标。

(三)有利于科学选择合适的住房

购房要配合负担能力,在一生中可随生涯阶段的改变而换房,即"屋涯规划"。结婚前或新婚夫妇的首次购房,以一居室、二居室小平方米的房子为主,使用5~10年便可以考虑换购三居室的房子,至少住10年以上;在中年若能力足够,可考虑以居住品质与休闲为主的二次换房,此时以三居室四居室以上的住宅为主,让已上中学或大学的小孩有较好的居住环境与较大的独立空间;到退休后子女已迁出,可换购较小平方但可兼顾医疗、休闲、景观的老年公寓,腾出部分资金供退休以后的生活需求。

(四)有利于合理地进行按揭决策

愈早开始每月定期定额拨付储蓄作购房基金投资的人,在购房之时可有较多的首付款,相对减轻未来的贷款负担。在缴纳贷款的同时,充分利用最长 5 年的宽限期,使每月分期偿还本息的金额降低,让原有的定期定额的储蓄投资不会因为开始负担贷款而中断,5 年以后本利平均摊还每月要付的金额增加,则可用 5 年内工资调整的部分来满足需要,通过这种现金流量规划,可以使个人或家庭轻松,从容购房。

二、个人购房动机

(一)自己居住

自己居住需要考虑自身支付能力和居住质量,居住质量具体包括周边的地理位置和环境、服务设施、交通、教育条件、物业管理等。

(二)投资

投资指将住房当成投资工具,购买住房获取租金或资产增值,需要考虑的因素有:自身资金实力、资金周转、房屋地理位置、区域规划、房产政策、政策因素等。

三、住房选购的标准

(一)房子自身因素分析

1. 地理位置

在购房的时候,一定要充分考虑好房屋的地理位置,在市区购房,可以享受便利的交通,在郊区购房,必须考虑时间成本,如果没有私家车,出行会很不方便。另外,私家车的成本、及过路过桥费等也是不小的开销。从时间上来讲也要花费更多,时间成本增加。

2. 环境因素

在市区尤其是一些大城市,人口流动频繁,高楼林立,城市噪声污染严重,这些都是作为都市人的无奈。市内的房子多为高层塔楼或者板塔结合,小区楼房密度大,小区居住人口密度大,绿化率不高。在郊区空气新鲜,绿化率高,车流量少,相对来说很安静,郊区的房子多为低层小板楼,社区密度低,楼间距大,日照充足,通风良好,绿化率高,居住人口不多,相对居住质量高。

3. 配套设施

配套设施是指楼盘项目周边的配套设施。市区的楼盘配套设施良好,生活非常方便。大型百货商场、医院、学校、银行等设施比较齐全。在郊区,购物可能是一大难题,医院、学校和银行分布不多,而且选择性不高。

4. 房价因素

市区购房房价相对高,郊区购房房价相对低。

(二)不同人士选房因素分析

1. 单身年轻人的住房选择

年轻人刚从学校进入社会不久,手里的钱不是很多,工作又比较忙,正处于为自己以后的事业铺路的阶段,所以,选择在市区或近郊购买小户型的房子是非常适合的。

虽然同一楼盘中小户型房子的价格偏高,但其总价低、首付低、月供也比较少,很适合收入不高的年轻人。另外,市区和近郊交通比较便利,可省下购买私家车的费用。

结婚以后,也可以当做过渡房,等小家庭的羽翼渐渐丰满了再换房子,改善生活质量。此外,合适的二手房也是不错的选择。

2. 中年人的住房选择

四十岁左右的中年人正处于事业的高峰期,往往在单位担任重要角色,工作非常忙碌,加班加点是常有的事。家庭的财富经过前段时间的积累也进入到了一定层面,孩子也处于上学阶段。

这个时期,中年家庭应该选择在市区内或市区边缘购买比较高档的房屋。这类社区的居住者往往都是高收入阶层,社区人群整体素质高,氛围好。另外,社区周边的配套设施完善,无论是购物、看医生还是孩子上学都非常便利。

对于更富有的家庭,他们的财富完全可以满足他们的需求,那么,他们选择的余地就非常大了,追求生活质量又不愿意放弃市区繁华生活的,可以选择Townhouse,闹中有静;喜欢打高尔夫球结识朋友的,可以在郊区置业。

3. 老年人的住房选择

老年人由于已经退休,对交通、大型购物商场等的要求降低,但是对居住环境要求却高。空气好、绿化率高、安静和谐、房屋宽敞、阳光充足,这些条件往往是老年朋友们所要求的。老年朋友置业可以选择在郊区,但一定要注意住房周边医疗机构是否方便等。

(三)选房应注意的问题

选房要看户型、朝向、楼层、环境、地区、物业等,但一些不易察觉的小细节却也影响到房屋以后的居住质量。

首先晚上、雨天更要看房。选择在晚上看房,主要看入夜后的噪音、照明、安全等情况;选择在雨天看房,主要看房顶和外墙的漏雨、渗水情况。其次要仔细看墙角做工、插座。要注意看墙角是否平整、做工是否精细;插座的位置、大小以及数量设计是否合理。再次要看窗外,主要是观察房子的通风、采光是否良好,通风、采光好的房子有利于人的健康。最后看橱卫,家中的水、电、煤气等都集中在橱卫,是最容易出问题的地方,主要看水、电、煤气管道的设计及质量。

四、购房总价的估算

(一)购房总价的构成

购房总价主要包括可购买房屋总价、可负担的购房首付款和可负担的购房贷款总额。其计算公式如下:

可购买房屋总价=可负担的购房首付款+可负担的购房贷款总额

可负担的购房首付款=目前购房的资产额度×复利终值系数+
每年可供购房的储蓄×年金终值系数

可负担的购房贷款总额=每年可供购房的储蓄×年金现值系数

【例8-1】李先生一家拟在兰州定居,计划5年后购房,贷款至多15年。李先生家庭目前有金融资产30万元,其中50%可用于购房。李先生一家目前每年可结余10万元,其中可用于购房的额度约为4万元。目前银行房贷利率是6%,李先生的投资报酬率约4%。李先生一家可买总价是多少的房屋?

李先生可负担的购房首付款=30×50%×(F/P,4%,5)+4×(F/A,4%,5)=39.92(万元)

李先生可负担的购房贷款总额=4×(P/A,6%,15)=38.85(万元)

李先生购房时可负担房屋总价=39.92+38.85=78.77(万元)

(二)估算可负担房屋单价

可负担房屋单价计算公式如下,房屋需求面积取决于家庭人口数量、居住的空间要求等。

$$可负担房屋单价=可负担房屋总价÷房屋需求面积$$

假设前例中李先生是四口之家,要求住房面积100平方米。则李先生可负担购房单价=78.77÷100=7877元/平方米,检查可负担购房单价是否低于目标市场价格。

(三)购房区位选择

根据可承受的住房价格,考虑如下区位因素:居住社区的生活环境;交通是否便利;是否有学校以及学校的质量;未来是否有升值空间。

(四)购房的其他费用

1.购房税费

购房税费主要有契税,所有权发生转移时,向产权承受人征收房价的1.5%;印花税,签订合同时缴纳(否则合同无效)成交金额的0.05%;土地增值税;交易手续费;权属登记费。从2008年11月1日起,个人买卖住房暂免征收印花税,个人销售住房暂免征收土地增值税。

2.入住费用

入住费用主要有水电费、物业管理费等,一些房产公司还要向业主收取产权证和装修押金等费用。

3.装修费用

装修费用主要由材料费和人工费两部分构成。

4.贷款过程中发生的各种费用

贷款过程中可能会产生评估费、律师费、银行规定的其他费用等。

(五)换房规划

随着人生阶段的转变和收入增加,住房需求会逐渐升级。单身或新婚阶段,以小户型住房为主;小孩出生后,转换为大户型,并考虑周边教育条件;人至中年,经济条件允许,可再次换房;退休时,可考虑医疗保障齐全、居住环境较好的小户型住房。换房需要考虑的因素:有无能力支付换房所必须支付的首付款;有无能力偿还换房后的贷款。

五、购房与租房决策

住房的特点之一是投资额大、价值高。在西方发达国家,住房是一个最昂贵的消费品,但住房同时又最具有保值性和增值性。

随着经济发展,可开发的土地将越来越少,所建房屋的数量也将受限制,房屋和土地本身的经济价值也越来越高。所以,住房的价格一般是不断上涨的,而且涨的幅度往往高于银行利率。西方发达国家住房价平均10年上涨150%以上,住房的商品租金平均每年上涨10%。在经济高速发展时期,房地产的增值率更高。

(一)租房的优缺点

1. 租房的优点

租房的优点:可根据自身收支情况,方便地调整居住条件;有更多剩余资金用于投资;对工作地点不稳定者,具有更大迁徙自由度;不必担心住房价格下跌,不必承担房屋方面的各种赋税,不必支付房屋维修费用;灵活性高,承担较小的责任,较低的初始成本。

2. 租房的缺点

租房的缺点:房租价格经常上涨;存在非自愿搬离风险;不能根据自身意愿进行装修;所付出的费用购买的只是暂时的使用权;使人缺乏安定感和稳定感。

(二)购房的优缺点

1. 购房的优点

购房的优点:有自由使用房屋的权利,可根据需要装修住房,提高居住质量;购房具有资产保值和增值功能,能抵御通货膨胀;拥有住房后,可利用住房进行抵押融资。

2. 购房的缺点

购房的缺点:购房支出很大,购房前期财务压力大;房屋的流动性低,变现能力差;存在房价下跌的风险;不利于变换工作地点。

(三)租房与购房的决策方法

1. 年成本法

年成本法的计算公式如下:

$$购房年成本 = 首付款 \times 存款利率 + 贷款余额 \times 贷款利率 + 年维修及税收费用$$

$$租房年成本 = 房屋押金 \times 存款利率 + 年租金$$

此公式不考虑购房款和住房价值的摊销。

【例8-2】李小姐最近看上一套位于北京海淀某小区的二手房,面积80平方米。该房可租可售。如果租的话,房租每月3000元,押金1万元。而购买的总价是70万元,李小姐可以支付30万元首付款,另外40万元拟采用5.51%的商业贷款利率向某商业银行贷款。另外,购买二手房需要较多的税费支出和装修费用,这些税费如果按年平摊,大约每年5000元。李小姐应该租房还是买房?(李小姐的年平均投资回报率是4%)

$$李小姐租房年成本 = 10000 \times 4\% + 3000 \times 12 = 36400(元)$$

$$李小姐购房年成本 = 300000 \times 4\% + 400000 \times 5.51\% + 5000 = 39040(元)$$

按年成本法,租房成本小于购房成本。

年成本法没有考虑到如下因素:未来房租的调整;未来房价的变动;未来利率的变动。如果利率降低,购房占用资金的机会成本将降低,购房年成本将降低。

购房贷款的资金成本(5.51%)高于自有资金的投资回报率(4%)。随着住房贷款的偿还,购房占用资金的成本将逐渐降低至4%。

2. 净现值法

净现值法是将因租房或购房发生的现金流量折现,现值较高者更划算。其计算公式为:

$$NPV = \sum_{t=1}^{n} \frac{CF_t}{(1+i)^t}$$

公式中，NPV 表示净现值，CF_t 表示现金流，i 是折现率，t 表示期限。

【例 8-3】 王先生最近看上一套位于上海某小区的房子。该房可租可售。如果租的话，房租每月 3000 元，租期 4 年，押金 1 万元，预计房租每年调涨 100 元。而购买的总价是 70 万元，王先生可以支付 30 万元的首付款，另外 40 万元拟采用 6% 的商业贷款利率向某商业银行贷款，贷款 15 年，本利等额摊还；另外，购买该房的税费及装修费共需 10 万元，王先生估计居住 4 年后，仍能按原价出售。王先生应该租房还是买房？（王先生年平均投资回报率是 4%）

分析：王先生租房的净现金流量现值：

$$NPV_{租房} = \sum_{t=0}^{48} \frac{CF_t}{(1+0.33\%)^t} = -141229(元)$$

其中，折现率应调整为月利率 $i = 4\% \div 12 = 0.33\%$。租房的净现金流量现值如表 8-1 所示。

表 8-1 租房的净现金流量现值表

第一年	净现金流	现值	第二年	净现值	现值	第三年	净现值	现值	第四年	净现值	现值
CF_0	−13000	−13000	CF_{12}	−3100	−2979	CF_{24}	−3200	−2954	CF_{36}	−3300	−2927
CF_1	−3000	−2990	CF_{13}	−3100	−2969	CF_{25}	−3200	−2945	CF_{37}	−3300	−2918
CF_2	−3000	−2980	CF_{14}	−3100	−2959	CF_{26}	−3200	−2935	CF_{38}	−3300	−2908
CF_3	−3000	−2970	CF_{15}	−3100	−2949	CF_{27}	−3200	−2925	CF_{39}	−3300	−2898
CF_4	−3000	−2960	CF_{16}	−3100	−2939	CF_{28}	−3200	−2915	CF_{40}	−3300	−2889
CF_5	−3000	−2950	CF_{17}	−3100	−2929	CF_{29}	−3200	−2906	CF_{41}	−3300	−2879
CF_6	−3000	−2941	CF_{18}	−3100	−2920	CF_{30}	−3200	−2896	CF_{42}	−3300	−2870
CF_7	−3000	−2931	CF_{19}	−3100	−2910	CF_{31}	−3200	−2886	CF_{43}	−3300	−2860
CF_8	−3000	−2921	CF_{20}	−3100	−2900	CF_{32}	−3200	−2877	CF_{44}	−3300	−2851
CF_9	−3000	−2911	CF_{21}	−3100	−2891	CF_{33}	−3200	−2867	CF_{45}	−3300	−2841
CF_{10}	−3000	−2902	CF_{22}	−3100	−2881	CF_{34}	−3200	−2858	CF_{46}	−3300	−2382
CF_{11}	−3000	−2892	CF_{23}	−3100	−2872	CF_{35}	−3200	−2848	CF_{47}	−3300	−2822
									CF_{48}	10000	8190

王先生买房的净现金流量现值：

王先生贷款年利率 6%，月利率 = 6% ÷ 12 = 0.5%，供还款 15 年，即 180 期。

每月还款额 = 400000 ÷ (P/A, 0.5%, 180) = 3375(元)

王先生 4 年后房贷余额 = 3375 × (P/A, 0.5%, 132) = 325592(元)

4 年后将卖房收入 700000 元偿还 325592 元房贷余额，还剩 374408 元。

$$NPV_{购房} = \sum_{t=0}^{48} \frac{CF_t}{(1+0.33\%)^t} = -230340(元)$$

购房的净现金流量现值如表 8-2 所示：

表 8-2 购房的净现金流量现值

第一年	净现金流	现值	第二年	净现金流	现值	第三年	净现金流	现值	第四年	净现金流	现值
CF_0	-400000	-400000									
CF_1	-3375	-3364	CF_{13}	-3375	-3232	CF_{25}	-3375	-3106	CF_{37}	-3375	-2984
CF_2	-3375	-3353	CF_{14}	-3375	-3221	CF_{26}	-3375	-3095	CF_{38}	-3375	-2974
CF_3	-3375	-3341	CF_{15}	-3375	-3211	CF_{27}	-3375	-3085	CF_{39}	-3375	-2964
CF_4	-3375	-3330	CF_{16}	-3375	-3200	CF_{28}	-3375	-3075	CF_{40}	-3375	-2954
CF_5	-3375	-3319	CF_{17}	-3375	-3189	CF_{29}	-3375	-3065	CF_{41}	-3375	-2945
CF_6	-3375	-3308	CF_{18}	-3375	-3179	CF_{30}	-3375	-3054	CF_{42}	-3375	-2935
CF_7	-3375	-3297	CF_{19}	-3375	-3168	CF_{31}	-3375	-3044	CF_{43}	-3375	-2925
CF_8	-3375	-3286	CF_{20}	-3375	-3158	CF_{32}	-3375	-3034	CF_{44}	-3375	-2915
CF_9	-3375	-3275	CF_{21}	-3375	-3147	CF_{33}	-3375	-3024	CF_{45}	-3375	-2906
CF_{10}	-3375	-3265	CF_{22}	-3375	-3137	CF_{34}	-3375	-3014	CF_{46}	-3375	-2896
CF_{11}	-3375	-3254	CF_{23}	-3375	-3126	CF_{35}	-3375	-3004	CF_{47}	-3375	-2886
CF_{12}	-3375	-3243	CF_{24}	-3375		CF_{36}	-3375	-2994	CF_{48}	-3375	316258

注:折现率 i 为:4%/12=0.33%

净现值法计算结论:租房净现值-141229元大于购房净现值-230340元,王先生租房更合算。

租房与购房的策略选择:购房的利息负担、装修费用、房屋交易成本都较大。如果不打算在一个地方常住,租房往往比购房划算;反之购房划算。

三、买房融资方案

住房融资的种类主要有公积金贷款和商业贷款两种,另外还有一种是组合贷款,即如果住房公积金贷款不足,可以同时申请住房商业贷款。

(一)商业性个人住房贷款

1. 商业性个人住房贷款的概念

个人住房商业贷款是我国公民因购买商品房而向银行申请的一种贷款。依据有关银行规定,凡符合下列两种情况之一的,即可申请贷款品种:一是参加住房储蓄的居民;二是住房出售商和贷款银行有约定,由房地产担保企业为居民购房贷款向银行提供担保。商业贷款合同必须由售房人、购房人、贷款银行三方共同签订合同,方能生效。

个人住房商业贷款金额一般限制在总房价的70%,在申请商业贷款之前,个人必须先付出总房价30%的购房款。

2. 商业贷款的特点

(1)发放对象广泛,手续相对简单。

(2)贷款时间较短,利率较高。

(3)受限条件少、还款形式多样。

3. 商业性住房贷款的流程
(1)咨询办理贷款的相关知识。
(2)提出购房贷款申请。
(3)提供贷款所需的相应资料。
(4)银行审核批准。
(5)同银行签订借款合同、住房抵押合同。
(6)到公证处办理公证手续。
(7)到当地的房地产登记处办理登记手续。
(8)办理房屋产权抵押登记。
(9)向银行提供抵押证明。
(10)到指定的保险公司办理保险业务(采取自愿的原则)。
(11)借款人开始按月还款。

(二)住房公积金贷款

1. 住房公积金贷款的概念

住房公积金贷款是指由各地住房公积金管理中心运用职工以其所在单位所缴纳的住房公积金,委托商业银行向缴存住房公积金的在职职工和在职期间缴存住房公积金的离退休职工发放的房屋抵押贷款。住房公积金贷款的类别有:新房贷款、二手房贷款、自建住房贷款,住房装修贷款、商业性住房贷款转公积金贷款等。

2. 公积金贷款的特点

(1)贷款利率具有政策补贴性质。贷款利率相对于银行商业贷款要低很多,甚至是商业贷款的一半,主要原因是国家给予购房者利率补贴。

(2)期限比商业贷款长。目前大部分城市的贷款最长期限是30年。

(3)门槛低正常缴纳都可贷款。公积金只要是正常开户和缴存12个月以上,就可以申请贷款。对客户没有资信限制,并且贷款年限相对较长。现在商业贷款借款人年龄限制一般是不得超出65周岁,但公积金贷款的最长年限则可以贷到借款人70周岁。政策性住房开户并缴存一个月就可以申请贷款,且可以贷到9成。

(4)无首付成数和利率限制。有一套没还清的商贷也可以使用公积金正常贷款;而且没有使用次数限制,只要夫妻双方现在没有公积金贷款,就可以申请公积金贷款(以前的公积金贷款还清了,可以再次使用公积金贷款)。

3. 公积金贷款的条件

申请住房公积金购房贷款基本条件主要包括三个方面:贷款对象、贷款用途、住房贷款基本条件。

(1)贷款对象应当符合以下四个条件:①只有参加住房公积金制度的职工才有资格申请住房公积金贷款,没有参加住房公积金制度的职工就不能申请住房公积金贷款。②参加住房公积金制度者要申请住房公积金个人购房贷款还必须符合以下条件:即申请贷款前连续缴存住房公积金的时间不少于六个月。因为,如果职工缴存住房公积金的行为不正常,时断时续,说明其收入不稳定,发放贷款后容易产生风险。③配偶一方申请了住房公积金贷款,在其未还清贷款本息之前,配偶双方均不能再获得住房公积金贷款。因为,住房公积金贷款是满足职工家庭住房基本需求时提供的金融支持,是一种"住房保障型"的金融支持。④贷款申请人在提出住房公积金贷款申请时,除必须具有较稳定的经济收入和偿还贷款的能力外,没有尚未还清的数额较大、可能影响住房公积金贷款偿还能力的其他债务。当职工有其他债务缠身时,再给予住房公积金贷款,风险就很大,违背了住房公积金安全运作的原则。

(2)贷款用途必须专款专用。住房公积金贷款用途仅限于购买具有所有权的自住住房,而且所购买的住房应当符合市公积金管理中心规定的建筑设计标准。职工购买使用权住房的,不能申请住房公积金贷款。

(3)具备一般住房贷款应具备的条件。住房公积金贷款申请人应当有相当于购买住房价格的20%或以上的自筹资金(各地规定各不相同);住房公积金贷款申请人应同意办理贷款担保,等等。

(三)住房贷款程序

1. 选择房产

购房者如想获得楼宇按揭服务,在选择房产时应着重了解这方面的内容。购房者在广告中或通过销售人员的介绍得知一些项目可以办理按揭贷款时,还应进一步确认发展商开发建设的房产是否获得银行的支持,以保证按揭贷款的顺利取得。

2. 办理按揭贷款申请

购房者在确认自己选择的房产得到银行按揭支持后,应向银行或银行指定的律师事务所了解银行关于购房者获得按揭贷款支持的规定,准备有关法律文件,填报《按揭贷款申请书》。

3. 签订购房合同

银行收到购房者递交的按揭申请有关法律文件,经审查确认购房者符合按揭贷款的条件后,发给购房者同意贷款通知或按揭贷款承诺书。购房者即可与发展商或其代理商签订《商品房预售、销售合同》。

4. 签订楼宇按揭合同

购房者在签订购房合同,并取得交纳房款的凭证后,持银行规定的有关法律文件与发展商和银行签订《楼宇按揭抵押贷款合同》明确按揭贷款数额、年期、利率、还款方式及其他权利义务。

5. 办理抵押登记、保险

购房者、发展商和银行持《楼宇按揭抵押贷款合同》及购房合同到房地产管理部门办理抵押登记备案手续。对期房,在竣工后应办理变更抵押登记。在通常情况下,由于按揭贷款期间相对较长,银行为防范贷款风险,要求购房者申请人寿、财产保险。购房者购买保险,应列明银行为第一受益人,在贷款履行期内不得中断保险,保险金额不得少于抵押物的总价值。在贷款本息还清之前,保险单交由银行执管。

6. 开立专门还款账户

购房者在签订《楼宇按揭抵押贷款合同》后,按合同约定,在银行指定的金融机构开立专门还款账户,并签订授权书,授权该机构从该账户中支付银行与按揭贷款合同有关的贷款本息和欠款。银行在确认购房者符合按揭贷款条件,履行《楼宇按揭抵押贷款合同》约定义务。并办理相关手续后,一次性将该贷款划入发展商在银行开设的银行监管账户,作为购房者的购房款。

(四)住房贷款偿还方式

1. 到期一次还本付息法

贷款到期后一次性归还全部本金和利息,一年期个人住房贷款一般用这种方式。

2. 等额本金还款法

等额本金还款法也称"递减还款法",是指借款人每月偿还贷款的本金相同,而每月归还的利息随本金的减少而逐月递减。期初还款负担重,适合有一定储蓄、收入逐渐减少的家庭,如中老年家庭。每月还款额的计算公式如下:

每月还款额=贷款本金÷还款期数+(贷款本金-累积已还本金)×当期利率

等额本金还款也是一种个人住房抵押贷款的还款形式,最近开始被我国银行采用。其方法是:每月除固定偿还一定的本金外,还需支付尚未偿还本金的利息。

【例8-4】王某购买了一套120平方米的商品住宅,单价5000元/平方米,银行为其提供了15年期的住房抵押贷款,年利率为6.6%,抵押贷款价值比率为70%,实行每月等额本金还款。试求前两个月和最后一个月的还款额。

第一个月:

$$偿还本金 = \frac{120 \times 5000 \times 70\%}{15 \times 12} = 2333.33(元)$$

$$偿还利息 = 420000 \times \frac{6.6\%}{12} = 2310(元)$$

因此,第一月偿还额=2333.33+2310=4643.33(元)。

第二个月:

$$偿还本金 = 2333.33(元)$$

$$偿还利息 = (420000 - 2333.33) \times 0.55\% = 2297.17(元)$$

第二月偿还额=2333.33+2297.17=4630.50(元)

最后一月:

$$偿还本金 = 2333.33(元)$$

$$偿还利息 = 2333.33 \times 0.55\% + 12.83 元 = 2346.16(元)$$

在抵押贷款分期偿还时,有时需要知道每期偿还额中本金和利息各是多少。如果提前还款或考虑避税时,需要对此加以考虑。在美国,房屋贷款的利息是可以从税基中扣除掉的。

3. 等额本息还款法

等额本息还款法指的是借款人在贷款年限内,每月都以相等的金额偿还贷款本金和利息;每次还款,偿还的本金加利息相等,相当于一个年金。贷款本金的计算公式如下:

贷款本金=每月还款额×年金现值系数(P/A,i,n)

等额还款法一:

等额还款方式是我国目前居民个人购房偿还抵债贷款的主要方式,其形式为:在一个较长的时间范围内(如10年、15年或者20年),每月等额偿还一定的资金,在贷款到期日正好还清所有所得款项。现有一人购买120平方米商品住宅,单价为5000元/平方米。银行安排七成15年按揭,年利率6.6%。问该人每月还款是多少?

实际贷款额=120×5000×70%=420000(元),$i=6.6\%/12=0.55\%$,$n=12\times15=180$

$$A = P \times \frac{i(1+i)^n}{(1+i)^n - 1} = 420000 \times \frac{0.55\% \times (1+0.55\%)^{12 \times 15}}{(1+0.55\%)^{12 \times 15} - 1} = 3681.78(元)$$

等额还款法二：

某人向银行贷款 10 万元购买一处住宅，利率为 12%，周期为 5 年，每年偿还银行贷款一次，则每年的偿还额中本金和利息各是多少？

首先计算出每年的还款金额：A = P×(A/P,I,n)
= 10×(A/P,12%,5)
= 27241(元)

然后计算利息：

第 1 年利息 = 100000×12% = 12000(元)

则第 1 年偿还本金 = 27741－12000 = 15741(元)

第 2 年偿还利息 = (100000－15741)×12% = 10111(元)

第 2 年偿还本金 = 27741－10111 = 17630(元)

第 3 年偿还利息 = (100000－15741－17630)×12% = 7996(元)

第 3 年偿还本金 = 27741－7996 = 19745(元)

以此类推，可得到表 8-3：

表 8-3 等额还款法本金、利息一览表

年	年金	利息	本金	贷款余额
0				100000
1	27741	12000	15741	84259
2	27741	10111	17630	66629
3	27741	7996	19741	46884
4	27741	5626	22115	24769
5	27741	2972	24769	0

从表 8-3 可以看出，在等额还款方式下，每期偿还的本金越来越多，每期偿还的利息越来越少。随着时间的推移，本金在每期偿还款中的比例越来越大。

若贷款金额为 P，利息为 i，贷款计息周期为 n，则有以下公式：

第 m 年的本金余额 $R_m = A \times (P/A, I, n-m)$

第 m 年偿还的本金余额 $P_m = A \times (P/F, I, n-m+1)$

第 m 年支付利息额 $I_m = A - P_m$
$= A - A \times (P/F, I, n-m+1)$
$= A \times [1 - (P/F, I, n-m+1)]$
$= A \times \{1 - \frac{1}{(1+i)^{n-m+1}}\}$

等额还款法三：

某家庭以 4000 元/平方米的价格购买了一套建筑面积为 120 平方米的住宅，银行提供了 15 年的住房抵押贷款，年利率为 6%，抵押贷款价值比率为 70%，采用按月等额还款方式。如

该家庭在家庭第六年初一次提前偿还了本金 8 万元。问从第六年起,抵押贷款的月还款额是多少?

已知:$P=4000\times120\times70\%=336000$ 元,$P'=80000$ 元,$n=15\times12=180$ 月,$n'=10\times12=120$ 月,$i=6\%/12=0.5\%$.

前 5 年每月还款额为:
$$A=P\times\frac{i(1+i)^n}{(1+i)^n-1}=336000\times\frac{0.5\%\times(1+0.5\%)^{180}}{(1+0.5\%)^{180}-1}=2835.36(元)$$

第六年初一次偿还本金 8 万元后,减少的月还款为:
$$A'=P'\times\frac{i(1+i)^n}{(1+i)^n-1}=80000\times\frac{0.5\%\times(1+0.5\%)^{120}}{(1+0.5\%)^{120}-1}=888.16(元)$$

从第六年起,月还款额为:$2835.36-888.16=1947.20$ 元。

4. 其他方法

其他方法有:等比累进还款法,每次还款比例增加;等额累进还款法,每次还款金额增加。

(五)等额本金还款法和等额本息还款法的优缺点

1. 等额本金还款法

(1)优点:随着时间的增长,还款负担逐渐减轻。

(2)缺点:使用等额本金还款法,开始时每月供款金额会比等额本息还款高。

(3)适用人群:适用于目前收入较高,将来工作不稳定的人群。比较适合还款能力较强的家庭,有提前还款打算的人群。

2. 等额本息还款法

(1)优点:每月还款数额相同;作为贷款人,操作相对简单;每月承担相同的款项也方便安排收支。

(2)缺点:由于利息不会随本金数额归还而减少,银行资金占用时间长,还款总利息较等额本金还款法高。

(3)适用人群:收入处于稳定状态的家庭,买房自住,经济条件不允许前期投入过大,可以选择这种方式,如公务员、教师等收入和工作机会相对稳定的群体。

(六)住房贷款期限的确定

购房者应根据自己的经济能力和资金分配情况,选择利息支付和还款压力较小的贷款方式和期限,房屋月供款占收入的比率,不应超过月收入 25%～30%。

四、房地产交易

房地产交易是房地产交易主体之间以房地产这种特殊商品作为交易对象所从事的市场交易活动。房地产交易是一种极其专业性的交易。房地产交易的形式、种类很多,每一种交易都需要具备不同的条件,遵守不同的程序及办理相关手续。

(一)期房买卖

1. 期房的概念

期房即预售商品房,是指从开发商取得《商品房预售许可证》可以公开发售开始,直至取得之前的商品房。期房一般没有整体竣工,购房者在购买期房时签订的是"商品房预售合同",购买后一般需要等待一段时间后才能入住。现房是指开发商已办妥所售项目的"房地产权证"的商品房。现房必须是整体竣工并通过验收,购房者在购买现房时签订"商品房买卖合同",即买即可入住。

2. 购买期房的优点

(1)价格更优惠。资金是有时间价值的,一般而言开盘价格与后期价格每平方米相差几百元,甚至上千元。

(2)越早购买,对楼内的户型、朝向选择余地更大,可以挑出更适合自己需要的房屋。

3. 购买期房的风险

(1)房屋延期交付使用风险。其中包括两个方面:购买者不能如期入住,房屋的使用居住功能无法体现;属于投资性购房者延迟收取投资回报时间,也就是延迟回收利息及利润的时间。

(2)房屋内在品质变换的风险。开发商由于市场信誉和资金实力等方面的原因,对房屋的建筑质量、建筑装饰材料、建筑结构、配套设施等进行了与购房协议内容不符的调换或延迟使用,使购房者蒙受损失。其中最应该注意的是房屋建筑面积的变化,即合同上约定的住房面积与实际面积有很大的出入。

(3)房屋权属证件无法按期得到的风险。由于多方面的原因,有可能使开发商无法按期获得整个项目的房屋权属证件,购房的业主也就无法按期获得房屋产权证件。由此可以导致购房者蒙受产权再转换或抵押融资受阻的风险。

4. 购买期房的注意事项

(1)在作出决定前,对项目整体情况作全面透彻的调查。调查对象主要包括:开发商的资质、实力、信誉、经营状况;物业的合法性;项目的权属状况;周边及小区内的配套建设情况;小区和房屋的规划设计以及工程建设进度等。

(2)在签订预售合同时,认真研究合同的条款,尽量争取更多的利益和保障。由于期房不确定因素太多,所以合同条款要求更加严谨,尤其是在工程进度、房屋质量、配套建设、住房面积、相关费用及付款方式等,描述尽量详尽清楚,同时,将违约责任明确。

(3)在签订合同以后,购房者应经常与开发商联系,了解所购房屋的建设进度,以防止意外事件的发生。

(4)由于期房风险比较大,可以选择作合同公证和房产保险,以进一步加强风险保障机制。

(二)二手房转让

1. 二手房概念

新建的商品房进行第一次交易时为"一手",第二次交易则为"二手"。因此,"二手房"是相对于开发商手中的商品房而言的。凡产权明晰、经过一手买卖之后再上市交易的房产均被称为二手房。包括商品房、允许上市交易的二手公房(房改房)、解困房、拆迁房、自建房、经济适用房、限价房。

2. 二手房的优点

(1)交易简单不易纠纷。买房前到房产部门检验卖家的土地和房屋所有权证书,不会上当受骗。

(2)房屋质量一目了然。二手房都是经过了好几年的使用期,房子潜在的问题都已经暴露出来,很容易看出来,如漏水、地面塌陷。也可以通过探访卖家的街坊邻居,了解房子质量状况。另外,20世纪八九十年代的房子虽然户型设计不太好,但质量通常还不错。

(3)旧房几乎没有污染。新房最大的问题之一就是污染超标,如:甲醛,苯什么的,二手房经过几年的使用,有害物质基本挥发的差不多了,健康有保障。

(4)周边配套设施健全。二手房通常都有很健全的配套设施,如:菜市场、医院、学校、公交车什么的,日常生活很方便。

(5)可以选择左邻右舍。买新房时,你根本不知道自己的邻居会是什么样的人。但是,买二手房时,你却可以先考察考察周边都住些什么人,有利于给孩子选择一个健康的环境。

(6)风险不大规避方便。买房子最大的风险之一就是拆迁,除了少数大城市,被拆迁的通常都是弊大于利,得不偿失。所以,买房子之前,就要把拆迁的风险考虑进去。

(7)二手房的价格便宜。碰到那些急需用钱的卖家,你可以压压价,非常划算。

(8)价格更趋于多元化。

(9)不会出现"烂尾"现象。

(10)投资回报好于新房。

3. 二手房的缺点

(1)外观及房型结构不如新房合理。二手房一般和时下流行的户型不同,比如新房厅大,厨房有阳台,凸窗,卫生间较大等。

(2)二手房一般房龄大,存在某些老化情况。

(3)房屋价格时常含有水分,经验不丰富买家常常在付了定金或买入后发现其他差不多的房屋更便宜等情况;买二手房贷款最多可以是房价的70%。

(4)由于一般都为个人买卖,法律制度和信用制度不完善的情况下,在交易包括付款和办证中,容易造成互不信任和担心。

(5)有些中介公司操作不规范。经验不丰富的买家,可能多付服务费或受到更大的欺骗。

4. 二手房交易流程

(1)买方咨询。买卖双方建立信息沟通渠道,买方了解房屋整体现状及产权状况,要求卖方提供合法的证件,包括房屋所有权证书、身份证件及其他证件。

(2)签合同。卖方提供了房屋的合法证件,买方可以交纳购房定金(交纳购房定金不是商品房买卖的必经程序),买卖双方签订房屋买卖合同(或称房屋买卖契约)。买卖双方通过协商,对房屋坐落位置、产权状况及成交价格、房屋交付时间、房屋交付、产权办理等达成一致意见后,双方签订至少一式三份的房屋买卖合同。

(3)办理过户。买卖双方共同向房地产交易管理部门提出申请,接受审查。买卖双方向房地产管理部门提出申请手续后,管理部门要查验有关证件,审查产权,对符合上市条件的房屋准予办理过户手续,对无产权或部分产权又未得到其他产权共有人书面同意的情况拒绝申请,禁止上市交易。

(4)立契。房地产交易管理部门根据交易房屋的产权状况和购买对象,按交易部门事先设定的审批权限逐级申报审核批准后,交易双方才能办理立契手续。现在北京市已取消了交易过程中的房地产卖契,即大家所俗称的"白契"。

(5)缴纳税费。税费的构成比较复杂,要根据交易房屋的性质而定。比如房改房、危改回迁房、经济适用房与其他商品房的税费构成是不一样的。

(6)办理产权转移过户手续。交易双方在房地产交易管理部门办理完产权变更登记后,交易材料移送到发证部门,买方凭领取房屋所有权证通知单到发证部门申领新的产权证。

(7)银行贷款。对贷款的买受人来说在与卖方签订完房屋买卖合同后由买卖双方共同到贷款银行办理贷款手续,银行审核买方的资信,对双方欲交易的房屋进行评估,以确定买方的贷款额度,然后批准买方的贷款,待双方完成产权登记变更,买方领取房屋所有权证后,银行将贷款一次性发放。

(8)打余款完成交易。买方领取房屋所有权证、付清所有房款,卖方交付房屋并结清所有物业费后双方的二手房屋买卖合同全部履行完毕。

5.二手房交易注意事项

(1)房屋手续是否齐全。房产证是证明房主对房屋享有所有权的唯一凭证,没有房产证的房屋交易时对买受人来说有得不到房屋的极大风险。房主可能有房产证而将其抵押或转卖,即使现在没有将来办理取得后,房主还可以抵押和转卖。所以最好选择有房产证的房屋进行交易。

(2)房屋产权是否明晰。有些房屋有好多个共有人,如有继承人共有的、有家庭共有的,还有夫妻共有的,对此买受人应当和全部共有人签订房屋买卖合同。如果只是部分共有人擅自处分共有财产,买受人与其签订的买卖合同未在其他共有人同意的情况下一般是无效的。

(3)交易房屋是否在租。有些二手房在转让时,存在物上负担,即还被别人租赁。如果买受人只看房产证,只注重过户手续,而不注意是否存在租赁时,买受人极有可能得到一个不能及时入住的或使用的房产。因为我国包括大部分国家均认可"买卖不破租赁",也就是说房屋买卖合同不能对抗在先成立的租赁合同。这一点在实际中被很多买受人及中介公司忽视,也被许多出卖人利用从而引起较多纠纷。

(4)土地情况是否清晰。二手房中买受人应注意土地的使用性质,看是划拨还是出让,划拨的土地一般是无偿使用,政府可无偿收回,出让是房主已缴纳了土地出让金,买受人对房屋享有较完整的权利;还应注意土地的使用年限,如果一个房屋的土地使用权仅有40年,房主已使用十来年,对于买受人来说是否还应该按同地段土地使用权为70年商品房的价格来衡量时,就有点不划算。

(5)市政规划是否影响。有些房主出售二手房可能是已了解该房屋在5~10年要面临拆迁,或者房屋附近要建高层住宅,可能影响采光、价格等市政规划情况,才急于出售,作为买受人在购买时应全面了解详细情况。

(6)福利房屋是否合法。房改房、安居工程、经济适用房本身是一种福利性质的政策性住房,在转让时有一定限制,而且这些房屋在土地性质、房屋所有权范围上有一定的国家规定,买受人购买时要避免买卖合同与国家法律冲突。

(7)单位房屋是否侵权。一般单位的房屋有成本价的职工住房,还有标准价的职工住房,二者土地性质均为划拨,转让时应缴纳土地使用费。再者,对于标准价的住房一般单位享有部分产权,职工在转让时,单位享有优先购买权。买受人如果没有注意这些可能会和房主一起侵犯单位的合法权益。

(8)物管费用是否拖欠。有些房主在转让房屋时,其物业管理费、电费以及三气(天然气、暖气、煤气)费用长期拖欠,且已欠下数目不小的费用,买受人不知情购买了此房屋,所有费用买受人有可能要全部承担。

(9)中介公司是否违规。有些中介公司违规提供中介服务,如在二手房贷款时,为买受人提供零首付的服务,即买受人所支付的全部购房款均可从银行骗贷出来。买受人以为自己占了便宜,岂不知如果被银行发现,所有的责任有可能自己都要承担。

(10)合同约定是否明确。二手房的买卖合同虽然不需像商品房买卖合同那么全面,但对于一些细节问题还应约定清楚,如合同主体、权利保证、房屋价款、交易方式、违约责任、纠纷解决、签订日期等问题均应全面考虑。

(三)房屋租赁

1. 房屋租赁的概念

房屋租赁,是指房屋所有权人作为出租人将其房屋出租给承租人使用,由承租人向出租人支付租金的行为。它包含了三层含义:一是明确了房屋出租的主体,即出租人主体资格,出租人为房屋的所有权人;二是明确了房屋租赁行为的法律表现形式,即出租人将其房屋出租给承租人使用,由承租人享有房屋的占有权、使用权;三是明确了承租人应当承担的法律义务,即承租人应当向出租人支付租金。由此,房屋租赁行为应当包括房屋出租、承租使用和租金支付三个方面的特征。

2. 房屋出租条件

房屋出租必须具备以下条件:有合法的房屋产权证件;房屋为共有产权的,有共有人同意租赁的证明;将住宅或其他用房改作经营用房出租的,应提交规划和房管部门同意的证明;将房管部门直管公房内的场地出租的,应提交经房管部门同意的证明;住宅用房的租赁,应当执行国家和房屋所在城市人民政府规定的租赁政策;房屋能正常使用。

3. 房屋租赁中的典型法律问题

(1)确定租赁双方当事人身份。首先,需要确定当事人是个人还是公司。若以公司身份作为出租人或承租人,租赁合同必须体现该租赁行为是公司行为,否则一旦出现问题,就很难向个人追究原本应由公司承担的法律责任。其次,承租人应当依据产权证上记载的权利人,或与该房屋产权证上记载的权利人签订租赁合同的合法承租人,来确定与其签订租赁合同的相对人是否确有出租该房屋的权利。若承租人与实际上并无出租权的人签订租赁合同,则该合同须经有权出租人的认可,在此之前该租赁合同的效力尚未确定。若未经认可,承租人则可能面临缺乏有效合同的不利处境。

(2)确定房屋类型。基本分为居住用房和非居住用房两种。承租人应根据需要选择相应类型的房屋承租。特别需要提醒的是,如果该承租房屋需用于办公,则必须选择非居住用房。因为如果涉及办理营业执照,只有房屋类型为非居住用房的,工商行政管理部门才会核发营业执照。具体房屋类型需根据产权证上的记载确定。另外,确定房屋类型并选择相适应类型房屋租赁后,在租赁期间内承租人不得擅自改变该房屋用途,否则将视作违约行为。例如,居住用房不得擅自改变为非居住,除双方同意外还需取得有关部门的批准。

(3)租金的支付时间及方式。通常大多数人认为,就租金数额达成一致后就万事大吉了。其实租金的支付时间及支付方式,同样具有举足轻重的地位。出现承租人拖欠租金的情形时,事先约定有支付时间就显得尤为重要。这样,出租人就有权自该支付时间起向承租人加收滞纳金。

(4)租赁保证金。为确保承租人能够合理、善意地使用房屋,并按时支付租赁期间应承担的各项费用,双方可于租金之外另行约定租赁保证金,即俗称的押金。押金通常为一到三个月的租金。租赁关系终止时,租赁保证金可用于抵冲依合同约定由承租人承担的各项费用,剩余部分应返还承租人。在出现承租人提前退租、拖欠相关费用等情形时,允许出租人先行以租赁保证金抵冲相关费用,这对于出租人较为公平。

(5)租赁登记的重要性。租赁合同经双方签字盖章后即行生效,但承租人应于之后要求将该租赁合同至房屋所在地的区(县)房地产交易中心做备案登记,至此该租赁关系才能产生对抗第三人的效力。签订租赁合同后,该合同于双方当事人之间固然有效,但如果此前于该房屋上已实际存在租赁关系或此后房东另行与他人设定租赁关系,且若该租赁关系经过备案登记,则承租人无法对抗已经过备案登记的租赁关系承租人,即实际由经过备案登记的承租人取得承租权。

(6)转租关系中承租人应注意的问题。房屋的合法承租人在一定条件下有权全部或部分出租该房屋,此种出租行为即为转租。但转租在租赁范围、时间等方面在很大程度上受到所有之前租赁合同的限制,即转租的租赁条件不得大于作为本次出租人即上手承租人于上手租赁合同中取得的租赁条件,主要指租赁范围、时间等,超出部分无效。另外在转租房屋时,需要取得所有上手同意本次转租关系的证明,该同意证明可以采用两种形式:上手租赁合同中已约定承租人有转租权或者所有上手直接对本次转租提供同意证明。若未取得所有上手对此次转租的上述任何一种同意证明,未同意转租的上手随时有权解除与其存在租赁关系的承租人之间的租赁合同,则此后所有转租关系均将被相应解除。

(7)对于租赁期限内相关附属设施、设备的使用,房屋的维修责任及相关费用的承担,承租人是否有权对房屋进行装修,及待租期届满时增添的设施、设备的归属、补偿问题等,双方也应有明确约定,以防在出现争议后相互扯皮的现象。

4. 房屋不能出租的情况

房屋不能出租的情况有:未依法取得房屋所有权证的;司法机关和行政机关依法裁定、决定查封或者以其他形式限制房产权利的;共有房屋未取得共有人同意的;权属有争议的;属于违法建筑的;不符合安全标准的;已抵押、未经抵押权人同意的;不符合公安、环保、卫生等主管部门有关规定的;有关法律、法规规定禁止出租的其他情形。

5. 承租人的违约责任

承租人应当爱护并合理使用所承租的房屋及附属设施,不得擅自拆改、扩建或增添。确需变动的,必须征得出租人的同意,并签订书面合同。因承租人过错造成房屋损坏的,由承租人负责修复或者赔偿。

承租人有下列行为之一的,出租人有权终止合同,收回房屋,因此而造成损失的,由承租人赔偿:

①将承租的房屋擅自转租的;②将承租的房屋擅自转让、转借他人或擅自调换使用的;③将承租的房屋擅自拆改结构或改变用途的;④拖欠租金累计六个月以上的;⑤公用住宅用房无正当理由闲置六个月以上的;⑥租用承租房屋进行违法活动的;⑦故意损坏承租房屋的;⑧法律、法规规定其他可以收回的。

第三节 房地产规划风险管理

一、房地产规划风险类型

风险是指未来可能发生的危险或遭受损失的可能性,或者以偏离预期收益的可能性来定义风险,即凡是低于预期收益的事件发生的可能性可以称之为风险。房地产投资风险的类型主要有以下几方面:

(一)经营风险

经营风险是指由于房地产投资者自身经营问题而导致预期收益水平不能实现的可能性。这种风险主要与投资企业内部有关,包括经营决策失误、经营管理不善,使经营成本增加,营业净收益低于期望值。外在因素的影响也可能导致经营的失败。

房地产市场是一个较为复杂的特殊市场,具有许多可变的不确定性因素。针对这些,房地产投资者应加强对这一复杂而特殊市场的调查和研究,重视房地产市场信息的掌握,熟练业务,提高投资决策及经营管理水平,以减少经营性风险。

(二)财务风险

财务风险是指由于投资者或其他房地产主体财务状况恶化而使房地产投资及其报酬无法全部收回的可能。其一,投资者运用财务杠杆可能带来风险。财务杠杆率取决于期望收益率和贷款利率。特别是当收益率小于贷款利率时,财务杠杆率为负值,贷款不仅不能扩大利润,反而可能使投资利润减少,甚至亏损。其二,拖欠风险。这也是财务风险的一种,当房地产购买者不能按合约按期支付购房款时,拖欠严重,使投资者入不敷出,无法全部收回投资及其报酬。

(三)市场风险

市场风险是指房地产市场价格变动,并给投资者带来损失的可能性。

(四)购买力市场

购买力风险也叫通货膨胀风险。它是指因物价上涨过快而造成投资收益率下降的可能性。例如,原预期收益率为15%,如果通货膨胀率为5%,则实际收益率为10%,即要蒙受5%的收益损失。

由于房产投资周期较长,占有资金多,要承担因经济周期性变动带来的购买力下降的风险。假如经济处于滑坡阶段,经济形势出现萧条,通货膨胀上升,此时将直接影响到人们对房地产的消费能力,购买力水平下降,建成的房屋销不出,就会导致房地产投资者经济上的损失。购买力风险是威胁房地产投资的主要风险因素之一。

(五)流动性和变现风险

变现风险是指投资产品在没有压低价格情况下(不低于市场价),能迅速将其兑换成现金的可能性。

房地产商品的实体不能移动,不能运输,投入房地产的资本被限定在一个地方,同时它的投资周期长，使用期更长，而且房地产价值大，占用资金多，交易成本高。这些因素都影响到房地产资本的流动性，进而影响到其变现性。对房地产投资者而言，要多赚钱，就得适当考虑放弃变现性，并要具有抗变现风险的能力，否则会遭受经济上的损失。

(六)利率风险

房地产投资会由于利率的变化给收益带来不确定性：一方面是因为获取贷款的利率提高，会直接增加开发成本；另一方面，利率的浮动会影响到房地产的销售市场和建筑市场。

(七)自然灾害风险

自然灾害风险是指自然灾害的发生给投资造成损失的可能性。自然灾害有地震、洪涝、火灾等自然因素，环境污染和土地退化等也会使房地产产生贬值，使投资者受到损失。

自然风险是不可抗拒的，但这种风险可以通过投保转移给保险公司，以减少投资者的损失。

(八)政治风险

政治风险是指由于政治条件发生变化而带来的投资风险。房地产价格的涨跌受到该地区政治是否稳定，经济是否衰退的直接作用和影响。房地产投资者应以较长远的目标审视房地产市场，在认清社会政治、经济形势的情况下，深入学习房地产的有关政策、法规和市场知识，以增强房地产投资的社会性风险意识。

二、房地产规划风险控制策略

(一)通过市场调查实行正确决策来预测和控制风险

只有通过市场调查，将诸种因素综合加以分析，才能得出比较正确的估计和判断，才能做出正确决策。

(二)通过分离的方法规避风险

分离，是指将一笔投资同时用于投资几个项目，而不是集中于某一个项目，这个方法就是投资中经常提到的"不要把所有鸡蛋放在同一个篮子里"。分离的方式有两种：一是种类分离，即同时进行多种类型的房地产投资；二是地区分离，即将投资分散在几个不同地区进行。

(三)采取回避的方法规避风险

这种方法主要有两种做法：一是放弃原投资的打算；二是中途停止正在进行的投资。

(四)通过损失控制的方法来规避风险

损失控制方法就是通过采取一些预防措施减少损失发生的机会，或通过一些有效措施降低所发生损失的严重性，从而达到防范或降低风险的目的。

(五)通过转移的方法来控制风险

这种方法是通过把风险转移到其他投资者身上来达到控制风险的目的。例如，对于自然风险，可以通过投保的方式把这部分风险转移给保险公司。又如通过"预售"的方式卖期房，可以把房地产价格可能下降带来的风险转移给购房者。

本章小结

房地产投资是指投资者将资本投入到房地产业,以期在将来获得收益的活动,即将其资金投资于房地产的开发经营中的行为。房地产投资是近年来在我国蓬勃发展起来的一种投资形式。房地产投资的形式有房地产开发投资、房地产置业投资、房地产金融资产投资。

房地产投资对象固定、投资成本高、回收期长、投资制约因素、缺乏流动性、有良好的抗通货膨胀性、从周围社区环境的改善中获得利益等。房地产投资的优势为升值空间大、现实性强、能较好地实现分散投资,其劣势为整体性、税负高、变现力差。

商品房销售价格构成包括土地开发费、工程设计费、建筑安装工程费、设备工程费、其他工程开发费、商品房流通费、房地产开发企业的利润和税金、贷款利息。

影响房地产价格的因素包括供求关系、社会经济因素、物理因素、行政法规因素、区域因素。

购房规划会迫使个人或家庭有目的地储蓄、居住规划可供准备的时间较短、有利于科学选择合适的住房、有利于合理地进行贷款按揭决策。

住房选购要考虑包括地理位置、环境因素、配套设施、房价因素等。

购房总价主要包括可购买房屋总价、可负担的购房首付款和可负担的购房贷款总额。

租房的优点:可根据自身收支情况,方便地调整居住条件;有更多剩余资金用于投资;对工作地点不稳定者,具有更大迁徙自由度;不必担心住房价格下跌,不必承担房屋方面的各种赋税,不必支付房屋维修费用;灵活性高,承担较小的责任,较低的初始成本。租房的缺点:房租价格经常上涨;存在非自愿搬离风险;不能根据自身意愿进行装修;所付出的费用购买的只是暂时的使用权;使人缺乏安定感和稳定感。

购房的优点:有自由使用房屋的权利,可根据需要装修住房,提高居住质量;购房具有资产保值和增值功能,能抵御通货膨胀;拥有住房后,可利用住房进行抵押融资。购房的缺点:购房支出很大,购房前期财务压力大;房屋的流动性低,变现能力差;存在房价下跌的风险;不利于变换工作地点。

住房贷款偿还方式分为到期一次还本付息法、等额本金还款法、等额本息还款法。

房地产交易是房地产交易主体之间以房地产这种特殊商品作为交易对象所从事的市场交易活动。主要有:期房买卖、二手房转让、房屋租赁。

房地产规划风险包括经营风险、财务风险、市场风险、购买力市场、流动性和变现风险、利率风险、自然灾害风险、政治风险。

关键术语

房地产投资　房地产投资规划　商业住房贷款　公积金贷款　房地产税费　房地产风险

本章思考题

1. 简述房地产投资的概念与特征。
2. 房地产价格如何构成?
3. 影响房地产价格的因素有哪些?

4. 简述买房和租房的优缺点。
5. 住房贷款的类型有哪些?各有什么特点?
6. 我国房地产税收分为哪几类?有哪些内容?
7. 房地产投资有哪些风险?如何防范和控制?

案例分析

运用理财规划实现个人房产投资的收益

毋庸置疑,任何事情的开始都需要有一个明确的目标。理财规划也不例外,我们对房产投资的理财规划的目的也就是追求收益的最大化。在当前经济环境之下,个人房产投资者除了需要遵循整体的市场环境变动之外,还需要做到合理的理财规划,以获取更大的投资回报。

1. 理财规划在买卖差价获利的方式上的运用

靠买卖房屋差价获利的个人投资者,在实际操作过程中应该考虑投资期限、住宅标准等对于房产投资收益的影响。

(1) 选择适当的投资置业期。在售房政策中,对于个人房产的流通环节开征相关的税费都与年限有关,房产投资者应根据市场的预期和税费收取的规定考虑适当的投资年限。

例如,有一套100平方米的普通住宅,假设购买总价为40万元,装修5万元,按照2000元/月进行出租,假定2年内和3年内、5年后都是以50万相同的价格出售的话,那么年收益率分别为8.31%、9.67%和8%,具体分析如表8-4所示。

表8-4 不同持有年限的普通住宅投资收益对比(单位:元)

	持有房产2年以内	持有房产3年	持有房产5年以上
购房总额	400000		
装修费用	50000		
出售总额	500000		
出售收益	500000−400000−50000=50000		
出售收益 一个月空置期/年	2000×11×2=44000	2000×11×3=66000	2000×11×5=110000
净收益	50000+44000−27500=66500	50000+66000=116000	50000+110000=160000
年收益率	66500÷400000=8.31%	116000÷400000÷3=9.67%	160000÷400000÷5=8%

上述分析是基于房产价格没有上升空间的阶段,如果房地产市场处于一个不断攀升的时期,房产投资者还应将房产本身的升值考虑进来。

(2) 选择普通住宅。政府的举措对于普通住宅的划定标准,不仅仅在购房时产生明显的税费缴纳差异,而且更会影响到以后房产出售环节的税费差异。假设李先生购买一套150平方米的非普通住宅,孙女士购买2套75平方米的普通住宅,购房总价都是100万元,若干年后同时以110万元出售,则两人的税收会出现明显的差异,具体如表8-5所示。

表 8-5　不同类型住宅出售税费差额对比（单位：元）

时段	交费内容	非普通住宅	普通住宅	税费差额
购房时	购房总额	1000000		30000－20000＝10000
	契税	1000000×3％＝30000	1000000×2％＝20000	
出售时	出售总额	1100000	1100000	33000－22000＝11000
	契税	1100000×3％＝33000	1100000×2％＝22000	
税费总差价				21000

2. 理财规划在租金收益获利的方式上的运用

前文已经对衡量投资收益做出了详细的解释。选择租金收益获利的个人投资者可分为自付款购房和贷款购房两种。

(1)自付款购房的个人投资者。这类投资者需要关注的是租金收益率与资本成本(即存款利率)的关系,下面就举个实例来进行具体的解析。

如北京某一套住宅,数年前的总购成本为40万元,装修花费10万元,出租后月租金2000元,那么其收益率计算如表8-6所示。

表 8-6　收益率计算（单位：元）

总购入成本	400000
装修费	100000
年租金收入	2000×12＝24000
年折扣(按照土地使用权70年计算)	(400000＋100000)÷70＝8571
年交物业费	2500
年收益率	(24000－8571－2500)÷(400000＋100000)＝2.58％

该例中租金收益率高于银行存款利率(1年期为2.25％),但低于按揭贷款利率(5年以上5.94％)。此时就要比较租金与房贷月供,如果租金回报不足以支付购房贷款利息,那么此住宅只适合自付款投资而不适合贷款购房投资;如果租金回报大于贷款利息,就可以考虑贷款购房投资。

(2)贷款购房的个人投资者。该类投资者除了需要关注租金收益率与资本成本的关系之外,还要将租金收入与贷款利息间的长期关系考虑在内。例如,中国工商银行有"1年期、2～3年(含)、4～5年(含)、5年以上"几个档次的房贷期限。因此,贷款购房的投资者应该对房贷的期限进行相应的精挑细选。主要有以下几个方面要注意。

①总原则。月供要与收支节余相适应。挑选房贷期限,总体来说要根据借款者的经济收入和生活开支情况而定,即每月的还款金额要与自己的可支配收入相适应。

②出发点。合理就短,节约利息收入。选择贷款期限,一个出发点应节约利息支出,选择贷款期限应"就短不就长",但是请注意就短不是最短。

③逆思维。适当就长,变相获得低息资金。有的购房者的资金有比银行同期贷款利率更

高的投资去处,那么在选择贷款期限上就可以适当偏长些,从而变相获得低息利率融资。

除此之外,贷款投资者还应该考虑自己家庭收支节余在一个较长时间内会发生怎样的变化,导致家庭收支节余的增减有许多原因,这就需要投资者根据自身的情况做出适当的判断。

总之,个人投资者只要能根据自身的情况做出合理的理财规划,那么就可以在投资市场"不管风浪起,稳坐钓鱼台",从而获取个人或家庭最大的财富自由,走上终身快乐的理财之路。

第九章 教育投资规划

 教学目的及要求

通过本章学习,要求理解子女教育规划的重要性,了解子女教育金的来源,掌握子女教育规划的原则、子女教育规划工具及子女教育规划流程。

 教学重点及难点

子女教育金的特点、子女教育规划的原则、子女教育规划工具、子女教育金的估算。

第一节 教育规划概述

俗话说得好,十年树木,百年树人。教育对每个人、每个家庭以及整个社会而言都具有重大意义。教育不仅可以提高人的文化素养与生活品位,而且可以提高人的整体素质,它可以使受教育者在现代社会激烈的竞争中占据有利地位,而要系统的接受教育,需要受教育者及其家庭进行科学合理的规划,准备并定期支付足够的教育金。近年来,随着人们对教育重视程度和教育成本的逐年提高,教育金已经成为大多数家庭的主要支出之一。而如何筹备足够的教育金,保证子女能够接受良好的教育,成为众多家长关心的问题。

一、教育规划的概念和种类

教育规划也称教育投资规划,是指为了实现预期教育目标所需要的费用而进行的一系列资金管理活动。根据教育对象的不同,教育规划可以分为个人教育规划和子女教育规划两种。

个人教育是个人接受政治、经济、科学文化、技术等方面的培养教育、社会文化生活教育及继续教育,实现个人自我完善和终身学习的重要形式,是提高个人整体素质、提高劳动生产率以及个人生活质量的重要途径。由于个体的差异性,个人教育规划在消费的时间、金额等方面具有较大的不确定性。

子女教育规划是指为子女将来的教育费用进行的策划和投资,通常是个人家庭理财规划的重要环节。根据教育程度的不同,子女教育又可分为基础教育和高等教育。从现实来看,高等教育的个人边际利益相对较高,个人收益率通常高于社会收益率,家庭的高等教育支出也常常能够给受高等教育的家庭成员带来更多的预期收益。而目前高等教育的费用普遍较高,因此,家庭及时进行高等教育投资规划非常必要。

二、子女教育金的特点

近年来,随着人们对教育程度的日益重视,更多的人在接受基础教育之后,走入大学接受高等教育。然而教育成本的逐年提高,使教育金已经成为很多家庭的主要支出之一。认识子女教育金的特点,有利于进行子女教育理财的合理规划。

(一)没有时间和费用弹性

一般情况下,子女从6岁进入学校开始接受小学教育,之后是中学教育,到了18岁就该念大学,接受高等教育了。随着子女的慢慢长大,逐步接受不同时期的教育,教育金的支出必须能够同步满足子女的教育需求。子女教育金没有时间弹性,不能因为没有足够的学费而延期。此外,子女教育费用相对固定,不管家庭收入与资产状况如何,子女各阶段的基本学费相对固定,这些费用对每一个学生都是相同的。

(二)支出时间长、总金额大,且需要家庭自己准备

子女从小到大接受长达十几二十年的教育,虽然每年支出的金额不是很高,但是,整个子女教育阶段形成的教育总金额却非常可观,可能比购买一套住房的支出还多。同时,子女受教育属于自愿行为,政府不要求像养老那样建立强制储蓄账户,需要每个家庭自己准备巨额的教育资金。

(三)子女的资质及其教育费用差距大,难以事先掌握

每个孩子在求知的欲望,学习的兴趣和能力方面都不相同,甚至相差甚远,在孩子小的时候父母很难知道其在经济独立前需要花费多少教育费用。最终每个孩子接受教育的程度和学习的内容都不一样,这使得父母对子女未来接受教育的状况事先难以预料,在教育方面的花费事先难以掌握。

(四)阶段性支出高

在九年制义务教育阶段,政府对基础教育投资力度很大,因此家庭在这一阶段对子女教育承担的费用较低;进入非义务教育时期,学费开始增加;进入高等教育阶段,接受教育已被视为即将获得高额回报的一种投资活动,学费大幅攀升,需要家庭自身承担高昂的教育费用。目前的国内大学教育,一个学生一年的花费在1.5万~2万元,四年就得6万~8万元以上,要是出国留学的费用,一年需要15万元以上。这些费用支付周期短,支付费用高都需要有提前的财务准备。因此,高等教育阶段成为子女教育过程中典型的高支出阶段。

(五)教育金的支出成长率高于通货膨胀率

由于物价的上涨,子女接受教育缴纳的学费年复一年地上涨,而且近些年来,随着家长对子女素质教育越来越重视,为了孩子综合素质的提高,家长自选性支出的课外教育费用呈现持续大幅上升的状况,使得子女教育金的支出成长率比起整体物价上涨率要高。因此,预算子女教育金不能太保守,宁多勿少,否则可能会影响孩子的前途。

三、子女教育规划的重要性

对于"望子成龙、望女成凤"的国内家长们来说,子女教育问题是每个家庭最为看重、且愿

意愿力付出的。为了子女拥有更好的未来,教育金成为每个家庭必不可少的理财项目。随着生活成本的提高,教育费用的持续上涨,教育金在家庭理财中的比重也越来越高。而现代社会中晚婚晚育的家庭越来越多,子女的教育规划与父母的养老规划会有一定的重叠,此种形势下,进行子女教育方面的科学规划显得尤为重要。

(一)防止因为资金问题而放弃子女所需接受的教育

子女教育支出具有可预见性、周期性和长期性,也没有费用弹性,对于一般工薪家庭来说,如果不预先规划,不少家庭将面临到时财力不足无法实现子女继续上学的愿望,将阻碍子女继续接受教育的步伐。

(二)减少因为子女教育费用而负债的可能性

高等教育期间的开销属于阶段性高支出,且高等教育学费的增长率通常高于通货膨胀率,若不事先准备,普通家庭届时的收入可能难以负担教育费用。如果借款支付教育费用,则会增加家庭的债务负担。因此进行科学的教育投资规划,通过细水长流的方式,利用金钱的复利效应,在相当长的一段时间内能累积起一笔可观的教育储备金,减少负债的可能。

(三)避免因为子女教育费用而推迟退休或牺牲退休生活质量

子女高等教育金支付期与父母退休金准备期高度重叠,如果不科学规划子女教育,可能会因为高昂的教育费用开支迫使一些父母要延长工作时间,推迟退休时间或因供子女上大学而牺牲退休生活质量。

(四)避免子女因为偿还教育贷款,而在就业初期拼命工作或放弃其他规划

子女受教育过程中如果无规划,可能需要借助助学贷款来完成学业。大学毕业后,在有限的时间内要还清所有的贷款,可能会迫使在子女工作之初就要为还贷而拼命工作,甚至不得已放弃自己进修或其他人生选择。

四、我国的子女教育规划现状

随着社会经济的快速发展,人们的收入水平有了很大提高,有利于提高子女教育费用的负担水平。同时,越来越多的家长认识到良好的教育可能影响孩子未来的一生,导致国内教育费用支出急速上涨,占家庭开支的比例日益扩大。我国城市家庭孩子幼儿园教育费用大约需要3万元;小学期间的教育费用大约需要1万元;中学期间的教育费用大约需要3万元;大学期间的教育费用大约需要8万元;19年学校教育费用共计大约需要15万元。如果家长选择让孩子出国留学,费用每年大约需要15万~20万元。相关数据表明,我国城市家庭消费支出中增长最快的是教育费用,其年均增长速度为20%左右。教育费用已经成为普通家庭的主要经济负担,甚至有的家庭因此而陷入贫困。中国青少年研究中心家庭教育研究专家提出,在美国,中产家庭的教育支出一般占家庭收入的1.6%,但在我国,中等收入阶层家庭的教育支出占家庭收入的比重达到了16%,是美国的10倍。教育上的过多支出必然会挤占家庭的其他消费支出,低收入家庭往往很难承受。

2010年5月,全国妇联发布的《中国和谐家庭建设状况问卷调查报告》显示,当前"孩子的教育费用越来越高"已经成为家庭生活面临的三大困难之首。2011年"中国义务教育阶段城市家庭子女教育成本研究课题组"在北京、广州、南京、哈尔滨、石家庄、西安、成都、银川共8个

省会城市近5000名中小学生家长中展开问卷调查和结构性访谈,调研结果显示,家庭支出中子女教育支出比例较大,且存在一定群体差异。义务教育阶段,调查样本中近四成城市家庭一年子女教育支出费用在9000元以上,有2.8%的家庭一年子女教育支出在30000元以上。调查中发现,除过正规学校教育外,在城市家庭各类教育支出中,以课外培训或辅导、课外读物、少先队活动、参观演出、游学等选择性和扩展性教育支出构成了当前家庭子女教育支出的主要内容,其中以课外培训或辅导费用最高。有76.0%的家庭为子女支付课外培训或辅导的费用,平均支出为一年3820.2元,最大金额达80001.0元。家庭对子女课外培训或辅导方面的支出主要致力于学习成绩的提高。调查显示,81.4%的家庭对于课外培训或辅导的选择在于语文、数学、外语等学科类辅导;33.9%的家庭支付于音乐、舞蹈、绘画、书法等艺术类培训;14.7%的家庭支付于武术、游泳等体育类训练;另有3.6%的家庭让孩子参与航模、机器人等科技类培训。此外,家长们为了让孩子进入重点学校、名校而缴纳高昂的择校费、借读费的现象也普遍存在。调查显示,26.6%的家庭为子女就读某所学校支付过择校费用(包括借读、捐资助学费用),平均金额为12407.9元,最高额度为80000元。调查结果表明,中国城市家庭教育支出超过家庭总收入的三成。城市家庭平均每年在子女教育方面的支出,占家庭子女总支出的76.1%,占家庭总支出的35.1%,占家庭总收入的30.1%,子女教育费用已成为中国家庭的主要负担。

面对子女教育费用的持续快速增长,教育费用总额的高昂,教育负担的日益加重,更多的家长越来越觉得教育规划很重要。

虽然家长们逐步认识到子女教育规划的重要性,也对子女成长所需要的教育费用提前进行了一定的规划及储备。但多数家庭对子女的教育规划更多体现为给子女设立未来受教育程度的目标:是上完大学还是读完研究生;在何地上学,是在本地上学,还是在外地上学;是在国内上学还是国外读书;多大年龄出国读书等。对于子女教育金的储备更多家长选择将消费后的结余存放银行,且持续进行存入,需要支付大额学费时一次取出。个别家长为子女购买了教育保险或者其他投资产品。整体来看,由于家长们普遍对子女教育规划的知识不太了解,缺乏有效的教育投资规划手段,致使很多家庭的教育资金投资管理方式单一,投资收益率低,难以有效应对教育费用不断上涨的要求。

第二节 子女教育投资规划实务

一、子女教育资金来源

(一)小学初中义务教育阶段

在义务教育阶段,教育支出总额较小。此时的教育资金来源主要是政府教育资金,家庭教育资金主要用来支付子女义务教育阶段的学杂费,比如校服费、训练费以及学习资料费。

(二)高中阶段

与小学初中的九年义务教育阶段相比,高中阶段的教育支出增加较多,但相对高昂的高等教育费用来讲,这一时期的教育费用支出较小。教育资金来源于家庭教育资金与政府教育资金。

(三)大学及研究生阶段

大学及研究生阶段属于高等教育阶段,从1997年高等教育全面并轨后,大学教育费用大幅上涨,目前各高校学费一般在5000~10000元,教育支出额度很大。目前高等教育资金来源以家庭教育资金为主,还包括其他资金来源:政府教育资金、助学贷款、奖学金、子女勤工俭学金。

我国高校基本形成了以奖学金、学生贷款、勤工助学、特殊困难补助和学费减免为主的帮助贫困生的政策体系。目前高等院校中的奖学金种类多样,扶持力度不断增强,有国家奖学金每人每年8000元,国家励志奖学金每人每年5000元,国家助学金每人每年2000元,还有一些各高校的院校奖学金及企事业单位、公益基金在高校设置的奖学金、助学金等。大学生还可以利用业余时间进行勤工俭学,在赚取报酬缓解经济压力的同时可以提高社会实践能力,大学生的勤工俭学主要集中在做家教、做兼职、打零工等方面。政府还对就读于军校、公安院校、师范类院校的学生进行特殊身份补助。低收入家庭,为了让子女能够获得持续接受教育的机会,必须弄清政府的相关补助政策或主动询问清楚再提出相关申请。此外,许多高校还设立新生入学绿色通道,贫困新生没有办法筹措足额学费、住宿费,可先报到入学。学校为其办理入学手续后再根据核实后的困难情况给予相应的资助。

二、子女教育投资规划的重要原则

(一)提早规划

没有时间弹性,没有费用弹性是子女教育金的两大特点,因为子女持续的接受教育,家庭也要面对高昂学费的挑战,愈早开始教育投资规划,愈容易实现教育金积累目标。作为家长,应提早规划,开始规划的年龄愈早愈好。开始规划的子女年龄愈早或准备累积的期间愈长,时间复利的效果愈明显,收益就愈好。教育投资准备时间不同的比较如表9-1所示。

表9-1 教育投资准备时间不同的比较

客户	甲(孩子刚出生时进行大学教育投资规划)	乙(孩子上小学时进行大学教育投资规划)	丙(孩子上中学时进行大学教育投资规划)
每月投资金额(元)	150	225	450
投资总年限(年)	18	12	6
投资收益率(年)	5%	5%	5%
投资总额(元)	32400	32400	32400
孩子上大学时的投资总价值(元)	52380	44272	37694

(二)资金充裕

父母的期望与子女的兴趣能力可能存在差异,父母应该准备的资金比较充裕,使准备的教育金可应付未来子女的不同选择。子女接受不同教育的费用及其增长率无法准确预估,因此,在资金准备方面需要遵循充裕原则,宁可多准备一些,以免影响孩子的发展前途,届时多余的部分可留做自己的退休准备金。

(三)专款专用

为了保障子女能够接受理想的教育,父母应该为子女教育设立专门的账户储备资金,就像个人养老金账户用于退休规划;住房公积金账户用于购房规划,只有这样才能做到专款专用。

(四)充分利用定期定额计划

为了保障子女教育金的累积能够长期存续,积少成多,作为父母应该多掌握一些理财基础知识,可以充分利用定期定额计划。比如到银行开立零存整取储蓄账户,每月存入固定金额的教育储备金,约定三年或五年期限,到期再使用新的定期定额计划,十几年不间断的积累,孩子的高等教育费用应该足够支付了。

(五)与其他理财规划相结合,统筹规划

教育投资规划应该与家庭的其他理财规划相匹配,比如和家庭的保险规划相结合,以避免当家庭主要劳动力发生意外丧失劳动力或死亡,致使教育准备金的来源中断,影响孩子的学业。因此,父母应根据子女教育金需求状况投保相应的险种或必要时增加投保额。此外,教育规划应与退休规划结合,因为子女高等教育金支付期与父母退休金准备期高度重叠,若将这两者有效结合,统筹兼顾,有利于避免因为子女教育问题而影响父母退休生活的保障。

二、教育规划工具

子女教育投资规划目标主要在于获得足够的教育费用,保证子女能够接受良好的教育。因此教育投资规划的关键在于资产配置,资产配置得当,子女教育费用便可解决。目前市场上主要的累积子女教育金的理财工具包括教育储蓄、教育保险、教育信托、贷款、教育金信托等。它们各具特点,优劣势并存,需要家长们逐一审视,形成组合,实现互补,当然理想的资产组合与配置也会因人而异。

(一)银行储蓄

通过银行储蓄进行教育金的准备,是目前最为常见的方式。在国内,父母可以通过开立活期储蓄账户、定期储蓄账户或者教育储蓄账户等多种形式,为子女进行教育金的储存。在这里重点介绍一下教育储蓄这种专门针对子女教育金的积累而设立的储蓄形式。

教育储蓄是指个人按国家有关规定在指定银行开立储蓄账户、存入规定数额资金、用于教育目的的专项储蓄,专门为学生支付非义务教育所需教育金进行的储蓄。教育储蓄用于个人为其子女接受非义务教育(指全日制高中(中专)、大专和大学本科、硕士和博士研究生)积蓄资金,每月存入固定金额,到期支取本息,为零存整取型定期储蓄存款。存期分为一年、三年和六年。最低起存金额为50元,本金合计最高限额为2万元。教育储蓄实行利率优惠。一年期、三年期教育储蓄按开户日同期同档次整存整取定期储蓄存款利率计息;六年期按开户日五年期整存整取定期储蓄存款利率计息。教育储蓄在存期内遇利率调整,仍按开户日利率计息。同时,教育储蓄享有税收优惠,教育储蓄存款的利息免征个人所得税。教育储蓄的适用对象为在校小学四年级(含四年级)以上学生。享受免征利息税优惠政策的对象必须是正在接受非义务教育的在校学生,其在就读全日制高中(中专)、大专和大学本科、硕士和博士研究生的三个阶段中,每个学习阶段可分别享受一次2万元教育储蓄的免税和利率优惠。

虽然教育储蓄优惠较多,但教育储蓄的手续比较繁琐。开户时,须凭客户本人(学生)户口簿或居民身份证到储蓄机构以客户本人的姓名开立存款账户,金融机构根据客户提供的上述证明,登记证件名称及号码。到期支取时,客户凭存折、身份证和户口簿(户籍证明)和学校提供的正在接受非义务教育的学生身份证明,一次支取本金和利息,每份"证明"只享受一次利息税优惠。客户如不能提供有效"证明"的,其教育储蓄不享受利息税优惠。如果要提前支取,则必须一次全额支取。随着储蓄存款利息税的取消,以及理财市场上越来越多类型产品的出现,教育储蓄正逐渐被取代。

然而,无论是上述哪一种银行储蓄,虽然相对省事,但在目前通胀不断攀升的情况下,却远远不能达到保值增值的目的。

(二)教育保险

教育保险又称教育金保险、子女教育保险、孩子教育保险,是针对少年儿童在不同生长阶段的教育需要,以为孩子准备教育基金为目的的保险。教育保险既有强制储蓄功能又有风险保障功能。它一方面能为孩子在不同年龄阶段提供教育金支持,另一方面,可以为投保人和被保险人提供疾病、意外伤害以及重度残疾等方面的保障,防止投保人在贮备该教育金期间因为疾病或者意外风险,保险金储备中断。另外,教育保险一般都具有理财分红功能。它分多次给付,回报期相对较长,能够在一定程度上抵御通货膨胀的影响。再次,家长可以灵活掌握,资金宽裕就可以多买几份教育险,且分期缴款,压力可以在较长时间内分散。最后,教育保险的一个很大的好处是具有保费豁免功能,也就是说一旦投保的家长遭遇不幸,死亡或者全残,保险公司将豁免所有未交保费,子女还可以继续得到保障和资助。但教育保险的增值速度较慢,并且一旦加入了保险计划,中途退出往往只能拿到较低的现金价值,变现能力较低。

目前教育保险主要包括以下三种:

第一种是纯粹的教育保险,可以提供初中、高中和大学期间的教育费用。这种教育保险在保险金的返还上,完全是针对少儿的教育阶段而定,通常会在孩子进入高中、进入大学两个重要时间节点开始每年返还资金,到孩子大学毕业或创业阶段再一次性返还一笔费用以及账户价值,以帮助孩子在每一个教育的重要阶段都能获得一笔稳定的资金支持。

第二种是专门针对某个阶段教育金的保险,比如针对初中、高中或者大学中的某个阶段,主要以附加险的形式出现。

第三种的教育保险保障范围更加广泛,不仅提供一定的教育费用,还可以提供创业、婚嫁、养老等生存金。这种属于终身型教育保险,它通常会考虑到一个人一生的变化,是几年一返还的,关爱孩子的一生,孩子小的时候可以用做教育金,年老时可以转换为养老金,可以分享保险公司的长期经营成果,保障家庭财富的传承等。

作为家长在给子女购买教育保险产品时应注意这几点:第一,缴费期可以较长。因为包含有医疗重大疾病豁免保费保障功能的计划是付费时间越长越合算些,这种情况下豁免保费的概率要大得多。第二,投保要早,孩子年龄越小保费相对越便宜,尤其当子女成年后,很多少儿险都附加了一些功能,当交费期满,可以直接转换成其他寿险产品。第三,应考虑投保有终身投资分红功能的产品,可以分享长期复利增值带来的高额回报。因为教育保险有分红型和非分红型两种保险。如果保额相同,一般情况下,分红型教育保险比非分红型教育保险的保费要稍高一些。保险公司在制定非分红型险种时,多数产品的固定利率在 $2.5\%\sim3\%$,而分红型的少儿险固定收益会稍低于非分红型少儿险,但是它拥有分红的权利,可享有保险公司的投资收益。第四,最好选择一些带有生存年金领取的保险产品,以应对孩子小,领取时间特别长的特点。第五,保障期要相对较长,最好能够伴随孩子的一生。第六,条件允许的情况下,应增加购买附加保费豁免,一旦家长因死亡、伤残等原因无力支付保费,子女教育保险还能继续生效。第七,保障内容应尽量充分全面,这样有利于全面照顾孩子的需求。最后,在投资回报方面应考虑以教育金、养老金为主,并兼顾重大疾病及意外伤害风险的保障。

(三) 贷款

可以通过以下具体贷款方式筹集教育金,以弥补子女教育费用方面的不足。

1. 国家助学贷款

为了帮助那些学习努力,但家庭经济困难,家庭收入难以支付完成学业所需学费、住宿费及基本生活费的大学生顺利完成学业,国家在2000年实施国家助学贷款政策。国家助学贷款是由政府主导、财政贴息、财政和高校共同给予银行一定风险补偿金,银行、教育行政部门与高校共同操作的,帮助高校家庭经济困难学生支付学生在校学习期间所需的学费、住宿费及生活费的银行贷款。

国家助学贷款是信用贷款,借款学生不需要向贷款银行提供抵押担保,但需要承诺按期还款,并承担相关法律责任。贷款对象为中华人民共和国境内的(不含香港和澳门特别行政区、台湾地区)全日制普通本、专科生(含高职生)、研究生和第二学士学位学生。借款学生通过学校向银行申请贷款,贷款额度原则上按照每人每学年最高不超过8000元的标准,总额度按借款学生正常完成学业所需年度乘以学年所需金额确定。具体额度由借款人所在学校按本校的总贷款额度、学费、住宿费和生活费标准以及学生的困难程度确定。国家助学贷款实行一次申请、一次授信、分期发放的方式,即学生可以与银行一次签订多个学年的贷款合同,但银行要分年发放。一个学年内的学费、住宿费贷款,银行应一次性发放给学生;一个学年内的生活费贷款,银行(或学校)按10个月逐月发放给学生。贷款期限最长不得超过10年。贷款利率执行中国人民银行规定的同档期限贷款基准利率,不上浮。借款学生在校期间的利息由国家财政全额补贴,毕业后,要自行全额支付利息。考虑到部分学生毕业后不一定能立即就业,国家助学贷款设立了毕业后两年的宽限期,在宽限期内,学生只需要支付利息,不用偿还本金。对于借款学生不按时足额偿还贷款本息的问题,视违约情况将对其进行计收罚息、对失信人的个人及具体违约行为等信息对外公布、甚至将由本人承担相关法律责任。

2. 生源地助学贷款

生源地助学贷款是指国家开发银行向符合条件的家庭经济困难的普通高校新生和在校生发放的、在学生入学前户籍所在县(市、区)办理的助学贷款。贷款资金主要用于学生缴纳在校期间的学费和住宿费。

生源地助学贷款额度每人每学年不超过8000元,为1000~8000元之间的整数,原则上用于学生在校期间的学费和住宿费。贷款期限原则上按全日制本专科学制年限(在校生按学制剩余年限)最长加10年确定,借款期限最长不超过14年。学生在校及毕业后两年期间为宽限期,宽限期后由学生和家长(或其他法定监护人)按借款合同约定,按年度分期偿还贷款本息。学制超过4年以及继续攻读更高一级学位(包括第二学士学位)的借款学生相应缩短学生毕业后自付本息的期限。贷款利率执行中国人民银行公布的同期同档次基准利率。利息按年计收,学生在校期间的利息由财政全额贴息,毕业后的利息由借款人自行负担。

国家助学贷款与生源地助学贷款的对比如表9-2所示。

表9-2 国家助学贷款与生源地助学贷款的对比

类别对比	生源地助学贷款	国家助学贷款
申请对象	已经开通生源地助学贷款省市的家庭经济困难学生	国内全日制普通本、专科生(含高职生)、研究生和第二学士学位学生
贷款额度	贷款额度每人每学年不超过8000元,为1000~8000之间的整数,原则上用于学生在校期间的学费和住宿费	按照每人每学年最高不超过8000元的标准,具体额度由借款人所在学校按本校的总贷款额度、学费、住宿费和生活费标准以及学生的困难程度确定
贷款期限	按全日制本专科学制年限(在校生按学制剩余年限)最长加10年确定,借款期限最长不超过14年	贷款期限最长不得超过10年
贷款利率	利率执行贷款发放时中国人民银行公布的人民币贷款基准利率,在校期间,利息由财政全额贴息。学生毕业后贷款利息由借款人自行承担	执行中国人民银行规定的同期限贷款基准利率,且不上浮
担保方式	学生及其家长之一组成生源地贷款共同借款人,要提供担保人或有效资产抵押、信用户评定等证明	信用的方式,无需抵押和担保
申请材料	贫困证明、录取通知书、学校交费通知单、交费卡,以及申请人身份证、户口簿、结婚证。还要提供担保人或有效资产抵押、信用户评定等证明	申请贷款时需准备贫困证明、两个高校见证老师的身份证复印件、学生身份证复印件(老生还需要提供学生证复印件)

3. 商业助学贷款

商业性助学贷款是指金融机构发放的用于借款人本人或其法定被监护人就读国内中学、普通高等院校及攻读硕士、博士等学位或已获批准在境外就读大学及攻读硕士、博士等学位所需学杂费和生活费用(包括出国路费)支出的贷款。

商业性助学贷款对象是正在接受非义务教育学习的学生或其直系亲属、法定监护人,该贷款只能用于学生的学杂费、生活费以及其他与学习有关的费用。贷款最低额度为2000元(含2000元)人民币,最高额度为50万元人民币。商业性助学贷款可以采取抵押、质押、保证、信用四种方式。贷款期限最短为半年,最长不超过5年(含5年),其中采用信用方式或保证方式的,贷款期限最长不超过2年(含2年)。贷款利率按人民银行规定的同期限贷款利率执行,贷款期间的利率变动按人民银行的有关规定执行。一般商业性助学贷款财政不贴息,各商业银行、城市信用社、农村信用社等金融机构均可开办。

4. 个人抵押贷款

一些家庭为了支付高昂的子女教育费用，有时需要通过抵押贷款的方式从相应金融机构借入资金。个人抵押贷款，是指金融机构按照《中华人民共和国物权法》的规定，以借款人或第三人的财产作为抵押物，向自然人发放的贷款。这种贷款往往适用于孩子自费出国留学，发放贷款的通常是商业银行、小额贷款公司。通常借款人的下列财产可以用作贷款抵押：

(1) 建筑物和其他土地附着物；

(2) 建设用地使用权；

(3) 以招标、拍卖、公开协商等方式取得的荒地等土地承包经营权；

(4) 正在建造的建筑物、船舶、航空器；

(5) 交通运输工具；

(6) 生产设备、原材料、半成品、产品；

(7) 法律、行政法规未禁止抵押的其他财产。

个人抵押贷款中常见的是房屋抵押贷款，能够用来抵押的房屋要有较强的变现力；一般要求是商品房、公寓、商铺、写字楼等，贷款抵押率通常为70%~80%。贷款期限根据房屋的年限有所不同，新房抵押的贷款期限最长不超过30年，二手房抵押的贷款期限不超过20年；贷款利率按照中国人民银行规定的同期同档次贷款基准利率上下浮动，加上银行变相收取的各项费用，个人抵押贷款的整体利息成本较高。可以设定抵押的财产属于不动产，对于动产，一般设定质押担保方式，此处不严格区分。

(四) 中低风险基金产品

众所周知，子女教育金的需求在期限上偏向于中长期，这将会影响到家长资金的流动性。所以，在选择理财产品时，需要首先分析自身的资金运作对流动性的要求，确定自己的投资倾向。考虑到子女教育金应求稳定、安全，必须安排一定比例的低风险投资产品。因此，筹备教育金可以通过投资货币市场基金、短期债券基金与偏债型平衡基金等低风险金融产品等渠道来实现。然而，家长在储备子女教育金时，还必须考虑学费的成长率，要使基金的投资报酬率高于学费成长率。依照过去的经验，学费成长率在4%~6%之间。只靠存款或货币市场基金、短期债券基金，难以达到4%以上的报酬率。这就有必要采取基金定投的方式，它是国际上通行的一种类似于银行零存整取的基金理财方式。定期定额购买基金的好处是投资起点低、管理水平高、收益共享、风险分担和灵活方便，它能积少成多，平摊投资成本，降低整体风险，它能自动逢低加码、逢高减码，无论市场价格如何变化，总能获得一个比较低的平均持仓成本。在这种情况下，时间的长期复利效果就会凸显出来，可以让平时不在意的小钱在长期积累之后变成大钱。因此采用基金定投方式储备教育金，不会给家庭的日常支出带来过大压力，又可获得复利优势。

知识链接 9-1

基金组合赚回大学学费

投资方式应能抵御通胀的侵蚀，把钱简单地存放在银行不是一个好办法。尽管我国银行开设有"教育储蓄"业务，家长可以零存整取形式，积攒教育经费，到期后，储户能享受整存整取的利率。但是，一方面教育储蓄只有最高2万元的限额及种种限制，另一方面，目前银行利率

第九章 教育投资规划

跑不赢通胀,这已是公认的事实。想多攒些"学费",家长还应另觅出路。来自保险公司、银行和基金等机构的多位理财师建议,投资者可选择基金定投。

"其实普通工薪阶层养孩子不必喝最好的奶粉,上最好的幼儿园,也不必为了上重点高中交择校费,等等。如果把这些不必的费用都减去的话,那总费用将会大大降低。"32岁的小刘今年喜得贵子,他请银行的理财师算了笔账。刘先生认为,养儿费用是弹性需求,而高等教育阶段是刚性需求。为此,刘先生准备从儿子蛋蛋出生开始到高中读完,储备一笔30万元左右的大学费用。

基金定投最大的作用就是"聚沙成塔",且投资时间越长,复利增长带来的惊喜越大。天相投顾首席基金分析师闻群经过仔细计算,发现基金投资时间越长,累积的超额收益越高。从1999年至今年三季度末,股票型基金的累积收益率为357.61%,平均年化收益率为13.51%。但是,投资时间短的基金,很多还没有实现正收益。

招商银行的理财师拿出一个复利计算器,经过计算后告诉刘先生。蛋蛋7岁上学,到19岁时高中读完。在这19年中,刘先生只需选择一家盈利状况不错的股票基金进行定投,每月投入500元,以年化收益10%计算,到19年后,就可以攒到33万元。这期间,刘先生实际存入银行的资金为11.4万元。

定投基金有几个小窍门,以网购等方式享受最低4折的费率折扣;选择手续费后端收费方式,随着持有时间的延长,手续费会逐步降低,直到为零;分红方式选择"红利再投",让基金分红所得的现金再生出一份钱,不仅免收申购费,还能增强复利效应。

(五)子女教育金信托

子女教育金信托,指委托人将信托资金交付给信托机构(即受托人),双方签订信托合同,使受托人按照信托协议的约定为受益人(如孩子)的利益或特定目的,管理或处分信托财。在子女教育信托中,就是由父母委托一家专业信托机构帮忙管理自己的一笔财产,并通过合同约定这笔钱用于将来孩子教育和生活。比如双方约定孩子进入大学就读时开始定期给付信托资金,直到信托资产全部给付完。

子女教育金信托优势明显:①可以让父母事先规划,事后无后顾之忧。②财产受信托法保障,产权独立避免遭到恶意侵占。也就是说信托财产具有较强的独立性,即不受父母的债权人追索,也不受信托公司的债权人追索。即使受托的信托公司破产了,这笔信托财产仍可以完整地交给其他信托公司继续管理。③不会让子女过早拿到大笔财产,避免子女挥霍浪费或失去人生的奋斗目标。④专业信托机构投资管理的收益较高,稳定性好,父母每年可领取由信托公司代为管理和投资时所产生的收益。⑤委托人可以随时了解财产状况,必要时可以行使信托财产保护权。

但是,子女教育金信托这种理财方式并不适合我国所有家庭,比较适合如下对象:①有整笔资金,想送子女出国念书,可以设立子女教育金信托,找一个境外受托人管理此笔资产,指定投资的标的范围与预期收益率,以子女为受益人。②夫妻离婚时,针对离婚后未成年子女的教育问题,可以用离婚前的夫妻共同财产,或由子女抚养金责任方,找一个独立专业的信托公司作为受托人,设立子女教育金信托或者子女教育创业金信托,以子女为受益人,确保子女的养育与教育费用。③有一定的经济基础,但家庭结构差异较大的家庭。比如老夫少妻型家庭,一且父亲因为疾病、年老或者意外失去收入或者离开人世,年轻的母亲很难很好地保障子女的教育。针对这种情况提前签订子女教育金信托甚至创业金信托,有利于保障子女的经济来源甚至财产管理,能有效避免子女不当挥霍或者他人觊觎的可能。此外,高资产或高收入人群,为了同时实现多个理财目标,也可以找适当的专业受托人,针对每一个理财目标设立一个信托,并根据不同的达成期限与目标弹性,确认不同的信托账户可承受的风险与预期报酬率。其中最重要的就是退休养老金信托与子女教育金信托,如图9-1所示。

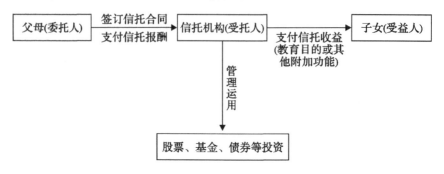

图9-1 子女教育金信托

(六)银行理财产品

银行理财产品是商业银行在对潜在目标客户群分析的基础上,针对特定目标客户群开发设计并销售的资金投资和管理计划。国内物价不断上涨,储蓄存款利率难以满足大众投资保值需要,而我国资本市场还不完善,普通投资者难以承受较大的投资风险。针对大量闲置资本缺乏有效投资渠道的现实情况,从2004年起,国内各家商业银行纷纷推出一系列银行理财产品来筹集公众资金。借助银行理财产品的销售,银行将大量闲散的小额资金集中起来进行大规模的金融操作和投资,银行由此获得管理费用,投资收益与风险由客户自行承担或客户与银行按照约定方式共同承担。

对于追求稳健理财的家庭而言,近年来飞速发展的银行理财产品成为很多人的选择。银行理财产品的种类多样,家庭投资购买银行理财产品可以根据实际情况灵活选择,为储备子女教育金应充分考虑本金的安全性,可以选择固定收益型理财产品、保本型理财产品,风险小,收益率比储蓄高,且省心省力。经过一段时间的揣摩,一些投资者发现银行理财产品收益率呈现季节性波动的特点,故不少人选择在3月、6月、9月及12月末购入收益率较高的理财产品。但是购买银行理财产品需要投资的初始资金较多,一般至少在5万元以上。

(七)国债

国债是中央政府向投资者发行的,承诺在一定时期支付利息和到期偿还本金的债权债务凭证。国债以国家信用为基础,为筹集财政资金而发行。因为国债的发行主体是国家,信用度最高,无违约风险,收益稳定,故容易变现,被公认为是最安全的投资理财工具。但国债的投资收益较低,略高于同期银行存款利息。个人可以通过银行柜台、网上银行等渠道购买国债进行投资理财。不过,由于国债通常是按时间表发行的,并不能随时投资购买。且国债目前很受人们的欢迎,购买国债进行理财需要抢购,且提前支取需要支付一定的手续费。

选择合适的教育投资工具,确保子女的未来教育目标得以顺利实现,这是每一个家长的理想。然而就目前的实际情况来看,单一的教育投资产品难以同时满足家长们期望的收益率以及保障等其他功能,因此就需要进行教育投资工具的组合投资。教育投资着重于合理估算风险、收益及投资期限,根据子女不同的年龄段选择不同的投资品种。当子女年幼时期,距离上大学时间还长,考虑通货膨胀造成资产缩水问题,家长可选择中长期的投资品种如教育保险、基金等;如果子女已经初中毕业,就应该选择当期收益较好的投资品种,比如收益较高的债券型基金、银行理财产品;如果子女想出国留学,家长则应该把子女教育金信托作为一种理想选择。当然,教育投资组合的优化还可以体现在保证基本教育金安全的前提下进一步提高教育投资的收益性。比如,为了保障子女最基本的教育金需求,也就是学费部分,可以先用无风险的理财产品比如储蓄存款、国债、银行理财产品等保证教育金的安全性;再用风险相对较高的投资性理财产品如基金、信托等来提高教育金理财的整体收益;若能获得理想的收益,今后就可以给子女创造更好的教育环境,若收益不好,也不会影响到子女的正常求学。

 知识链接 9-2

饶女士夫妇均为长沙事业单位职工,儿子 3 岁。家庭月收入约 9000 元。房产两套,一套供父母居住,一套自住。在家庭投资方面,现有定投的基金约 1.8 万元,存款几千元。每月家庭支出项目为:房贷 2400 元(还有 8 年还清),物管费 300 元,停车费 300 元,油费 400 元,伙食费、网费、电话费等合计约 2000 元,小孩托幼费 1200 元。饶女士希望理财师能结合自家情况,提供有建设性的综合理财建议,可为小孩幼儿园到大学教育期间的教育开支提供保障。

建议一、备足存款应付突发事件。

兴业银行长沙分行理财师结合饶女士家的情况分析认为,饶女士家庭月收入 9000 元,月生活支出 6600 元。一般家庭需准备能够应付三个月支出的紧急预备金,也就是 19800 元,但饶女士仅有数千元存款,明显不足,难以应付突发事件。

建议二、开源节流提升家庭收入。

理财师表示,饶女士家庭正处于家庭成长期,目前主要资产为自住房产,生息资产不多。所以其理财目标并不在于收益高低,而是主要从这两方面来考虑资产配置:一方面是将重心放在工作上,通过进修、培训、考证等加大对自身的投入,提升整个家庭的收入,实现家庭资产的开源;另一方面,还需培养理财习惯和存钱习惯,其实基金定投是一种很好的培养理财习惯的工具,其中蕴藏了很多投资的理念,也可以让饶女士花最小的代价来了解资本市场,这些都是为了将来财富有所积累时,能够让自己更加游刃有余地进行资产配置。为小孩的教育开支提供保障,这是一个非常好的理由,能让整个家庭养成存钱的习惯,目前饶女士家庭每月可结余 2400 元,一年可结余 28800 元。"适当的开源节流,每月的结余才会逐渐增多,这样才更有利于为小孩提供更好的教育。"

建议三、进行适当保险。

最后,理财师建议,饶女士可考虑给家庭收入贡献最大的经济支柱购买一份定期寿险,实现小投入,大保障。"我们无法预知自己的未来,但可以为自己的家庭加上一道安全锁,保险就能起到这样的作用。"

三、子女教育规划的流程

(一)明确子女教育目标,确定目前该教育目标所需费用

了解客户的预期,明确客户希望其子女未来接受的教育目标,并了解实现该教育目标当前所需要的费用。了解当前的教育收费水平和增长情况,就要了解包括学前教育、义务教育、大学教育和其他支出的所有内容。让我们来看看学前教育、义务教育、大学教育和其他支出所需要的费用。

1. 幼儿园(学前3—6岁)

上海公立幼儿园一个月托管费平均在1000元左右,一年10000元左右,三年共需30000元。而如果选择私立的,每个月交给幼儿园的就要2000~3000元;如果上私立的外籍人士幼儿园,每月要5000~6000元,甚至更高。

但如果家长想要孩子上好一点的幼儿园,光赞助费就需2万~5万元不等,甚至更多。

2. 小学(6—12岁)

小学六年是义务教育阶段,免学费只缴纳杂费、制服费、书本费。每年平均教育支出大约在1000元左右,六年共计6000元左右。但这一时期的孩子普遍参加学校内和校外的兴趣班接受才艺培训,花费从几千到几万元不等。如果选择较好的民办小学,教育费用会更高。虽然义务教育不用交学费,但是择校费和培训费很高,一般的也要花两三万元。

3. 初中(12—15岁)

和小学一样,初中也属于义务教育阶段,因此免学费,固定收取的杂费也不高。如果是公办的,一学期杂费500~600元,三年3000多元。学校内的补课费、兴趣班费、伙食费也不高,一学期也就1000元左右,三年6000元左右。不过,孩子在初中阶段置办学习用品的花费要高起来,电子辞典、手机、电脑等,这三年内要花费数千元。这样算下来,孩子在初中阶段学习上花费要1.5万元左右。同样不可忽略的一点是,上初中很多人会选择"择校",这样就会产生一笔赞助费,3万~10万元不等。

4. 高中(15—18岁)

以上海地区高中为例,如果孩子中考顺利,考上了公办重点高中,那么一般每学期学费只要1200~1500元,如果选择寄宿,2000元一学期。三年学杂费五六千元。

如果考得一般,选择公办的一般高中学习,学费是900元/学期。但如果此时选择公立转制高中学习,每学期学费大约3000~4500元左右,同时要交一笔一两万元的择校费。三年学杂费3万元左右。

如果上较好的民办高中,三年学费加上择校费、赞助费花十几万也是正常的。

同时,高中的学习竞争更为激烈,因此学生都要参加各类校内校外的补课,三年也要好几千元,甚至上万元。

高中学生对电脑等电子产品的兴趣和需求,也比初中孩子要高,为此即便是家庭条件较差的,也要花掉五六千元给孩子买电脑等物品。

总的计算下来,高中三年孩子身上的总花费大约5万~20万元。

5. 大学(18—22岁)

高中毕业以后,有的人考上了大学。一般的孩子进入大学后,四年学费2万~4万元;住宿费4000~5000元;杂费、生活费一个月800~1000元,加上书本费和来回家的费用,四年4万~5万元,总计需要6万~9万元。

如果是有中外合作项目的专业,由于有一年在国外合作大学学习,则费用还要另外多20万元左右。大学花费俭还是丰,大多数人还是看家庭情况决定。

至于国内上研或出国留学,要看个人情况而定。如果本科之后要继续深造,在国内上研究生的学费每年在8000~10000元,加上其他费用每年费用在18000元左右。如果选择出国深造,费用一般都在每年15万元以上。

明确子女教育目标,确定所需教育费用主要考虑下面几个方面的问题:

(1)子女目前的年龄?
(2)希望子女完成哪个级别的教育?
(3)希望子女在何地完成教育?
(4)希望子女在何种类型的学校完成教育?
(5)这些教育目标对子女有多重要?

(二)预测教育费用的增长率

教育费用往往与物价同步上涨,要考虑未来的通货膨胀率。随着人们越来越重视教育,教育需求增加,扣除通货膨胀率的教育费用可能上涨。实际操作上,往往在通货膨胀率的基础上增加几个百分点,作为教育费用的预期增长率。根据资金充裕原则,当教育费用增长不确定性较大时,应调高教育费用增长率。

(三)估算未来所需教育资金,确定当前所需总投资额和分期投资额

根据预测的教育费用增长率,估算实现教育目标未来所需的教育资金总额,以及这些教育资金的来源,同时明确客户自身应该准备的资金。

根据预测的未来所需的总教育金,计算未来所需教育资金在目前时点的时间价值,确定当前一次性投资所需资金总额和分期投资所需资金额。

(四)选择适当的投资工具进行投资

子女教育规划的目的是获得足够的教育准备金,以帮助子女实现预期教育。因此子女教育规划的关键就是资产配置,资产配置得当,子女教育金便可放心。目前累积子女教育金的理财工具多样,包括银行定期存款、保险、基金、银行理财产品、债券、信托产品等,各种理财投资工具各有特色,理想的资产组合与配置也会因人而异。子女教育规划流程如图9-2所示。

子女教育是一项长期而且复杂的事情,不能看到别人学什么,然后就安排子女学什么,最终使得子女没有学到实质的东西,甚至造成逆反心理,最终可能会影响其一生的良好学习习惯。因此,根据父母应针对子女的兴趣爱好和实际情况,确定合理的子女教育目标,然后按照这个设定的教育目标进行财务规划,做到有的放矢、有备无患,并有针对性的引导子女朝着这个既定目标方向发展,帮助子女健康成长。

【例9-1】李女士的儿子今年6岁,她估计儿子上大学之前的教育费用不多。李女士的子女教育投资规划目标是:在儿子18岁上大学时能积累足够的大学本科教育费用,并希望有能

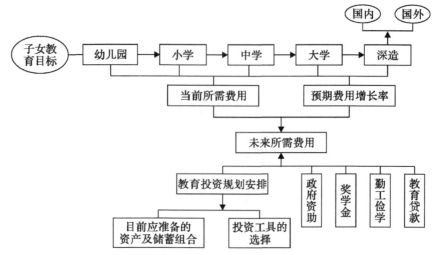

图 9-2 子女教育规划流程图

力继续让儿子攻读硕士研究生。李女士目前已经有 3 万元教育准备金,不足部分打算以定期定额投资基金的方式来解决。李女士投资的平均回报率大约为 4%。

为了实现这一教育目标,请问李女士需要每月投资的资金额度是多少?

分析:

首先,明确当前的大学教育费用和硕士研究生教育费用。

我国目前大学本科 4 年需要花费 48000～72000 元,在这里取中间值 60000 元。而硕士研究生需要花费 40000～60000 元,取中间值约 50000 元。

其次,预测教育费用增长率。结合通货膨胀率和大学收费增长、经济增长率等诸多因素,预计教育费用的年平均增长率是 3%～7%,取中间值 5%。

最后,估算未来所需教育金和当前现值。

李女士儿子 12 年后上大学所需费用:

$60000 \times (1+5\%)^{12} = 60000 \times (F/P, 5\%, 12) = 107754 (元)$

已准备金额:$30000 \times (1+4\%)^{12} = 30000 \times (F/P, 4\%, 12) = 48030 (元)$

尚需准备金额:$107754 - 48030 = 59724 (元)$

每年应提存金额:$59724 \div (F/A, 4\%, 12) = 3975 (元)$

每月应提存金额:$3975 \div 12 = 331 (元)$

李女士儿子 16 年后读硕士所需费用:

$50000 \times (1+5\%)^{16} = 50000 \times (F/P, 5\%, 12) = 109145 (元)$

每年应提存金额:$109145 \div (F/A, 4\%, 16) = 5001 (元)$

每月应提存金额:$5001 \div 12 = 417 (元)$

从现在开始,为了实现儿子上大学及上硕士研究生的教育目标,李女士每月必须定期定额提存的资金额为 331+417=748 元。

本章小结

教育规划也称教育投资规划,是指为了实现预期教育目标所需要的费用而进行的一系列资金管理活动。根据教育对象的不同,教育规划可以分为个人教育规划和子女教育规划两种。

子女教育规划是指为子女将来的教育费用进行的策划和投资。根据教育程度的不同,子女教育又可分为基础教育和高等教育。

子女教育金的特点明显,体现为没有时间和费用弹性;支出时间长,总金额大,且需要家庭自己准备;子女的资质及其教育费用差距大,难以事先掌握;阶段性支出高;教育金的支出成长率高于通货膨胀率。

科学合理地进行子女教育规划有利于防止因为资金问题而放弃子女所需接受的教育、减少因为子女教育费用而负债的可能性、避免因为子女教育费用而推迟退休或牺牲退休生活质量、避免子女因为偿还教育贷款而未来压力增大。

子女教育金来源多样,可以借助于政府教育金、家庭教育金、奖学金、助学金、勤工俭学、教育贷款等多种形式来实现教育目标。

子女教育规划要遵循提早规划、资金充裕、专款专用、充分利用定期定额计划、与其他理财规划相结合、统筹规划等原则。

目前主要的累积子女教育金的理财工具包括储蓄、保险、信托、贷款、基金定投、国债、银行理财产品等,它们各具特点,优势与劣势并存,需要家长仔细斟酌,合理搭配,组合优化,实现互补。

子女教育规划应按照一定的流程进行:首先要明确子女教育目标,确定目前该教育目标所需费用;其次要预测教育费用的增长率,估算未来所需教育资金,确定当前所需总投资额和分期投资额;最后要选择适当的投资工具进行投资。

关键术语

教育规划　储蓄　国债　基金　子女教育金信托　教育金　保险银行理财产品

本章思考题

1. 什么是教育规划?教育规划的种类有哪些?
2. 子女教育金具有哪些特点?
3. 进行子女教育投资规划时应遵循哪些原则?
4. 简述子女教育规划的重要作用。
5. 如何科学地进行子女教育规划?
6. 进行子女教育投资规划可借助的投资工具有哪些?

案例分析

黄女士在一家私企上班,年收入 10 万元左右。由于离异,黄女士目前独自照顾刚初中毕业的女儿,家庭月开销在 5000 元左右,包括房贷。家庭资产方面,黄女士现有银行存款 10 万元,另有国债 5 万元,明年到期。

理财目标:

黄女士准备将来把女儿送出国读大学,需要准备一笔教育金,希望理财专业人士能提供一个合理的理财计划。

首先我们看看黄女士家庭的可支配收入情况:年收入10万元,月开销5000元,一年结余4万元;接下来我们再分析一下未来七年黄女士家庭金融资产及收入结余在孩子出国留学时的预期价值(假设高中三年的家庭支出不变):存款10万元,按年收益4.25%计算,共计11.27万元;国债5万元两年理财按年平均收益4%计算5.41万元,七年累计的收支结余按4%的成长率计算在三年后的价值为28.8万元(其中包括读大学期间的家庭结余折算到读大学时,便于比较);那么我们汇总来看家庭三年后可支配45万元左右。

然后我们测算一下留学四年需要花费的费用情况(不考虑汇率因素):目前如果选择北美留学的一般每年花销预计25万元人民币,考虑教育成本增长率一般为每年3%,那么三年后出国留学四年的成本预计115万元,如果通过理财的方式来实现,需要获得较高的年收益率同时承担较高的理财投资风险,作为中短期的教育金稳健理财规划,实现的难度比较大;而欧洲一些国家的留学成本相对较低,一般在10万~13万元左右,同样考虑教育成本年增长3%,预计三年后的四年总教育费价值41.8万~52.8万元,通过理财比较容易实现。

考虑是中期的教育理财规划,建议稳健理财配置为主:

(1)银行存款10万元建议存三年定期,年利率4.25%(如果能够买到三年期国债更好),到期用于大学第一年的费用。

(2)可用基金定投的投资理财方式规划大学后半程或最后一年的学费,比如每月定投1500~3000元,现在是处于投资低迷期,可适当采用积极的定投策略,比如指数型和股票型各占50%,预期年收益率10%以上,同时也要注意控制风险,达到预期收益建议终止。

(3)保留1万~2万元存为三个月定期并自动转存作为家庭不时之需。

(4)明年到期的国债与以后家庭结余部分可选择一年期以内的稳健理财产品,预计平均年收益率4%左右,通过该种方式实现大学期间前较大的支出。

(5)最后建议可以抽出一点资金为黄女士自己购买一份定期寿险,保险金额等同于房贷的剩余贷款余额,保险期限等同于贷款剩余期限。

第十章 个人退休规划与遗产计划

教学目的及要求

通过本章学习,了解退休规划理财原理、退休规划的种类;了解筹集资金和制定投资策略的基本方法和流程;掌握进行退休规划理财的主要环节和基本要求;掌握估算养老金总需求、测算既得养老金和养老金赤字的基本方法;掌握遗产计划的工具和遗产计划的步骤。

教学重点及难点

退休计划与退休理财规划的区别、养老总需求、既得养老金、养老金赤字、退休规划的资金筹集、现收现付计划与积累计划、社会统筹和个人账户、DB 计划 DC 计划、生存年金和非生存年金、单项计划和一揽子计划、退休规划的实施步骤、退休生活费用总需求、估算养老金赤字、制定个人退休计划理财规划、退休计划待遇支付、遗产计划的工具和遗产计划的步骤、退休规划的种类、退休规划操作流程、遗产计划的工具、遗产计划的步骤。

第一节 个人退休规划概述

2050 年 60 岁以上人口将从 2000 年的约 6 亿增至近 20 亿,60 岁以上人口所占比例预计增加一倍,从 1998 年的 10% 至 2025 年的 5% 再增至 2050 年的 21%。增长最大、最迅速的是发展中国家,在今后 40 年中,这些国家的老年人口预计翻两番,即增长四倍。截止到 2008 年年底,我国 60 岁以上的老年人口已达到 1.6 亿,老年人口比重达到 12%,到 2014 年末,我国老年人口 21242 万人,到 21 世纪 40 年代后期,我国 60 岁以上的老龄人口将超过 4.3 亿,届时老年人口的比重将达到三分之一左右。人口老龄化,已成为全世界面临的共同难题,养老问题日趋严峻。随着子女工作的迁移、移民、城市化进程加快,老年人正在失去传统家庭的支撑照顾,保障一辈子的情况在绝大多数国家已不复存在,工作人口的减少,使老年人的养老保障更加不足。退休规划已成为个人在理财时必须要考虑到的重要问题。

中国人口老龄化情况部分统计数据——二十年中国老龄人口(60 岁以上)增长情况,如图 10-1 所示。

一、退休规划的含义、目的及意义

退休规划是指在分析退休后的需求基础上,对每年所需的资金数额及其投资方式做出最佳决策的过程。退休规划目的是为了保证规划者在将来退休后有一个自立或较高品质的生活。

尽早地开始规划退休后的生活,可以避免许多不必要的和严重的财务困难,使自己的退休生活更有保障,而且时间价值带来的投资获利会更多,同时也可减轻子女的负担。

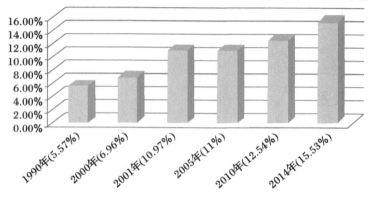

图 10-1　中国人口老龄化情况部分统计[①]

二、退休规划的种类

退休规划种类繁多,按不同的分类方法可以进行不同的划分。

(一)按筹资方式划分

按筹资方式可将退休规划分为现收现付制、完全积累制、部分基金制。

1. 现收现付制

所谓现收现付制是指当期的缴费收入全部用于支付当期的养老金支出开支,不留或留很少的储备基金,由正在工作的一代人的缴费来支付已经退休的一代人的养老金的制度。

在此制度下,在职职工支付的养老金供养已退休的人,而自己退休后则由下一代在职职工供养自己。基于以往的实践经验,对近期(1年)需支付的保险金额进行预测,每期期末确定保费率,需要多少养老金就征收多少,并按一定比例分摊到缴费者。根据统一的退休条件决定退休待遇,基金的营运和管理简单。

但现收现付制下要求人口结构稳定、经济和政治稳定。退休年龄提前、出生率下降、人口老龄化等不确定性,均会给现收现付制带来风险。而在经济景气时提高退休待遇,在经济不景气时却不能降低退休待遇,这将导致财政支出上升,阻碍经济结构调整和经济发展。

2. 完全积累制

完全积累制(funded entirely)是指通过国家强制建立个人账户,企业和个人均按一定比例向该账户中缴费,退休后的待遇取决于账户基金的积累额,账户基金可以进行投资。就业者在就业期内或寿命内向政府管理的社会保险基金缴款,基金随着投资期限的增长收益增加金额积累增长,当就业者退休后,可于基金账户中领取保险金,这些资金主要来源于基金的投资

---

① 图 10-1 数据资料均来自于经济科学出版社出版《中国人口年鉴(1991 版)》,《中国人口年鉴》编辑部出版的《中国人口年鉴(2004 版)》,中国人口出版社出版的《人口老龄化与老龄问题》,全国老龄办公室 2006 年公布《中国人口老龄化发展趋势预测研究报告》,《中国人口年鉴(2014 版)》及第六次人口普查不完全统计结果预测。

收益。

完全积累制的缴款者退休后按月领取的金额取决于过去的积累数额,与本人在职时的工资和缴费直接相关,强制储蓄,使个人能实现自我保障,此外,基金账户的运作也有利于资本市场的发育和经济发展。

但完全积累制要求币值稳定、物价稳定、经济稳定,否则基金保值增值的风险较大;且如果市场发育及基金管理水平不好,会使基金的收益不确定甚至亏损。

3. 部分基金制

部分基金制(partially funded system)是介于现收现付制和完全积累制之间的一种制度,因而其特点也介于现收现付制与完全积累制之间。其既具有现收现付制特点,社会保障的一部分用来支付当期接受者的保险金,又具有完全基金制的特点,社会保障支付后剩余的部分投资于政府管理的基金(社会保障信托基金)。

我国目前采用的即为部分基金制。

(二)按保险资金收支的确定形式划分

按保险资金收支的确定形式分待遇确定型、缴费确定型与混合型。

1. 待遇确定型计划(DB 计划)

待遇确定型计划是根据某种公式计算出来的养老保险待遇并支付给受益人的一种保险制度。在这种制度中受益人将来得到的养老金由一个特定公式决定。待遇确定型养老保险一般不为个人单独建立账户,由雇主甚至雇员定期向一个总账户中缴费。当缴费及投资累积少于应支付雇员养老金的时候,其差额部分由雇主补齐。因为有预先承诺的养老金支付目标,政府和雇主或各类理财规划和咨询服务机构需要为自己的承诺承担一定责任甚至提供担保,尤其是雇主,需要付出较多努力和承担较大风险。因此,在待遇确定型计划中是由雇主承担着与退休基金相关的主要风险。确定待遇水平则需要根据计划举办者的动机和客户的筹资能力来进行多种设计,由此产生多种待遇确定型退休计划,如养老金与个人退休前的收入关联或者不关联的计划。

全部国家基本养老保险的 DB 计划、部分企业补充养老保险的 DB 计划和少数个人退休计划都可以属于 DB 计划,但在税收优惠待遇和法律规范方面有所不同;另外,员工的收益程度和态度也会有所不同。

2. 缴费确定型计划(DC 计划)

缴费确定型养老保险计划不预先规定养老金的支付水平,只要求提前确定参与人的缴费金额,缴费者由政府、雇主和员工组成,包括政府资助和雇主供款及雇员向雇员的个人账户缴纳约定的金额。雇员可以参与个人账户基金的投资。退休后,雇员可于账户基金中一次性提取养老金或分期领取年金。受益者的养老金水平取决于个人账户中的累积缴费额以及累计投资收益。因此,在此计划中是由雇员承担着与退休基金相关的投资风险。

缴费确定计划需要每个参与员工建立个人账户,政府资助和雇主供款以及投资利息收益都定期记入个人账户,养老金的支付水平与账户中的资金数量和投资收益相关联。因此,根据资金供给者的缴款状况不同,个人退休后的领取金额也会不同。

3. 混合计划

混合计划(mix pension plan)即同时具备待遇确定和缴费确定二者特征的计划。例如规定养老金支付限额,在限额之上根据缴费和投资情况决定养老金支付水平等。混合计划既如待遇确定型计划有养老金支付承诺,又像缴费确定型计划缴款数额决定养老金支付水平。

(三)生存年金和非生存年金

固定的年期内按一定的间隔期(按年、季或月)提存或支付的款项称为年金。年金包括生存年金计划和非生存年金计划。

1. 生存年金计划

生存年金计划(life annuity)是以年金方式在被保险人生存期内以被保险人存活为条件,间隔相等的时期(年、半年、季、月)支付一次保险金的保险类型,保险费通常采取在投保时一次性缴付的趸缴方式或者在一定时期内的均衡缴付的方式。

生存年金可以为退休人员生存期内提供养老金,以确保其在生存期获得最大的保障。但是,生存年金要求在受益人死亡时用尽所有养老积累,这必须要面对长寿风险。生存年金计划的微观设计要具体到月养老金支付数额,宏观设计要覆盖客户退休后全部生命,这需要对养老债务有一个长期收支平衡的考虑,如图10-2、图10-3所示。

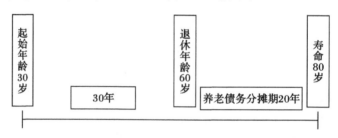

图10-2 寿命为80岁的生存年金计划宏观设计

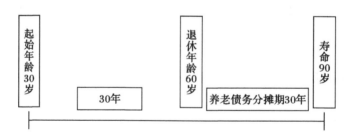

图10-3 寿命为90岁的生存年金计划宏观设计

起始年龄,即客户建立个人退休计划的年龄段;退休时日,即根据有关法律规定正常退休年龄;长寿风险,即养老成本发生期的超长延伸;养老债务分摊期,即为终生年金计划筹资资金的期限。

2. 非生存年金(unlife annuity)

非生存年金计划是根据客户筹资能力设计退休支付能力的退休计划。非生存年金计划可以不考虑受益人在退休后的生存期。例如,从退休时开始每月领取养老金占总积累的1/240,共领取20年。

第二节 养老保险

一、养老保险的概念和特征

(一)养老保险的概念

养老保险包括社会养老保险和商业养老保险。社会养老保险是国家和社会根据一定的法律和法规,为解决劳动者在达到国家规定的解除劳动义务的劳动年龄界限,或因年老丧失劳动能力退出劳动岗位后的基本生活而建立的一种社会保险制度。它是以社会保险为手段来达到保障的目的。商业养老保险是以获得养老金为主要目的的长期人身险,它是年金保险的一种特殊形式,又称为退休金保险,是社会养老保险的补充。

(二)养老保险的特征

养老保险是世界各国比较普遍实行的一种社会保险制度,具有以下特征:

1. 参加保险与享受待遇的一致性

其他社会保险项目的参加者不一定都能享受相应的待遇,而养老保险待遇的享受人群是最确定、最普遍、最完整的。因为几乎人人都会进入老年,都需要养老。参加养老保险的特定人群一旦进入老年,都可以享受养老保险待遇。

2. 保险水平的适度性

养老保险的基本功能是保障劳动者在年老时的基本生活,这就决定其保障水平要适度,既不能过低,也不能过高。一般来说,养老保险的整体水平要高于贫困救济线和失业保险金的水平,低于社会平均工资和个人在职时的收入水平。

3. 享受期限的长期性

参加养老保险的人员一旦达到享受待遇的条件或取得享受待遇的资格,就可以长期享受待遇直至死亡。其待遇水平基本稳定,通常是逐步提高的,而不会下降。

二、社会养老保险体系

社会养老保险是社会保险的重要组成部分,是指劳动者在达到法定退休年龄退休后,从政府和社会得到一定的经济补偿、物质帮助和服务的一项社会保险制度。在已建立养老保险制度的160多个国家和地区中,社会养老保险制度的类型是多种多样的。按照养老保险基金筹资模式不同,世界各国实行的社会养老保险制度按保险资金的征集渠道划分主要有三种模式,可概括为投保资助型(也叫传统型)养老保险、强制储蓄型养老保险和国家统筹型养老保险。

(一)投保资助型(也叫传统型)养老保险

传统型的养老保险制度又称为与雇佣相关性模式或自保公助模式,最早为德俾斯麦政府于1889年颁布的《老年、伤残、遗属养老保险》法所创设,后被美国、日本、联邦德国、阿根廷、意大利等国家所采纳。它实施的前提条件是工业化已取得一定成效,经济有较雄厚的物质基础,强调养老是个人的事,应以自保为主,国家予以补贴。以国家为主体,通过立法强制实施,强调以雇主和雇员按既定的比例定期缴纳养老保险费,形成社会保险金。当资金收入不够支出时,国家财政给予补贴。财政资助表现在财政拨款、税收和利率上给予支持。个人领取养老金的权利与缴费义务联系在一起,即个人缴费是领取养老金的前提,养老金水平与个人收入挂钩,基本养老金按退休前雇员历年指数化月平均工资和不同档次的替代率来计算,并定期自动调整。除基本养老金外,国家还通过税收、利息等方面的优惠政策,鼓励企业实行补充养老保险,保险基金来源多元化,采取现收现付制,针对不同职业采取不同养老保险金,强调效率、兼顾公平。但因过分强调不同职业群体之间的政策差别,不同职业间的再分配难以实现,且养老保险层次多、复杂化,不容易被一般保险人理解。随着人口老龄化程度的提高,这种现收现付制形式会使社会负担越来越重。

例如,日本的养老保险是由三部分组成:厚生省社会保险厅管理的公营企业职员和公务员的互助养老保险;一般企业职工、自营者、农民、渔民等的国民养老保险;各互助协会管理的雇员的无业配偶的国民基本养老保险。基金由政府部门管理,纳入国家财政体系,可保证资金的安全性并促进资本市场的发展。

(二)强制储蓄型养老保险

强制储蓄型养老保险,主要有新加坡模式和智利模式两种。

新加坡模式是以东南亚发展中国家为主体所实行的一种养老保险制度,又称为"中央公积金制",首创于20世纪50年代。斐济、加纳、印度、印尼、马来西亚、肯尼亚、尼泊尔、尼日利亚、新加坡、斯里兰卡、坦桑尼亚、乌干达、赞比亚、所罗群岛等都是此模式。该模式为政府无需负担的中央公积金制度。主要特点是不需要国家在财政上拨款,强制雇员和雇主同时投保。强调自我保障,建立个人公积金账户,由劳动者于在职期间与其雇主共同缴纳养老保险费并存入个人账户,劳动者在退休后完全从个人账户领取养老金,国家不再以任何形式支付养老金。个人账户的基金在劳动者退休后可以一次性连本带息领取,也可以分期分批领取,基金通过中央公积金局统一进行管理和运营投资,保障了资金的安全性,但由于缺乏竞争,收益率较低。除新加坡外,东南亚、非洲等一些发展中国家也采取了该模式。

智利模式是另一种强制储蓄类型,是于1980年实行的完全积累基金模式。智利模式也强调自我保障,也强制建立个人账户,每个职工每月都必须交纳本人税后月工资的10%存入个人资本积累账户。但与新加坡模式不同的是,个人账户的管理完全实行私有化,即将个人账户交由自负盈亏的私营养老保险公司AFP管理,规定了最大化回报率,同时实行养老金最低保险制度。如果基金公司的收益低于政府规定的最小收益率即全部养老基金平均收益率的50%,那么就必须从基金管理公司的"强制储备基金"中补充人们账户的收益差额。养老金资产是与基金管理公司自有资产严格划分开来,而且政府还会对账户的损失进行补充,直到达到最低的收益标准为止。此方法保证了较高的收益水平,1980—1995年智利AFP的年平均投资回报率达13.5%,是国家管理制度下的5倍。智利养老制度改革的基本理念,就是社会保障储蓄管理的私人化,即由私营基金管理公司代替政府负责养老基金的管理。该模式后来也被拉美一些国家所效仿。目前,全世界已经有10多个国家效仿了智利的完全积累制模式,同时对很多国家的改革、尤其是那些1990年以来处在转型期的国家提供了很多启发,包括目前实行统账结合的部分积累制的中国。

强制储蓄型的养老保险模式最大的特点是强调效率,但忽视公平,难以体现社会保险的保障功能。

(三)国家统筹型养老保险

国家统筹型养老保险主要有福利型和国家保险型两种。

福利型是福利国家所在地普遍采取的,又称为福利型养老保险,最早为英国创设,目前适用该类型的国家还包括瑞典、挪威、澳大利亚、加拿大等。该制度的特点是实行完全的"现收现付"制度,并按"支付确定"的方式来确定养老金水平。强调养老保险待遇的普遍性。享受养老金的对象不仅仅为劳动者,还包括社会全体成员。如瑞典强调只要年满65岁,不论其经济地位和职业状况,都可以获得同一金额的基本养老金。如退休前收入较低或工龄较短而影响附加年金的数额,则政府给予补贴。基金来源于一般税收,基本上由国家和企业负担,个人不缴纳保险费或缴纳低标准的养老保险费。如瑞典退休者在工作期间不必缴纳保险税或缴纳低标准的社会保险费;英国每个有工作的人及企业主,每周均需向国民基金会缴纳养老保险费,并且都按统一标准享受普遍养老金。一些国家养老金保障水平相对较低,通常只能保障最低生活水平而不是基本生活水平,如澳大利亚养老金待遇水平只相当于平均工资的25%。为了解决基本养老金水平较低的问题,一般大力提倡企业实行职业年金制度,以弥补基本养老金的不足。该制度的优点在于运作简单易行,通过收入再分配的方式,对老年人提供基本生活保障,以抵消市场经济带来的负面影响。但该制度也有明显的缺陷,其直接的后果就是政府的负担过重。由于政府财政收入的相当于部分都用于了社会保障支出,而且要维持如此庞大的社会保障支出,政府必须采取高税收政策,这样加重了企业和纳税人的负担。同时,社会成员普遍享受养老保险待遇,缺乏对个人的激励机制,只强调公平而忽视效率。因此采取此类型的国家前提条件,必须是劳动生产率水平高于国际平均水平,个人国民收入、国民素质和物质生活等方面享有较高的水平,并借助财政、税收、金融等经济杠杆的调节作用,以强大的社会福利刺激需求,推动经济发展。

国家统筹型的另一种类型是前苏联创设的国家保险型,后为东欧各国、蒙古、朝鲜以及我国改革以前所采用。该类型覆盖面广,全部由政府和企业承担养老保险活动和筹集资金,实行统一的保险待遇水平,劳动者个人无须缴费,退休后可享受退休金、轻效率、重公平。但不同于福利型养老保险,适用的对象并非全体社会成员,而是曾在职劳动者,养老金也只有一个层次,未建立多层次的养老保险,一般也不定期调整养老金水平。国家保险型强调福利的普遍性导致了收入再分配的平均,从而削弱了对劳动者的鼓励作用,助长了平均主义,影响了效率的提高。随着苏联和东欧国家的解体以及我国进行经济体制改革,采用这种模式的国家也越来越少。

三、我国的社会养老保险体系

我国的社会养老保险体系是由五个部分组成的,分别为基本养老保险、企业补充养老保险、个人储蓄性养老保险、城市最低生活保障、农村建设养老保险。

(一)基本养老保险

基本养老保险制度亦称国家基本养老保险,它是按国家统一政策规定强制实施的为保障广大离退休人员基本生活需要的一种养老保险制度。它具有强制性、普遍性、互济性、福利性的特点。

我国在20世纪末90年代之前,企业职工实行的是单一的养老保险制度。当时的基本养老金也称退休金、退休费,是国家有关文件规定,在劳动者年老或丧失劳动能力后,根据他们对社会所作的贡献和所具备的享受养老保险资格或退休条件,按月或一次性以货币形式支付的保险待遇,主要用于保障职工退休后的基本生活需要。1991年,《国务院关于企业职工养老保险制度改革的决定》明确提出:"随着经济的发展,逐步建立起基本养老保险与企业补充养老保险和职工个人储蓄性养老保险相结合的制度。"此后,我国逐步建立起多层次的养老保险体系。

1997年,《国务院关于建立统一的企业职工基本养老保险制度的决定》(国发[1997]26号)中更进一步明确了我国现行的"统账结合"的养老保险制度。即社会统筹与个人账户相结合共同组成的基本养老保险制度。其基本规定是:每个企业为职工向社会统筹基金缴纳养老保险费,同时还向职工的个人退休账户缴纳保险费,职工个人在就业期间向自己的个人退休账户缴纳保险费。因此社会养老保险的主要缴付人是企业和个人。职工退休后养老金由两部分组成,一是从养老统筹基金领取的基础养老金,二是从个人账户领取的个人账户养老金。

从制度设计的结构分析,我国的统账结合的养老保险制度属于部分基金制,是现收现付制和完全积累制两种方式的结合。

国务院于2005年末发布《国务院关于完善企业职工基本养老保险制度的决定》。新的养老保险制度作出了重大调整,城镇个体工商户和灵活就业人员参加基本养老保险。缴费基数统一为当地上年度在岗职工平均工资,缴费比例为20%;城镇企业职工缴费比例统一由本人缴费工资的11%调整为8%,企业为20%,个人账户全部由个人缴费形成,单位缴费不再划入个人账户,基础养老金增加,个人账户规模有所降低,但总体水平与改革前大体相当。城镇个体工商户和灵活就业人员退休后按企业职工基本养老金计发办法发放;持《再就业优惠证》的"4050"人员(女40周岁以上,男50周岁以上)灵活就业后参加社会保险的,给予一定数额的社会保险补贴;城镇残疾人个体工商户参加基本养老保险的,从结余的残疾人就业保障金中给予适当补贴。基础养老金月标准以本市上一年度职工月平均工资和本人指数化月平均缴费工资的平均值为基数,缴费每满1年发给1%。参保人员每多缴一年基本养老保险,养老金增发一个百分点,上不封顶。1998年6月30日以前参加工作,2006年1月1日以后符合按月领取基本养老金条件的被保险人,除按月领取基础养老金和个人账户养老金外,再发给过渡性养老金。2006年1月1日以后达到退休年龄但个人累计缴费年限不满15年的被保险人,不发给基础养老金;个人账户储存额一次性支付给本人,同时发给一次性养老补偿金,终止基本养老保险关系。2005年12月31日前已经离退休的人员,仍按照原国家和本市规定的标准发给基本养老金,并执行基本养老金正常调整办法。

(二)企业补充养老保险

企业补充养老保险,是指由企业根据自身经济实力,在国家规定的实施政策和实施条件下为本企业职工所建立的一种辅助性的养老保险。它由国家宏观指导、企业内部决策执行。企业补充养老保险与基本养老保险既有区别又有联系。其区别主要体现在两种养老保险的层次和功能上的不同,其联系主要体现在两种养老保险的政策和水平相互联系、密不可分。企业补充养老保险由劳动保障部门管理,单位实行补充养老保险,应选择经劳动保障行政部门认定的机构经办。企业补充养老保险的资金筹集方式有现收现付制、部分积累制和完全积累制三种。其费用可由企业完全承担,或由企业和员工双方共同承担,承担比例由劳资双方协议确定。企业内部一般都设有由劳资双方组成的董事会,负责企业补充养老保险事宜。

1. 根据法律规范程度划分

根据法律规范的程度来划分,企业年金可分为自愿性和强制性两类。

(1)自愿性企业年金。以美国、日本为代表,国家通过立法,制定基本规则和基本政策,企业自愿参加;企业一旦决定实行补充保险,必须按照既定的规则运作;具体实施方案、待遇水平、基金模式由企业制定或选择;雇员可以缴费,也可以不缴费。

(2)强制性企业年金。以澳大利亚、法国为代表,国家立法,强制实施,所有雇主都必须为其雇员投保;待遇水平、基金模式、筹资方法等完全由国家规定。

2. 根据资金收支确定方式划分

根据资金收支确定方式来划分,企业年金可分为缴费确定和待遇确定两种类型。

(1)缴费确定型企业年金。通过建立个人账户的方式,由企业和职工定期按一定比例缴纳保险费(其中职工个人少缴或不缴费),职工退休时的企业年金水平取决于资金积累规模及其投资收益。

(2)待遇确定型企业年金。通过确定一定的收入替代率,保障职工获得稳定的企业年金,基金的积累规模和水平随工资增长幅度进行调整,企业承担社会经济变化引起的风险。

我国规定,企业年金所需费用由企业和职工个人共同缴纳。企业缴费的渠道按国家有关规定执行;职工个人缴费可以由企业从职工个人工资中代扣。企业缴费每年不超过本企业上年度职工工资总额的十二分之一。企业和职工个人缴费合计一般不超过本企业上年度职工工资总额的六分之一。企业缴费应当按照企业年金方案规定比例计算的数额计入职工企业年金个人账户;职工个人缴费额计入本人企业年金个人账户。职工在达到国家规定的退休年龄时,可以从本人企业年金个人账户中一次或定期领取企业年金。

企业年金实行的是完全的市场化运营,为了维护企业年金基金的安全性,我国对基金的投资范围作了严格的限制,以确保基金资产的安全性。

(三)个人储蓄性养老保险

个人储蓄性养老保险,是由职工自愿参加、自愿选择经办机构的一种补充保险形式。由社会保险机构经办的职工个人储蓄性养老保险,由社会保险主管部门制定具体办法,职工个人根据自己的工资收入情况,按规定缴纳个人储蓄性养老保险费,记入当地社会保险机构在有关银行开设的养老保险个人账户,并应按不低于或高于同期城乡居民储蓄存款利率计息,以鼓励职工个人参加储蓄性养老保险,所得利息记入个人账户,本息一并归职工个人所有。职工达到法定退休年龄经批准退休后,凭个人账户将储蓄性养老保险金一次总付或分次支付给本人。实行职工个人储蓄性养老保险的目的,在于扩大养老保险经费来源,多渠道筹集养老保险基金,减轻国家和企业的负担;有利于增强职工的自我保障意识和参与社会保险的主动性;同时也能够促进对社会保险工作实行广泛的群众监督。个人储蓄性养老保险可以实行与企业补充养老保险挂钩的办法,以促进和提高职工参与的积极性。

(四)城市最低生活保障

城市居民最低生活保障标准,又称为城市居民最低生活保障线,是国家为救济社会成员收入难以维持其基本生活需求的人口而制定的一种社会救济标准。

凡持有非农业户口的城市居民且长期共同生活的家庭成员,月人均收入低于户籍地城市低保标准的,均有权申请享受城市低保。

因为城市最低生活保障并不是特定针对退休者进行的,因此在本书中不作详细说明了。

(五)农村建设养老保险

2006年1月1日起,农村社会养老保险制度执行新政策。以往"个人缴费为主、集体补助为辅"的筹资形式,将改由"个人缴费、集体补助和政府补贴"三部分组成。市、区两级财政会对参保农民补贴。

农民个人缴费部分可自行选择缴费标准,鼓励养老金多缴费多得。除首次加入市、区财政补贴外,个人缴费多了,集体补助也多了。例如北京朝阳区现行新型农村养老保险模式中,个人缴纳20%,区财政补贴30%,集体补贴50%。个人缴费、集体补助、市区两级财政补贴记入个人账户,区县财政再拿出一部分资金建立待遇调整储备金。个人账户将与待遇调整机制结合,各区县在补贴参保农民的同时,根据本地区人均可支配收入、生活消费指数、物价指数、农村最低生活保障标准以及待遇调整储备金的规模,适时提高养老金水平。此外,参加农村社会养老保险的人员农转居时,需要补缴社会保险费的,可将其农村社会养老保险个人账户资金,分别划入基本养老保险统筹基金和个人账户。转居后从事个体、自由职业的人员,其农村社会养老保险个人账户资金可用于缴纳城镇社会保险费。

已参加城镇企业职工基本养老保险的农民工,达到退休年龄时,可将其参加城镇企业职工养老保险的缴费全部划转到其户口所在区县农村社会养老保险管理机构,建立个人账户,享受按月领取农村社会养老保险养老金待遇,实现城乡保险的相互衔接。

 知识链接10-1

2014年国务院印发《关于建立统一的城乡居民基本养老保险制度的意见》(以下简称《意见》),提出到"十二五"末,在全国基本实现新农保和城居保制度合并实施,并与职工基本养老保险制度相衔接;2020年前,全面建成公平、统一、规范的城乡居民养老保险制度。

《意见》规定,年满16周岁(不含在校学生)、非国家机关和事业单位工作人员及不属于职工基本养老保险制度覆盖范围的城乡居民,可以在户籍地参加城乡居民养老保险。

城乡居民养老保险继续实行个人缴费、集体补助、政府补贴相结合的筹资方式。

个人缴费标准统一归并调整为每年100～2000元12个档次,省级政府可以根据实际情况增设缴费档次,参保的城乡居民自主选择缴费档次,多缴多得。

集体补助方面,在原有政策基础上增加了公益慈善组织资助,以利于进一步拓宽筹资渠道,提高参保人员待遇水平。政府补贴方面,《意见》特别强调对选择较高档次标准缴费人员适当增加补贴金额,并明确规定对选择500元及以上缴费档次的补贴标准不低于每人每年60元。

国家为每个参保人员建立终身记录的养老保险个人账户,无论在哪缴费,也无论是否间断性缴费,个人账户都累计记录参保人权益。个人缴费、地方政府对参保人的缴费补贴、集体补助及其他社会经济组织、公益慈善组织、个人对参保人的缴费资助,全部记入个人账户。个人账户储存额按国家规定计息。

城乡居民养老保险待遇由基础养老金和个人账户养老金组成,并支付终身。基础养老金由中央确定最低标准,并将建立正常调整机制。地方政府可根据实际情况提高当地基础养老金标准,对长期缴费的,可适当加发基础养老金,以鼓励长缴多得。参加城乡居民养老保险的人员,在缴费期间户籍迁移,可跨地区转移城乡居民养老保险关系,一次性转移个人账户全部储存额,继续参保缴费的,缴费年限累计计算。

《意见》要求各地要加强信息化建设,大力推行全国统一的社会保障卡。

四、商业养老保险体系

商业养老保险是以获得养老金为主要目的的长期人身险,又称为退休金保险,是社会养老保险的补充。

商业养老保险的被保险人,在交纳了一定的保险费以后,就可以从一定的年龄开始一次性或分期领取养老金。

商业养老保险又常划分为年金保险和生存保险。年金保险指投保人按期缴付保险费到特定年限时开始领取养老金。如果年金受领者在领取年龄前死亡,保险公司或者退还所缴保险费和现金价值中较高者,或者按照规定的保额给付保险金。限期缴费的生存保险,即在被保险人生存至保险期满时由保险公司一次性给付保险金。目前,保险市场上绝大多数商业养老产品,都是限期缴费的生存保险。

年金保险和生存保险都是以被保险人在保险有效期内生存为给付条件,年金保险是生存保险的一个变种,但是两者之间仍然有所区别。前者在保险期限内生存时由保险公司按照约定的期限和方式给付保险金,后者在被保险人生存至保险期满时由保险公司一次性给付保险金。

商业保险领取方式通常有定额、定时或一次性趸领三种方式。定额领取的方式和社保养老金相同,即在单位时间确定领取额度,直至将保险金全部领取完毕。社保养老金是以月为单位时间,而商业养老保险多以年为单位。定时领取的方式是约定一个领取时间,根据养老保险金的总量确定领取的额度,例如确定要15年领取完毕养老金,那么保险公司将根据养老金总额,确定每年可以领取的具体额度。有些养老年金保险合同中有约定的时间,有些可以自由选择领取的时间,期间甚至也可以更改。趸领是在约定领取时间,把所有的养老金一次性全部提走的方式。

对于领取时间,社保养老金是按照我国法定的退休年龄女性55周岁,男性60周岁这两个年龄段进行领取。相比之下,商业养老保险的领取时间则灵活得多,有多种领取时间的选择,并且在没有开始领取之前也可以更改。年金领取的起始时间一般集中在被保险人50~65周岁这个年龄段。

保险期间,是从保险合同生效到终止的时间段。如果被保险人正常生存,保险期间就直接关系到养老金领取的时间长短。目前,既有定期的养老保险产品,也有终身的养老保险产品。

保证领取养老金是以被保险人生存为给付条件的一种保险,为避免被保险人寿命过短损失养老金的情况,不少养老险都承诺10年或者20年的保证领取期。如果被保险人没有领满10或20年的保证领取期,其受益人可以继续将保证期内的余额领取完毕。

在选择商业养老保险、规划我们的养老保险方案时,要适当确定投入保费的金额,既不应投入过多,给投保人的生活造成负担,也要确定足够的投保金额,以保证领取的保险金可能保障和补充自己的正常生活开销。

第三节 个人退休规划的流程

一、个人退休规划需求分析

个人退休规划需求分析将退休后的需求分为两部分,第一部分是基本生活支出,第二部分是生活品质支出。一旦退休后的收入低于基本生活支出水平,就需依赖他人救济才能维生,因此,这是必要的收入。而生活品质支出是实践退休后生活理想所需的额外支出,有较大的弹性。因此,对投资性格保守、对安全感需求高的人来说,以社会基本养老保险给付的保险金来满足基本生活支出,以商业养老保险的保险金或房租、储蓄、股票、债券、基金投资工具来满足生活品质支出,是一种可以兼顾老年生存保障和保证生活品质不会下滑或至少不至于大幅下滑的资产配置方式。

此外在进行分析时首先需综合考虑寿命长短、退休的时间、自身健康状况、所居住的地域、生活消费习惯等因素。

虽然社会养老保险和商业养老保险的部分险种是以受益人存活为支付前提的,但也有一些商业保险只在指定的有限期限内支付,因此,如果寿命过长就有可能会有一些投资产品,超过了受益期限而收入减少,导致生活品质下降甚至无法满足基本生活保障。

退休的时间早晚会决定一个人积累的年限和进行个人退休规划时间长短。规划越早,退休越迟,个人的积累会相应增加,退休后收入下降,生活消费水平降低甚至生活没有保障的日子就会较少;反之,规划越迟,退休越早,个人的积累较少,退休后收入下降,生活消费水平降低甚至生活没有保障的日子就会较多。

随着我国人口老龄化问题的突显,随年龄的增长,医疗开支会成为退休人士的重要财务负担。在我国的医疗保障还不是十分健全的情况下,社会医疗保险只能负担一部分的医疗和药物的费用,仍有部分是需要自己负担的。尤其是当患者得了重大疾病时,因为社会医疗保险和商业医疗保险都对支付金额设定了支付上限,这种负担会显得尤为明显。因此在作退休规划时,需要考虑到即使患病,甚至是重大疾病,也能有足够的资金来支付医疗开支。

不同的居住地也会使退休后的消费额有极大的差异。东部地区的生活水平较高,日常生活的成本也会相应较高,西部地区的生活水平略低,生活成本也会较低。

每个家庭的消费习惯不同,但同一个家庭的消费习惯并不会因退休而有大幅改变。因此在进行个人退休规划需求分析时先掌握现有每月、每年的生活开支水平,再根据退休后的生活所需,作一个家庭开支年增长速度的预估,就能大致测算出退休后大概需要多少钱及如何来维持生活需求,这能帮助我们更有效地进行退休金的积累和规划。

现有的居民日常消费包括食品、烟酒及用品、衣着、家庭设备用品及服务、医疗保健及个人用品、交通和通信、娱乐教育文化用品及服务、居住八项(见表10-1,表10-2)。根据退休后生活特点,对部分支出项目进行特定的调整,测量费用增长率,就能大致计算出退休后最终所需的费用。同时"投资收益率"和"通货膨胀率"在计算中不能忽略,算入退休后每年增长的生活费用,主动将退休储备金作一些投资,以部分化解因通货膨胀带来的生活成本增加问题。

表 10-1　居民消费价格分类指数（2010 年 12 月）

项目名称	上年同月＝100			上年同期＝100		
	全国	城市	农村	全国	城市	农村
居民消费价格指数	104.6	104.4	105.1	103.3	103.2	103.6
一、食　品	109.6	109.4	110.1	107.2	107.1	107.5
粮　食	115.6	115.1	116.4	111.8	111.5	112.3
肉禽及其制品	110.2	109.9	110.9	102.9	102.6	103.5
蛋	119.0	119.5	118.0	108.3	108.4	108.2
水产品	110.9	111.4	109.5	108.1	108.5	106.9
鲜菜	94.3	92.9	98.6	118.7	117.8	121.3
鲜果	134.4	135.7	130.5	115.6	115.0	117.5
二、烟酒及用品	101.8	101.9	101.6	101.6	101.7	101.4
三、衣　着	100.1	99.9	100.6	99.0	98.9	99.4
四、家庭设备用品及服务	101.2	101.3	100.7	100.0	99.9	100.1
五、医疗保健及个人用品	104.0	104.1	103.7	103.2	103.2	103.2
六、交通和通信	99.3	99.1	100.1	99.6	99.4	100.3
七、娱乐教育文化用品及服务	100.7	100.6	101.0	100.6	100.4	100.9
八、居　住	106.0	105.6	106.9	104.5	104.5	104.5

表 10-2　居民消费价格分类指数（2015 年 2 月）

项目名称	上年同月＝100			上年同期＝100		
	全国	城市	农村	全国	城市	农村
居民消费价格指数	101.4	101.5	101.2	101.1	101.2	100.9
一、食品	102.4	102.4	102.2	101.7	101.8	101.6
粮食	102.9	103	102.5	99.5	103	102.5
肉禽及其制品	101.4	101.5	101.1	102.9	100.4	99.9
蛋	111.4	111.3	111.5	101.2	109.9	109.6
水产品	102.1	102.1	101.9	101.8	101.3	101.1
鲜菜	104.3	104.3	104.3	98	102	101.9
鲜果	104.1	103.6	105.7	101.1	103.3	105
二、烟酒及用品	99.4	99.4	99.6	100.7	99.5	99.6
三、衣着	102.9	103.1	102.4	102.9	103	102.4
四、家庭设备用品及服务	101.5	101.5	101.4	101.2	101.2	101.3
五、医疗保健及个人用品	101.9	101.8	102.3	101.8	101.7	102
六、交通和通信	98.3	98.4	97.9	98	98.1	97.8
七、娱乐教育文化用品及服务	101.8	102	101.3	101.1	101.1	101
八、居住	100.6	100.7	100.3	100.7	100.8	100.4

二、退休规划的步骤和流程

(一)预先设定退休年龄并预计寿命

在进行退休规划之前首先要设定一个退休的年龄并预期可能存活的寿命长短。按家族平均寿命,是会比社会平均寿命长还是比社会平均寿命短,打算正常在国家规定的法定退休年龄退休,还是会延长工作年限。因为人的寿命是有限的,根据家族平均年龄可以预计出自己的大概寿命(虽然不尽准确),因此退休的早晚就直接影响到可作规划的时间。例如,某人如果可以活八十岁,他打算在六十岁退休,现在他三十岁,则他作退休规划的时间有三十年,来为退休后的二十年作打算(如图10-4);但如果他退休后还能再工作十年,他有固定收入保障的时间将会延长十年,则退休规划的时间将为四十年,并只需为退休后的十年作打算(如图10-5)。

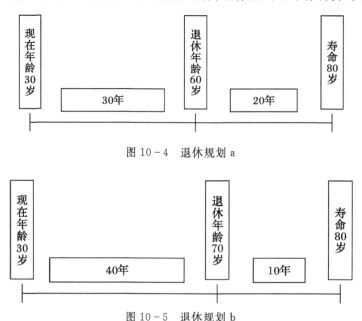

图 10-4　退休规划 a

图 10-5　退休规划 b

知识链接10-2

退休年龄不一定是法定退休年龄。

我国法定的退休年龄是指1978年5月24日第五届全国人民代表大会常务委员会第二次会议原则批准,现在仍然有效的《国务院关于安置老弱病残干部的暂行办法》和《国务院关于工人退休、退职的暂行办法》(国发〔1978〕104号)文件所规定的退休年龄。劳动和社会保障部1999年3月9日发布了《关于制止和纠正违反国家规定办理企业职工提前退休有关问题的通知》(劳社部发〔1999〕8号),通知指出:国家法定的企业职工退休年龄是男年满60周岁,女工人年满50周岁,女干部年满55周岁。从事井下、高温、高空、特别繁重体力劳动或其他有害身体健康工作的,退休年龄男年满55周岁,女年满45周岁,因病或非因工致残,由医院证明并经劳动鉴定委员会确认完全丧失劳动能力的,退休年龄为男年满50周岁,女年满45周岁。

第十章　个人退休规划与遗产计划

我国将实施"渐进式延迟退休",2015年完成了延迟退休方案制订;2016年上报中央同意并公开征求意见;2017年公布方案;2022年最早实施时间。人社部渐进式延退时间表,如表10-3所示。

按照上述的延迟退休时间表,方案顺利实施的话,下面几类人将延迟退休:
(1) 小于等于50岁的女性工人(1972年以及以后出生的女性);
(2) 小于等于55岁女性干部和男性工人(1967年以及以后出生的人);
(3) 小于等于60岁的男性干部(1962年以及以后出生的男性);

由此看出,延迟退休方案影响较大的是70后和80后,根据人社部方案将实行"渐进式"延迟退休:每年延长几个月退休年龄,直到达到新拟定的法定退休年龄。

如何理解渐进式退休年龄?

以55岁退休为标准,假定每年延长退休时间为6个月,自方案实施起,逐年累计递增,直到达到新拟定的退休年龄。

表10-3　人社部渐进式延退时间表

企业单位女职工		事业单位女职工、女公务员		企业单位男职工、男公务员	
实际年份	新退休年龄	实际年份	新退休年龄	实际年份	新退休年龄
2016年	50.5岁	2016年	*	2016年	*
2017年	51岁	2017年	*	2017年	*
2016年	51.5岁	2016年	*	2018年	*
2019年	52岁	2019年	*	2019年	*
2020年	52.5岁	2020年	*	2020年	*
2021年	53岁	2021年	*	2021年	*
2022年	53.5岁	2022年	*	2022年	*
2023年	54岁	2023年	*	2023年	*
2024年	54.5岁	2024年	*	2024年	*
2025年	55岁	2025年	*	2025年	*
2026年	55.5岁	2026年	55.5岁	2026年	*
2027年	56岁	2027年	56岁	2027年	*
2028年	56.5岁	2028年	56.5岁	2028年	*
2029年	57岁	2029年	57岁	2029年	*
2030年	57.5岁	2030年	57.5岁	2030年	*
2031年	58岁	2031年	58岁	2031年	*
2032年	58.5岁	2032年	58.5岁	2032年	*
2033年	59岁	2033年	59岁	2033年	*
2034年	59.5岁	2034年	59.5岁	2034年	*

续表 10-3

企业单位女职工		事业单位女职工、女公务员		企业单位男职工、男公务员	
实际年份	新退休年龄	实际年份	新退休年龄	实际年份	新退休年龄
2035 年	60 岁	2035 年	60 岁	2035 年	*
2036 年	60.5 岁	2036 年	60.5 岁	2036 年	60.5 岁
2037 年	61 岁	2037 年	61 岁	2037 年	61 岁
2038 年	61.5 岁	2038 年	61.5 岁	2038 年	61.5 岁
2039 年	62 岁	2039 年	62 岁	2039 年	62 岁
2040 年	62.5 岁	2040 年	62.5 岁	2040 年	62.5 岁

部分国家预期寿命及退休年龄如表 10-4 所示。

表 10-4　部分国家预期寿命及退休年龄

	预期寿命（岁）		法定退休年龄（岁）	
	男性	女性	男性	女性
法国	81.6		62	
德国	80.2		65	
英国	79.8		65	60（预计到 2016 年调整至 65）
马来西亚	74.7		55	
印度	63.7	66.9	60	
巴西	70.7	77.4	60	55
俄罗斯	63.3	75	60	55
日本	83.2		65	
加拿大	81		60	
希腊	79.7		65	60
澳大利亚	81.9		65	63.5
阿根廷	75.7		65	60
新加坡	80.7		62	
美国	76.2	81.3	65—67	
中国	74.8		60	50/55/60

退休规划少则二十年，多则四五十年，是一个长期理财行为，并不是在退休前预存一笔资金这么简单，大部分数值比较容易发生变化，所以不能设定后就一成不变，不然很容易导致不符合实际需求，不能仅以当前预期寿命去计算。有些金融机构财务规划顾问为客户作退休财务规划时，是根据当前预期寿命来制订退休后所需的退休资金及投资回报率等，但随着社会经

济的发展及现代医疗水平的不断进步,这个数值会发生变化。

世界卫生组织在瑞士日内瓦发布了《2013年世界卫生统计报告》,对全球194个国家和地区的卫生及医疗数据进行分析,包括人类预期寿命、死亡率和医疗卫生服务体系等9个方面。报告显示,2011年,中国人均寿命已达到76岁,高于同等发展水平国家,甚至高于一些欧洲国家。而在此之前世界卫生组织发表《2007年世界卫生报告》统计显示,中国男女寿命分别为71岁及74岁。1981年我国人均寿命为67.9岁,1990年为68.6岁,1994年为69岁,1995年为69岁,1997年为70岁,1999年为70.8岁,2000年为71.8岁。

其次,不同的退休理财规划方式也对退休年龄和寿命有不同的限制和规定。如生存年金不需要考虑退休后的寿命长短,而非生存年金则要担心退休后活得太久所面对的无收入风险;自谋职业者在完全积累制下如果只涉及个人账户,无须考虑退休年龄,而如果还涉及统筹账户或其他职业者则有规定的退休年限。

(二)确定收入来源

对个人而言,养老资金的收入基本是来源于以下几个方面:①退休后能够一次性或每隔一固定时间领取的养老保险金;②在退休前自己的积累所得(包括现金,有价证券及不动产);③自己的资产在退休后的投资收益。

在衡量收入时,不应以现在的收支看待未来,因为随着经济的发展,资产有可能升值或贬值,收入水平有可能增加,也有可能面临通货膨胀压力,因此评估退休后的收入时也应以发展的眼光评估。

(三)养老保险基金支出

从微观角度,将退休后的支出分为两部分,第一部分是基本生活支出,第二部分是生活品质支出。一旦退休后的收入低于基本生活支出水平,就需依赖他人救济才能维生,因此,这是必要的收入。而生活品质支出是实践退休后生活理想所需的额外支出,有较大的弹性。因此,对风险厌恶型投资者来说,保证给付的养老保险金或退休年金来满足基本生活支出。另外,以股票或基金等高报酬、高风险的投资工具的收益来满足生活品质支出,是一种可以兼顾老年保障和充分发展退休后的兴趣爱好的资产配置方式。

(四)资金缺口的衡量

个人的资金缺口的衡量是根据退休收入的来源(如退休金、投资或储蓄的累积、资金及不动产的投资收益等)及退休后的需求(如房租、应缴税费等固定支出,食物、衣服、交通费用等较固定支出,就医、娱乐、交际等不固定支出)计算二者之间是否存在资金缺口以及差异大小。同样的,在计算时不能一成不变以当前收支水平衡量,而应考虑到经济发展的因素和是否存在通货膨胀预期的因素。

(五)个人储备及投资

储蓄、股票和债券是适合养老保险基金投资的主要资产形式,也是个人投资的常见形式。尽管房地产和其他资产形式在养老保险基金投资中占有一席之地,储蓄、股票和债券仍是最主要的投资形式,例如美国养老保险基金投资的90%为股票和债券。这些资产具有较强流动性(必要时很快可以变现),其市场价值也很容易估算,在发达国家市场上,它们的投资回报率最高。

1. 储蓄

储蓄是指将暂时不用或结余的货币收入存入银行或其他金融机构的一种存款活动,又称储蓄存款。它分为活期储蓄和定期储蓄。

活期储蓄指不约定存期、客户可随时存取、存取金额不限的一种储蓄方式。活期储蓄是银行最基本、常用的存款方式,客户可随时存取款,自由、灵活调动资金,是客户进行各项理财活动的基础。活期储蓄适合于个人生活待用款和闲置现金款,以及商业运营周转资金的存储。

定期储蓄即事先约定存入时间,存入后,期满方可提取本息的一种储蓄。它的积蓄性较高,是一项比较稳定的信贷资金来源。定期储蓄的开户起点、存期长短、存取时间和次数、利率高低等均因储蓄种类不同而有所区别。中国的定期储蓄有整存整取、零存整取、整存零取、存本取息四种。前两种居多。此外,还有"定额储蓄"以及结合消费信贷用于购买耐用商品的储蓄。

其他储蓄包括有奖储蓄、保值储蓄、邮政储蓄、代发工资储蓄、住房储蓄等。

2. 债券

债券是投资者向发行人提供资金的债权合同,是债务人依法发行、承诺按约定利率和日期还本付息的书面债务凭证。债券的收益率是预先确定的(或可以按价格和面值计算,例如贴现债券),只要按期兑付,就完全可以收到回报。一般的中央政府债券、地方政府债券和政府机构债券都基本不存在到期不能按时足额偿付本息的违约风险。至于一些有可能拖欠支付的债券,如公司债券,就会通过提高收益率补偿这种风险。退休基金投资的债券通常包括政府债券、金融债券和公司债券。投资债券可以以较低的投资风险获得较稳定的收益。

3. 股票

股票是公司股权的表现形式,代表投资人对某一公司的部分或全部所有权。公司盈利情况下股东会有分红收益。因此,公司的盈利增长,都是股东资产的增长。如果公司发展不好导致破产倒闭,股东就可能失去一切。所以,股票投资者也会采取分散投资的方式来减小风险。对某个退休基金来说,购买一家公司的股票,其承受的风险非常大,是不可取的做法,但如果在股票市场分散投资,购买若干家公司的股票并投资储蓄或债券等其他投资形式则会分散风险平衡收益。美国的退休金计划通常是将基金的近60%投资于股票市场,约40%投资于债券市场。

4. 基金

基金是风险介于股票和债券的投资产品,不需要投资者自己投资金融产品来实现收益,且收益多数比活期储蓄高。此种投资方式风险相对较低、收益相对较高,适合风险承受能力较低的投资者。

5. 商业保险

商业养老保险是社会养老保险的补充,是以获得养老金为主要目的的长期人身险,综合考虑家庭抵御风险的能力,以及家庭收入支出情况、风险保障情况等,适当购买寿险、意外险、重大疾病险等,以补充养老金不足,增强家庭抗风险能力,在确保基本生活保障的同时,还能确保一定程度的生活品质。

6. 房地产

房地产是金额较大、期限较长、变现难度较大的投资品种,但一经投资后,即使出现投资品价格下降,下降的幅度也有限,不会直接影响到投资者的正常生活,且购置后的房产可通过向外租赁的方式获取一定的收益。但在投资时由于投资金额较大,要遵循量入为出的原则,不能因为投资活动而给自己带来沉重的生活负担。此外退休前的居住地通常多为工作方便,一般在交通方便的城区,而退休后如果出售城区住房,购置环境较佳的地区或生活指数较低但适于养老的中小城市,或搬到离子女或亲友较近便于互相照应的地方,则会降低生活成本,且两房产的差价也可获得一定的收益。当然健康状况良好的退休人士可以选择一些医疗设备一般、生活成本较低的地区居住;而健康状况欠佳的退休人士则必须住在医疗设施较齐全但生活成本可能较高的区域。

分散投资原则是投资管理的基础。投资管理就是对某一投资组合寻求最高收益与最低风险之间的平衡。所以在长期投资确定投资组合时,其投资组合必定包括多种金融产品。股票投资的高收益能补偿债券的低收益,而债券的低风险则可以补偿股票的高风险。

养老规划要及早准备,在保持稳健的前提下,寻求收益的最大化。应当根据个人的收入能力和支出额度而定,发现投资规模或投资方式不适合应及时调整。

第四节 遗产计划

一、遗产及遗产计划

(一)遗产

遗产是指被继承人死亡时遗留的个人所有财产和法律规定可以继承的其他财产权益,包括积极遗产和消极遗产。积极遗产指死者生前个人享有的财物和可以继承的其他合法权益,如债权和著作权中的财产权益等。消极遗产指死者生前所欠的个人债务。根据我国1985年颁布的《中华人民共和国继承法》的有关规定,遗产包括公民的合法收入;公民的房屋、储蓄、生活用品;公民的树木、牲畜和家禽;公民的文物、图书资料;法律允许公民个人所有的生产资料;公民的著作权、专利权中的财产权利,即基于公民的著作被出版而获得的稿费、奖金,或者因发明被利用而取得的专利转让费和专利使用费等;公民的其他合法财产,如公民的国库券、债券、股票等有价证券,复员、转业军人的复员费、转业费,公民的离退休金、养老金等。

在确定遗产的范围时,作为遗产的物品必须符合三个特征:①必须是公民死亡时遗留的财产,不能是人身权及身份等,遗产的形态不以死者死亡时遗留下的状态为限,从死者遗留下的财产衍生出的财产或替代财产均为遗产。②必须是公民个人所有的财产,有些财产依其人身专属性不具有可继承性,因此不得继承。如养老保险金请求权,被保险人死亡后则该种权利归于消灭。③必须是合法财产,既包括作为物权的所有权和其他物权,又包括死者生前享有的债权,还包括知识产权、股权等各种复合权中的财产权利部分。

(二)遗产计划

遗产计划是当事人健在时在法律允许的范围内按照自己的愿望,对其遗产和相关事务提前做出合法、有效、全面的计划。遗产计划主要是有关财产的安排,也会包括医疗护理意愿、葬礼计划和对未成年孩子指定监护人等。遗产计划可以按当事人意愿安排遗产事宜,还会减少可能的税务、费用和时间,并为资产提供保护。在很多国家尤其是发达国家,因为民众的个人财产一般有一定的积累,加上社会普遍对于财产处理有主观上的要求和意愿,因此不仅政府对遗产税的征收有明确的规定和严格的管理,各种理财机构也有意识地将这一内容加入了理财的服务方案中甚至会针对一些大客户设定专门的遗产计划小组,客户个人也对遗产管理有着相当范围的要求。但对于某些发展中国家来说,因为遗产的数量有限,政府在遗产税的征收上比较单一或根本没有,社会大众对遗产的处理也普遍主观意识不足,理财机构的服务也相当有限,遗产计划还有极大的发展空间。

二、遗产计划的工具

(一)遗嘱

1. 遗嘱的概念

遗嘱是公民生前对其死后遗产所作的处分和处理其他事务的嘱咐或嘱托。《中华人民共和国继承法》(以下简称《继承法》)第16条明确规定:"公民可以依照本法规定立遗嘱处分个人财产,并可以指定遗嘱执行人。公民可以立遗嘱将个人财产指定由法定继承人的一人或者数人继承。公民可以立遗嘱将个人财产赠给国家、集体或者法定继承人以外的人。"

2. 遗嘱的特点

遗嘱具有以下特点:①遗嘱是单方法律行为,是基于遗嘱人单方面的意思表示即可发生预期法律后果的法律行为。②遗嘱人必须具备完全民事行为能力,限制行为能力人和无民事行为能力人不能设立遗嘱。③设立遗嘱不能进行代理。遗嘱的内容应由遗嘱人本人亲自作出。④紧急情况下才能采用口头形式,而且要求有两个以上的见证人在场见证。⑤遗嘱是遗嘱人死亡时或在具备相关的法律条件下由人民法院宣告死亡后才发生法律效力的行为。

3. 遗嘱的形式

根据中国《继承法》第十七条的规定,遗嘱的形式有如下五种:

(1)公证遗嘱。公证遗嘱由遗嘱人经公证机关办理。办理遗嘱公证需要立遗嘱人亲自到其户籍所在地的公证机关申请办理,不能委托他人代理。如果遗嘱人因病或其他特殊原因不能亲自到公证机关办理遗嘱公证时,可要求公证机关派公证员前往遗嘱人所在地办理。

(2)自书遗嘱。自书遗嘱必须由立遗嘱人全文亲笔书写、签名,注明制作的年、月、日。自书遗嘱不需要见证人在场见证即具有法律效力。

(3)代书遗嘱。代书遗嘱是指因遗嘱人不能书写而委托他人代为书写的遗嘱。代书遗嘱应当有两个以上见证人在场见证,由其中一人代书,注明年、月、日,并由代书人、其他见证人和遗嘱人签名。

(4)录音遗嘱。录音遗嘱是指遗嘱人用录音的形式制作的自己口述的遗嘱。为防止录音遗嘱被人篡改或录制假遗嘱弊端的发生,我国以录音形式设立的遗嘱,应当有两个以上的见证人在场见证。

(5)口头遗嘱。中国《继承法》第17条第5项规定:"遗嘱人在危急情况下,可以立口头遗嘱。口头遗嘱应当有两个以上见证人在场见证。危急情况解除后,遗嘱人能够用书面或者录音形式立遗嘱的,所立的口头遗嘱无效。"

(二)遗嘱信托

1. 遗嘱信托的概念

遗嘱信托属于身后信托的范畴,是指委托人通过遗嘱这种法律行为而设立的信托,受托人将办理委托人去世后各项事务的信托业务,是个人信托特有的业务。当委托人以立遗嘱的方式,把财产交付信托时,就是所谓的遗嘱信托,也就是委托人预先以立遗嘱方式,将财产的规划内容,包括交付信托后遗产的管理、分配、运用及给付等,详订于遗嘱中。等到遗嘱生效时,再将信托财产转移给受托人,由受托人依据信托的内容,也就是委托人遗嘱所交办的事项,管理处分信托财产。

与金钱、不动产或有价证券等个人信托业务比较,遗嘱信托最大的不同点在于,遗嘱信托是在委托人死亡后契约才生效。

2. 遗嘱信托的优点

遗嘱信托结合了遗嘱和信托的优点,既可以依照遗嘱人的意愿分配遗产,又以信托的规划方式使继承人更有保障。例如可以通过遗嘱执行人的理财能力弥补继承人无力妥善管理财务的缺陷;可以因信托财产的独立性合法规避遗产税;因有信托机构的介入且有强制法律效力可以减少因遗产产生的纷争。此外由于遗嘱信托文件一经签署,资产已转移至受托人名下,信托契约无须向任何政府机构登记,也无需公开披露相关内容,因此受益人的遗产信息可得到保密。遗嘱信托还可以保护信托受益人不受其债权人的追索,委托人在建立遗嘱信托后陷入债务危机,债权人将无权处置已转移的信托资产,一定程度上规避债务风险。

3. 遗嘱信托的形式

遗嘱信托分为遗嘱执行信托和遗产管理两种业务。

(1)执行遗嘱信托。执行遗嘱信托是为了实现遗嘱人的意志而进行的信托业务。信托机构在受托之后,根据遗嘱或有关的法院裁决,在遗嘱人死亡后,其主要内容有清理遗产、收取债权、清偿债务、税款及其他支付、遗嘱物品交付、遗赠物的分配、遗产分割等。执行遗嘱信托大多是因为遗嘱人财产较多,遗产的分割处理关系比较复杂,且缺少可靠执行人等原因而设立的。

(2)管理遗产信托。管理遗产信托主要是以遗产管理为目的而进行的信托业务,侧重在管理遗产方面。是信托机构受遗嘱人或法院委托,在某一时期内代为管理遗产的一种信托业务。这种业务又分为"继承未定"和"继承已定"两种情况。

①"继承未定"的管理遗产信托,是在没有遗嘱、遗产继承存在纠纷或遗嘱中的继承人尚未找到的情况下,遗嘱中指定的受托人在处理分割遗产前暂时代为管理遗产。通常由法院或遗嘱人的亲属提出要求,信托机构受托对遗产进行管理。管理遗产信托的内容是:清理遗产,编制财产目录;公告继承人;公告债权人和被遗赠人;偿还债务,交付遗赠物;移交遗产。

②"继承已定"管理遗产信托是指继承人虽然继承了遗产,但因种种原因不能自行有效地保护和经营其财产,以至无法运用这些财产提供自身的生活和教育费用,甚至使财产蒙受损失时,事先由遗嘱人或其亲属或法院指定或选任受托人,在遗产继承后的一定期限内代继承人管理遗产。通常是信托机构接受继承人的申请,信托机构则可按照遗嘱的规定或与有关人士商榷后将遗产移交给继承人,设立管理遗产信托。管理遗产信托的内容是:妥善管理遗产支付由遗产而引起的债务,收取由遗产而带来的债权,尽力管理信托财产,使其获得应有的收益,并将收益交付继承人;交还遗产结束信托。信托期限视继承人情况而定,对未成年人,至其成年之时为止;对无行为能力的成年人,至其恢复行为能力或死亡为止。

此外一些国家还会有专门细分,例如日本通常将遗嘱信托分为遗嘱信托和执行遗嘱两种。执行遗嘱的执行人对继承的债务也可管理和处理,职责的范围更广。

4. 遗嘱信托的程序

遗嘱信托的处理程序有以下几个步骤:

(1)达成信托意向。遗嘱信托中的遗嘱人即是遗嘱信托的委托人,在确立遗嘱之前必须已有信托意向,才能在之后的遗嘱中明确确定信托事宜。

(2)订立个人遗嘱。遗嘱信托是在遗嘱的基础上设立的,因此必须在遗嘱中明确哪些是以信托为目的的财产,并明确表示用该财产建立信托的意愿,这是遗嘱信托成立的必备条件。

(3)确立遗嘱信托。在确立遗嘱信托时首先要确认财产所有权并确立遗嘱执行人和遗产管理人,并且要成为遗嘱执行人或遗产管理人的信托机构必须是由法院正式任命的。之后信托机构在被正式任命为遗嘱执行人或遗产管理人之后,要向死者的继承人和被遗赠人两种利害关系人发出正式通知,还应在报纸上刊登公告向死者的债权人发出正式通知,告知有关债权人和关联关系人。

(4)编制财产目录。受托人应在被正式任命后与遗嘱法庭一起完成对遗产的整理与核对,并对已核定的死者财产加以编制和记录。

(5)制定预算安排计划。由于信托机构在受托管理遗产和执行遗嘱的过程中,会产生一些支出项目,为保证支出的合理性,信托机构须事先对所支出项目拟订一个正式而详细的预算计划,分列受托资产的资金流入流出,以保证能有足够资金支付税款、管理费、丧葬费以及清偿债务。

(6)支付税款。信托机构应付清与遗产有关的税款,这些税款主要有遗产税、所得税、财产税等。

(7)确定投资策略。为保证受益人的利益,受托资产必定要通过投资活动以保证资产的保值与升值,在投资前受托人应该制定适当的投资策略,以确保投资产品的合理性,并设定适当的投资组合以达到投资的风险最小化、收益最大化的目的。

(8)编制会计账目。信托机构在办理完各项遗产所得和债务、费用支付后会编制会计账目,这些会计账目必须上交法院,经其核定后,寄发给受益人若干副本,允许受益人在一定时期内向法院提出异议。若无异议,法院则批准信托机构的该种会计账目。

(9)进行财产的分配。信托机构在收到法院签发的指示信托机构进行财产分配的证书后,视遗嘱信托办理的进度决定行使分配权。若遗嘱信托已经办完,则着手对财产进行分配;若仍有部分的投资或其他业务未结束,则等办完之后再行分配。

(三)遗产管理委任书

遗产管理委任书是遗产管理的另一种工具,它授权当事人指定的一方在一定条件下代表当事人指定其遗嘱的订立人,或直接对当事人遗产进行分配。客户通过遗产管理委任书,可以授权他人代表自己安排和分配其财产,从而不必亲自办理有关的遗产手续。被授予权利代表当事人处理其遗产的一方称为代理人,在遗产管理委任书中,当事人一般要明确代理人的权利范围,代理人只能在此范围内行使其权利。

遗产管理委任书有两种,即普通遗产管理委任书和永久遗产管理委任书。如果当事人本身去世或丧失了行动能力,普通遗产管理委任书就不再有效。所以必要时,当事人可以拟订永久遗产管理委任书,以防范突发意外事件对遗产管理委任书有效性的影响。永久遗产管理委任书的代理人在当事人去世或丧失行为能力后,仍有权处理当事人的有关遗产事宜。所以,永久遗产管理委任书的法律效力要高于普通遗产管理委任书。在许多国家,对永久遗产管理委任书的制定有着严格的法律规定。

(四)捐赠

捐赠是指当事人为了实现某种目标将某项财产作为礼物赠送给受益人,而使该项财产不再出现在遗嘱条款中。客户采取这种方式一般是为了减少税收支出,因为在许多国家对捐赠财产的征税要远低于对遗产的征税。但这种方式也有缺点,那就是财产一旦捐赠给他人,当事人就不再对该财产拥有控制权,将来也无法将其收回。

(五)监护信托

监护信托是指利用信托方式,由信托机构对某类人的人身财产及其他权益进行监督和保护的行为。有两种人需要监护,即未成年人和禁治产人,相应的监护信托也有未成年人监护信托和禁治产人监护信托。(禁治产人指因心神丧失或精神耗损,不能治理自己的财产,由法院依法宣告为无民事行为能力的人。在我国无禁治产人概念,但有"无民事行为能力的人"概念与禁治产人相近,某些国家的禁治产人除无法对自身行为负责的人外还包括因精神耗弱、挥霍浪费、酗酒或吸毒等致自己或家属有陷于贫困之虞者,或危及他人安全者。)

(六)人寿保险信托(保险金信托)

人寿保险信托是信托机构在委托人办理了人寿保险业务的基础上开办的一种信托业务。投保人是委托人,信托机构是受托人,保险受益人是信托受益人。委托人生前以遗嘱或信托契约的形式同信托机构约定,委托人将保险单交给信托机构保管,信托机构在保险期内,按照约定的保险信托目的履行应尽的义务。

三、遗产计划的主要步骤

(一)计算和评估个人的遗产价值

遗产计划的首要步骤就是计算和评估个人的遗产价值,通过计算和评估个人的遗产价值,可以帮助委托人了解其遗产的类型、品种和具体价值,遗产的种类和价值是策划师在选择遗产工具和策略时需要考虑的重要因素之一。

此外客户最终的税收支出常常远高于其预期,且数额较大,影响到遗产计划的实施,所以,在制订遗产计划之前,有必要对纳税额进行计算,因此需了解与遗产有关的税收规定,为制定遗产计划奠定基础。

(二)确定遗产规划目标

在计算和估计了客户的遗产价值后,对客户现时的遗产状况就有了大概的了解,下一步策划师要帮助客户确定其遗产管理目标,这可以通过请客户填写调查表的形式来完成,但由于遗产管理的特殊性,策划师就应采取与客户面谈的方式进行,如果客户在表达自己愿望时有所顾忌,策划师应该做适当的推测并征求客户的意见。

遗产管理目标和其他财务目标的区别在于其他财务目标是客户仍健在时通过实施理财计划实现的,并且实现预期财务目标也是在客户去世之前,而遗产管理目标则只能在客户去世或丧失行为能力时才能实现,且该目标的实现需要在遗嘱执行人的帮助下进行,客户的遗产管理目标首先要考虑其直接债务的偿还。如果客户突然去世,其债务不会因此解除,而是将其遗产或人寿保险的金额变现后加以偿还。此外,遗产管理的目标要包括客户在可以预见的将来需要履行的义务以及履行这些义务带来的开支,开支应按类型和期限进行估计和衡量。一般常见的遗产管理目标包括为受益人留下适当的生活资源,例如保护受益人的养老金获取资格,为有特殊需要的受益人提供遗产保障,非遗产性资产的继承,在合法的范围内尽量减少税收支出,此外还可以有满足客户的慈善需要等其他目标。

但是不同客户在不同时期的遗产管理目标有所不同,策划师应该在与客户的交谈中更深入地了解其期望,无论是何种目标,客户都需要将它们具体内容明确下来。这样策划师才能在制定遗产计划时加以综合考虑。在面对已婚客户时,策划师不仅要全面了解客户的财产状况和遗产管理目标,并且要了解其配偶和子女有关情况。对于大多数已婚客户而言,应能够保障其配偶的生活水平和为子女提供足够的教育费用,是他们最重要的遗产管理目标。其配偶和子女的生活能力决定了这些客户的遗产管理目标。如果客户拥有企业或是企业的合伙人,策划师还要帮助其决定是将股份留给受益人还是将股份售出后获得现金资产。

(三)制订遗产计划

制订遗产计划是遗产规划的关键步骤,由于各国法律和客户的具体情况不同,每个客户的遗产计划工具和策略选择也有着很大的差别。遗产计划的作用在于确保妥善分配资产;尽量减少遗产税与其他开支;避免遗嘱认证以及监护权聆讯所导致的费用、资料公开及延误;制订遗产计划的原则要保证遗产计划的差异性、可变性和现金流动性。因此一个合适的遗产计划既能确保客户未来的意愿得以实现,还应能针对不同客户类型制订不同的遗产计划。

这里针对几种不同客户类型的基本遗产计划作简单介绍。

1. 客户已婚且子女已成年

这类客户的财产通常是与配偶共同拥有的,遗产计划一般将客户的遗产留给其配偶,如果配偶将来也去世,则遗产留给客户的子女或其他受益人。采用这一计划时要考虑两个因素:一是客户的财产数额大小,二是客户是否愿意将遗产交给其配偶,因为在一些国家对于数额较大的遗产征税很重,所以客户很富有则可以考虑采用不可撤销的信托或捐赠的方式以减少税收。如果客户不愿意将遗产由其配偶继承,则应选择其他合适的方案。

2. 客户已婚但其子女尚未成年

这类客户的基本遗产计划和第一类客户类似。但由于其子女未成年所以在其计划中应加入遗嘱信托工具。遗嘱信托可以保证,如果客户的配偶也在子女成年前去世,可以有托管人来管理客户的遗产,并根据其子女的需要分配遗产。如果客户希望安排遗产在不同子女之间的分配比例,则可以将遗产加以划分,分别由几个不同信托基金来管理。

3. 未婚或离异的客户

对于这类客户,遗产计划相对简单。如果客户的遗产数额不大,而其受益人也已经成年,则客户直接通过遗嘱将遗产留给受益人即可。如果客户的遗产数额较大,且并不打算将来更换遗产的受益人,则可以采用不可撤销性信托或捐赠的方式,以减少纳税金额。如果客户遗产的受益人尚未成年,则应该使用遗产信托工具来进行管理。

(四)定期检查和修改

个人的财产和遗产规划目标不会一成不变,遗产计划必须能够满足其不同时期的需求,所

第十章 个人退休规划与遗产计划

以对遗产计划的定期检查是必需的,这样才能保证遗产计划的可变性。一般而言,应该在每年或每半年对遗产计划进行重新修订。例如当下列事件发生时,遗产计划往往需要进行调整:子女的出生或死亡、配偶或其他继承者的死亡、结婚或离异、本人或亲友身患重病、家族成员成年、继承遗产、房地产的出售、财富的变化、有关税制和遗产法变化等。

本章小结

退休养老规划是为保证客户在将来有一个自立、尊严、高品质的退休生活,而从现在开始积极实施的规划方案。退休后能够享受自立、尊严、高品质的退休生活是一个人一生中最重要的财务目标,因此退休养老规划就是整个人生财务规划中不可缺少的部分。合理而有效的退休养老规划不但可以满足退休后漫长生活的支出需要,保证自己的生活品质,抵御通货膨胀的影响,而且可以显著地提高个人的净财富。

本章系统介绍了退休规划理财原理、退休规划的种类;掌握进行退休规划理财的主要环节和基本要求;掌握估算养老金总需求、测算既得养老金和养老金赤字的基本方法;了解筹集资金和制定投资策略的基本方法和流程。

其中又重点介绍退休计划与退休理财规划的区别、养老总需求、既得养老金、养老金赤字、退休规划的资金筹集、现收现付计划与积累计划、社会统筹和个人账户、DB 计划 DC 计划、生存年金和非生存年金、单项计划和一揽子计划、退休规划的实施步骤等。

关键术语

退休 退休规划 养老金 年金 储蓄 保险 遗产 遗产信托

本章思考题

1. 我国现行的养老保险制度是什么?(按不同分类形式分)
2. 养老规划的分类形式有哪些?

案例分析

李先生今年 60 岁,老伴 56 岁,两人有一儿一女,但儿女都和孙女、外孙在其他城市居住,每年很少见面,他与老伴的生活步入了"空巢期"。由于到了退休年龄,没有工作的支撑也没有孩子在身边陪伴,老两口感觉生活一下子空闲许多。

张先生和老伴每月的退休工资加起来有 5000 元,由于每天自己做饭,加上并没有太多的不良嗜好,每月生活开支 1500 元左右,其他情理费和爱好花费在 500 元左右。之前为了给儿子买房,他们花去了大部分积蓄,现在手中的闲钱大约还剩 15 万元。因为资金量并不算大,加上对理财并不熟悉,养老资金除有少量的股票,其他多数存在银行,没有做其他的打理。

面对市场上五花八门的理财产品,不知道哪些产品既安全又有一定的收益率,比较适合像自己这样的老年人。

对于年届 60 的老年人群来说,其实际风险承受能力相对较低,所以在选择投资产品时,要注重低风险、流动性、稳健收益。一来这是养老金,是"养命钱",要保本不能缩水;二来老年人在疾病医疗方面的支出会有很大的不确定性,随着体力的下降和各身体器官功能的退化,将来

255

可能需要家庭护工的照顾等。因此老年家庭需要安全性高、流动性较强的资产与之相匹配,以备不时之需。

老人理财要以稳为主,优先考虑能防范风险的理财品种,投资时需以安全性作为主要标准,用能获得稳健收益的低风险理财产品来满足。国债,是养老金保值升值首选,其收益率比定期存款高,并有国家的信用作为保证,近期发行的3年期国债年利率为5%,5年期年利率为5.41%。其次,3年期、5年期的定期存款,安全性有保障,缺点是收益率较低,流动性较差;再者,部分银行理财产品,低风险,收益率高于同期存款利率,根据期限不同,目前收益一般在3.5%~4.5%之间。有些银行还特意为老年人推出了专属的"养老"理财产品,也是不错的选择。

值得提醒老年人的是,股票、黄金等风险较高,波动较大,并不适合老年人。有的老年人家庭资产较丰厚,抗风险能力相对较高,也有一定的投资经验,即便如此,用于股票投资的资金比例也要随着年龄的增长而降下来,不宜承受市场大起大落的风险,比例控制在家庭金融资产的10%左右。

随着年纪的增加,老年人用钱的地方有很多,因此一定要充分考虑资金的流动性,应急之需流动资金不可缺。稳健收益类理财产品虽好,但一般的低风险银行理财产品通常都有锁定期,不能提前支取,而国债提前支取也会收取一定的手续费,因此一定要预留一部分流动资金,最好将资金进行合理分配。

老年人由于人体机能随着年龄的增长逐渐退化,遭受意外伤害的可能性增大,特别是交通事故、意外跌伤、火灾等事故,对老年人的伤害更加严重。据了解,50~70岁是人骨折的高发年龄段。

因此,配备些健康保险和意外保险是必要的。有保险公司专门开发出专门针对老年人的意外保险,涵盖骨折与关节脱位意外、交通意外、一般日常意外,首次投保年龄甚至为80岁,张先生也可以考虑购买。值得注意的是,老年人专属意外险则比普通的意外险要贵,保障范围和保额也相对更低。

第十一章　个人实物投资理财

教学目的及要求

通过本章学习,了解个人实物理财的一些主要投资品种,掌握各种实务的投资技巧及投资原则,掌握各种投资品的价格判定及投资策略。

教学重点及难点

黄金投资的风险及其防范,邮品的选择,珠宝投资技巧,艺术品投资原则。

第一节　黄金投资理财

黄金(gold)化学元素符号 Au,是一种软的、金黄色的、抗腐蚀的贵金属。它是金属中最稀有、最珍贵的金属之一。黄金的稀有性和稳定性,使它天生就被赋予了货币属性,是最值得信任并可长期保存的财富。它是世界上很少几种不会消失的商品,既可用来储藏,也可进行投资。黄金投资,俗称炒金,是指通过对黄金及其衍生物进行购买、储藏及销售等过程,从而获得财产保值、增值及盈利的行为。

一、黄金投资品种

黄金,自古就是财富的象征。黄金因其价值稳定、流动性高,能有效对付通货膨胀的天然特性而成为一种重要的投资工具与收藏品。黄金的主要投资品种包括实物式黄金和凭证式黄金。

(一)实物式黄金

实物式黄金包括金条、金币和黄金饰品等,它以持有黄金作为投资。

1. 金币

金币有两种,即纯金币和纪念性金币。纯金币是世界各国的中央政府或银行,为满足一般投资者希望拥有钱币状黄金储藏的需要而发行的具有一定的重量、成色和面值,并铸成一定形状的货币。纯金币是投资性金币,其价值基本与黄金含量一致,价格主要受到国际市场上黄金价格涨跌的影响,具有美观、鉴赏、流通变现能力强和保值功能。我国的熊猫金币是国际市场上最负盛名的投资性金币之一。中国人民银行于 1982 年开始发行熊猫金币,第一年发行的四款熊猫金币没有设置面值,四款金币分别为 1 盎司、1/2 盎司、1/4 盎司和 1/10 盎司,从 1983 年开始,熊猫金币开始标明面值,并且增加了 1/20 盎司的品种。熊猫金币市场价格涨跌基本上与同期国际市场上黄金价格涨跌同步。

纪念性金币是世界各国的中央政府或银行,为某一纪念题材而限量发行的具有一定重量、成色和面值,并铸成一定形状的铸金货币。纪念性金币由于金币选料严格、工艺设计水准高、发行数量较少、具有鉴赏和历史意义,其职能已经大大超越流通职能,投资者多为收藏和鉴赏用。纪念性金币其价格因素除纯金币的各项价格因素外,还包括其稀有程度、铸造年代、工艺造型和金币品相。因此,对于普通投资者来说,投资纪念性金币较难鉴定其价值,对投资者的素质要求较高,主要为满足集币爱好者收藏,投资增值功能不大。

2. 金条

投资金条是我国目前个人投资实物黄金的主要方式。金条可以分为纪念性金条和投资性金条。市场中常见的贺岁金条、纪念金条等都属于纪念性金条,其性质和特点与纪念性金币类似,主要供此类爱好者收藏和鉴赏。

对一般理财者而言,投资性金条是最合适的实物黄金理财品种。因为投资性金条的加工费用较低,各种附加支出也不高,标准化金条全球 24 小时连续报价,在全世界范围内都可以随时买卖,并且世界大多数国家和地区都对投资性金条交易不征收交易税。

目前我国面向个人的投资性金条主要有上海黄金交易所的实物金和一些金融机构推出的品牌金条。上海黄金交易所的实物金包括 Au99.99 和 Au100g,Au99.99 和 Au100g 的最小交易量为一手,每手对应的黄金单位均为 100 克,实物最小提货单位分别为一千克和 100 克。也就是说,进行个人黄金交易的投资者,可以分别提取成色不低于 99.99%、标准重量为 1000 克的 Au99.99 金锭,以及成色不低于 99.99%、标准重量为 100 克的 Au100g 金条。

金融机构推出的品牌金条包括建行的"龙鼎金"、农业银行的"招财进宝"和成都高赛尔的"高赛尔"金条等品种。其中建设银行的龙鼎金,金条成色为 Au99.99,重量为 50 克、100 克、200 克和 500 克四种。报价单位为人民币元/克,最小价格变动单位为人民币 0.01 元。农业银行代理销售的招财进宝金条,其成色都为 99.99%,采用国际金价与上海黄金交易所价格结合的报价体系,分为 A 类标准金、B 类标准礼品金、C 类标准礼品金共计三大类十二个品种。高赛尔公司推出的由招商银行、农业银行代理销售的高赛尔金条:其规格包含两盎司、五盎司、十盎司,金含量大于 99.99%,报价单位为人民币元/每盎司。

3. 黄金饰品

黄金饰品从价值上可分为三档,即高档、中档和低档。高档金首饰是用 K 白金、高 K 黄金、足金制成的。黄金饰品大都进行了工艺加工,装饰性强,具有美学价值,并不是一个好的投资品种。除了购买黄金饰品本身所支付的附加费用非常高,购买价格与黄金原料的内在价值差异较大,致使黄金饰品的实际交易成本非常高以外,黄金饰品因为日常使用中的磨损,进行变现时损失很大。因此,黄金饰品的收藏、使用功能要远远强于投资功能。

(二)凭证式黄金

1. 纸黄金

纸黄金也称记账黄金,是一种账面上的虚拟黄金,一般由资金实力雄厚、资信程度良好的商业银行、黄金公司或大型黄金零售商发行。纸黄金交易是指投资者在账面上买进卖出黄金赚取差价获利的投资方式,没有实金介入,投资者无需通过实物的买卖及交收而采用记账方式来投资黄金,一般不能提取实物黄金。与实金相比,纸黄金交易全过程不发生实金提取和交收的二次清算交割行为,从而避免了黄金交易中的保管、储存成色鉴定、重量检测等手续,省略了黄金实物交割的操作过程,交易更为简便快捷,资金利用率高;同时纸黄金交易节省了实金交易必不可少的保管费、储存费、保险费、鉴定费及运输费等费用的支出,降低了黄金价格中的额外费用,加快了黄金的流通,提高了黄金市场交易的速度。但是,由于纸黄金不能提取实物黄金,没有保值功能,因此并不能抵御通胀风险。中国银行上海分行于 2003 年 11 月推出的"黄金宝"是我国开发最早的个人纸黄金品种,投资者可根据"黄金宝"牌价,通过柜面、电话银行、网上银行及自助理财终端,直接买进或卖出纸黄金。

2. 黄金股票

黄金股票是指金矿公司向社会公开发行的上市或不上市的股票,又可以称为金矿公司股票。对投资者而言,买卖黄金股票不仅是投资于金矿公司,而且还间接投资于黄金,因此这种投资行为比单纯的黄金买卖或股票买卖更为复杂。投资者不仅要关注金矿公司的经营状况,还要对黄金市场价格走势进行分析。目前在 A 股上市的黄金股票主要有山东黄金、中金黄金、紫金矿业等。

3. 黄金基金

黄金基金是黄金投资共同基金的简称,它是由基金发起人组织成立,由投资人出资认购,基金管理公司负责具体的投资操作,专门以黄金或黄金类衍生交易品种作为投资对象的一种共同基金。一般由专家组成的投资委员会进行基金管理。黄金基金的投资风险较小、收益比较稳定,与证券投资基金有相同特点。与其他黄金投资渠道相比,购买黄金基金的好处是起点低,最低 1000 元钱就可以投资。

4. 黄金期货

一般而言,黄金期货的买卖双方,都会在合同到期日前出售和购回与先前合同相同数量的合约,也就是平仓,而无需真正进行实金交割。每笔黄金期货交易所得利润或亏损,等于两笔相反方向合约的买卖价差。黄金期货合约交易只需 10% 左右交易额的保证金作为投资成本,具有较大的杠杆性,能够实现以少量资金推动大额交易。黄金期货的价格波动风险远远高于实物黄金和纸黄金,因此,黄金期货适合于专业投资者。2007 年 9 月 11 日经中国证监会批准后,上海期货交易所开始组织黄金期货交易。上海期货交易所的标准化黄金期货合约交易单位为一千克/手,以人民币/克对外报价,合约交割月份为 1—12 月,以满足不同投资者的交易需要。

5. 黄金期权

对于投资者来说,期权交易具有投资少、收益大、保有权利、降低风险的作用。但由于黄金期权买卖投资战术比较多并且复杂,投资者不易掌握,故目前世界上黄金期权市场不太多。

知识链接 11-1

黄金真伪的鉴别方法

社会上最常见的黄金中,生金有砂金;熟金中有清色金;清色金中以各式金饰品、金条、金器皿为主。鉴定这些黄金真伪的一般方法是用硝酸点之,如无反应则大都是黄金,但也有如白金(铂)和少数贵稀金属也不怕硝酸的,但人们不常接触这类金属。

砂金中的掺假手段很多,主要有:①黄铜镀金类、掺铜末和掺黄铁矿的砂金;②银镀金类的掺银末的砂金;③掺炉缸末的砂金。

第一类掺假的砂金,一般只要用急火烧之就可初步判定是否造假,如有许多黑色物出现则必掺假无疑,如被验砂金全然不变,则是真砂金;或用砂酸点其磨道,如磨道变化或消失,则是假砂金。

第二类假砂金中由于银不易被火烧变色,所以可用剪切开砂金团,在放大镜下看截面有无白点,如有则是假砂金;或再用硝酸点之磨道,如有白点生成则是掺银类砂金。

第三类砂金最具欺骗性,因为炉缸灰之类不怕烧,也不怕酸,这时最好用王水(盐酸与硝酸3∶1的混合剂),点其磨道,如磨道消失则是真砂金,如仍有明显痕迹则是掺缸末之类的假砂金了。

常见的熟金中的清色金鉴别有口诀:掂重量、看色泽、审音韵、折软硬、用酸点。

由于黄金密度要明显大于铜、银、铅、锌等常见金属,它和同体积的银铜相比,大约重其2倍。如果物品是黄金的话,有沉甸甸的感觉,这就是人们说的"金坠手",反之则轻飘飘的。

黄金是有它独特的金黄色光泽(低成色例外),纯金置于强烈光线下会闪烁着耀眼的光芒,这是其他金属包括铜在内所不具备的。

成色高的黄金,掷于地时的声音无韵无弹力,而成色低的黄金音质稍亮,而铜制品掷于地时,声音响亮。因此,根据敲击物的声音可帮助我们将常见金属和黄金区别出来。

黄金有很好的延展性和硬度小的特点,纯金折而柔软,铜条折之费力。或用大头针(指甲也行)划之,用力不大而痕迹明显则是黄金,而铜类用力稍大而痕迹稍差。折软硬只适用戒指、金丝之类,对于金条、金币、金砖之类,则较困难。用磨首判断金的真伪也很有效,只是要用被检物不同的方位磨之,如几条磨道颜色明显不同,则掺假无疑。

对于上述几种熟金的鉴别方法都不相信时,则只能用硝酸点了,即用硝酸点其磨道来判定其真假。

二、黄金的标价方法

(一)黄金的重量计量单位

计量黄金重量的主要单位有盎司、克、千克、吨等。国际上一般用盎司作为黄金的重量计量单位,我们平常看到的世界黄金价格都是以盎司为计价单位,1盎司=31.103481克,而我国一般习惯于用克作为黄金计量单位,国内投资者投资黄金必须首先要习惯适应这种计量单位上的差异。

(二)黄金的纯度计量

黄金及其制品的纯度被称为"成色",市场上的黄金制品成色标识有两种:一种是百分比,如G999等;另一种是K金,如G24K、G22K和G18K等。我国对黄金制品印记和标识牌有规定,一般要求有生产企业代号、材料名称、含量印记等,无印记为不合格产品。但对于一些特别细小的制品也可以不打标记。

(三)用"K金"表示黄金纯度的方法

国家标准GB 11887—89规定,每开含金量为4.166%,因此下面各开金含金量分别为(括号内为国家标准):

$$12K = 12 \times 4.166\% = 49.992\% (500‰)$$
$$18K = 18 \times 4.166\% = 74.998\% (750‰)$$
$$24K = 24 \times 4.166\% = 99.984\% (999‰)$$

日常生活中人们通常认为24K金是纯金,但其实际含金量为99.98%,折为23.988K。

(四)用文字表达黄金纯度的方法

有的金首饰上或金条金砖上打有文字标记,其规定为:足金——含金量不小于990‰,千足金——含金量大于999‰。通常是将黄金重量分成1000份的表示法,如金件上标注9999的为99.99%,标注586的为58.6%。目前上海黄金交易所中交易的黄金主要是9999与9995成色的黄金。

三、黄金投资的优势

与债券、股票、房地产等其他投资相比,黄金投资以其特有的优势受到了个人投资者的普遍青睐。

(一)安全性高

黄金作为一种贵金属材料,其价值是其自身所固有的和内在的。黄金有千年不朽的稳定性,其质地不会发生根本性变化,即使掉进"王水"里,失去其本身的光泽,在经过一系连串的化学处理之后,黄金仍可恢复原貌,其基本价值依然存在。可见,黄金的价值永恒。

(二)便利产权转移

黄金的转移便利灵活,流动性强,产权的转移手续简单,而住宅、股票、股权的转让要办理过户手续。假如是遗产的话,还要律师证明合法继承人的身份,并且交纳一定的遗产税。

因此,这些资产的产权流动性根本不如黄金优越。在黄金市场开放的国家里,任何人都可以在公开场合购买黄金,还可以像礼物一样自由转让黄金,没有任何类似于登记制度的阻碍。而且黄金市场十分庞大,随时都有任何形式的黄金买卖。

(三)税收负担轻

黄金投资可以算是世界上所占税项负担最轻的投资项目了。其交易过程中所包含的税收项目,基本上也就只有黄金进口时的报关费用了。与此相比之下,其他的不少投资品种,都存在着一些容易让投资者忽略的税收项目。例如在进行房产投资时,除了在购买时需要交纳相应的税收以外,在获得房产以后,还要交纳土地使用税。当房价已经涨到可以出售获利的时候,政府为了抑制对房产的炒作,还会征收一定比例的增值税。这样算下来,在交纳赋税以后,收益会降低不少。

(四)是对抗通货膨胀的理想武器

黄金因其良好的保值性成为规避通货膨胀的一种有效手段。根据国际黄金协会的一个故事,16世纪亨利7世时的英国伦敦一套男士西服的价值约1盎司黄金,现在,在伦敦1盎司黄金依然可以买到一套男士西服。

(五)世界上最好的抵押品种

由于黄金是一种国际公认的物品,是一种世界性的绝对财富,因此,用黄金进行典当就很容易。一般的典当行都会给予黄金达90%的短期贷款,而不记名股票、珠宝首饰、金表等物品,最高的贷款额也不会超过70%。因此,抵押方便,贷款比率高,使黄金成为最好的抵押品。

(六)价格操纵风险小

任何地区性股票市场,都有可能被人为操纵,而黄金市场很难出现庄家操纵价格的现象。因为现实中,没有哪一个财团的实力大到可以操纵金市。作为一种全球性的投资品种,黄金在全球有一个独立的价格体系。由于黄金市场做市很难,所以黄金投资者也就得到了很大的投资保障。

(七)无时间限制,可随时交易

从时间上看,伦敦、纽约、香港等全球黄金市场的交易时间连成一体,构成了一个24小时无间断的投资交易系统。投资者可以随时建仓,也可以在价位适合时随时获利平仓。

另外,由于黄金市场是世界性的公开市场,不设停板和停市制度。这就增加了黄金投资的保障性,投资者不用担心在非常时期不能重新入市。只要投资者觉得有必要,任何时候都可以进入黄金交易市场进行平仓止损。

总而言之,黄金投资有着其他投资不可比拟的优越性。对个人而言,是一项重要的投资工具。

四、影响黄金价格的主要因素

(一)政治事件

从具体形式上看,政治事件包括战争、边界冲突、大选、政治丑闻、政府首脑更迭、政局不稳以及由此引发的金融危机等。由于黄金市场主要以流动性资产构成,每日国际市场成交量近万亿美元,与股市、债市相比其对于政治等因素的敏感程度要大得多。

国际上重大的政治事件都将影响金价。政府为战争或为维持国内经济的平稳而支付费用、大量投资者转向黄金保值投资,这些都会扩大对黄金的需求,刺激金价上扬。2001年9月份的恐怖组织袭击美国世贸大厦事件曾使黄金价格飙升至全年的最高价$300。

(二)经济状况

国家或地区经济状况的好坏,均能影响黄金价格的涨跌。经济欣欣向荣,人们生活无忧,自然会增强人们投资的欲望,民间购买黄金进行保值或装饰的需求会大为增加,金价也会得到一定的支持。相反,民心不稳、经济萧条时期,人们连吃饭穿衣等基本生活保障都难以得到满足,必然会对黄金投资缺乏兴趣,这种时期金价必然会下跌。

(三)央行的调控活动

各国央行是黄金持有的大户,他们买卖黄金的状况将直接影响金价的走势。由于央行买卖黄金的数额巨大,如果央行吸纳或增持黄金,则金价就会上升。相反央行如果出售黄金,那么金价就会下跌。如20世纪90年代末期各国央行持续沽售黄金,令金价持续下跌,曾一度跌至265美元每盎司的历史低位。

(四)通货膨胀

一国的物价水平越稳定,其货币的购买能力就越强。而一国的通货膨胀率越高,其货币的购买力就越弱,这种货币就越缺乏吸引力。如果美国和世界主要地区的物价水平保持平稳,持有现金也不会贬值,又有利息收入,那么黄金投资者的热情就会降低。

相反,如果通货膨胀严重,持有现金根本没有保障,收取利息也赶不上物价的暴涨,人们就会购买黄金,此时黄金的价格会明显上升。西方主要国家的通货膨胀率越高,用黄金进行保值的需求也就越大,国际金价亦会越高。其中,美国的通货膨胀率最容易左右国际金价的变动。

(五)美元汇率

一般在黄金市场上有美元汇率上涨则金价下跌,美元汇率下降则金价上涨的规律。美元汇率上涨一般表示美国国内经济形势良好,投资者热衷于购买和持有美国股票和债券,黄金作为价值贮藏手段的功能受到削弱,金价自然回落;而美元汇率下降则往往与通货膨胀有关,此时,黄金的保值功能再次体现出来,金价就会上扬。过去20多年的历史表明,美元对其他西方货币坚挺,则国际市场上金价下跌,如果美元小幅贬值,则金价就会逐渐回升。

(六)石油价格

国际原油价格一直和黄金市场息息相关,其原因是黄金具有抵御通货膨胀的功能,而国际原油价格与通胀水平又密切相关,因此,黄金价格与国际原油价格具有正向运行的互动关系,原油价格的上涨会刺激金价的上涨。相反,油价平稳,则金价也会趋于平稳。例如,2005年四季度,由于美国飓风的影响,导致国际原油价格大幅上涨,进而推动国际金价大幅上扬。

(七)股市行情

一般来说股市下挫,金价上升。这主要体现了投资者对经济发展前景的预期,如果大家普遍对经济前景看好,则资金大量流向股市,黄金投资需求下降,必然导致股价上涨而金价下降。反之亦然。

(八)避险需求

"乱世买黄金,盛世买古董"的观念已延续千年,黄金在乱世成为逃难、避灾、安身立命的最佳选择。当今社会,一旦局势动荡、政局不稳,将会直接影响到经济的稳定性及投资者的信心,导致股市下滑,此时资金对安全性的需求增强。同时伴随着该国货币的贬值,甚至在政局更替的情况下,手中持有的货币更有可能变成一文不值。此时黄金因其价值高、易储存、流动性高和被普遍接受的特点而成为财富的理想载体,发挥避险的功能。

(九)消费需求

黄金历来是财富和身份的象征,当一国经济处于繁荣时期,人们的收入增加,消费需求增强时,黄金饰品就会成为消费者购买的对象,需求的增长会刺激金价的上升,反之亦然。近年来黄金在珠宝装饰领域的需求呈快速增长的趋势。尤其是随着亚洲国家生活水平的提高,成为黄金消费增长最快的地区。

(十)科技工业

黄金具备极高的抗腐蚀性,良好的导电性、导热性、延展性以及对红外线接近100%的反射能力等独一无二的完美性质,这种性质是任何一种金属都不具备的。正因为认识到黄金的完美特性,人们把黄金广泛应用到最重要的现代高新技术产业中去,如电子技术、通讯技术、宇航技术、化工技术、医疗技术等,这些产业每年的黄金需求约60余吨,约占总消耗量的17%,故以上工业发展越快,对黄金的需求越大,金价便会上扬。另一方面,随着科学技术的发展,黄金的开采成本会相应降低,金价会出现下降的趋势。

(十一)投机性需求

投机者根据国际国内形势,利用黄金市场上的金价波动,加上黄金期货市场的交易体制,大量"沽空"或"补进"黄金,人为地制造黄金需求假相。在黄金市场上,几乎每次大的下跌都与对冲基金公司借入短期黄金在即期黄金市场抛售和在纽约商品交易所构筑大量的空仓有关。

除了上述影响黄金价格的因素外,国际金融组织的干预活动,本国和地区的中央金融机构的政策法规,也将对世界黄金价格的变动产生重大影响。

五、黄金投资的渠道与技巧

(一)黄金投资与变现的渠道

1. 金店

金店是个人购买黄金产品的一般渠道,投资者可以在商场的金柜和黄金品牌店购买金条、金饰品等实物性黄金,同时金店也是黄金产品回购的传统平台。为了促进黄金产品的销售,不少金店都开办黄金回购业务,商家按低于市场价格的方式将黄金收回后,或者重新铸造或者再次销售赚取利润。比如国华商场投资金条的业务规定,投资者可以在交易时间进行投资金条的回购,回购价格为上海黄金交易所的实时报价每克减去2元。而且在回购时间上,只有工作日能够办理这些业务,如果赶在节假日等非交易时间,投资者是无法完成黄金回购的。值得注意的是一般通过金店渠道购买的黄金饰品在很大程度上已经是实用性商品,若通过金店回购的话,卖出价较低,买入价和卖出时价相差较大,一般不建议选择。

2. 银行

目前国内个人黄金业务主要通过银行来办理,投资者可以通过银行渠道购买实物黄金或凭证式黄金。为吸引投资者购买黄金,国内各大银行纷纷推出了自己的黄金理财产品,如工商银行的"金行家""如意金";农业银行的招金系列;中国银行的"黄金宝""奥运金";建设银行的"龙鼎金";中信银行的"汇金宝";光大银行的"点金通";招商银行的高赛尔标准金条;等等。投资者可以到银行的营业网点去购买和变现黄金,也可以通过网上银行、电话银行等方式进行黄金投资交易。

针对国内各大银行开办的纸黄金业务,黄金投资者只要带着身份证与不低于购买10克黄金的现金,就可以到银行开设纸黄金买卖专用账户,交易费用一般为买卖一次收取1元/克的手续费,若一次交易量超过1000克可享受一定的折扣。银行的黄金报价跟随黄金市场的波动情况加入各自银行的点差形成,一般分为本币金价和外币金价。本币金价为人民币/克,最低交易量为10克黄金,超出部分交易量为一克的整数倍。外币金价为美元/盎司,最低交易量为一盎司黄金,超出部分交易量为0.1盎司的整数倍。

为了促进黄金产品的销售,一般银行都开办了黄金回购业务,然而对投资者购买的实物黄金,银行在办理黄金回购时只认可本银行发行或代理销售的金条或金币,投资者通过黄金专柜、典当行、品牌金店等渠道购买的黄金一律不予回购。此外,部分银行办理黄金回购业务的网点数量很少,各家银行也都规定了不同的黄金回购价格。此外银行规定,办理黄金回购业务,投资者不仅要带上个人有效身份证件的原件,还必须带齐当初购买黄金产品的单据、发票等资料,销售凭证上的编号必须与要办理回购的金条或金币编号一致。实物黄金的包装必须完好,黄金不能有划痕或破损等。还有,工商银行和民生银行办理黄金回购业务不会直接把现金返还给投资者,投资者还需另外携带存折或相应银行卡。

3. 黄金公司

国内有众多成为上海黄金交易所、天津贵金属交易所会员的黄金公司,投资者只需要交纳一定的手续费就可以通过这些黄金公司的代理业务进行黄金投资和变现。如国鑫黄金贵金属经营有限公司进行的黄金实物回购交易中规定:实物黄金的交割、回购量必须是1000克的整数倍,最少交割、回购量为1000克。

4. 典当行

当黄金投资者急需资金周转时,可以选择典当融资。典当行一般会对投资者在黄金公司、银行、商场金柜或金店等销售点购买的黄金进行回购,但要求投资者出具发票,如果发票遗失,也可以出具其他资料证明,进行回购变现。虽然典当行的回购变现价格相对于金店、银行稍微低些,但是变现速度较快、流程简便且以现金支付,当然投资者还可以把几根没有发票的金条拿到典当进行绝当。

5. 拍卖行

如果投资者希望持有或变现各种老金币、限量版黄金首饰或者古典黄金首饰等黄金产品,委托拍卖行进行拍卖是一个不错的选择。这类黄金产品由于价格较低、市场稀缺、具有时代烙印等特点而成为拍卖市场中的宠儿。从国内近期拍卖会成交状况来看,这几类黄金拍品最受欢迎。比如佳士得拍卖会上,奥地利1915年生产的100枚日冕金币,总重量为108盎司,如果按照1240美元/盎司的国际金价进行折算,仅材料价格就值13.4万美元。但拍卖行给出的起拍价格却只有7万美元,最后以12.85万美元成交,对竞拍成功者来说非常划算。

(二)黄金投资的技巧

1. 注意选择所投资的黄金品种

不同品种的黄金理财工具,其风险收益比是不同的。实物黄金的买卖要支付保管费和检验费等,成本较高。纸黄金的交易形式类似于股票、期货这类金融工具,炒金者需要明确交易时间、交易方式和交易细则。此外,实物黄金也分为很多种类,不同种类的黄金,其投资技巧不同。一般情况下,投资于文物或纪念品性质的黄金,溢价幅度较高,而投资于金条,则加工费用低廉,且可获得较好的变现性。投资纯金币的选择余地较大,兑现方便,但保管难度大,可以选择投资在二级市场上溢价通常较高的黄金纪念币。根据个人爱好,也可选择投资黄金饰品,但黄金饰品加上征税、制造商、批发零售商的利润,其价格要远远超出黄金自身价值。此外,黄金饰品在日常使用中由于磨损会不断损耗其价值。因此,在选择黄金投资品种时,应该重点考虑不同品种的差异性。

2. 关心时政,选准时机

国际金价与国际时政密切相关,如朝鲜核问题、美伊危机、恐怖主义等造成的恐慌、国际原油价格的涨跌、各国中央银行黄金储备政策的变动等。因此,作为黄金投资者一定要多了解一些影响黄金价格的政治因素、经济因素、市场因素等,进而相对准确地分析金价走势,才能把握盈利时机。

3. 分批介入,止损止盈

黄金市场变化莫测,投资风险较大。因此,对刚进入炒金行列的投资者来说,投资额不宜过大,应以积累经验为主。如果是投资于纸黄金,建议采取短期小额交易的方式分批介入,每次卖出买进10克，只要有一点利差就出手。炒金同炒股一样有风险，因此每次交易前都必须设定好止损和止盈点。

4. 考虑汇率

在本币升值时，人们可以在国外购买到较为便宜的黄金货品，因为黄金在国内价格不变或者下跌并不表示黄金本身的价值就会相应地降低，而有可能是本币、外币汇率变化的结果。因此，黄金投资者应该具备一定的外汇知识。

5. 把握市场走势

黄金交易和股票交易一样，都要把握价格的总体走势。在价格上升过程中，每一刻的黄金购买行为都是可行的，只有当金价涨到最顶端而转势之时不应该购入。该原则提醒广大投资者，在进行黄金买卖时，不应片面看重价格水平，而忽略了金价是出于"熊市"还是"牛市"的整体趋势。

6. 把握夜间金价走势

对于国内黄金投资者而言，国际黄金市场交易最频繁的时段是在晚上，而且主要的定价也在这个时段。我国的黄金市场会有很多高开和低开的缺口，从技术图形上看缺乏连贯性，短线操作者应该多关心黄金夜市和国际金价的技术图形，它从相当程度上影响到投资者的收益状况。

知识链接11-2

国际主要黄金市场

1. 纽约

美国纽约商品交易所是世界最大的黄金期货交易市场。自1974年12月31日黄金非货币化以后，纽约就在世界黄金交易中占据了重要地位。在美国购买实金往往由小黄金交易商提供服务，因此通过电话进行期货交易就成了交易主体。

2. 伦敦

英国伦敦黄金市场堪称世界最古老的黄金交易市场，已有近300年的历史。1968年以前，其在黄金储备及南非黄金的收购上都居于垄断地位。

3. 苏黎世

瑞士苏黎世由于其银行业雄厚实力的支持，20世纪30年代就已成为世界黄金交易中心之一。自20世纪60年代起，苏黎世成为世界第二大黄金交易市场，加上瑞士三大银行的共同努力，使得苏黎世一直保持着世界黄金交易的中心地位。

4. 东京

日本是一个贫金国家，其黄金几乎全部依赖进口。自1973年后，日本黄金交易商允许直接进口黄金。到1980年，日本黄金市场全部解禁，因而得到迅速发展。日本的黄金期货市场有着重要的作用。东京的黄金交易量相当于纽约的三分之二，其黄金期货交易量位居全球第二。

5. 中国香港

香港高度发达的首饰制造业注定了该地区在世界黄金市场上的重要地位。香港的"金银业贸易场"是香港金与银等贵金属的交易场所，成立于1910年，当时称为金银业行，直至第一次世界大战后(1918年)才正式定名金银业贸易场及登记立案，注册资金30亿港元。香港金银业贸易场日交易量为15万～20万两。尤其是近年来,随着中国大陆黄金市场的全面开放,香港的黄金交易量迅猛增加,现已位居全球第三,并成为亚洲最大的黄金市场。

6. 新加坡

新加坡的实金市场成立于1869年,1973年后,新加坡成为全球自由黄金交易市场。1992年,新加坡的黄金进口量占全球黄金总交易量的20%,更确立了该国在实金交易上的重要地位。

7. 上海、天津及印度孟买

近年来,中国和印度的黄金消费量在全球遥遥领先,其黄金市场的发展更是突飞猛进,后来居上。中国作为全球最大的黄金生产大国及全球第二大黄金消费大国,印度作为全球最大的黄金消费大国,这两个国家黄金的交易量非常之大,并已形成了雄居全球名列前茅的黄金交易市场。其中,中国最有名的黄金交易市场有上海黄金交易所和天津贵金属交易所,印度最有名的是孟买黄金交易市场。

六、黄金投资的风险与防范

(一)黄金投资的风险

1. 黄金价格波动的风险

黄金投资和其他投资对象一样,受国际上各种政治、经济因素及突发事件的影响,导致黄金的价格发生波动。个人投资者由于时间、精力、知识、信息等方面的局限,使投资者对黄金市场未来的价格走势很难把握,因而黄金价格的波动就可能给投资者带来损失。

2. 网络技术风险

网络技术风险是指由于网络交易的业务及大量风险控制工作均是由电脑程序和软件系统完成,故电子信息系统的技术性和管理性安全就成为网络交易运行最为重要的技术风险。这种风险既来自计算机系统停机、磁盘列阵破坏等不确定因素,也来自网络外部的数字攻击,以及计算机病毒破坏等因素。

3. 外盘投资风险

在国内的延迟交收业务出现之前,国内黄金市场实际上处于半封闭状态,个人投资者无法进行黄金交易。于是,一些境外投资机构瞄准了国内巨大的潜在市场以及投资者认知程度较低的空隙,大力吸引资金进行外盘投资。上海以及江浙等地区设立了许多这样的境外投资机构。这些境外机构通常以投资咨询的名义在境内设立咨询公司,并广泛发展代理商,铺开销售网络,以招徕国内投资者进行投资。国内投资者只要在其指定的机构进行开户,汇入交易的现金,就可以获得用户名和密码,之后,投资者只要在规定下载的交易系统内发送交易指令,即可完成交易。这种黄金投资模式不进行实物交割,而直接在外盘市场进行平盘。另外一种外盘黄金投资的模式是以个人名义通过相关地下渠道或者关系比较好的国际期货经纪公司在海外开户投资。这种投资也不进行实物交割,同样在外盘市场直接平盘获利了结,或者与在上海黄金交易所进行的黄金现货交易进行价格对冲,这种交易方式造成大量国内资金外流。

目前国内只有少数境内机构获准参与国际黄金市场,但不允许代理其他机构和个人投资者投资国际黄金市场,很多代理外盘黄金投资的公司,其实是打了法律的擦边球。同时投资者要面对代理公司无法履行合同约定、经营不善而破产,以及代理客户交易的经纪人为自身利益进行频繁交易而损害客户利益等诸多问题。而一旦出现上述违规现象,投资者无法得到中外法律的有效保护。

4.实金回购风险

实物黄金的价值在于财富储藏和资本保值。进行实物黄金投资似乎更让人觉得"手里有货,心里不慌"。而如果进行实物黄金投资,还需要根据金价的波动,通过黄金买卖来实现盈利。

对于投资者来说,投资黄金的最大障碍就在于回购渠道的不畅通。据了解,国外的黄金回购量占总需求量的20%左右,而在中国,这个比例只有百分之几。因此,一般情况下,投资实物黄金时,应购买知名度及信誉度较高的精炼公司制造的金条,为以后出售时省去不少的费用和手续,对一些非正规企业做出的种种黄金回购承诺应该避而远之。

黄金投资同其他投资方式一样,风险与收益并存,以上的风险只是其中的一部分,其他例如政府行为、战争、自然灾难、各国经济、汇率波动等都可能导致黄金投资的本金和收益发生损失。因此,进行黄金投资一定要调整好心态,在面对巨大利润诱惑的同时,也要注意防范风险。

(二)黄金投资风险的防范

1.具有足够的知识储备

投资者在进行黄金投资前,首先要掌握黄金投资的相关基础知识,尤其是黄金交易知识;其次还要掌握黄金投资的基本分析手段和价格走势的技术分析方法,做好黄金投资的准备工作;第三投资者要明确自己的投资需求、盈利预期及风险承受能力等。

2.选择适合的投资产品

可以进行投资的黄金品种较多,投资者应根据自身的实际情况,科学地选择适合的投资品种。一般来说,实物黄金比纸黄金有更好的保值和变现能力,但其增值空间比纸黄金小。纸黄金投资收益往往大于实物黄金,但风险性相应的也要大些。对个人投资者而言,投资于金条、纯金币等实物黄金,并中长期持有,这样获得较高收益的同时承担较小的风险。黄金期货和黄金期权投资虽然预期收益较高,但投资风险大,且专业性强,需要投资者具备一定的专业知识和技能。

3.进行适当的投资组合

黄金投资是家庭投资中的一种,不同的投资目标和风险承受能力,使得黄金在家庭投资组合中所占的比例不同。一般投资者应该根据自身的风险承受能力以及资金量的大小决定黄金资产的配置比例。对普通家庭而言,黄金在整个家庭资产中不宜占有过高的比例。推荐的家庭资产组合为:现金+国债+房产+黄金。在该组合中,黄金的比例占10%~20%,当金融系统的风险如坏账、房地产泡沫、通货膨胀等增加时,应该提高黄金的投资比例;当国际上局部战争的气氛渐浓时,也应适当提高黄金所占的比例。

4.做好充足的信息准备

国际黄金市场的价格波动受到国际政治因素、美元汇率、节日消费等多方面因素的影响。因此,黄金投资者在投资前和投资过程中,应通过各种渠道,尽可能多地了解与黄金市场运作有关的各种政治、经济、社会信息,对黄金市场的未来走势进行科学分析和预测,避免因市场急剧波动给自己带来的损失。

第二节 邮品投资理财

一、邮品的种类

邮品是邮政用品的简称,是指国家邮政部门发行的预印邮资图或印有表明某种邮政资费已付字样的邮资信封、邮资明信片和邮资邮简等各种邮政物品。邮品包括以下种类:

(一)邮票

邮票是由国家邮政部门或由政府许可设立的邮政机构发行,表示邮资已经预付并据以提供邮政服务的独立的有价凭证。邮票的历史悠久,品种丰富,在世界各国发行的五花八门的邮票当中,根据其发行目的和用途,大致可以分为以下几种:

1. 普通邮票

普通邮票简称普票,又称常用邮票,面值种类齐全,是供邮寄各类邮件贴用的通用邮票。普通邮票发行量大,发售时间长,票幅较小,图案比较固定,色彩比较单调,且多次印刷,有多种版别。世界各国早期发行的大多为普通邮票,如英国1840年发行的黑便士邮票,中国1878年发行的大龙邮票。

2. 纪念邮票

纪念邮票票简称纪票,是指为纪念国内国际重大事件、知名人物以及其他值得庆祝、纪念或广为宣传的事物而发行的邮票。纪念邮票在作为邮资凭证的同时,又是很有意义的纪念品和宣传品。纪念邮票的发行对象主要是收藏者,它们基本上不会被用到信封上面。所以比起长期邮票,罕见附有纪念邮票的信件。这种邮票票幅一般都比较大,图案内容比较丰富,设计和印刷比较精美,大多有特定的纪念文字,发行数量有限,有特定的发售期限,不允许重印。世界上最早的纪念邮票,是1871年秘鲁发行的纪念南美最早的铁路通车20周年邮票。之后世界各国纷纷效仿。许多国家将纪念邮票作为自我广告的一种形式。特别是一些小国家,其纪念邮票成为自身财政来源之一(但是有时也可能存在宣传目的,例如德国第一枚纪念邮票就是在纳粹时代出现的)。中国第一套纪念邮票是1894年清政府发行的慈禧六十寿辰纪念邮票。新中国第一套纪念邮票是1949年10月8日发行的"庆祝中国人民政治协商会议第一届全体会议"邮票。

3. 特种邮票

特种邮票简称特票,在许多国家是指有特殊用途或特殊作用的邮票。我国的特种邮票却另有含意,是指纪念邮票和普通邮票以外的特定选题为图案的邮票。其题材广泛,包括社会、政治、经济、文化、科技、历史、艺术、动植物、风景名胜等方面。特种邮票的形式和发行情况与纪念邮票相仿,首发时间无严格规定,一般限期出售,不再重印。新中国第一套特种邮票是1951年10月1日发行的"国徽"邮票,同纪念邮票一样,特种邮票也在左下角印有志号,之前的志号都以"特"字开头,从1974年起,特种邮票以汉语拼音字母"T"作为志号。到1998年底,我国共发行特种邮票146套。

4. 航空邮票

航空邮票是供航空邮件贴用的专用邮票,印有"航空""航空邮票""航空邮政"等字样。意大利是世界上最早发行航空邮票的国家。1917年意大利发行的世界第一枚航空邮票是在一种普通邮票上加印的。我国第一套航空邮票是1921年7月1日由北洋政府发行的,共五枚,图案是双翼飞机掠过长城。新中国成立后,共发行过两套航空邮票。现在世界各国一般不再规定航空邮件一定要贴用航空邮票。

5. 欠资邮票

欠资邮票是邮局贴用的专用邮票,指寄信人未贴足应付的邮资,邮局发现后加贴的向收件人收取的应补邮资凭证。这种邮票邮局并不出售,也没有预付邮资的能力。世界上第一枚欠资邮票是荷属东印度(即现在的印度尼西亚)于1845年发行的。我国的第一枚欠资邮票是1904年发行的。新中国于1950年和1954年先后发行两套欠资邮票,以后没有再发行。

6. 附捐邮票

附捐邮票亦称附加值邮票或准邮政票,是指发售时除收取邮资外,还附加收取其他款项的邮票。万国邮联规定附捐部分不得超过邮资的50%。专为救济或资助社会福利活动而附捐的邮票称慈善邮票或福利邮票。此外,还有补贴邮政收入、募集其他资金等种类。邮票面值与附加金额的表示方法有三种:①邮资+附捐金额;②印有邮资和售价;③不印明附捐金额。世界上最早的附捐邮票是1897年英属新南威尔士发行的。1920年黄河决口,为了赈济灾民,"中华民国"邮政发行了我国邮票史上的第一套慈善邮票——附收赈捐邮票。

7. 包裹邮票

包裹邮票又称包裹印纸,是供寄送包裹时贴用的专用邮票,一般不单独出售,只可在寄送包裹付款时由邮局人员将其贴于包裹上并加盖。世界上最早的包裹邮票是1879年比利时发行的。新中国于1951年发行过一套火车图包裹邮票,只限东北地区贴用。

8. 快信邮票

快信邮票又称快递邮票,是专供在快递邮件上贴用的。我国清代邮政于1950年开始发行这种邮票。淮南和苏中解放区邮政也发行过快信邮票。

9. 军用邮票

军用邮票又称军人贴用邮票、军邮邮票、军事邮票。有些国家对军队信件收费较低或免费寄送,为区别于一般邮件,就专门发行一种供现役军人或军事机关免费或减费交寄邮件贴用的专用邮票。世界上最早的军用邮票是1898年土耳其发行的。1944年"中华民国"邮政发行了一种无面值军用邮票。1938年9月晋察冀边区发行一套抗战军人邮票。1953年新中国邮政部门曾拟发行一套"军人贴用"邮票3种,后因分发范围难以控制而未正式使用。

10. 挂号邮票

挂号邮票指专门用于寄递挂号邮件贴用的邮票。挂号邮票的图案一般印有英文"挂号"的第一个字母"R"。澳大利亚的维多利亚于1845年发行了挂号邮票。1875年加拿大发行了世界上最早的签条式挂号邮票。我国曾于1941年中华邮政时期发行过"国内挂号邮资已付(单位)"邮票。

11. 公事邮票

公事邮票又称公用邮票或公文邮票,是免费或折价供政府机关寄递公事邮件的一种专用邮票。公事邮票专门印制的很少,多数是在普通邮票或其他邮票上加盖"公文"字样形成。最早使用公事邮票的是西班牙,于1854年发行。中国最早的公事邮票,是1915年新疆发行的印有"公文贴用"字样的邮票。

12. 汇兑邮票

汇兑邮票又称汇兑印纸,是采用汇票方式办理邮政汇兑业务时,贴在汇票及其核对收据上的汇款金额凭证。这种邮票有面值,但不能作为邮寄邮件的凭证。最早的汇兑邮票发行于1884年的荷兰。

(二)邮资信封

邮资信封是国家邮政局批准发行的一种带有邮资图案的标准信封,可在标准信封指定位置同时印刷企业形象和邮票图案,是邮政函件的新形式。具体包括以下几种:

1. 普通邮资信封

邮政部门为了便利寄信人,将已发行的普通邮票图案印在特制的信封上,而且信封上除了邮资图外一般没有其他图案。

2. 纪念邮资信封

纪念邮资信封是为纪念重大事件或重要人物而专门发行的邮资信封。纪念图文印入邮票图案中或信封上。纪念邮资信封的邮资图案一般是由各学会、团体、会议各自的会徽、会标、奖章构成;或者由其会徽、会标、奖章再加上其它图案组合构成;或者由具有各学会、团体、会议各自本身明显特征的事物、意象构成。信封图比较大,能容纳较多的事物信息,是表现纪念主题的不可缺少的重要组成部分,它以艺术抽象或摄影具象的表现方式对邮资图案内容进行延伸与补充,是邮资图案的渲染与衬托,使信封画面变得丰富与平衡。中华人民共和国最早的纪念邮资信封是1982年8月26日发行的纪念邮资封系列第一枚"纳米比亚日"邮资封。我国纪念邮资信封志号为JF。国家邮政局定于2006年12月12日发行"西安事变70周年"纪念邮资信封1套1枚。国家邮政局于2007年1月1日发行"第二次全国农业普查"纪念邮资信封1套1枚。

3. 美术邮资信封

邮政部门在特制的信封上,印有彩色邮票图案,称为美术邮资信封。

4. 校园邮资信封

校园邮资信封是针对校园设计的具有校园特性的邮资信封,可将校园的标志型建筑物、校园风景、重大校园庆典活动场景等图案印制在信封上,可为校方提供很好的广告宣传载体,并通过学生使用起到很好的宣传作用,是名副其实的"校园名片"。对学生而言,可成为具有纪念意义的收藏品,同时还可免去寄信时贴邮票的麻烦,加上印刷精美,深受学生们的喜爱。

5. 邮资总付信封

邮资总付信封又称邮资总付封,经邮政部门登记批准、在寄递时免贴邮票而加盖"邮资总付"戳记的信封。分为寄件或收件人总付两类。

(三)邮资邮简

邮资邮简简称邮简,是指由国家或地区邮政部门发行的、印有邮资图的邮简,是一种集信封、信纸、邮资凭证于一身的邮政用品,极为方便。具体形式是信封和信纸连在一起,折叠后将各边封合,形成信封状,按信函交寄的一种函件。邮简封面印有书写收、寄件人地址、姓名的栏目及邮政编码框,寄件人把通信内容直接写在邮简上。

按其发行目的或邮政用途划分,邮资邮简主要分为普通邮资邮简(用于国内或地区平邮)、航空邮资邮简(包括国内、国际航空)、纪念邮资邮简、军用邮简、公务邮简、半官方邮资邮简等。

邮资邮简的使用,各国(或地区)的规定有所不同。邮简上的邮票图有的国家(或地区)允许剪下来当做邮票用,如香港航空邮简的邮票图剪下后就可作邮票使用,这个规定,使写错名址或内容的邮简不致作废扔掉。有的国家(或地区)如我国邮政规章中规定,邮简上的邮票图剪下无效,因此邮资邮简必须整体收集。

1918年,中国首次发行邮资邮简,邮资图为椭圆形,主图为麦穗,面值3分;在麦穗图上方印有"中华民国邮政"字样,下方印有"邮制信笺"字样。1950年,中华人民共和国首次发行"普东1"天安门图邮资邮简,面值为5000元东北币。由此开始形成了东北区邮资邮简系列,编号是"PJD"(普、简、东),这个系列,只维持了2年。1952年开始,我国又发行了普通邮资邮简,编号为"PJ",也只存在了9个多月,这2个系列的邮资邮简目前在邮市上很难见到。1999年11月12日,国家邮政局针对集邮协会的注册会员发行了"中国1999世界集邮展览"邮资邮简一套2枚,编号为YJ1。

(四)邮资明信片

邮资明信片指邮政部门发行的供书写通信内容而不用信封套寄的,并印有邮票图案的明信片。明信片的邮资,各国不一,但都低于每件信函的邮资。

邮资明信片按照发行目的来分,有普通邮资明信片、公务明信片、行政机关专用明信片、管道邮政明信片、海运专用明信片、通信地址变更通知明信片、纪念邮资明信片、特种邮资明信片、旅游邮资明信片、航空邮资明信片、贺年邮资明信片、广告邮资明信片、保险邮资明信片等。上述各类邮资明信片依不同的用途,在图案内容、设计形式、印刷方式、纸质等方面各有特征。

二、邮品投资的渠道

进行邮品投资,选择合适的投资渠道很重要,投资者可以结合个人喜好,选择不同的渠道进行投资。

1. 集邮公司

对投资者而言,通过集邮公司进行邮品投资是一个不错的选择。为了购买放心邮品,投资户可以随时到当地的集邮公司购买柜台内的新邮品,也可以预订尚未发行的邮品。预订新邮品时,需要投资者对当年邮市行情走势进行预测,如果看涨就多订,如果看平就少订,如果看跌就不订。但是预订到的邮品一出来投资者就应该尽快出手,以规避投资风险。

2. 拍卖会

我国1997年颁布实施的《拍卖法》为邮品投资提供了一个正规合法的平台。一般来说,能够参与拍卖的邮品可靠性较高,占总发行量的34.09%,品相也有保证。在拍卖会上,投资者有机会拍到珍罕邮品,从而进行中长线投资增值。如"全国山河一片红"新票在20世纪90年代初不过2万~3万元/枚,现在则稳步增值到了12万~13万元/枚。目前,规模较大的邮品拍卖会大都安排在春季和秋季,有时为了配合大型邮展和钱币博览会,时间也会作适当的调整。

3. 邮市

近几年来人们对邮品投资的热烈追捧,导致邮市的性质由收藏性向投资性不断蜕变,一些城市的文物市场集中了众多开展邮品交易的店铺。在邮品交易市场进行邮品购买时应该注意检验邮品的真伪,防止买入赝品,尤其是热销爆炒的邮品作假的可能性越大。

4. 网络市场

互联网的普及也为邮品交易提供了一条新的途径,一些年轻的邮品投资者开始选择在网上买卖邮品。通过网络市场进行邮品投资最大的好处是足不出户就可以进行交易,买卖双方通过在网站上发帖子来发布邮品供求信息,并在网站上查询相关邮品的最新行情和走势。中国投资资讯网和邮票互动网已成为不少投资者经常使用的邮品交易网站。

5. 函购市场

函购市场作为无形的邮品交易市场,比较适合身处偏远地区又想进行邮品买卖的投资者。在北京、广州等大城市的邮市里,一些实力雄厚的邮商为投资者进行远距离投资提供了各种便利,比如提供最新行情报价、就近购买、就近抛售等服务,投资者只要通过电话下达指令即可进行交易。为了赢得市场,有的邮商还为投资者提供免费的邮品寄存服务,一旦购进时机和卖出时机不太合适,还可以把邮品暂时寄存起来,等待以后时机成熟了再获利了结。需要注意的是选择函购市场进行邮品投资时一定要详细考察邮商的信誉,尽量选择信誉卓著的邮商进行函购。

6. 个人交易

在邮品投资活动中,集邮者经常会通过交换的方式互相调剂短缺和所需的邮品,在交换活动中,双方本着良好的邮德,在双方自愿的基础上进行。交换时,除考虑到双方各人的实际需要以外,还应参考当时邮市的供求情况,以及邮品的面值、品相、目录价格等多种因素。在调剂邮品余缺时,如果一方持有某种复品,需要方却无相应的邮品来交换,在这种情况下,如双方自愿,持有复品的一方就可以把复品作价出让给征求的另一方。此外,某些集邮者在停止集邮活动时,也可能会采取出让的办法处理以往所收藏的邮品。

三、邮品的选择

在邮市中,投资者要想以最小的投入换回最大的回报应该首先了解什么样的邮品可以去买,而什么样的邮品不宜投资。一般来说,以下几种邮品不宜投资:

(一)垃圾邮品

垃圾邮品是指商业气氛浓厚、发行量少、售价高昂、包装豪华、打着某某旗号,既不能参加各种正规级别的集邮展览,又没有多大实用价值,更没有什么增值潜力的精美邮品。在国外,按照万国邮联的有关规定,这类邮品往往被称为"有害邮品"。由于这类"垃圾邮品"或"有害邮品"往往披着合情、合法的外衣,借着邮迷们关心的一些邮坛的重大盛事和活动,通过正规的渠道进入市场,因此,具有较大的欺骗性和诱惑力。由于垃圾邮品的自身价值非常低,为获取暴利,有关发行单位往往借助于限量发行、公证处公证等"概念",凭借自身的优势,利用邮迷们对集邮公司的迷信和信任,进行大肆倾销以牟取暴利。因此这类"垃圾邮品"的价格经常暴涨和暴跌,对其行情的把握非常困难,投资者一不留神,立即会变得血本无归。

(二)非正宗邮品

非正宗邮品包括极限封、缉封、未实寄的首日封、未实寄的手绘封、未实寄的拜年封、邮折、镶嵌封、地方小本票等。这类邮品的特点是:前面六种只有其上的戳有用,邮展时只适宜开窗展示,购买价格与用途无法成正比;后面两种只有其中的票有用,封皮无任何参展价值。

(三)新邮品

炒新邮可谓老生常谈,每当邮市中发行某一市场预期较佳的新邮品,特别是小型张、小版票时,往往会引起不同程度的炒新热,邮市趋暖时则更为明显。这时的投资者如果不冷静,盲目跟风就极有可能被套牢。新邮品上市之初,受短期供求关系的影响及邮商的趁机炒作,价格很容易出现上涨,但随着时间的推移,被炒新邮品的发行量将会公布,而该邮品的质地也将被市场重新定位,含金量低的邮品必然会受到人们的冷落。

(四)过热邮品

邮市中有这样一种票品,当投资者都看好其后市时,它的价格便一路上涨,一天一个价位,这就是过热邮品。这时投资者应切忌跟风,因为这种热门邮品因市场很抢手,行情已被追高,而暴涨之后必有暴跌,若盲目投资这种邮品,一不留神就有可能成为大户手中的牺牲品。

(五)过冷邮品

在邮市中,有一些邮品的增值回报率甚至还低于银行的存款利率,收藏者寥寥无几,大户也从不光顾,此为过冷邮品。比如面值过高的小套邮票,由于其面值过高,很难在邮资领域消耗,而且投资成本也较大;印刷、纸张低劣的邮票,因其纸张质量低下,印刷量过大且形式重复单调,很难激发集邮者的收藏和投资兴趣;用金粉着色的邮票,此类邮票发行之初光彩照人,但时间久了,金粉就容易氧化变黑甚至剥落,其欣赏价值就会大幅度降低,因此没有收藏价值。

四、邮品的保护

众所周知,邮品交易过程中,投资者对其品相的要求极高。品相略差的邮品,其市场价格往往比品相好的邮品要低很多。因此,对投资者来说,进行邮品的保护就显得非常重要。具体来讲,邮品的保护可以从以下几个方面入手:

1. 忌用手直接触摸

人的手通常有汗渍、油渍等污染物,用手直接检取邮品,容易使邮品受潮变质,出现污染物或日久之后现出黄斑,影响邮品的品相。我们应该使用镊子检取邮品,并要使镊子保持清洁,经常用柔软的布擦擦镊子。如使用镊子检取邮票,一定要夹住邮票的边沿,要注意不损坏邮票的齿孔。

2. 忌将集邮册重叠放置

将邮品放在集邮册中,是最好的收藏方式。购买集邮册时要选择那些干燥、平整程度好、质量好的集邮册,还要注意放置的正确方式。放置集邮册时,应该竖直放置,这样做的好处是集邮册的压力比较适中,有一定的透气性。若将集邮册重叠放置,会造成放在下面的集邮册由于长时间受压,容易产生粘连和褶痕,从而影响邮品的品相。

3. 忌受潮

众所周知,邮品受潮会引起霉变。比如邮品在潮湿的梅雨季节受到空气霉菌的传染,经过捂闷,使霉菌大量繁殖从而发生霉变。因此,在梅雨季节,不要整理和欣赏邮品,也切忌将邮册放在潮湿、不通风的地方。欣赏和整理邮品要选择一个干燥的好天气。对存放邮品的邮册,也要注意放在通风、干燥的地方。在天气好的日子里,可将存放邮品的邮册立起并逐页翻开,让页与页之间有一定距离,保持空气的流动,放置2~3日,以去除邮品和邮册中的湿气。

4. 忌欣赏、整理邮品时讲话或吸烟

欣赏、整理邮品时,特别是近距离面对邮品时,不要讲话,也不要吸烟,以防止口中的唾沫飞溅到邮品上,弄湿邮品,同时防止烟灰烧坏、熏染邮品。

5. 忌曝晒

邮品不要放在太阳底下曝晒,经太阳曝晒后的邮票,往往出现褪色,纸质发黄而易脆,使邮票的质量降低,价值随之降低。将邮品最好放置在没有强烈日光直接照晒的书房书橱等橱柜中。

6. 忌腐蚀

酸性或碱性物质对邮品的腐蚀性极大,很容易使邮品变质,切忌将邮品与这些物质放置在一起,更不能用酸性或碱性物质清洗邮品。

7. 忌不透气

邮品收藏要注意通风透气,忌用不透气的玻璃纸、薄膜包装邮品,应尽量使用护邮袋。使用护邮袋是很有效地保护邮品的方法,尤其是一些珍邮更应该使用护邮袋来进行有效保护。

8. 忌油烟污染

对邮品收藏者而言,切忌将邮品放置在油烟污染严重的地方。比如不要将邮品放置在家庭的厨房里。

9. 忌虫害

一年之中应选择干燥适宜的天气,至少检查1~2次邮品,最好是每隔2~3个月检查1次。并采取诸如在藏品柜中放置天然樟脑,邮册中夹放香草酚纸片等办法,防止虫鼠损坏邮品。

10. 忌杂乱放置

将邮品进行收藏放置,要日清月结。一般情况下,邮品投资者除有藏品收藏册外,还应准备过渡用的集邮册和专门供邮市上交易用的集邮册。对拟收藏的邮品,在购买当天,即可一次性收入收藏册。如果遇到比较潮湿的天气,则应先放在过渡册里,待天气转好后,再转入收藏册。对拟出售的新购邮品,如果近期不准备上市,也可先放入过渡册,待时机成熟时,再转入交易册。有的投资者,邮品收集很多,量比较大,对这样的情况,可将邮品分门别类,整齐地放置在有防潮防虫装置的邮柜或邮箱里。

第三节 其他实物理财

一、珠宝投资理财

(一)珠宝投资的品种

珠宝首饰、摆件等作为身份、地位、财富的象征,受到越来越多投资者的追逐。我国珠宝首饰市场日渐繁荣,已成为"朝阳产业"。时至今日,我国已经成为世界上少数几个珠宝首饰年消费额超过300亿美元的国家之一,成为全球最重要的珠宝消费市场。值得注意的是,伴随着人们生活水平的提高,人们对文化生活需求的增强,珠宝会越来越成为一种颇受欢迎的投资方式。

虽然珠宝的品种很多,但非常珍贵的品种也很有限。下面主要介绍一些具有投资价值的品种。

1. 钻石

钻石不仅硬度大,具有极高的抗菌能力和化学稳定性,而且在天然无色宝石中具有最强的折射率和色散,当它被加工成几十个小切面后,能呈现光芒四射和晶莹似火的光学效应。作为投资者要选购钻石,最好购买 0.5 克拉以上、级别较高的钻石进行收藏,随着时间推移,升值潜力越大,同时要注意钻石的瑕疵越少越好,绝对不能忽略净度、切工等方面的因素。

2. 有色宝石

由于高档的红蓝宝石、祖母绿等有色宝石产量极少,市场需求很大,故价格上涨幅度很大。其中 1 克拉以上的高净度红宝石、祖母绿涨幅最大。因此,那些重量大、净度好、颜色好的有色宝石,常被人们选作投资品进行收藏。这几年高质量的红色碧玺也成为投资收藏的热门品种。

3. 翡翠

目前为止,世界上的翡翠由于高档原石缺少,储量稀少,市场需求量大,近年来价格迅猛上升,被公认为是最具有升值潜力的珠宝之一。

4. 和田玉

优质的和田玉,如羊脂白玉已经相当稀少,同翡翠一样,近几年价格一路飙升。据统计,和田玉的大规模升值是从 2001 年开始的。2001 年之前,和田白玉籽料每年升值幅度在 20%～30% 之间,而 2001 年之后,平均每年升值 50%～70%,好的玉器每年能升值 3～4 倍。

5. 古董珠宝首饰

古董珠宝首饰也是值得投资的产品。古董珠宝首饰没有统一的评估标准,因为它不但包含珠宝的价值,还蕴涵着无法估量的历史价值和文化价值。因此一些曾为皇族、王室和名人所拥有的珠宝首饰更值得投资。

6. 名牌珠宝首饰

珠宝首饰的最终价格由珠宝本身的毛坯价和加工价构成,品牌是决定其价格的因素之一。世界著名品牌的珠宝首饰制品,因其精良的工艺和领先的设计,加之珠宝本身被附加上品牌价值,所以价格一直居高不下。因此,名牌珠宝首饰成为投资者的一个选择。

(二)珠宝投资技巧

俗话说"黄金有价,珠宝无价",就是指珠宝的投资价值。虽然珠宝的投资前景颇为看好,但它属文化消费,价格受很多不确定因素如市场环境、消费者的认知程度等影响,而且目前国内大部分银行还没有开办珠宝首饰抵押、置换业务,因此,进行珠宝投资要格外谨慎,其投资的方式技巧也必须运用得当。

1. 与其他投资品种进行组合,进行合理配置

进行珠宝投资,个人及家庭的资金要比较宽裕。投资时要合理把握珠宝与股票、债券、房产、基金、储蓄等投资方式的分配比例,珠宝投资一般占到投资总额的 10%～20% 即可,同时还应从个人的经济状况出发,作出合理选择。一般珠宝投资的资本弹性空间很大,数万元至几十万元都有可能盈利。

2. 必须有长线投资的准备与良好的心态

珠宝的投资长久以来其回报率一直呈稳定增长趋势,但其本身特性及市场的需求特点决定了珠宝的投资要有一个长期的投资计划,因为这类投资具有较长的周期性。以钻石为例,要想获得较好的收益,一般变现操作的时间应在3年以上。翡翠、红宝石等贵重宝玉石增值速度比钻石快,但也需持有至少1~2年。投资珠宝首饰最好以喜欢或者兴趣为前提,其次再考虑盈利,这样操作有利于投资者以平常心待之,避免珠宝价格大起大落对人心理上的冲击。

3. 把握需求热点,准确选择投资品种

真正具有收藏与投资价值的珠宝品种稀少,而且在不同时间、地区、市场,投资热点品种也在变化。投资过程中,应依据需求是否旺盛、资源供给是否日益稀少、变现是否容易三大原则来选择。一般批量生产的大众消费类珠宝首饰作为个人爱好收藏是可以的,但不宜进行投资。另外,一般的投资者也不宜运作过于稀罕昂贵的宝石,因为这类宝石不仅占用大量的资金,而且在公开市场、公开行情、公开交易方面也不易把握,失误的比例很大。

4. 遵循少而精的法则

想获得投资珠宝收益的最大化,必须遵循这样一条基本法则,即"与其多而廉,不如少而精"。在收藏与投资时,应以中高档品种和中长期操作为主,因为精品、高档的珠宝才最有投资价值,低端产品的投资回报率受不确定因素影响较大。

珠宝首饰在品牌、设计、款式、工艺等方面的附加值也是决定其今后价值高低的重要因素之一。珠宝首饰除宝玉石本身的珍贵外,其设计款式、雕琢工艺亦是投资收藏时评估其价值的重要因素,目前我国珠宝工艺界大师级人才越来越匮乏,有些珠宝首饰与工艺品已是绝版,越是工艺性强的作品,以及在款式、题材方面具有特色、出自名家之手的,其升值空间就越大。

5. 具备一定的专业知识

要进行珠宝投资,投资者必须具备一定的专业知识和辨别能力。投资前,一定要对所投资珠宝的有关知识与背景作一些了解,对市场行情作一些调查。购买时,必须仔细鉴别或进行科学鉴定、或请专家进行鉴定,以免上当受骗,从而给自己造成较大的经济损失。由于宝石的价格受色泽、做工、重量等诸多因素影响,在购买时一定要索取国际公认的鉴定书,以确保宝石的品质与价值。

6. 选择合适的货源渠道

如果能够直接从珠宝加工厂、加工工艺师那里取得或者委托工厂订制珠宝,当然是最好不过了,但大多数人无法做到这点。若能通过珠宝行家、专家协助,或从珠宝中间人、珠宝经纪人等处购进,则能得到较好的服务。

从珠宝专卖店、专柜内购买,这是一般人购进珠宝的主要渠道。但从此渠道购进需要自身具有较高的鉴赏水平与专业知识,同时中间环节多,对今后的升值不利。另外,从此渠道购买珠宝要特别注意商家的信誉,选购时一定要去信誉高的正规商店购买,而不要在旅游点上购买,也不要选购因有瑕疵而打折的珠宝首饰,否则会失去保值功能。

从拍卖会上购进是目前高档珠宝首饰流通的主要方式,也有机会买到一些物美价廉的宝贝。

一般的投资者可以从珠宝专卖店、专柜等处练眼力,从拍卖会上淘精品。而资深投资与收藏者则需要复合式全方位的搜索,从各种渠道寻求自己中意的珠宝藏品。

7. 规避风险

珠宝投资占用的资金量很大且投资周期长,销售量有限,因此投资珠宝存在着一定的风险,集中体现在鉴定、安全、市场等方面。其中鉴定是珠宝投资与收藏的最大风险,首先千万不能买到假货,其次不能高估其价值;对安全性风险的防范主要体现在携带、保管、收藏珠宝时要高度警惕,严密防范珠宝丢失、被盗窃、被抢劫等状况发生;要降低珠宝投资的市场风险,投资者应该时刻高度关注珠宝市场的行情,及时了解和掌握该市场的变化,适时交易,为自己的财富进行更好的投资操作。

二、艺术品投资理财

随着中国富裕阶层的不断增大,当豪宅、车、表、包都不足以显示其尊贵的身份时,拥有千万以上资产的他们对艺术品的兴趣越来越浓。由于艺术品具有艺术价值、历史价值、收藏价值及经济价值,中国的艺术品投资需求日益旺盛。

(一)艺术品概述

艺术品的种类很多,一般将艺术品划分为书画、工艺品、陶瓷、古籍善本、西画、钱币、西洋美术品等门类。具体形式有国画、抽象画、陶艺、乐器、文物雕塑、雕刻、砂岩、仿砂岩、铜艺、摆件、铁艺、不锈钢雕塑、不锈钢、石雕、铜雕、玻璃钢、玻璃制品、透明树脂、树脂、陶瓷、瓷、黑陶、陶、红陶、白陶、吹瓶、浮雕、水晶、木雕、花艺、花插等。

(二)决定艺术品价格的因素

艺术品作为一种特殊商品,它的价值仍是凝结在其中的无差别的人类劳动。艺术品价格作为其价值的货币表现,能在一定程度上表现出艺术品作为商品的相对价值。但由于艺术品创作具有个体性、自主性、创造性和不可重复性等特点,使得艺术品的创造不同于一般的商品生产,它的价格就与社会必要劳动条件、劳动强度和劳动效率在逻辑上并无必然的因果关系。由此决定了艺术品的价值与价格之间的关系在很多情况下是非常复杂和不稳定的。因此,仅仅根据艺术品的价格来判断艺术品价值的高低是荒谬的。决定艺术品价格的因素除了价值以外,还有许多其他非价值的因素值得考虑。

1.从艺术品的本身因素来讲

(1)作品质量。一幅艺术作品的价值与价格有一定的联系,该作品的质量是其价格的决定条件。买家所想要的都是精品,而不是普通的应酬之作。因此艺术作品的精与劣影响着其价格的高低。

(2)作者的知名度。作者的知名度越高,其作品的市场价格就越高。有时候一幅相当优秀的画作,因为画家的名气所限,价格总是上不去。而一张普普通通的画,只因是出自名家之手,价格却高得惊人。

(3)作品时间的久远和存世量。艺术品能流传并保存下来并非易事,因此一般情况下,距离现在越久远的东西,就越具有收藏保存价值,同样也越具有经济价值。同时,"物以稀为贵",作品的存世量愈少,相对而言其价格便愈高。按照供求规律,供不应求的作品,价格扶摇直上。这就是为什么画家去世后,价格往往会上升的原因。

(4)题材、风格和尺寸大小。如中国画分为人物、山水、花鸟三科,中国书法有真、草、隶、篆、行五体。艺术品的尺寸对价格也有影响,通常幅式越大价格也越高,因为大幅式的书画都是为特定对象创作的,一般数量不会太多。当然有时一些比较小型的珍品,如手卷类,也会出现极高的价格。因此,艺术作品尺幅的形式、大小对于作品的卖点有一定的决定作用。

2. 从艺术品的外部因素来讲

艺术品的价格还受到一定时代的历史背景、文化传承、审美心理、艺术交流、经济状况、价值取向、国家政策以及市场需求、媒介炒作程度等因素的制约。

(1) 审美情趣的差异。审美情趣既有客观的社会标准，又有丰富的个性差异。艺术家的作品是一种个人的自由精神的产物，艺术家自身认为好的作品未必就能得到社会公众的认可或在一段时间内不能得到社会公众的认可。比如，凡·高的画在生前得不到社会的理解，在其有生之年仅象征性地卖出一幅作品，而他死后，画价暴涨。

(2) 买家与卖家的主观因素。艺术品的价格还与购买者的鉴赏水平、经济实力，以及当时的社会艺术环境等有关。一方面，拍卖行对拍卖活动的准备、展览、宣传以及拍卖会现场的组织能力及工作质量，都会对买家的欲望产生一定的影响。另一方面，个人的经济能力、兴趣爱好和随机应变能力，对艺术品拍卖价格会起到重要作用。投资者、收藏者在拍卖中恶意较劲、斗气、争虚荣、不冷静等，也会影响到拍卖的价格走向。

(3) 艺术商业中介的作用。画廊、拍卖会、博物馆、经纪人、新闻工作媒体等作为艺术商业活动的中介，他们通过新闻炒作以提高作者的知名度或以其他方式渲染艺术品买卖气氛，对艺术品的市场价格起着非常重要的作用。

(4) 人为的拉抬。目前健在画家的作品价格最不稳定，其中最重要的原因就是人为的炒作。现代社会的宽松环境和开放心态，使许多人在利益的驱使力下，不择手段地包装、炒作艺术作品，这在拍卖行中并不新鲜。

3. 从空间和时间的角度来讲

一种门类的艺术品，其影响力往往总是先由某个境域开始，然后才逐渐地向外辐射传播的，它的市场交易价格也将与其所产生的艺术影响力、价值认同感大小成正比例。例如，中国传统瓷器与字画是孪生兄弟，但因瓷器的影响力以及世人的认同感相对较强，它在国际艺术品市场的待遇要远好于传统字画。另外，艺术品交易价格在短时间内具有相对垄断性，主要是因为艺术品的原始创作具有不可重复性而表现出的稀缺性所致。但现实中有的艺术品问世之初交易价格较高，经过一段时间后却一落千丈。而有些情况却恰恰相反。

以上分析可以看出，决定艺术品价格的因素非常复杂，业内也没有正式的参考依据或客观的衡量标准，因此艺术品的定价存在一定的弹性空间。作为一种投资品类，艺术品价格的波动性与不确定性将是长期存在的问题。

(三) 艺术品投资原则

对于以个人或家庭为单位的大众投资者而言，进行艺术品投资必须遵循以下原则：

1. 关注行情，评估先行

投资艺术品要从画廊、展览会、拍卖等多方面获取市场信息，要掌握此类艺术品的详细数据，以便投资时作为参考。投资艺术品之前，评估艺术品的价值至关重要，必要时应请教有关专家，这将有利于极大地降低投资风险。

2. 量入为出，成本效益

对一般的投资者而言，艺术品投资额占个人或家庭总资产的比例应控制在20%~30%以下为好。同时，进行艺术品投资也应该遵循成本效益原则。

3. 要有超前的意识

获得市场认同的知名艺术家的作品虽然具有很高的收藏和投资价值，但价格也相对较高。

投资者不妨把眼光放长远一点,选择一些有潜力的中青年艺术家的作品进行投资。当然,这需要投资者对未来市场趋势有所把握,独到的眼光和超前的意识对于收藏和投资而言非常重要。

4. 宜长线投资,忌短线炒作

艺术品投资与贵金属投资有点类似,时间越长升值空间越大。所以,艺术品是不适合短期投资的,需要长期持有以待升值。业内人士建议,10年左右是一个比较适宜的投资期限。

5. 精于一类,兼顾其他

艺术品中近年来以书画、陶器和瓷器成为投资热门。投资者应该根据自己所处的环境和条件选择艺术品中的一个类别进行集中投资,不要面面俱到。这样可以降低投资风险,收到意想不到的投资效果。

6. 选择正规的购买渠道

一些正规的拍卖公司由于其专业性强,可对艺术品的真伪起到一定的把关和鉴定作用。对于经验相对缺乏的投资者而言,要买稀世珍品或者古代近现代作品以及当代名家的早期作品就去拍卖市场,以求放心。

7. 要防范风险

伴随着艺术品投资的火热,加上大部分人对艺术品真假难鉴,于是大量假货、赝品充斥市场,造假者用人尿泡瓷器做旧、用与艺术品类似的廉价材料造假等方式比比皆是。因此,要规避艺术品投资的风险,投资者在投资前最好先学习一些专业知识,具备一定的鉴别能力。交易时最好选在相对较规范、信誉较好的交易行进行。此外,投资艺术品不能操之过急,必须能够发现它的潜在价值,然后再伺机购买收藏。

(四)艺术品投资的基本策略

1. 新手应该寻求低风险品种

因为中国的艺术品市场还不太成熟,可供收藏与投资的艺术品门类又比较多,不同的门类,风险大小不同。对以保值升值为目的的新投资者而言,资金的安全性应该是首要的,其次才是获得稳定、良好的投资收益。从当前来看,中国当代油画的投资风险最小,因为其价格低、保真性强、投放量小、上升空间大,其收益有一定保障。

2. 请专家指点迷津

由于艺术品的收藏与投资需要广博的学识与丰富的经验,对于一般的艺术品投资者而言,请专家指点迷津可以避免发生重大的投资失误而造成的经济损失。

3. 投资当代艺术品

这样容易得到货真价实的艺术品,上当受骗的可能性大大降低。另外,市场对当代艺术品的需求比较旺盛,因为这类作品往往很容易与人产生共鸣,适合家庭悬挂,以体现主人的身份和品位,有钱人往往首选此类作品。其次是升值快,市场稳定,这类艺术品每年大约可升值20%左右。比如陈逸飞的作品,不管市场好坏,每年都在涨。

4. 买不同的货,进不同的场

艺术品投资者应该清楚拍卖市场与画廊的不同功能,要买稀世珍品或者古代近现代作品以及当代名家的早期作品就去拍卖市场,而对于当代艺术家的新作和普通艺术品,则应该去画廊购买。

三、古玩投资理财

(一)古玩概述

古代文玩简称为古玩,即可供赏玩的古文物。传统意义上的古玩,一般包含书画、陶器、瓷器、青铜器、玉器、版本古籍、铸钱钞币、竹木牙雕、文房四宝、绣品服饰、佛像法器、家具木器以及杂项。然而,现在的古玩市场与人们认同的古玩早已大大超出了民国时期赵汝珍《古玩指南》的范畴,吸纳了诸多的西方舶来品,演绎成多元化的趋势。例如老爷相机、古董钟表、留声机、老式电话机、收音机、古董自来水笔、西式的茶具、烟具、酒具、甚至剃须刀、暖水壶、香水瓶等,都跻身于"古玩"的行列。

(二)古玩投资的原则

人们之所以看重古玩收藏,除了它的文化价值以外,更看重的是其经济价值,因为收藏的过程就是一个保值和不断增值的过程。对古玩的投资,应遵循以下基本原则:

1.培养一定的鉴赏能力

由于古玩种类繁多,涉及知识面广,上自天文,下至地理;小到铜钱,大到家具。对于初涉收藏领域的投资者而言,具备古玩鉴赏的相关知识是必需的。古玩投资者应该在兴趣和爱好的指引下,潜心研究有关资料,经常参加一些拍卖会,游览展览馆,逛古玩店、博物馆,甚至旧货地摊,来往于古玩商店和旧货市场之间,有机会也不妨"深入"到穷乡僻壤和古玩生意人的家中,多看、多听、多请教,在实践中积累知识,丰富经验,不断提高自己的古玩鉴赏水平。

2.选择藏品要少而精

古玩种类多、范围广,应根据个人兴趣和爱好,先选择两至三个类别作为投资主体。这样才能集中精力,仔细研究相关的投资知识,逐步变为行家里手。如果是新手,不妨选择一种会长期稳定升值的收藏品进行投资,或者从小件精品入手,使自己的鉴赏水平在不断的收藏实践中得到积累和提高,再逐步向投资方面发展。

3.要有足够的魄力

俗话说"古玩无价",意思是古玩没有固定的标准价格。能够保值增值的古玩大多都是珍品、精品,价位偏高。投资者必须做好"只要物有所值,肯花一定代价购买上乘古玩"的心理准备。在购买古玩时,不能贪图便宜,只拣价格低的买进,或是在古玩市场巧遇珍稀古玩时,举棋不定,缺乏当机立断的勇气。进行古玩投资就要有超前的意识,足够的魄力。

4.要树立长期投资的意识

坊间有句老话说古玩店是:"三年不开张,开张吃三年"。这句话包含两层意思:一是开古玩店要有耐心等待真正识宝并且喜欢它的人,二是只有遇上识货的买家才会肯出高价。也就是说古玩投资一夜暴富是指藏品出手卖个好价而已,并非所有古玩天天都有人愿易出高价购买。所以古玩投资是一种长线投资,能盈利却急不得,投资者一定要妥善保管自己好不容易得到的藏品,耐心等待识货的伯乐出现,才能获利丰厚。

5.正确估算收藏品的投资净值

作为一种投资方式,投资者争取能够正确估算出其古玩收藏品的投资净值。投资前要充分考虑购买藏品、保管藏品和出售藏品所付出的各种费用,确定藏品有一个现成的、价格合理的买卖市场,把收藏当成投资策略的一部分。

6. **关注地域价差**

收藏界还存在着某一个时期的藏品偏好及不同地域带来的价格差别。例如,目前许多人对康熙、雍正、乾隆年代的收藏品比较偏好,其购买价格自然较高;另外,如张大千、齐白石、徐悲鸿等在中国乃至海外都得到公认的名家,他们的作品被称为"硬通货",圈内行情普遍看好。而一些省市地方上的名家的作品,则存在地域性影响,在当地容易受到追捧,也更容易流通。这就是地域性的价格差别,初涉古玩市场的收藏者要注意这些现象。

7. **注意规避风险**

由于古玩市场不成熟及古玩的特殊性,对致力于古玩投资的个人来说,除了努力学习相关专业知识以外,还应该以小件精品入手进行一定的投资实践,这样比较稳妥,不至于遭受较大损失。

8. **法律禁区不宜玩火**

对古玩进行投资买卖一定要熟悉相关的国家法律法规。投资者一定要仔细研究学习《中华人民共和国文物保护法》的各章节条目,选择的投资对象必须是在法律允许的范围之内。对于国家禁止在市场上买卖或禁止流向国外的古玩文物,千万不要投资。

(三)古玩的收藏

投资古玩最好从收藏古玩开始,投资者应该一边学习古玩鉴赏的知识,一边进行少量精品的收藏活动。由于收藏古玩是一门学问,那么投资者应该如何着手收藏古玩呢?

1. **先知后行**

即要学习和掌握各种古玩的收藏鉴赏知识,通过传媒获取与收藏有关的信息、行情和各地的市场动态,并多结交一些收藏界朋友,以指导自己的收藏行动。

2. **先易后难**

初涉古玩收藏领域的个人不妨从最普通最熟悉的古钱币——清代古钱币开始收藏,从中磨炼自己的眼力,提高自己的技能,等自己的收藏投资水平达到一定程度后,再涉足贵重古玩也不迟。

3. **先本地后外地**

收藏古玩应该从自己所在地区开始,尽管现在报刊上经常会有邮购古玩的广告,其价格有时也相当诱人,但信誉好坏很难说清楚,甚至有些纯属虚假广告,汇款或信件寄出后可能会石沉大海。

4. **先下手后总结**

买卖古玩时,大多数人尤其是初藏者都存在着买嫌贵、不买又后悔的心理。所以,下定决心购买某种古玩之后,要及时总结、分析、判断,订出下一步的收藏购买计划,切忌盲目操作。

5. **先择优后操作**

收藏古玩一定要念好"久、好、少"的三字诀,选择的古玩年代要久、品相要好、存世量要少,要贵精不贵多,不可贪便宜买贱货或残货。

(四)古玩变现的渠道

1. **委托拍卖**

个人投资者将自己收藏的古玩交给拍卖公司处置是一条较好的变现途径,因为拍卖公司往往聘请专业人员进行把关，并对藏品进行适当的评估。拍卖会公正、透明，将古玩藏品交给拍卖公司拍卖能取得最高成交价位，可以充分体现藏品的价值。如果个人收藏的古玩数量较多，甚至可以委托一家值得信赖的拍卖公司搞一场个人古玩藏品拍卖专场。拍卖之前，投资者需要与拍卖公司签订《委托拍卖合同》。拍卖结束后，如果成交应向拍卖公司支付成交价10％左右的佣金，不成交则向拍卖公司支付保留价3％的佣金。另外，国家规定的个人所得税由拍卖公司代扣代缴。

2. **自己开间古玩店**

如果投资者收藏的古玩较多、朋友也多的话，可以考虑自己开间古玩店，又藏又卖，低买高卖，赚取差价。这样做的好处很明显：一是可将档次低的古玩或者自己不想要的古玩藏品出售，变现后再购置自己中意的高档古玩；二是可直接接触不同的买家，通过面对面的交流，在交易过程中可以提高自己的古玩鉴赏水平。

3. **委托销售机构代卖**

如果投资者无力或者不愿意自己开间古玩店的话，可以委托一些古玩店或收藏家会所代售，双方商定一个合理的销售价格，当委托的古玩物件卖出后，委托人一般只需要按行规向代销机构支付10％左右的佣金即可。

4. **进入古玩市场**

如果个人投资者持有的古玩不能进入拍卖市场交易或者投资者希望降低古玩变现的成本，可以选择进入初级古玩市场摆地摊。比如广州文昌北路，每周二早上都有一个"古玩天光圩"，一般从早上五六点钟摆到八九点钟，只需要向街道市场管理部门上交每摊10元左右的场租即可进行古玩买卖。

5. **藏友之间转让**

由于每个古玩收藏者的藏品都会有余缺，藏友之间可以按市场价格转让藏品，也可以进行藏品之间的交换，还可以邀请若干藏友联合搞个小型的藏品转让竞价会，出价高者获得藏品。

6. **典当**

对急于出手的投资者来说，把古玩藏品拿去典当行典当也是一种变现的途径。

本章小结

黄金投资具有安全性高、便利产权转移、税收负担轻、能够有效对抗通货膨胀、是世界上最好的抵押品种、不存在价格操纵风险及无时间限制，可随时交易等优势。

进行黄金投资需要关注政治事件、经济状况、央行的活动、通货膨胀、石油价格、避险需求、消费需求、科技工业和投机性需求等影响黄金价格变动的主要因素。

投资者进行黄金交易可能遭遇黄金价格波动的风险、网络技术风险、外盘投资风险和实金回购风险。

防范黄金投资的风险要具有足够的知识储备，选择适合的投资产品，进行适当的投资组合，做好充足的信息准备。

根据其发行目的和用途的不同，邮票有普通邮票、纪念邮票、特种邮票、航空邮票、欠资邮票、附捐邮票、包裹邮票、快信邮票、军用邮票、挂号邮票、公事邮票、汇兑邮票等多种形式。

投资者可以通过集邮公司、拍卖会、邮市、网络市场、函购市场以及个人之间的交易等渠道进行邮品投资。

进行珠宝投资,应该运用这样一些投资技巧:与其他投资品种进行组合,进行合理配置;必须有长线投资的准备与良好的心态;把握需求热点,准确选择投资品种;遵循少而精的法则;具备一定的专业知识;选择合适的货源渠道等。

决定艺术品价格的因素非常复杂,除了其价值以外,还包括艺术品本身的因素、艺术品外部的因素及时间、空间等因素。

进行艺术品投资应该关注行情,评估先行、量入为出,注重成本效益、有超前的意识、宜长线投资,忌短线炒作、精于一类,兼顾其他、选择正规的购买渠道、要防范风险。

进行古玩投资应该培养一定的鉴赏能力,根据自身经济状况选择少量精品进行收藏,要有足够的魄力,树立长期投资的意识,正确估算收藏品的投资净值,关注地域价差、要注意规避风险和符合法律规定。

收藏古玩应该先知后行、先易后难、先本地后外地、先下手后总结、先择优后操作。

关键术语

黄金　实物黄金纸黄金　黄金期权　邮票　邮资邮简　邮资信封　邮资明信片　邮品　珠宝　钻石　艺术品　艺术品投资　古玩　古玩投资

本章思考题

1. 简述黄金的投资品种。
2. 黄金投资面临哪些风险?如何进行风险的防范?
3. 简述世界邮票的产生发展史。
4. 古玩投资应该遵循什么样的原则?

案例分析

近些年来国内的艺术品价格全面飙升,火爆的行情让越来越多的人开始关注艺术品市场。通过字画投资获利的人并不在少数,肖先生便是其中之一。2012年,肖先生在北京见客户时偶然发现,自己入住的酒店有拍卖公司正在举办秋季大拍卖预展。肖先生抱着了解一下的心态,参加了拍卖会,并竞拍了一把山水成扇。让他没想到的是,这把花了7000多元竞拍来的扇面,一年半之后拿到拍卖行,估价就已超过40000元了。尝到甜头的肖先生从此便正式进入艺术品投资市场。据肖先生称,自己这些年来所买的油画作品平均涨幅在五倍左右,扇面平均涨幅超过三倍。

简要分析:

有人作过统计,自"文革"前期至今,短短的四十来年中,书画的投资收益在100倍以上,远高于其他类收藏。对于我们大多数工薪阶层来说,手头虽有余钱,但比较有限,应该如何运用手中的资金正确地进行书画投资来实现保值增值呢?

首先,切记不要盲目动用资金急于购买。应该先行选购一些容易入门的工具书与专业刊物进行学习,并向懂行的专家咨询,了解书画的一般知识。花上一年半载时间进行潜心研究,熟悉古今中外不同书画家及其作品的情况,做到心中有数。

其次,一定要进行实地考察。收藏界有句名言:眼光就是金钱。光有书本知识是远远不够的,必须进行实战训练。投资者可时时留意博物馆、展览馆、纪念馆的精品展示,或者参加一年春秋两季的拍卖会,至于各类专业文物商店与大街小巷的画廊也是应该经常光顾的,要多看多听多记少买。

再次,通过一段时间的潜心钻研与实地考察,具备了一定的眼力与实力以后,便可着手开始收藏。最初可从几百元几千元的作品入手,或从现当代名家的字画开始投资,同时应多向资深鉴赏家请教咨询,以最大限度地避免买进赝品或次品。

最后,应适时调整收藏结构。为了提高收藏品的层次,使自己收藏的作品更有价值,投资者在积累了一段时期的收藏经验以后,应该适时调整自己的收藏结构,剔除差的,保留好的。

附 录

复利现值系数表

n	1%	2%	3%	4%	5%	6%	8%	10%	12%	14%	15%	16%	18%	20%
1	0.99	0.98	0.97	0.961	0.952	0.943	0.925	0.909	0.892	0.877	0.869	0.862	0.847	0.833
2	0.98	0.961	0.942	0.924	0.907	0.889	0.857	0.826	0.797	0.769	0.756	0.743	0.718	0.694
3	0.97	0.942	0.915	0.888	0.863	0.839	0.793	0.751	0.711	0.674	0.657	0.64	0.608	0.578
4	0.96	0.923	0.888	0.854	0.822	0.792	0.735	0.683	0.635	0.592	0.571	0.552	0.515	0.482
5	0.951	0.905	0.862	0.821	0.783	0.747	0.68	0.62	0.567	0.519	0.497	0.476	0.437	0.401
6	0.942	0.887	0.837	0.79	0.746	0.704	0.63	0.564	0.506	0.455	0.432	0.41	0.37	0.334
7	0.932	0.87	0.813	0.759	0.71	0.665	0.583	0.513	0.452	0.399	0.375	0.353	0.313	0.279
8	0.923	0.853	0.789	0.73	0.676	0.627	0.54	0.466	0.403	0.35	0.326	0.305	0.266	0.232
9	0.914	0.836	0.766	0.702	0.644	0.591	0.5	0.424	0.36	0.307	0.284	0.262	0.225	0.193
10	0.905	0.82	0.744	0.675	0.613	0.558	0.463	0.385	0.321	0.269	0.247	0.226	0.191	0.161
11	0.896	0.804	0.722	0.649	0.584	0.526	0.428	0.35	0.287	0.236	0.214	0.195	0.161	0.134
12	0.887	0.788	0.701	0.624	0.556	0.496	0.397	0.318	0.256	0.207	0.186	0.168	0.137	0.112
13	0.878	0.773	0.68	0.6	0.53	0.468	0.367	0.289	0.229	0.182	0.162	0.145	0.116	0.093
14	0.869	0.757	0.661	0.577	0.505	0.442	0.34	0.263	0.204	0.159	0.141	0.125	0.098	0.077
15	0.861	0.743	0.641	0.555	0.481	0.417	0.315	0.239	0.182	0.14	0.122	0.107	0.083	0.064
16	0.852	0.728	0.623	0.533	0.458	0.393	0.291	0.217	0.163	0.122	0.106	0.093	0.07	0.054
17	0.844	0.714	0.605	0.513	0.436	0.371	0.27	0.197	0.145	0.107	0.092	0.08	0.059	0.045
18	0.836	0.7	0.587	0.493	0.415	0.35	0.25	0.179	0.13	0.094	0.08	0.069	0.05	0.037
19	0.827	0.686	0.57	0.474	0.395	0.33	0.231	0.163	0.116	0.082	0.07	0.059	0.043	0.031
20	0.819	0.672	0.553	0.456	0.376	0.311	0.214	0.148	0.103	0.072	0.061	0.051	0.036	0.026

复利终值系数表

	1%	2%	3%	4%	5%	6%	7%	8%	9%	10%	11%	12%	13%	14%
1	1.010	1.020	1.030	1.040	1.050	1.060	1.070	1.080	1.090	1.100	1.110	1.120	1.130	1.140
2	1.020	1.040	1.061	1.082	1.103	1.124	1.145	1.166	1.188	1.210	1.232	1.254	1.277	1.300
3	1.030	1.061	1.093	1.125	1.158	1.191	1.225	1.260	1.295	1.331	1.368	1.405	1.443	1.482
4	1.041	1.082	1.126	1.170	1.216	1.262	1.311	1.360	1.412	1.464	1.518	1.574	1.630	1.689

续上表

	1%	2%	3%	4%	5%	6%	7%	8%	9%	10%	11%	12%	13%	14%
5	1.051	1.104	1.159	1.217	1.276	1.338	1.403	1.469	1.539	1.611	1.685	1.762	1.842	1.925
6	1.062	1.126	1.194	1.265	1.340	1.419	1.501	1.587	1.677	1.772	1.870	1.974	2.082	2.195
7	1.072	1.149	1.230	1.316	1.407	1.504	1.606	1.714	1.828	1.949	2.076	2.211	2.353	2.502
8	1.083	1.172	1.267	1.369	1.477	1.594	1.718	1.851	1.993	2.144	2.305	2.476	2.658	2.853
9	1.094	1.195	1.305	1.423	1.551	1.689	1.838	1.999	2.172	2.358	2.558	2.773	3.004	3.252
10	1.105	1.219	1.344	1.480	1.629	1.791	1.967	2.159	2.367	2.594	2.839	3.106	3.395	3.707
11	1.116	1.243	1.384	1.539	1.710	1.898	2.105	2.332	2.580	2.853	3.152	3.479	3.836	4.226
12	1.127	1.268	1.426	1.601	1.796	2.012	2.252	2.518	2.813	3.138	3.498	3.896	4.335	4.818
13	1.138	1.294	1.469	1.665	1.886	2.133	2.410	2.720	3.066	3.452	3.883	4.363	4.898	5.492
14	1.149	1.319	1.513	1.732	1.980	2.261	2.579	2.937	3.342	3.797	4.310	4.887	5.535	6.261
15	1.161	1.346	1.558	1.801	2.079	2.397	2.759	3.172	3.642	4.177	4.785	5.474	6.254	7.138
16	1.173	1.373	1.605	1.873	2.183	2.540	2.952	3.426	3.970	4.595	5.311	6.130	7.067	8.137
17	1.184	1.400	1.653	1.948	2.292	2.693	3.159	3.700	4.328	5.054	5.895	6.866	7.986	9.276
18	1.196	1.428	1.702	2.026	2.407	2.854	3.380	3.996	4.717	5.560	6.544	7.690	9.024	10.575
19	1.208	1.457	1.754	2.107	2.527	3.026	3.617	4.316	5.142	6.116	7.263	8.613	10.197	12.056
20	1.220	1.486	1.806	2.191	2.653	3.207	3.870	4.661	5.604	6.727	8.062	9.646	11.523	13.743

年金现值系数表

n	1%	2%	3%	4%	5%	6%	8%	10%	12%	14%	15%	16%	18%	20%
1	0.99	0.98	0.97	0.961	0.952	0.943	0.925	0.909	0.892	0.877	0.869	0.862	0.847	0.833
2	1.97	1.941	1.913	1.886	1.859	1.833	1.783	1.735	1.69	1.646	1.625	1.605	1.565	1.527
3	2.94	2.883	2.828	2.775	2.723	2.673	2.577	2.486	2.401	2.321	2.283	2.245	2.174	2.106
4	3.901	3.807	3.717	3.629	3.545	3.465	3.312	3.169	3.037	2.913	2.854	2.798	2.69	2.588
5	4.853	4.713	4.579	4.451	4.329	4.212	3.992	3.79	3.604	3.433	3.352	3.274	3.127	2.99
6	5.795	5.601	5.417	5.242	5.075	4.917	4.622	4.355	4.111	3.888	3.784	3.684	3.497	3.325
7	6.728	6.471	6.23	6.002	5.786	5.582	5.206	4.868	4.563	4.288	4.16	4.038	3.811	3.604
8	7.651	7.325	7.019	6.732	6.463	6.209	5.746	5.334	4.967	4.638	4.487	4.343	4.077	3.837
9	8.566	8.162	7.786	7.435	7.107	6.801	6.246	5.759	5.328	4.946	4.771	4.606	4.303	4.03
10	9.471	8.982	8.53	8.11	7.721	7.36	6.71	6.144	5.65	5.216	5.018	4.833	4.494	4.192
11	10.367	9.786	9.252	8.76	8.306	7.886	7.138	6.495	5.937	5.452	5.233	5.028	4.656	4.327
12	11.255	10.575	9.954	9.385	8.863	8.383	7.536	6.813	6.194	5.66	5.42	5.197	4.793	4.439
13	12.133	11.348	10.634	9.985	9.393	8.852	7.903	7.103	6.423	5.842	5.583	5.342	4.909	4.532
14	13.003	12.106	11.296	10.563	9.898	9.294	8.244	7.366	6.628	6.002	5.724	5.467	5.008	4.61

续上表

n	1%	2%	3%	4%	5%	6%	8%	10%	12%	14%	15%	16%	18%	20%
15	13.865	12.849	11.937	11.118	10.379	9.712	8.559	7.606	6.81	6.142	5.847	5.575	5.091	4.675
16	14.717	13.577	12.561	11.652	10.837	10.105	8.851	7.823	6.973	6.265	5.954	5.668	5.162	4.729
17	15.562	14.291	13.166	12.165	11.274	10.477	9.121	8.021	7.119	6.372	6.047	5.748	5.222	4.774
18	16.398	14.992	13.753	12.659	11.689	10.827	9.371	8.201	7.249	6.467	6.127	5.817	5.273	4.812
19	17.226	15.678	14.323	13.133	12.085	11.158	9.603	8.364	7.365	6.55	6.198	5.877	5.316	4.843
20	18.045	16.351	14.877	13.59	12.462	11.469	9.818	8.513	7.469	6.623	6.259	5.928	5.352	4.869

年金终值系数表

n	1%	2%	3%	4%	5%	6%	7%	8%	9%	10%	11%	12%	13%
1	1.000	1.000	1.000	1.000	1.000	1.000	1.000	1.000	1.000	1.000	1.000	1.000	1.000
2	2.010	2.020	2.030	2.040	2.050	2.060	2.070	2.080	2.090	2.100	2.110	2.120	2.130
3	3.030	3.060	3.091	3.122	3.153	3.184	3.215	3.246	3.278	3.310	3.342	3.374	3.407
4	4.060	4.122	4.184	4.246	4.310	4.375	4.440	4.506	4.573	4.641	4.710	4.779	4.850
5	5.101	5.204	5.309	5.416	5.526	5.637	5.751	5.867	5.985	6.105	6.228	6.353	6.480
6	6.152	6.308	6.468	6.633	6.802	6.975	7.153	7.336	7.523	7.716	7.913	8.115	8.323
7	7.214	7.434	7.662	7.898	8.142	8.394	8.654	8.923	9.200	9.487	9.783	10.089	10.405
8	8.286	8.583	8.892	9.214	9.549	9.879	10.260	10.637	11.028	11.436	11.859	12.300	12.757
9	9.369	9.755	10.159	10.583	11.027	11.491	11.978	12.488	13.021	13.579	14.164	14.776	15.416
10	10.462	10.950	11.464	12.006	12.578	13.181	13.816	14.487	15.913	15.937	16.722	17.549	18.420
11	11.567	12.169	12.808	13.486	14.207	14.972	15.784	16.645	17.560	18.531	19.561	20.655	21.814
12	12.683	13.412	14.192	15.026	16.917	16.870	17.888	18.977	20.141	21.384	22.713	24.133	25.650
13	13.809	14.680	15.618	16.627	17.713	18.882	20.141	21.495	22.953	24.523	26.212	28.029	29.985
14	14.947	15.974	17.086	18.292	19.599	21.015	22.550	24.215	26.019	27.975	30.095	32.393	34.883
15	16.097	17.293	18.599	20.024	21.579	23.276	25.129	27.152	29.361	31.772	34.405	37.280	40.417
16	17.258	18.639	20.157	21.825	23.657	25.673	27.888	30.324	33.003	35.950	39.190	42.753	46.672
17	18.430	20.012	21.762	23.698	25.840	28.213	30.840	33.750	36.974	40.545	44.501	48.884	53.739
18	19.615	21.412	23.414	25.645	28.132	30.906	33.999	37.450	41.301	45.599	50.396	55.750	61.725
19	20.811	22.841	25.117	27.671	30.539	33.760	37.379	41.446	46.018	51.159	56.939	63.440	70.749
20	22.019	24.297	26.870	29.778	33.066	36.786	40.995	45.762	51.160	57.275	64.203	72.052	80.947

参 考 文 献

1. 王重润. 公司金融学[M]. 南京:东南大学出版社,2013.
2. 张晋生. 公司金融[M]. 北京:清华大学出版社,2010.
3. 郑亚光,饶翠华. 公司财务[M]. 成都:西南财经大学出版社,2011.
4. 杜慧芬,王汀汀. 公司理财[M]. 大连:东北财经大学出版社,2014.
5. 尚永庆,葛新旗,宋丽娟. 个人理财[M]. 长沙:湖南师范大学出版社,2014.
6. 沈端立. 新理财教室[M]. 北京:中国商业出版社,2008.
7. 梁治. 理财计划[M]. 北京:地震出版社,2008.
8. 闻君. 求财、理财、用财[M]. 北京:时事出版社,2009.
9. 宋效中. 个人投资理财一本通[M]. 北京:机械工业出版社,2009.
10. 中国金融教育发展基金会金融理财标准委员会. 金融理财原理[M]. 北京:中信出版社,2007.
11. 乔林,王绪瑾. 财产保险[M]. 北京:中国人民大学出版社,2008.
12. 魏涛. 投资与理财[M]. 北京:电子工业出版社,2008.
13. 柴效武. 个人理财[M]. 北京:清华大学出版社,2013.
14. 汪生忠. 风险管理与保险[M]. 天津:南开大学出版社,2008.
15. 田文锦. 个人理财规划[M]. 北京:中国财经经济出版社,2008.
16. 吴晓求. 证券投资学[M]. 北京:中国人民大学出版社,2014.
17. Jeff Madura. 个人理财[M]. 王学生,译. 上海:上海人民出版社,2011.
18. 景海萍. 个人理财[M]. 北京:北京理工大学出版社,2014.
19. Scott E·Harrington,等. 风险管理与保险[M]. 北京:清华大学出版社,2005.
20. 任淮秀. 投资银行业务与经营[M]. 北京:中国人民大学出版社,2009.
21. 张颖. 个人理财教程[M]. 北京:对外经济贸易大学出版社,2007.
22. 曹凤岐,刘力,姚长辉. 证券投资学[M]. 北京:北京大学出版社,2013.
23. 王新军. 房地产经营与管理[M]. 上海:复旦大学出版社,2010.
24. 谭善良. 房地产投资分析[M]. 北京:机械工业出版社,2012.
25. 黄桦. 税收经济学[M]. 北京:中国人民大学出版社,2013.
26. 刘均. 员工福利与退休计划[M]. 北京:清华大学出版社,2010.
27. 马志刚,张荐华. 个人理财[M]. 济南:山东人民出版社,2010.
28. 刘伟. 个人理财[M]. 上海:上海财经大学出版社,2014.
29. 宋效中,仵凤清,王立国. 个人投资理财一本通[M]. 北京:机械工业出版社,2009.
30. 陈占峰,谢文辉. 工薪族理财必备[M]. 北京:中国时代经济出版社,2008.
31. 李淑芳. 个人理财[M]. 北京:中国物资出版社,2007.
32. 郭秀兰,王冬吾. 个人理财规划[M]. 成都:西南财经大学出版社,2012.

图书在版编目(CIP)数据

个人理财概论/裴文静,史安玲主编. —西安:西安交通大学出版社,2017.2(2021.1重印)
ISBN 978-7-5605-9404-0

Ⅰ.①个… Ⅱ.①裴… ②史… Ⅲ.①私人投资-高等学校-教材Ⅳ.①F830.59

中国版本图书馆 CIP 数据核字(2017)第 025587 号

书　　名	个人理财概论
主　　编	裴文静　史安玲
责任编辑	郭　剑
出版发行	西安交通大学出版社
	(西安市兴庆南路1号　邮政编码 710048)
网　　址	http://www.xjtupress.com
电　　话	(029)82668357　82667874(发行中心)
	(029)82668315(总编办)
传　　真	(029)82668280
印　　刷	西安日报社印务中心
开　　本	787mm×1092mm　1/16　印张 18.5　字数 451 千字
版次印次	2017 年 4 月第 1 版　2021 年 1 月第 4 次印刷
书　　号	ISBN 978-7-5605-9404-0
定　　价	44.80 元

读者购书、书店添货,如发现印装质量问题,请与本社发行中心联系、调换。
订购热线:(029)82665248　(029)82665249
投稿热线:(029)82668133
读者信箱:xj_rwjg@126.com

版权所有　侵权必究